S. FISCHER

ANDREA LÖW

DEPORTIERT

»Immer mit einem Fuß im Grab«
Erfahrungen deutscher Juden

S. FISCHER

Leibniz Institute for Contemporary History
Institut für Zeitgeschichte
Zentrum für Holocaust-Studien

MIX
Papier | Fördert gute Waldnutzung
FSC® C083411

Originalausgabe
Erschienen bei S. FISCHER

Satz: Dörlemann Satz, Lemförde
Druck und Bindung: CPI books GmbH, Leck
ISBN 978-3-10-397542-0

INHALT

1

ÜBER DIESES BUCH

> »Wie fängt man es an, wenn das Herz so voll von allem ist, wo nimmt man die Worte in diesem Moment her, wo das Gedächtnis gerade jetzt alles durcheinanderwirft. Die Hände zittern – und man will alles in einem großen Wort sagen –, aber ich weiß es, dass es dieses Wort nicht gibt. Es würde ein herzzerreißender Schrei sein, ein Schrei, bei dem ich selbst meine Stimme nicht erkennen würde, weil es ja gar keine menschliche Stimme mehr ist.«[1]

So beginnt Edith Brandon, damals noch Edith Blau, am 11. Mai 1945 in Dänemark ihren handschriftlichen Bericht, in dem sie versucht, das in den letzten Jahren Erlebte in Worte zu fassen. Das eine große Wort, mit dem ihre Verfolgung, ihre Deportation nach Riga, treffend erfasst wäre, das gibt es nicht, das kann es nicht geben. Das weiß die junge Frau, dennoch schreibt sie nach dieser Eingangsüberlegung einen detaillierten und ergreifenden Bericht. Nicht einmal vier Jahre zuvor hatte sie in einem überfüllten Zug gesessen, der sie aus dem Deutschen Reich nach Riga brachte. Genau wie Bernd Haase, der seinen ebenfalls 1945 entstandenen Bericht beginnt: »Wer von den Menschen, die Schweres erlitten und durchgemacht haben, hat nicht das Bedürfnis, seine Erlebnisse niederzuschreiben? Teils zur eigenen Erinnerung, als Dokument für die Welt, als Berichte an Verwandte und Bekannte.«[2]

Zahllose Überlebende haben es ihnen gleichgetan, haben bezeugt, wie sie ihre Deportation »nach Osten«, wie es oft in den Quellen heißt, erlebt und überlebt haben, oft unmittelbar nach Kriegsende, in ersten Briefen an ihre Liebsten. Tausende jedoch konnten dies nicht mehr aufschreiben, sie wurden erschossen, gehängt, vergast oder fielen den furchtbaren Lebensbedingungen in den Ghettos im besetzten Polen, in Riga oder Minsk zum Opfer. Von vielen verliert sich nach ihrer Deportation jede Spur, andere beschreiben in letzten Briefen oder Postkarten im Angesicht des Todes ihr Leben, in das man sie gezwungen hatte, manche sogar in langen Berichten oder Tagebüchern. Sie wussten nicht, ob sie überleben und damit in der Lage sein würden zu berichten. Oskar Singer beschreibt diese Sorge im Ghetto Litzmannstadt im Juli 1942: »Schon jetzt hört man immer wieder die dumpfe Frage: Wird je ein Mensch der Nachwelt sagen können, wie wir hier gelebt haben und gestorben sind?«[3]

Persönliche Dokumente wie die vorigen liegen diesem Buch zugrunde, es sind hunderte Briefe, Postkarten, Berichte und Tagebücher, Interviews und Aussagen. Jede einzelne dieser Geschichten wäre es wert, ausführlich erzählt zu werden, ja, hätte unbedingt Eingang in dieses Buch finden müssen. Nicht jede dieser Quellen ist einzeln in diesem Buch zitiert, jedoch: All diese individuellen Geschichten haben die Themen und Schwerpunkte, vor allem aber auch den Ton dieser Studie geprägt – und all diese Zeugnisse sind der Grund dafür, dass sie überhaupt entstehen konnte.

Im Mittelpunkt stehen die Erfahrungen und Reaktionen deutschsprachiger Jüdinnen und Juden bzw. derjenigen Menschen, die von den Nationalsozialisten als »Juden« definiert und verfolgt wurden. Viele von ihnen verstanden sich in erster Linie als Deutsche, Österreicher und in manchen Fällen als Tschechen, einige waren längst zum Christentum übergetreten. Sie alle, die Deutsch sprachen, schrieben und dachten, wussten vor der Abfahrt häufig nicht mehr, als dass sie »nach Osten« fahren würden und dort arbeiten sollten. Die Transporte und die Menschen in den Zügen, die in diesem Buch im Mittelpunkt stehen, fuhren in das besetzte Polen sowie in das sogenannte Reichskommissariat Ostland, nach Riga oder nach Minsk. Die Männer, Frauen und Kinder wurden aus ihrem Leben, ihrem Zuhause, ihrer Heimat gerissen und kamen in eine völlig fremde Welt in diesem »Osten«. Sie waren: deportiert.

Vorausgegangen waren Jahre der Entrechtung und sozialen Isolation. Von Anfang an war ein »judenfreies« Deutsches Reich das

Ziel der Nationalsozialisten gewesen. Zunächst wollten sie dies durch Ausgrenzung und erzwungene Emigration erreichen. Nach der schnellen Besetzung Polens jedoch diskutierte die NS-Führung unter neuen Prämissen darüber, was mit den Jüdinnen und Juden im Reichsgebiet geschehen sollte. Nun schien deren »Umsiedlung« in den neu besetzten Herrschaftsbereich möglich. Nach mehreren Einzelaktionen begannen im Herbst 1941 die systematischen Deportationen der deutschsprachigen Jüdinnen und Juden »nach Osten«. Bereits im Oktober 1939 organisierte Adolf Eichmann die Verschleppung von knapp 1600 Wiener Juden in zwei Transporten in das besetzte Polen, wo die Menschen mehr oder weniger sich selbst überlassen waren. Viele von ihnen durften – in der Geschichte des Holocaust ein wohl einzigartiger Fall – im Frühjahr 1940 wieder in ihre Heimat zurückkehren, als das Barackenlager in Zarzecze, in dem einige von ihnen notdürftig untergebracht worden waren, aufgelöst wurde. Diese Deportation wird hier nicht eigens betrachtet, doch spielt das Schicksal vieler Betroffener insofern eine Rolle, als die meisten von ihnen später von Wien aus erneut »nach Osten« verschleppt wurden.[4] Im Februar 1940 traf dieses Schicksal auch die ersten Jüdinnen und Juden aus dem Deutschen Reich, und zwar aus Pommern, vor allem aus Stettin. Sie wurden mitten in der Nacht überraschend abgeholt, nach Lublin gebracht und von dort auf drei umliegende Orte verteilt. Im Oktober 1940 deportierten die Nationalsozialisten Menschen aus Baden und der Saarpfalz nach Frankreich, und im Februar 1941 aus Danzig in das Warschauer Ghetto und wiederum aus Wien in den Distrikt Lublin.[5]

Systematische Deportationen

Nachdem diese Experimente jeweils abgebrochen bzw. nicht umfassend fortgesetzt wurden, begannen im Herbst 1941 die systematischen Deportationen der Jüdinnen und Juden aus dem Großdeutschen Reich. Dies war eine zentrale Phase im Hinblick auf den

Judenmord: Verglichen mit den Verbrechen, die auf den Überfall auf Polen folgten, wurde dieser nach dem Angriff auf die Sowjetunion 1941 deutlich radikalisiert, mit Massenerschießungen von jüdischen Männern und in der Folge auch Frauen und Kindern. Diese Radikalisierung hatte Auswirkungen im gesamten deutschen Machtbereich. Nun mussten die Jüdinnen und Juden im Großdeutschen Reich sich mit einem gelben Stern kennzeichnen, und immer mehr von ihnen waren in den größeren Städten des Reichs in »Judenhäusern« konzentriert. Adolf Hitler, der kurz zuvor noch betont hatte, die Deportation der Juden aus dem Reich sollte erst nach dem siegreichen Ende des Krieges erfolgen, änderte im September seine Meinung, wohl auch auf Drängen einiger seiner Gauleiter, die »ihre« Juden loswerden wollten: Die systematischen Deportationen aus dem Großdeutschen Reich sollten rasch in Gang gesetzt werden. Wenig später wurde es der jüdischen Bevölkerung verboten zu emigrieren.[6]

In einer ersten Welle verschleppten die Nationalsozialisten von Mitte Oktober bis Anfang November 1941 knapp 20 000 Jüdinnen und Juden aus verschiedenen Städten des »Altreichs«, aus Luxemburg, Wien und Prag sowie 5000 Romnja und Roma aus dem Burgenland in das Ghetto in Litzmannstadt / Lodz. Die lokalen Behörden protestierten massiv gegen die Einweisung weiterer Menschen in das ohnehin überfüllte Ghetto. Heinrich Himmler und Reinhard Heydrich entschieden, die Transporte direkt weiter nach Osten zu leiten. Zwischen dem 8. November 1941 und dem 6. Februar 1942 fuhren in 32 Transporten jeweils ungefähr 1000 Menschen in Ghettos und Lager in Riga bzw. Minsk, die im sogenannten Reichskommissariat Ostland lagen. Im November 1941 fuhren außerdem fünf Transporte in das litauische Kaunas / Kowno, dort wurden die Deportierten direkt nach ihrer Ankunft ermordet. Im Frühjahr 1942 wurden wiederum Tausende in das besetzte Polen verschleppt, einige in das Ghetto von Warschau, die meisten jedoch in den Distrikt Lublin, wo zeitgleich die »Aktion Reinhardt« begann, der Massenmord in den Tötungsanlagen von Belzec, Sobibor und Treblinka. Viele Deportierte lebten nur noch kurz in sogenannten Transitghettos im Osten des besetzten Polens. Die Menschen, die im weiteren Verlauf des Jahres 1942 nach Riga oder Minsk transportiert wurden, fielen in den allermeisten Fällen unmittelbar nach der Ankunft den Massenmorden zum Opfer. Die bis kurz vor Kriegsende andauernden Deportationen nach Theresienstadt und Auschwitz werden hier nicht dargestellt, denn die Bedingungen nach der Ankunft unterschieden sich sehr von denjenigen noch weiter im »Osten« und von den Versuchen der Menschen, ihr Leben dort neu zu organisieren.[7]

Für die Betroffenen bedeuteten diese Deportationen einen absoluten Zivilisationsbruch.[8] Sie kamen in eine fremde und mörderische Welt. Auf das, was sie hier erwartete, waren sie nicht vorbereitet, konnten sie nicht vorbereitet sein. Ein genauer Blick auf das, was diese Menschen seit dem Moment erlebten, in dem sie den Deportationsbefehl erhielten, ist erschütternd. Vom einen auf den anderen Moment mussten sie alles zurücklassen, was ihr bisheriges Leben geprägt hatte. Sie mussten auswählen, was sie mitnahmen und was sie – schweren Herzens – zurückließen. Nur 50 Kilogramm durfte das Gepäck wiegen – den größten Teil ihres Besitzes mussten sie aufgeben. Sie waren gezwungen, liebgewonnene Dinge zurückzulassen, Bücher, Fotoalben, Möbel, vielleicht das Hochzeitskleid oder andere Erinnerungsstücke. Sie mussten sich von einigen ihrer Liebsten verabschieden und wussten nicht, ob sie sie jemals wiedersehen würden. Dann gingen sie zur Sammelstelle, wo Polizisten sie durchsuchten, häufig auch anschrien und demütigten. Sie, die in der Nacht zuvor noch in ihrem Bett geschlafen hatten, fanden sich nun mit Hunderten fremden Menschen in der Sammelstelle auf dem Boden oder auf improvisierten Bettenlagern mit Strohsäcken wieder. Ihre Situation verschlimmerte sich mit jedem neuen Schritt: In engen und überfüllten, meist eiskalten, mitunter auch überheizten Zügen, in denen etliche keinen Sitzplatz fanden, rollten sie in Richtung Osten. Voller Ungewissheit darüber, was ihnen bevorstand. Die Toiletten liefen über, es stank erbärmlich, sie hatten Durst und Hunger und wussten nicht, was sie erwartete.

Bevor die Züge aus Köln in Riga oder aus Hamburg in Minsk ankamen, ermordeten deutsche SS- und Polizeieinheiten zusammen mit lokalen Hilfskräften die jüdische Bevölkerung dieser Orte in Massenexekutionen, um »Platz zu schaffen« für die Juden aus dem Reich. Käte Frieß beschreibt im Juni 1945, was die im Winter 1941/42 nach Riga deportierten Jüdinnen und Juden nach ihrer Ankunft erwartet hatte: »Nachdem also einige Transporte zum Jungfernhof [ein Lager bei Riga] gekommen sind, ist der erste Kölner Transport im Ghetto gelandet. Danach kamen Dortmund, Sachsen, Berlin, Kassel, Wien, Düsseldorf und noch einige andere Transporte ins Ghetto. Die Ersten trafen das Ghetto noch mit blutgetränkten Straßen an, mit aufgeschichteten Leichen und ausgeräuberten und durchwühlten Wohnungen.«[9] Den Schock bei der Ankunft angesichts der Gewalt, die Konfrontation mit den ersten Toten aus ihren eigenen Reihen ebenso wie mit den Spuren der gerade erst durchgeführten Massenmorde an der lokalen jüdischen Bevölkerung – dies alles und die folgenden Jahre an Orten, die sie manchmal als »die Hölle« bezeichnen, schildern die Überlebenden der Transporte in ihren Briefen, Tagebüchern und Berichten. Sie beschreiben aber auch die Versuche, sich in dieser brutalen Fremde zurechtzufinden, das Leben zu organisieren, den grausamen Erfahrungen und der psychischen Erniedrigung bewusst etwas entgegenzusetzen, sich selbst zu behaupten in all dem Wahnsinn.

Für diejenigen, die die Fahrt, die Ankunft und das Ghetto überlebten, folgte oftmals eine nahezu unglaubliche Odyssee. Die Menschen, die zuvor in mehrtägiger Fahrt in Richtung Osten verschleppt worden waren, wurden später, beim Näherrücken der Roten Armee, wieder in das Deutsche Reich gebracht, sei es auf Schiffen, in Zügen, oder – sehr oft – in quälenden, tage- oder wochenlangen Fußmärschen.

Die Quellen

Um die Erwartungen, die Realitäten, mit denen die verschleppten Jüdinnen und Juden nach der Deportation konfrontiert waren, und ihre vielfältigen Reaktionen zu analysieren, stütze ich mich auf umfangreiche Quellen aus zahlreichen Archiven in vielen Ländern. Durch die verhältnismäßig große Anzahl Überlebender des Ghettos in Riga liegen von dort bei weitem die meisten Erinnerungsberichte, Briefe und Interviews vor. Erheblich weniger Selbstzeugnisse deutschsprachiger Jüdinnen und Juden sind aus den anderen Orten überliefert, aus Minsk und vor allem manchen kleineren Orten im besetzten Polen. Recht gut wiederum ist die Quellenlage für das Ghetto Litzmannstadt, wo neben Erinnerungsberichten auch Tagebücher und die umfangreichen Dokumente des Archivs überliefert sind, das die damalige jüdische Verwaltung eingerichtet hatte und dessen Mitarbeiter unter anderem eine Tageschronik und verschiedene Reportagen über das Ghettoleben verfassten. Mehrere deutschsprachige Schriftsteller und Journalisten waren hier beschäftigt.

Viele Quellen liegen veröffentlicht vor, sind teilweise online verfügbar oder zumindest in Auszügen etwa in Lokalstudien gedruckt. Auch in der sechzehnbändigen Quellenedition »Die Verfolgung und Ermordung der europäischen Juden durch das nationalsozialistische Deutschland 1939–1945« sind für verschiedene der hier behandelten Regionen zahlreiche Dokumente und Zeugnisse zu finden.[10]

Neben schriftlichen Quellen der deportierten deutschsprachigen Jüdinnen und Juden und einigen wenigen visuellen Quellen ziehe ich Videointerviews heran, außerdem liegen von vielen Überlebenden Aussagen aus Gerichtsverfahren vor, die oft recht detaillierte Einblicke in die Lebensumstände vor Ort geben.

Die Historikerin Marion Kaplan hat schon vor vielen Jahren die Wahrnehmungen und Reaktionen der Betroffenen in Bezug auf die Verfolgung im Deutschen Reich eindrucksvoll beschrieben. Ihre Studie reicht bis zum Beginn der Deportationen.[11] Diesen Erzählstrang möchte ich hier aufnehmen und fortsetzen: Dieses Buch erzählt die Geschichte der Erwartungen, Erfahrungen, Interpretationen und Reaktionen der Menschen, die gegen ihren Willen von ihrem Zuhause »nach Osten« verschleppt wurden. Ihnen soll es eine Stimme geben, ihre Geschichten soll es erzählen. Vermutlich kennt jede Leserin und jeder Leser die Stolpersteine, die in zahlreichen Städten vor Häusern in den Boden eingelassen sind, in denen einmal Jüdinnen und Juden gewohnt haben. Häufig steht dort nur knapp »Riga« oder »Minsk« als Deportations- und Todesort. Hinter jedem einzelnen Stolperstein steht eine solche individuelle Geschichte von deportierten Menschen, wie sie in diesem Buch erzählt werden.

Hinweise zu Zitaten, Nachweisen und Schreibweisen:

Der besseren Lesbarkeit wegen wurden die Zitate an die neue Rechtschreibung angeglichen und Fehler behutsam korrigiert. Auch wurden aus diesem Grund Vereinheitlichungen vorgenommen, so etwa bei der Schreibweise »Ghetto« (statt »Getto«, wie es in den Quellen zu Litzmannstadt heißt).

In gut zugänglichen Editionen verfügbare Quellen werden bei der Erstnennung auch unter Angabe der Originalquelle zitiert, wenn diese von mir eingesehen wurde, danach nur noch nach der Edition.

Die vor dem deutschen Überfall polnischen Orte, in denen nun von den deutschen Besatzern Ghettos, Zwangswohnorte oder Lager eingerichtet wurden, werden nicht mit den polnischen diakritischen Zeichen geschrieben, um sie so von den zuvor polnischen Städten oder Dörfern abzugrenzen, so z. B. »Belzec« statt »Bełżec«, da es um die Vernichtungsstätte geht und nicht um den polnischen Ort.

Ich habe mich um geschlechtsneutrale Bezeichnungen bemüht. In diesem Buch geht es um die Erfahrungen von Männern, Frauen und auch Kindern, und wenn möglich, bezeichne ich dies auch entsprechend. Einige Erfahrungen wiederum machten vor allem Frauen oder Männer. Manchmal ordne ich diesen sensiblen Umgang mit Sprache jedoch einer besseren Lesbarkeit unter. Ich hoffe, die Leserinnen und Leser sehen mir das nach.

2

»ICH WEISS NICHT, WAS VOR MIR LIEGT, VIELLEICHT IST DAS GUT SO«.[1] VOR DER ABFAHRT DES ZUGES

Herbst / Winter 1941. »Schrecklich viel Menschen und ein großes Durcheinander. Wenn nur erst die 3 Tage um wären. (…) Sitzen vorläufig noch auf Stühlen. Für die Nacht ist Stroh da. Mutti wird wohl drauf schlafen können.« Dies schreibt Edith Blau, die gemeinsam mit ihrer Mutter Meta im Dezember 1941 im Sammellager in Bielefeld auf ihre Deportation nach Riga warten muss. In einem weiteren Brief an ihren Onkel erzählt sie: »Ich habe gerade etwas Zeit, liege im Stroh, und obgleich rings um mich ein Heidenlärm ist, will ich doch auch einen Brief an Euch schreiben. Wir sind also gesund und lassen vorläufig den Kopf noch nicht hängen.« In einem überfüllten Raum lagen die beiden, die kurz zuvor noch bei ihrer Verwandtschaft in Minden gelebt hatten, nun also im Stroh auf dem Boden. Sie hatten bereits ereignisreiche Jahre hinter sich. Ursprünglich aus Danzig, war die Familie ins polnische Bydgoszcz (Bromberg) gezogen, nachdem die Nazis 1938 das Geschäft des Vaters beschlagnahmt hatten. Doch nach dem Überfall auf Polen inhaftierten die deutschen Besatzer Edith Blaus Vater im Oktober 1939. Seine Spur verliert sich hier. Edith und ihre Mutter zogen zu Onkel und Tante nach Minden, wo sie bis zur Deportation lebten. Kurz vor der Abfahrt ihres Zuges aus Bielefeld traf Edith am Bahnhof einen jüdischen Jungen aus Minden. Ihm konnte sie die Nachrichten übergeben.[2]

Auch in Hamburg warteten viele Menschen auf ihre Deportation, so auch Sally und Hannchen Rosenberg, die am 2. November 1941 einen Abschiedsbrief an ihre in die USA emigrierte Tochter schrieben, kurz bevor sie nach Minsk verschleppt wurden. Die beiden waren

1. Das letzte Foto von Sally und Hannchen Rosenberg

wenige Monate zuvor der Rettung schon so nah gewesen. Ende Mai 1939 hatten sie an Bord der *Orinoco* den Hamburger Hafen verlassen und waren auf dem Weg nach Kuba. Nachdem jedoch das Schwesterschiff *St. Louis* vor Kuba abgewiesen worden war, erhielt der Kapitän der *Orinoco* den Befehl zur Umkehr. Die deutschen Behörden versicherten, die jüdischen Rückkehrer würden nicht verfolgt. Am 3. Juni 1939 legte das Schiff in Cuxhaven an, und die nach Havanna gebuchten Passagiere mussten wieder aussteigen. Die Rosenbergs saßen in der Falle. In ihrem letzten Brief an ihre Tochter teilen sie ihr mit, dass sie ihnen vorerst nicht mehr schreiben müsse. Gertrude Teller hörte nie wieder von ihren Eltern.[3]

In zahlreichen deutschen Städten erhielten Jüdinnen und Juden in diesem Herbst und Winter Benachrichtigungen über ihre bevorstehende »Evakuierung« und mussten sich meistens in eilig errichteten

Sammellagern einfinden. Mitunter hatten die Betroffenen überhaupt keine Zeit, sich auf ihre erzwungene Abreise vorzubereiten. So erging es auch den Stettiner Jüdinnen und Juden, die bereits Anfang 1940 in den Distrikt Lublin im besetzten Polen deportiert wurden. Am Abend des 12. Februar 1940 kamen Polizisten in ihre Wohnungen und erklärten ihnen, dass sie abtransportiert würden. Sie mussten ihr Vermögen und ihr gesamtes Hab und Gut in vorgedruckte Verzeichnisse eintragen und angeben, was sie auf die Fahrt mitnehmen wollten. Die Polizisten rieten ihnen, warme Sachen anzuziehen und Decken mitzunehmen. In einem im September 1941 verfassten Bericht heißt es weiter:

> »Die Polizeibeamten blieben während der ganzen Zeit in der Wohnung und versiegelten sie, nachdem sie nachts um 12 Uhr die Juden in Autos der Stettiner Straßenbahn zum Hauptgüterbahnhof geschickt hatten. Mitgenommen wurden alle Personen, ohne Unterschied des Alters. Auch die beiden Altersheime wurden vollständig geräumt und das vorhandene Inventarverzeichnis den Beamten ausgehändigt. Zurück blieben lediglich diejenigen Personen, die infolge ihrer Krankheit nicht transportfähig waren.«[4]

Elsa Meyring lebte damals mit ihrem Mann in Stettin. Sie beschreibt die unheimliche Szene, wie zwei Uniformierte mitten in der Nacht in ihr Schlafzimmer kamen, anordneten, dass sie sich anziehen und das Nötigste packen sollten, ihnen besagte Listen zum Ausfüllen gaben und die Wertgegenstände konfiszierten. Als sie ihnen befahlen, ihre Namen auf »primitive Pappanhänger« zu schreiben und sich diese um den Hals zu hängen, schrie ihr Mann, der das Ganze bisher schweigend ertragen hatte: »Nein, das tue ich nicht, ich bin kein Verbrecher!« Diese Verzweiflung darüber, wie ein Krimineller behandelt zu werden, empfanden viele der Vertriebenen – sie, die sich als Deutsche fühlten und die sich doch niemals etwas hatten zuschulden kommen lassen. Elsa Meyring beschwichtigte ihren Mann und half ihm. Seine letzte Frage an die Polizisten, bevor sie das Haus verlassen mussten, war, wer sich denn jetzt um ihren Kanarienvogel kümmern würde.[5]

In Wien im Frühjahr 1941 und dann besonders, als im Herbst 1941 die systematischen Deportationen überall im Reich begannen, machten Tausende Jüdinnen und Juden nahezu zeitgleich ähnliche Erfahrungen. Manche erhielten vorab einen Bescheid, andere wurden ohne Vorwarnung aus ihren Wohnungen geholt. Die Bedingungen und Vorgaben unterschieden sich an verschiedenen Orten und vor allem zu unterschiedlichen Zeiten.[6]

Zentral organisiert und durchgeführt wurden die systematischen Deportationen vom Reichssicherheitshauptamt (RSHA) in Berlin. Ihm waren die regionalen Gestapostellen unterstellt, die vor Ort für die »Evakuierungen« zuständig waren. Mit Hilfe der Daten und Karteien der jeweiligen Jüdischen Gemeinden bzw. der Reichsvereinigung der Juden in Deutschland wählte die Gestapo aus, wer deportiert werden sollte. Die zugrundeliegenden Transportrichtlinien des RSHA änderten sich im Laufe der Zeit. Manchmal hatten die Gemeinden einen gewissen Einfluss auf die Vorauswahl, in anderen Fällen bekamen sie konkrete Vorgaben, anhand derer sie die Listen selbst erstellen mussten.[7] Die Menschen, die zur »Evakuierung« bestimmt wurden, erhielten die entsprechende Nachricht entweder von einer deutschen Stelle, meist der Gestapo (in Wien war es die »Zentralstelle für jüdische Auswanderung«), oder von der Jüdischen Gemeinde. Manchmal waren es Vorab-Benachrichtungen ohne genaues Datum. Oft enthielt das Schreiben aber auch schon die Anweisung, sich an einem bestimmten Tag bereitzuhalten bzw. zur Sammelstelle zu kommen, dazu häufig genaueste Anweisungen und Bestimmungen zur Durchführung der Deportation und zum Gepäck. Die Zeit zwischen Benachrichtigung und Deportation variierte, alles war geprägt von großer Unsicherheit für die Betroffenen.[8]

Immer wieder arbeiteten die deutschen Stellen mit Täuschungen: So beruhigte man beispielsweise die Frankfurter Jüdinnen und Juden noch am 18. Oktober 1941, die Gerüchte über eine bevorstehende Evakuierung seien unbegründet. Nur einen Tag später fielen früh morgens bewaffnete SA-Leute in die Wohnungen von Juden ein, wiesen sie an, ihre Sachen zu packen und Formulare über ihre Vermögenswerte auszufüllen. Die überraschten und verängstigten Menschen mussten innerhalb von nur zwei Stunden abmarschbereit sein. Die SA-Männer führten sie dann, mit einem Schild mit Namen, Geburtsdatum und Kennnummer um den Hals gehängt, zur Großmarkthalle. Friedrich Schafranek erinnert sich: »Mein Vater war in dem Augenblick, in dem wir verhaftet wurden, ein geschlagener Mann.« Seine Familie wurde zusammen mit mehr als 1100 Juden aus Frankfurt und Umgebung am frühen Morgen des 20. Oktober 1941 nach Litzmannstadt deportiert.[9]

In Wien kamen im Herbst 1941 viele der Aufforderung, sich im Sammellager zu melden, nicht mehr nach, aufgrund der erschütternden Briefe und Postkarten der Jüdinnen und Juden, die bereits im Februar 1941 aus Wien in das besetzte Polen deportiert worden waren. Hier organisierte Alois Brunner, der Leiter der »Zentralstelle für jüdische Auswanderung« und ein enger Mitarbeiter Adolf Eichmanns, im November 1941 die »Aushebungen«: Die SS führte unter erzwungener Mithilfe der Israelitischen Kultusgemeinde, die »Ordner«, »Rechercheure« oder »Ausheber« stellen musste, Razzien durch. Es gab kaum mehr ein Entkommen: Ein Haus oder eine ganze Straße wurden abgesperrt, ein jüdischer Ordner betrat mit einem SS-Mann die jeweilige Wohnung, unter Aufsicht mussten die Vermögenserklärungen ausgefüllt werden, die jüdischen »Ausheber« halfen beim Packen und unterbanden Fluchtversuche. Nach nur etwa zwei Stunden brachte man die Menschen mit ihrem Handgepäck zum Sammellager.[10]

Manchmal ging es auch in den Städten des »Altreichs« ähnlich schnell, etwa in Darmstadt, wo im März 1942 eine »Evakuierung« nach Piaski durchgeführt wurde. Die entsprechende Verfügung der Gestapo Darmstadt datiert vom 18. März 1942: »Es wird Ihnen hiermit eröffnet, dass Sie innerhalb von drei Stunden Ihre Wohnung zu verlassen haben.«[11] Das Schreiben übergaben Polizeikräfte den Opfern einen oder zwei Tage vor der Abfahrt des Zuges. Sie überwachten dann, wie die Koffer gepackt wurden, die bis zu 50 Kilogramm wiegen durften, nahmen die ausgefüllten Vermögenserklärungen entgegen und versiegelten die Wohnung. Danach brachten sie die Menschen, ebenfalls mit Namensschildern um den Hals, zur Sammelstelle, der Liebig-Schule, eine Oberschule für Jungen.[12] Über die Schilder, die sie bei Deportationen in Frankfurt gesehen hatte, schreibt Cläre von Mettenheim entsetzt, die Menschen hätten »ein Pappschild umgehängt (wie ein Schandschild aus dem Mittelalter)!«.[13] Sie war Mitglied der Bekennenden Kirche, wurde von den Nationalsozialisten jedoch als Jüdin definiert.

Wie gingen die Betroffenen mit den Tatsachen um, vor die sie gestellt wurden, und welche Sorgen, Ängste und Erwartungen waren mit der bevorstehenden »Evakuierung« verbunden?

Ungewissheit und Angst, Verzweiflung und Traurigkeit darüber, ihre Heimat, Freunde und Verwandte verlassen zu müssen, waren die dominanten Empfindungen. Die Deportation bedeutete Abschied von allem Vertrauten und eine Reise in eine vollkommen unbekannte Welt. Trude Friedrich erinnert sich Jahre später an die Zeit nach dem Deportationsbescheid: »Wir haben Tag und Nacht geweint.«[14] Zwar hatten viele etwas mehr Zeit als die Menschen beispielsweise in Stettin im Frühjahr 1940, weil sie vorab eine Benachrichtigung über ihre bevorstehende »Evakuierung« erhielten. Doch was hieß das schon, wenn es darum ging zu entscheiden, was auf eine Reise mitgenommen werden sollte, deren Dauer und Ziel niemand einschätzen konnte? Welche Gegenstände, die einen das ganze bisherige Leben oder zumindest Teile davon begleitet hatten, die einem lieb und teuer waren, sollten nun zurückgelassen werden und in fremde Hände fallen?

Kinder waren gezwungen, ihr Spielzeug zurückzulassen, durften vielleicht einen Teddybären oder eine Puppe mitnehmen. Bücher, Schallplatten, Möbel und andere Einrichtungsgegenstände – von all dem mussten die Menschen sich trennen. Heinz Rosenberg erinnert sich, wie sie während der letzten gemeinsamen Mahlzeit zu Hause alle keinen Hunger hatten und in der letzten Nacht im eigenen Bett nicht schlafen konnten. »Mutter war besonders verzweifelt darüber, all ihre Möbel, Bilder, ihr Porzellan und viele schöne Erinnerungsstücke zurücklassen zu müssen.«[15] Manche entschieden sich, einige Fotos ihrer Liebsten mitzunehmen, irgendein Andenken, das ihnen möglicherweise in der Fremde Mut machen würde. Bei manchen Transporten wurden die Betroffenen zudem ermutigt, Werkzeug und Arbeitsgeräte mitzubringen.

Wer etwas Zeit zum Packen hatte, grübelte also tagelang, was mitzunehmen sei. Viele versuchten, sich alles ganz genau und gründlich zu überlegen. Was würden sie am dringendsten benötigen? War es ratsam, Geld oder Wertsachen in Gepäck oder Kleidung zu verstecken?[16] Emma Heilbronner schreibt vor ihrer Deportation aus Düsseldorf nach Minsk in einem Abschiedsbrief an ihre Freunde, sie wisse gar nicht genau, wie sie sinnvoll für die bevorstehende Kälte packen solle, zu Hause habe man die ganz warmen Sachen ja wegen der Heizung gar nicht gebraucht. »Wir haben Joppen etc. für Pantoffeln & Fäustlinge zerschnitten«, doch wie sie dies alles in ihrem begrenzten Gepäck unterbringen solle, wisse sie nicht.[17] Ruth Foster aus Lingen erinnert sich, wie sie und ihre Eltern alles gewogen hatten, damit es dem angegebenen Höchstgewicht entsprach.[18] Ähnlich beschreibt Hilde Sherman, damals Winter, genau, was sie mitnehmen sollte, und schildert die Schwierigkeiten und Mühen, alles zu bekommen. »Wie naiv wir immer noch waren …«, schreibt sie rückblickend.[19] Hannelore Marx, die mit ihrer Familie aus Stuttgart nach Riga deportiert wurde, erhielt die gefürchtete Nachricht im November 1941. Also packten sie jeweils einen Koffer und einen Rucksack: »Wir packten praktische und warme Kleidung ein, denn wir wussten, wir würden in ein kaltes Land kommen, und uns wurde gesagt, wir würden dort in Fabriken arbeiten.«[20]

Schlimmer noch, als so viele liebgewonnene Dinge zurücklassen zu müssen, wog für die meisten der Abschied von ihnen nahestehenden Menschen. Sie mussten sich von Verwandten und Freunden verabschieden, ohne zu wissen, ob sie sie jemals wiedersehen würden. Düstere Ahnungen sind aus den Abschiedsbriefen der Verfolgten herauszulesen. Hannelore Marx beschreibt den Abschied von ihrem Großvater als einen besonders schlimmen Moment: »Wir alle

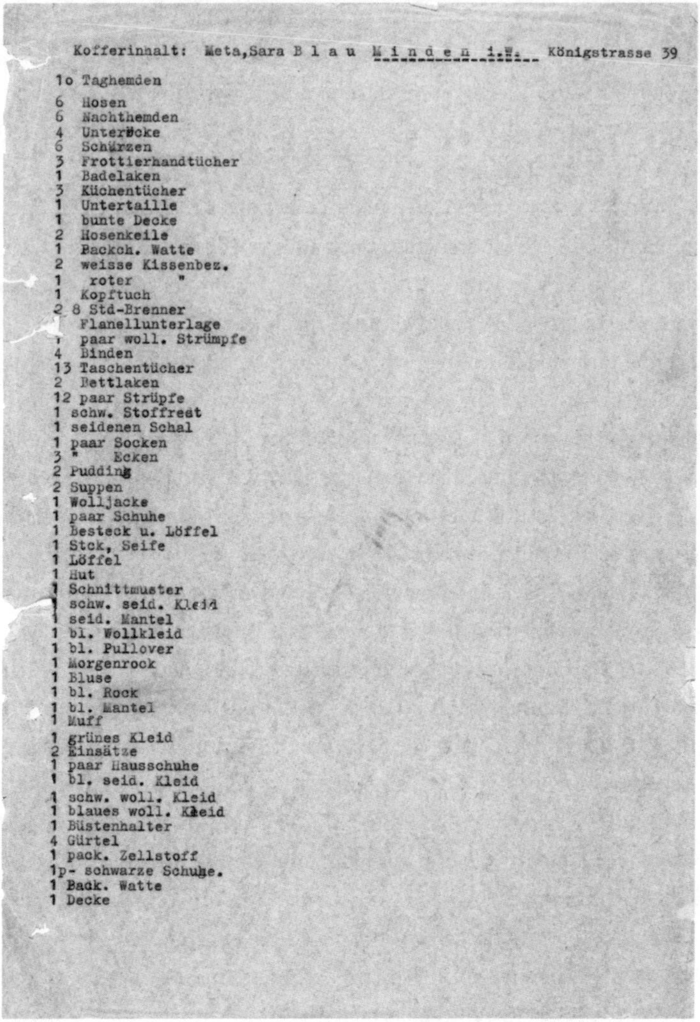

Kofferinhalt: Meta,Sara B l a u M i n d e n i.W. Königstrasse 39

1o Taghemden
6 Hosen
6 Nachthemden
4 Unterröcke
6 Schürzen
3 Frottierhandtücher
1 Badelaken
3 Küchentücher
1 Untertaille
1 bunte Decke
2 Hosenkeile
1 Backch. Watte
2 weisse Kissenbez.
1 roter "
1 Kopftuch
2 8 Std-Brenner
Flanellunterlage
1 paar woll. Strümpfe
4 Binden
13 Taschentücher
2 Bettlaken
12 paar Strüpfe
1 schw. Stoffrest
1 seidenen Schal
1 paar Socken
3 " Ecken
2 Pudding
2 Suppen
1 Wolljacke
1 paar Schuhe
1 Besteck u. Löffel
1 Stck, Seife
1 Löffel
1 Hut
1 Schnittmuster
1 schw. seid. Kleid
1 seid. Mantel
1 bl. Wollkleid
1 bl. Pullover
1 Morgenrock
1 Bluse
1 bl. Rock
1 bl. Mantel
1 Muff
1 grünes Kleid
2 Einsätze
1 paar Hausschuhe
1 bl. seid. Kleid
1 schw. woll. Kleid
1 blaues woll. Kleid
1 Büstenhalter
4 Gürtel
1 pack. Zellstoff
1p- schwarze Schuhe.
1 Back. Watte
1 Decke

2. *Liste des Inhalts im Koffer von Meta Blau*

weinten uns die Augen aus, weil wir wussten, dass wir uns in diesem Leben nie wieder sehen würden. Solange ich lebe, wird mich dieses Bild nicht verlassen.«[21] Siegfried Weinberg wurde aus Münster gemeinsam mit seiner Schwester Ruth nach Riga deportiert. Seine Mutter blieb zurück, da sie gelähmt war. Ende 1944 berichtet er:

»Aber was sind körperliche Qualen gegen seelische Schmerzen? Noch ist in mir das Bild des Abschieds von meinen Eltern u. besonders von meiner Mutter. Die Mutter, das Teuerste u. Beste, was ein Mensch auf der Welt besitzt, sie konnte sich nicht erheben u. mitgehen mit ihren Kindern. Sie musste zusehen, wie wir abgeführt wurden u. konnte doch nicht mitgehen, wenn auch nur bis zur Tür, denn sie war ja gelähmt. Ja, ich glaube, Sie können verstehen, was das bedeutet. Der Schmerz der Seele u. des Herzens war groß, aber doch konnte ich nicht weinen. Mein Leben lang werde ich diesen Abschied nicht vergessen.«[22]

Von Überlebenden gibt es Aufzeichnungen über das Verhalten der anwesenden Gestapobeamten. Der Umgang der Bewacher mit den zu Deportierenden variierte, einige waren brutal und machten sich über die verunsicherten Menschen lustig, manche wiederum waren, ob aus Überzeugung – manche berichten von Polizisten, die »beschämt« waren[23] – oder um Unruhe zu vermeiden, überaus freundlich. Sie versicherten ihnen, dass alles in Ordnung sei, sie kämen »nach Osten«, um dort zu arbeiten, etwas aufzubauen. Johanna Rosenthal aus Potsdam, die Ende 1941 über Berlin nach Riga deportiert wurde, schildert in einem im Juni 1945 verfassten Brief, die Männer der Gestapo Potsdam, die ihnen die Listen überbrachten, in die sie ihren Besitz eintragen mussten, hätten ihnen versichert, dass sie nichts zu befürchten hätten. Sie müssten ihre Wohnung aufgeben, »da wir einen neuen Wohnsitz im Osten bekämen«.[24] Andere, die die Gestapo nicht zu Hause abholte oder für einen letzten Gang dorthin begleitete, mussten ihre Schlüssel bei einer Behörde abgeben. Gerhard Hoffmann zum Beispiel musste sie bei der nächsten Polizeistelle hinterlegen, nachdem zuvor die gesamte Wohnungseinrichtung und das Vermögen beschlagnahmt worden waren.[25]

Die in vielen Zeugnissen genannten Listen waren für die Nationalsozialisten ein praktisches Instrument zur Buchführung über den geraubten Besitz. Auch an diesem Punkt versuchten sie, den Anschein von legalem Verwaltungshandeln zu wahren: Mit der 11. Verordnung zum Reichsbürgergesetz vom 25. November 1941 wurden die Deportierten staatenlos, und ihr Vermögen fiel an das Deutsche Reich, da sie als Personen galten, die ihren ständigen Wohnsitz im Ausland hatten.[26] In der kurzen Phase davor war das Gesetz zur Einziehung volks- oder staatsfeindlichen Vermögens die Rechtsgrundlage für den Raub gewesen.[27] Die zurückgelassenen Möbel und sonstiger Besitz wurden versteigert, wie Rolf Kralovitz dies für Leipzig beschreibt: »Die Zimmertüren wurden von der Gestapo versiegelt und der jüdische Besitz ›wegen staatsfeindlichem Verhalten‹ beschlagnahmt. Nach einigen Tagen erschienen dann Beauftragte der Auktionsfirma Klemm, um das zurückgegebene Inventar abzuholen. Die Leipziger Bevölkerung konnte die Sachen auf der Versteigerung erwerben, und der Erlös ging an das Deutsche Reich.« Die Betroffenen selbst bekamen von den Versteigerungen nichts mehr mit, sie waren bereits deportiert und wussten nicht, welche »Volksgenossen« nun auf ihrem Sessel, an ihrem Tisch, unter ihrer Lieblingslampe saßen.[28]

In diesen letzten bangen Tagen oder gar nur Stunden nach dem Deportationsbefehl schrieben viele Betroffene inmitten der Vorbereitungen auch Briefe an ihre Liebsten, häufig an ihre bereits emigrierten Kinder, denen sie doch hatten nachfolgen wollen. Manche Kinder waren mit dem Kindertransport nach Großbritannien gekommen, andere zu Verwandten in die USA oder in andere Länder emigriert. Sie hatten, als sie sich voneinander verabschiedet hatten, gehofft, es werde nur eine Trennung auf Zeit sein. Einige Eltern hatten ihre Ausreisepapiere fast beisammen, doch jetzt war es zu spät. Nun stand fest, dass sie nicht mehr emigrieren konnten, sondern der Abschied von der Heimat auf eine andere, brutale und erzwungene Art und Weise erfolgen würde. Darüber schrieben sie, entweder noch zu Hause, nachdem sie die Evakuierungsanordnung erhalten hatten, oder bereits im Sammellager.

Letzte Briefe

In den allermeisten Fällen sind diese Briefe oder Postkarten, in denen Jüdinnen und Juden angesichts ihrer bevorstehenden Deportation traurig Abschied von ihren Liebsten nehmen, letzte Lebenszeichen. Manchmal ist es der letzte einer ganzen Reihe von Briefen, die Eltern an ihre geliebten Kinder geschrieben hatten. Sie erzählen darin von der gerade verlebten schweren Zeit, rekapitulieren manchmal die Ausgrenzung, wie sich ihr Leben immer mehr verengt hat. Hin und wieder schreiben sie darüber, dass die letzte Hoffnung auf eine Emigration erloschen und damit auch ein Wiedersehen nun viel ungewisser sei. Bis zu diesem Zeitpunkt hatten viele sich an die Erwartung geklammert, ihren Liebsten nachreisen zu können. Nun verabschieden sie sich von ihren Kindern, geben ihnen häufig noch Ratschläge für ihr Leben und bitten sie, sich immer anständig zu verhalten, gerade auch gegenüber denjenigen, die sie aufgenommen haben. Sie berichten über die Deportationen ihrer Leidensgenossen, davon, dass auch sie selbst nun bald ins Ungewisse reisen werden, und beschreiben ihre vagen Erwartungen. Es gibt zahlreiche derartiger Briefe im Besitz der Familien, in Archiven oder auch veröffentlicht. Es sind traurige, erschütternde Dokumente, die einen Eindruck davon vermitteln, was dieser Abschied bedeutete. Nur einige Beispiele seien hier genannt.

Marianne Ziegler schreibt am 9. November 1941, an dem Tag, an dem sie und ihre Schwester Thekla Ehrmann den Deportationsbescheid bekommen haben, an ihren Bruder Richard Baruch in New York. Die verwitweten Schwestern hatten bereits Visa für die USA gehabt, wollten jedoch ihrem Bruder nicht zur Last fallen und blieben. Als sie ihr Geschäft nach den Novemberpogromen verloren hatten, bemühte sich Richard erneut um ihre Emigration. Doch es war zu spät. Marianne Ziegler beklagt in ihrem Brief, dass sich ihre Hoffnungen, ihm in die USA nachzufolgen, zerschlagen hätten, »leider scheint im Augenblick wieder mal alles eingefroren zu sein, immer schlägt einem die Tür vor der Nase zu«. Sie bittet ihn, sich keine Sorgen zu machen, falls er nicht mehr regelmäßig von ihr hören werde: »Ich hoffe doch, dass wir uns noch mal sehen werden, es dauert eben länger als man glaubt, und der Weg führt nicht immer so glatt ans Ziel, es gibt eben große Umwege. (…) Also, meine Lieben, seid nicht ängstlich, wenn Ihr von uns keine Post bekommt, wir werden schon durchhalten.«[29] Doch die Hoffnung auf ein Wiedersehen sollte sich nicht erfüllen. Dies war das letzte Lebenszeichen, das Richard Baruch von seinen Schwestern bekam. Die beiden wurden nach Minsk deportiert und nach dem Krieg für tot erklärt.[30]

Das Bemühen, trotz der dramatischen Situation und der eigenen Unsicherheit die Verwandten zu beruhigen, ihnen die Angst angesichts vermutlich ausbleibender Nachrichten zu nehmen, findet sich häufig in diesen Briefen. Die Sorge um das Gegenüber, das ja in vielen Fällen ein minderjähriges Kind war, wog schwerer als die eigene Angst. Und die mutmachenden Worte an die Empfänger der Briefe dienten vermutlich auch der eigenen Beruhigung.

In Mindelheim verabschieden sich im Frühjahr 1942 Fanni und Jakob Liebschütz von ihrem in die Schweiz emigrierten Sohn Werner. Sie teilen ihm mit, dass sie mit vielen anderen abreisten und nicht wüssten, ob er bald wieder Nachrichten bekommen werde. Der Vater schreibt: »Sei deswegen nicht in Sorge um uns, es geht uns schon gut, und wir sind auch weiterhin guten Mutes, alles wird recht werden. Es kommt die Zeit wieder, in der wir uns wohlbehalten wieder sehen, um ein neues Leben zu beginnen. Tue stets das, was Dir die lieben Verwandten sagen, sie meinen es alles gut mit Dir.« Und die Mutter ergänzt:

> »Nun nehmen auch wir Abschied von hier, aber anders, d.h. in anderer Richtung als wir dachten. Papa half dieser Tage viel Sachen für uns verladen & werden wir keine Not leiden u.s.w. Dann wird es an die Arbeit gehen + zum Segen aller wollen wir wirken. Lebe Du recht wohl + lebe Dich in Männedorf gut ein. Der Nebel wird nicht so schlimm sein, das Hilfswerk schrieb, dass es liebe Leute seien, wo Du

hinkommst. Wir haben gute Kameraden & sind nicht traurig, da wir Dich in guten Händen wissen.«[31]

Fanni und Jakob Liebschütz kamen nach Piaski, eines der sogenannten Transit- oder Durchgangsghettos im Distrikt Lublin. Von dort konnten sie noch einige Male schreiben, dann blieben ihre Verwandten und ihr Sohn im Ungewissen über ihr Schicksal. Die beiden haben nicht überlebt.[32]

Zur selben Zeit, am 22. März 1942, schreiben Gretel und Hugo Klein aus Bad Neustadt an der Saale vor ihrer Deportation einen bewegenden Abschiedsbrief an ihre fünf Kinder, die im August 1939 mit einem Kindertransport in Sicherheit gebracht worden waren. Sie gaben den Brief in die Obhut von Freunden mit der Bitte, ihn nach dem Krieg den Kindern zu übergeben.[33] Am 22. April wurde das Ehepaar zur Sammelstelle nach Würzburg gebracht und von dort am 25. April 1942 nach Izbica verschleppt. In diesem letzten Brief der Mutter an »meine innigstgeliebten Kinder«, der auch von der großen Trauer darüber handelt, nicht bei ihnen sein zu können, heißt es unter anderem: »Wir rechnen nun auch jeden Tag mit unserem Abruf, und wenn es kommt, müssen wir fort. Es ist traurig, so von seinem Heim fortgerissen zu werden, alles stehen und liegen zu lassen und ins Ungewisse zu kommen. Aber es ist alles vom lb. Gott, und es ist uns so beschieden. Ich danke dem lb. Gott jeden Tag, dass Ihr, meine geliebten Kinder, gut versorgt seid und nicht mit uns ins Elend müsst.« Weiter heißt es:

»Nun habe ich Euch meine lieben Kinder unser Leben bis daher geschildert; wie es weiter mit uns wird, wollen wir dem lb. Gott überlassen. Sollten wir uns im Leben nicht mehr wieder sehen, so verabschiede ich mich von Euch meine geliebten Kinder. Werdet brave ordentliche Menschen, wie es Eure Eltern auch waren, damit wir ruhig im Grabe schlafen können. Betet für uns und gedenket unser, erzählet es Euren Kindern wieder, wie wir zu Tode gepeinigt wurden. (…) [L]ebt wohl, bleibt alle hübsch gesund, bis wir uns im Jenseits wieder sehen.«

Der Vater beschließt seinen hinzugefügten Brief: »Ich küsse Euch vielmals, und wenn ich sterbe, dann habe ich Eure Bilder in der Hand und nehme diese mit ins Grab. Auf Wiedersehen, es geht nicht mehr, mir blutet das Herz, Euer stets besorgter, Euch nie vergessender, hoffentlich einst wieder glücklicher Papa.«[34] Niemand aus diesem Würzburger Transport hat überlebt.

Wir wissen von diesen Verfasserinnen und Verfassern zwar, dass sie umgekommen sind, können aber nicht sagen, wie lange sie noch in den Ghettos im »Osten« gelebt haben, da sich meist ihre Spur mit der Deportation verliert. Es gibt auch Fälle, in denen bekannt ist, dass die Briefeschreiber nach dem Abfassen der letzten Nachricht tatsächlich nur noch wenige Tage gelebt haben. Bertha Oppenheimer schreibt am 18. November 1941 an ihren in die USA emigrierten Sohn und dessen Familie: »Wenn es erlaubt ist, werde ich meine Adresse mitteilen. Vielleicht könnt Ihr mir etwas dorthin senden.«[35] Nahezu gleichzeitig schreiben die Schwestern Elsa Balbier und Karoline Adler in München einen Abschiedsbrief, in dem es unter anderem heißt: »Wenn es geht, lassen wir von uns hören.«[36] Bernhard Goldschmidt richtet ebenfalls aus München eine Abschiedskarte an seine Mutter in den Niederlanden, »denn wir kommen fort von hier mit vielen, vielen anderen. Wir sind offen gestanden froh darob, denn die letzte Zeit war für Magda auch mehr als anstrengend. Auch die Entspannung nach all den vielen anstrengenden Tagen des Wartens ist viel wert.« Er vermute, so schreibt er weiter, dass sie nach Polen kämen, und schließt: »Es kann länger dauern, bis Ihr von uns hört.«[37]

Bernhard Goldschmidts Mutter bekam nie wieder eine Nachricht von ihrem Sohn und seiner Frau, Elsa Balbier und Karoline Adler ließen nicht mehr von sich hören, und auch Bertha Oppenheimer teilte ihrem Sohn keine Adresse mehr mit. Der dritte Deportationszug aus Frankfurt und der erste aus München im November 1941, in dem die Schwestern und das Ehepaar saßen, sollten beide ursprünglich nach Riga fahren, das Ziel wurde dann aber sehr kurzfristig geändert und hieß nun Kaunas. Dort wurden die jeweils etwa 1000 Männer, Frauen und Kinder kurz nach der Ankunft erschossen. An diesem

Beispiel wird sehr deutlich, dass die Betroffenen nicht wissen konnten, was sie nach der Zugfahrt erwarten würde, selbst wenn sie davon ausgehen konnten, dass ihnen keine glückliche Zukunft zugedacht war. Fünf Züge wurden in diesem Winter 1941 nach Kaunas umgeleitet, und alle Menschen, die darin saßen, wurden wenige Tage nach ihrer Ankunft erschossen.[38] Selbst noch in diesen Zügen in den Tod, kurz vor der Ankunft, dachten sie über ihre Zukunft nach. Dazu später mehr.

Im Laufe des Jahres 1942 wurden immer häufiger die meisten der Menschen in den Zügen, die sie ins besetzte Baltikum oder Weißrussland brachten, unmittelbar nach ihrer Ankunft ermordet. So auch Frieda und Max Reinach. Die beiden schrieben seit Kriegsbeginn ein Brieftagebuch an ihre nach Palästina emigrierten Kinder, dessen letzten Eintrag vom 20. Oktober 1942 sie als Abschiedsbrief formulierten. Sie hatten eben erfahren, dass auch sie, obwohl Mitarbeiter der Jüdischen Gemeinde, nun »evakuiert« würden. In diesem Eintrag wird deutlich, dass Frieda Reinach schon zu viel erfahren hatte, um noch Hoffnung zu haben: »An ein Wiedersehen mit Euch kann ich nicht mehr glauben, Ihr werdet nie wissen, wo Eure Eltern begraben sind, wie ich nichts von m. 5 Geschwistern weiß.« Die beiden wurden kurz darauf nach Riga verschleppt und dort getötet.[39]

Erwartungen und Ungewissheit

So pessimistisch, und – wie sich im Rückblick feststellen lässt – klarsichtig wie Frieda Reinach bewerteten nur wenige ihre Situation, zumal in früheren Deportationsphasen. In Wien wartete bereits im Februar 1941 Artur Czuczka im Sammellager auf seine Deportation. Er hätte vorher zu seinem Bruder Fritz und dessen Familie in die USA emigrieren können, es gab ein Affidavit für ihn.[40] Doch der Einundfünfzigjährige wollte seine Mutter nicht allein in Wien zurücklassen. Im Januar 1941 starb die Mutter, Artur war am Boden zerstört, wie seine Briefe zeigen. Nun hätte er ausreisen können, im Grunde hielt

3. Artur Czuczka

ihn nichts mehr in Wien. Doch die Ereignisse überrollten ihn: Einen knappen Monat später musste er sich im Sammellager zur »Evakuierung« einfinden und wurde nach Opole im Distrikt Lublin im besetzten Polen verschleppt. Aus dem Sammellager berichtet er am 13. Februar 1941 seinem Bruder von den bangen Gesprächen über die ungewisse Zukunft: »Eben wird hier um mich herum debattiert, ob wir doch frei sein werden oder in ein Lager kommen.« Man könne, so hörte er, sich das aussuchen, und wenn das richtig sei, »wähle ich natürlich Lager, dann habe ich wenigstens Unterkunft & Ordnung und als Arbeit wird man mir dann eben eine solche geben müssen, die ich leisten kann. Frei sein + kein Geld haben ist dort sicherlich viel, viel böser als hier.« Er vertraue darauf, dass er auch dies überstehen werde, so wie schon vieles andere in seinem Leben.[41] Einen Tag später setzte er seinen Brief fort, und hier wird die Ungewissheit sehr deutlich: »Es ist eine derartige Aufregung hier + ich selbst bin nicht wenig aufgeregt, so dass ich nicht mehr weiter schreiben kann. Bekommt Ihr diesen Brief, dann bin ich mitgefahren, bleibe ich hier,

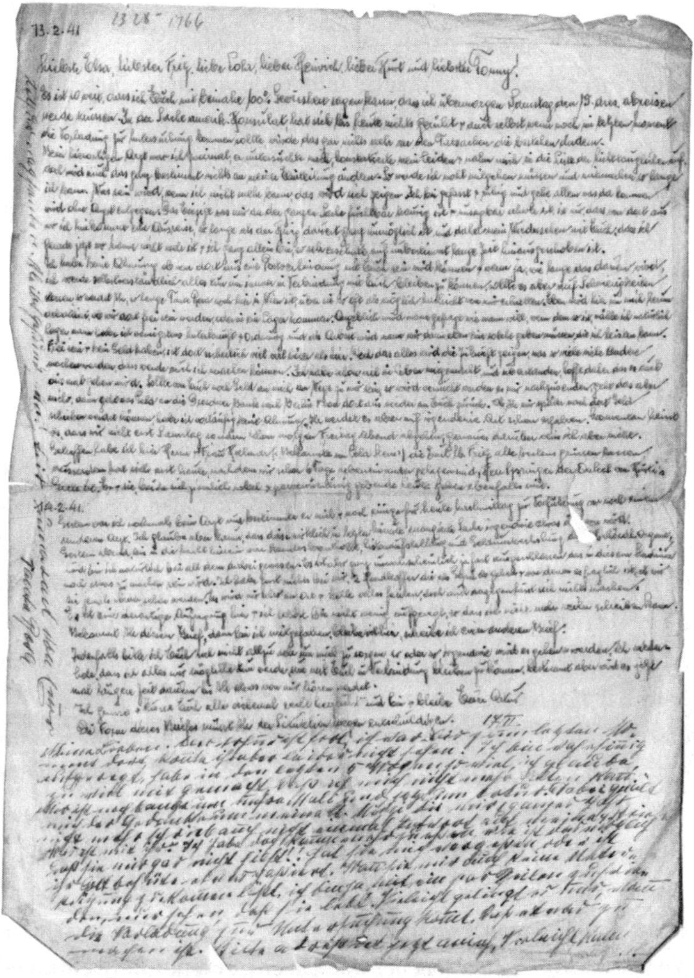
13. 2. 41

4. Brief Artur Czuczkas aus dem Sammellager in Wien, 13. Februar 1941

schreibe ich einen anderen Brief.« Er fügte hinzu: »Die Form des Briefes müsst Ihr der Situation wegen entschuldigen.«[42]

Wenig später warteten im Wiener Sammellager Wilhelm und Johanna Schischa auf die Abfahrt des zweiten Wiener Transports nach Opole. Sie erhielten dort erste Lebenszeichen des vorigen Transports, wie Wilhelm auf einer Karte an seine Schwägerin Fanny Bauer schreibt: »Es kommen ziemlich viele Berichte bereits von den früheren Transporten, gute und auch andere.« Auf einer weiteren Karte schreibt er kurz vor der Abfahrt: »Es kommen sehr gute Nachrichten, habe soeben viele Briefe gelesen.«[43] Dieser Optimismus war von kurzer Dauer, bereits die ersten der zahlreichen Briefe des Ehepaars aus Opole bezeugen den Schock über die vorgefundenen Bedingungen. Ihre Briefe und die zahlreicher anderer, die in diesem Frühjahr ins besetzte Polen verschleppt wurden, sorgten dafür, dass im Herbst in Wien viele klarer sahen als andernorts, welche Katastrophe die Deportation war – doch auch hier sah niemand die bevorstehenden Massenmorde voraus.

Die meisten wussten wie gesagt nur vage, dass sie »nach Osten« gebracht werden sollten. Manche erfuhren auch den genauen Zielort. Einige derer, die im Oktober und November 1941 zur Deportation nach Litzmannstadt bestimmt worden waren, hatten gehört, sie kämen in eine deutsche Industriestadt, in der sie wohnen und arbeiten würden. Anderen war Litzmannstadt sogar ein Begriff, auch erinnern sich einen Monat später Deportierte, sie hätten gehört, dass die zuerst Verschleppten nach Litzmannstadt gekommen waren. Doch was hieß dies alles?[44] In einem Brief von Else Kalischer vom 23. Oktober 1941, kurz vor ihrer Verschleppung von Berlin nach Minsk, heißt es, dass sie »einem ungewissen Schicksal entgegengehen u. vermutlich irgendwo im Dunkeln verschwinden werden«.[45] Hedwig Jung-Danielewicz, eine zum Katholizismus konvertierte Ärztin, die von Düsseldorf aus nach Minsk verschleppt wurde, notiert in einem Abschiedsbrief düster, »der 1. November 1941 führt mich in die polnische Verbannung, aller Habe beraubt, ein Bündel in der Hand ins Unwirtliche des östlichen Winters, wo mir Hunger, Kälte und Schmutz entgegenstarren«.[46] Manche Überlebende berichteten später über die kursierenden Gerüchte, so der Bankier Karl Loewenstein, der deportiert wurde, obwohl er bereits 1919 zum evangelischen Glauben übergetreten und Freikorpskämpfer gewesen war: »Wohin der Transport gehen sollte, wusste natürlich niemand.

Es wurde zwar gemunkelt, dass er nach Minsk gehen würde, aber auch andere Orte wurden genannt.« Bei der Abreise wurde dann in seine Kennkarte gestempelt: »Am 14. November 1941 von Berlin nach Minsk evakuiert.«[47]

Doch selbst, wenn sie das Ziel kannten, ahnten die Menschen nicht ansatzweise, was sie erwartete. Sie dachten weiterhin, sie würden zur Arbeit gebracht. Obwohl immer mehr Gerüchte und Nachrichten über das tatsächliche Schicksal vieler Menschen durchsickerten, die in das besetzte Osteuropa verschleppt worden waren, und obwohl bei den Zurückgebliebenen die Angst vor der eigenen Deportation immer größer wurde, gingen viele Jüdinnen und Juden davon aus, ihre Arbeitskraft würde gebraucht. Gerda Gottschalk saß gemeinsam mit ihrer Schwester in Haft, da sie den »Judenstern« nicht getragen hatten. Sie schreibt, sie seien vor die Wahl gestellt worden, entweder mit einem Transport nach Riga »zum Arbeitseinsatz in [einer] Textilfabrik« oder nach Ravensbrück zu kommen. Wie sie sich erinnert, fiel ihnen die Entscheidung nicht schwer: »Sofort entschieden wir uns für Riga, von den Zuständen in Ravensbrück wussten wir bereits zu viel.« Der zuständige Gestapomann bestärkte sie in dieser Entscheidung: »Inspektor Z. war wieder zur Stelle. In rosigen Farben schilderte er uns den bevorstehenden Arbeitseinsatz: Gute Bezahlung, Unterbringung in Zimmern mit Zentralheizung und fließendem Wasser etc. würden uns erwarten.«[48] Die den beiden aufgetischte Lügengeschichte ist sicherlich ein extremes Beispiel, doch von Arbeit und Aufbau ist immer wieder die Rede.[49] In einem Bericht über einen Transport aus Wien nach Minsk Anfang Mai 1942 ist zu lesen: »Man sagte uns damals, dass den Juden im Osten die Möglichkeit gegeben werde, sich eine neue Existenz zu schaffen. Zu diesem Zweck sollte man sich Werkzeug und alles, was man besitzt, mitnehmen.«[50]

Die Zusammensetzung der Transporte machte allerdings einige misstrauisch. Erst im April 1942 bestimmte das Reichssicherheitshauptamt, dass Kriegsversehrte und über 65 Jahre alte Juden grundsätzlich nach Theresienstadt zu deportieren seien. Von den frühen

Deportationen im Herbst und Winter 1941 waren zahlreiche alte Menschen betroffen. Und so drehten sich etwa die Gespräche im Lübecker Sammellager Ende 1941, wie Josef Katz berichtet, um die Frage, warum so viele Alte deportiert würden, wenn es doch zur Arbeit gehe.[51] Ruth Gröne erinnert sich, dass ihr Vater anwesend war, als ihre Großeltern am 15. Dezember 1941 deportiert wurden. Er hatte gehört, dass der Zug nach Riga fuhr. Doch zu Hause fragten sie sich: »Und was wollte man mit Siebzigjährigen oder mit kleinen Kindern in Riga wohl machen? Dass es da um etwas anderes gehen musste, das war zumindest unseren Erwachsenen bewusst. Meine Großeltern kamen dort beide ums Leben.«[52]

Dieses Argument funktionierte auch andersherum, wie die Geschichte von Alfred Winter zeigt: Nachdem schon zwei Düsseldorfer Transporte nach Litzmannstadt und Minsk gefahren waren, wurde er mit dem dritten Transport nach Riga deportiert. Zwar ahnte er inzwischen, dass diese »Umsiedlung« nichts Gutes bedeutete, diesmal aber war etwas anders: »Da dieser Transport jedoch vor allem aus gesunden Menschen bestand, erwarteten die meisten, in oder bei Riga zu arbeiten, genau wie die Gestapo es ihnen gesagt hatte.«[53]

Im Juni 1942 führte Robert Eisenstädt, der als Einziger den bevorstehenden Transport aus Kassel nach Lublin-Majdanek und nach Izbica überleben sollte, in der Sammelstelle ein Gespräch mit einem Polizisten:

> »Nachmittags sah ich Kommissar Dahmer, der früher in Hanau tätig war. Ich unterhielt mich lange mit ihm, um Näheres zu erfahren. Dahmer sagte mir, der Transport ginge voraussichtlich nach Riga. Ich fragte, ob er schon etwas von den Deportierten aus Polen gehört hätte. Dahmer machte mir keine großen Hoffnungen für die Zukunft, glaubte jedoch, dass wir jüngeren Leute stark genug seien, die Zeit zu überstehen.«[54]

Wie bereits erwähnt, hatten die Wiener Jüdinnen und Juden von den im Frühjahr 1941 Deportierten schon viel Furchtbares über das Leben an den Zielorten gehört, auch hatten Nachrichten von den Anfang 1940 aus Stettin in den Distrikt Lublin Verschleppten manche Menschen im Reich erreicht.[55] Die ersten, die im Herbst 1941 nach Litzmannstadt deportiert worden waren, durften ebenfalls noch schreiben, so dass Karten aus dem überfüllten Ghetto bald die besorgten Daheimgebliebenen erreichten.[56]

Und so sprachen sich in der Heimat erste Nachrichten über die Schicksale der deportierten Menschen herum, schreckliche Dinge wurden aus den Zielorten bekannt. Von manchen Deportierten – so dem gesamten ersten Zug, der von Berlin nach Riga gefahren war, den fünf Kaunas- und den Minsk-Transporten – trafen gar keine Lebenszeichen mehr ein: »All' diese Dinge steigern natürlich nicht den Mut der von der Evakuierung Betroffenen«, stellt der Berliner Journalist Hermann Samter, der selbst später mit seiner Frau nach Auschwitz deportiert und dort ermordet wurde, Ende Januar 1942 in einem Brief fest.[57] Auch erreichten früh erste, recht konkrete Nachrichten von Massenmorden zumindest einige der potenziellen nächsten Deportationsopfer. Der Breslauer Historiker Willy Cohn notiert bereits am 10. Oktober 1941 in sein Tagebuch, dass es in Kiew »ein großes Blutbad« gegeben haben soll. Gemeint ist hier die Erschießung von über 33 000 Jüdinnen und Juden in der Schlucht von Babyn Jar am 29. und 30. September 1941. Knapp anderthalb Monate nach diesem Tagebucheintrag wurde auch Willy Cohn mit seiner Frau und seinen beiden Töchtern nach Kaunas deportiert und dort kurz nach der Ankunft im Fort IX ermordet.[58] In Dresden schreibt Victor Klemperer, der in einer »Mischehe« zwar vorerst vor der Deportation geschützt war, jedoch in einem »Judenhaus« leben musste, am 13. Januar 1942 in sein Tagebuch: »Paul Kreidl erzählt – Gerücht, aber von verschiedenen Seiten sehr glaubhaft mitgeteilt –, es seien evakuierte Juden bei Riga reihenweis, wie sie den Zug verließen, *erschossen* worden.«[59]

Mit zunehmender Sorge und Ungewissheit warteten Jüdinnen und Juden daher auf eine Benachrichtigung der Gestapo oder der Jüdischen Gemeinde, dass auch sie sich am Sammelpunkt einzufinden hätten. Die Angst war groß. Gesuche, von den Deportationen zurückgestellt zu werden, waren in den meisten Fällen erfolglos. Einige versuchten, einen Aufschub zu erreichen, indem sie sich krankschreiben ließen, andere baten die Betriebe, in denen sie beschäftigt waren, sie als wichtige Arbeitskräfte zu »reklamieren«.[60] Doch selbst ein erfolgreicher Rückstellungsversuch brachte meist nicht mehr als einen Aufschub. Der Wienerin Malke Prucz gelang es im Herbst 1941 mit einem Gesuch bei der Israelitischen Kultusgemeinde, ihren Mann Naftali Prucz aus gesundheitlichen Gründen vom Transport zurückstellen zu lassen, doch im August 1942 wurde das Ehepaar schließlich nach Minsk verschleppt und in Maly Trostenez ermordet.[61] Einige versuchten, »unterzutauchen« und im Versteck weiterzuleben, was jedoch ungeheuer schwierig war. Ohne finanzielle Mittel und besonders ohne die Hilfe von Nicht-Juden war das kaum möglich. Es setzte voraus, dass die Betroffenen nach Jahren sozialer Isolierung und Ausgrenzung vertrauenswürdige »arische« Bekannte hatten, die bereit waren, ein solches Risiko einzugehen. Zudem bedeutete diese Entscheidung in vielen Fällen die Trennung von Familienmitgliedern.[62]

Manche nahmen sich vor der drohenden Deportation das Leben. Die wenigen überlieferten Abschiedsbriefe und die Erinnerungen von Freunden und Verwandten verdeutlichen, dass sich viele von ihnen vor allem als Deutsche und dann erst als Juden fühlten. Sie waren verzweifelt, dass sie aus ihrer Heimat vertrieben werden sollten, und zogen es vor, ihrem Leben ein Ende zu setzen. Sie wollten in den Wohnungen und Häusern bleiben, in denen sie den größten Teil oder gar ihr ganzes Leben verbracht hatten. Es gab ältere Männer, die sich sämtliche Orden an den Anzug hängten, die ihnen als deutsche Soldaten verliehen worden waren, bevor sie die Tabletten nahmen.[63] Ein selbstbestimmter Tod erschien immer noch besser als der Transport mit unbekanntem Ziel. Im Abschiedsbrief von Ida Weissberger, die im Juli 1942 den Deportationsbescheid erhielt, wird dies besonders greifbar, als sie ihre große Erleichterung darüber schildert, dass es ihr gelungen ist, genügend Veronal zu bekommen:

»Seither bin ich geradezu glücklich. Seit meiner Mutter Tod habe ich mich nicht so geborgen gefühlt wie jetzt. Alle Angst vor dem Kommenden, alle Misere der Gegenwart sind von mir abgefallen. Ich habe nichts mehr zu fürchten, keine Verschleppung ins Ghetto mit abschließendem Pogrom, kein hilfloses Alter mit Blindheit oder Lähmung, wenn das erstere ausbliebe (der Zustand meiner Augen und Beine hätte mir wahrscheinlich dieses Los beschieden). Seitdem ich nun das Erlösungsmittel in Händen habe, lebe ich mein Restchen Leben so intensiv wie noch nie. Ich bin glücklich.«

Wenige Tage später brachte sie sich um.[64]

Elisabeth Block aus dem bayerischen Niedernburg berichtet am 19. und 20. Oktober 1941, wie sie von Deportationen aus anderen Städten und auch von Selbstmorden erfährt. Die Achtzehnjährige notiert in ihr Tagebuch:

»Man kann sich denken, welche Angst sich unser bemächtigte, sowohl um unsere Verwandten als auch um uns selbst. Wie leicht kann uns dasselbe schreckliche Los treffen, ohne irgendwelche Sachen jetzt im Winter in dieses wüste Land mit seinen fast unmöglichen Lebensverhältnissen. Entsetzlich dieses Ungewisse, diese Angst um sein bisschen Leben, und beinah kein Ausweg, grauenhaft; nur noch an Gott kann man sich klammern und immer wieder bitten und nicht verzagen. Es kann doch nicht ewig mehr dauern, diese Zeit.«[65]

Wenige Tage später, am 26. Oktober 1941, schreibt sie über die Ängste, von ihrer Familie getrennt zu werden: »Nur wenn ich länger nicht heimkomme, werde ich unruhig und schlimme Gedanken und Ahnungen wollen sich meiner bemächtigen; denn wie leicht könnte es sein, dass ich ein leeres Haus anträfe und ich nur noch allein übrig geblieben wäre! Es ist undenkbar grauenhaft und bedrückend. Man darf gar nicht an so etwas denken.«[66] Elisabeth, genannt Lisi, blieb mit ihrer Familie zusammen. Am 3. April 1942 wurde sie mit ihren Eltern, ihrem Bruder und ihrer Schwester von München nach Piaski verschleppt. Dort verliert sich ihre Spur, überlebt hat niemand von ihnen.

In dieser Phase im Frühjahr 1942, in der auch Lisi mit ihrer Familie deportiert wurde, waren schon zahlreiche Nachrichten in die Heimat durchgesickert. Doch was heißt das über den tatsächlichen Wissensstand? Was kann überhaupt »Wissen« in diesem Zusammenhang bedeuten? Selbst wenn manche bereits von Mordaktionen im »Osten« gehört hatten, hieß das nicht, dass sie unweigerlich auch von ihrer eigenen Ermordung ausgingen. Das, was an Gerüchten oder auch Nachrichten über Bekannte zu ihnen durchdrang, klang viel zu ungeheuerlich. Selbst wenn es stimmte, dass einige Jüdinnen und Juden ermordet worden waren, versicherte man ihnen doch gerade, dass ihre Arbeitskraft dringend gebraucht wurde. Wer würde denn die eigenen Arbeitskräfte umbringen? Das schien jenseits aller Logik zu liegen, weshalb manche sich, auch mangels Alternative, an die Hoffnung klammerten, es könnte stimmen, was die deutschen Verantwortlichen ihnen sagten. Alfred Seiler, der im April 1942 mit seiner Familie aus Wien nach Minsk verschleppt wurde, gibt diesen gedanklichen Zwiespalt in seinen Erinnerungen wieder: »Ich war voller böser Vorahnungen. Was stand uns bevor? Was würde die Zukunft mir und meiner Familie bringen? Ja, ich hatte Angst um unser aller Zukunft. Die Gerüchte, dass wir alle zum Tode verurteilt waren, konnten doch nicht wahr sein. Menschen konnten doch nicht wirklich so grausam sein.«[67]

Erich Langer aus Essen wurde in derselben Phase wie Elisabeth »Lisi« Block deportiert, er war zu diesem Zeitpunkt relativ optimistisch, und dies mit der gleichen Argumentation, die wir im Bericht von Robert Eisenstädt und bei einigen der früher Deportierten gesehen haben. In einem Brief, den er über einen längeren Zeitraum an seinen nach Palästina emigrierten Sohn Klaus schrieb, hatte er am 12. Januar 1942 von ersten Deportationen aus dem Rheinland berichtet. Voller Sorge schrieb er, dass der erste Transport nach Litzmannstadt gegangen sei, sie vom zweiten aber noch keinerlei Nachrichten bekommen hätten; er solle nach Minsk gefahren sein. Sollten, so kündigte er an, die Bedingungen nach seiner eigenen Deportation, die er ja befürchten müsse, zu schlimm sein, so dass das Leben

»nur noch einem langsamen Hinsiechen gleichkommt, dann will ich Schluss machen«.[68] Am 15. April 1942 blickt er seiner nun konkret bevorstehenden Deportation etwas gelassener entgegen:

> »Die Würfel sind gefallen. Das lang Erwartete ist eingetreten: Am vergangenen Samstag, d. 11., erhielt ich die Nachricht, dass ich am 21. April mich zum Abtransport in das besetzte Ostgebiet bereit halten muss. Ich habe diese Nachricht mit großer Ruhe aufgenommen. Da aus unserer Gemeinde mehr als 400 Menschen herausgehen, vor allem viel Jugend, ist die Zusammensetzung ganz günstig. Auch ist es angenehm, dass es jetzt auf den Sommer zugeht. Man glaubt, dass wir in die ehemalige Provinz Posen geschickt und dort in der Landwirtschaft beschäftigt werden. Also keine schlechten Aussichten. Die Stimmung der Leute ist gut.«

Er endet: »Nun schließe ich, geliebter Junge, und nehme schweren Herzens von Dir Abschied. Leb recht wohl und bleib gesund! Hoffentlich gibt es noch ein Wiedersehen. Gott segne Dich! Ich küsse Dich in treuer väterlicher Liebe. Dein Papa.«[69] Erich Langer wurde am 21. April 1942 nach Izbica deportiert. Er hat nicht überlebt. Sein Sohn erhielt den Brief nach dem Krieg von Freunden des Vaters.[70]

Während bei den Erwachsenen die Stimmung zwischen Angst, großer Sorge und manchmal einem Quentchen Optimismus schwankte, sahen die Jüngeren dies mitunter ganz anders: Manche Kinder und Jugendliche, von denen die meisten noch niemals im Ausland gewesen waren, erinnerten sich nach dem Krieg daran, dass sie die erzwungene Reise zunächst noch als ein großes Abenteuer empfanden, auch wenn sie dieses Gefühl nicht ihren sichtlich besorgten Eltern verrieten. Esra Jurmann vergegenwärtigt sich die unterschiedlichen Erwartungen: Als sie im Januar 1942 den Befehl erhielten, dass sie Dresden verlassen müssen, war seine Mutter verzweifelt. Sie wussten nur: »Wir würden wahrscheinlich nach Polen geschickt werden oder irgendwohin in den Osten.« Für Esra klang das alles auch spannend: »Für mich wiederum war in alledem ein Element von Abenteuer. Wir würden ins Ausland gehen, ein fremdes Land sehen. Das wäre ganz aufregend. Allerdings sagte ich nichts davon.«[71] Daran, dass er die bevorstehende Deportation als »ein wenig abenteuerlich« angesehen hat, erinnert sich auch Günther Katzenstein, der aus Düsseldorf nach Minsk deportiert wurde. Er fügt jedoch gleich hinzu, dass »dieser Abenteuer-Gedanke« bei der Ankunft in Minsk direkt verschwunden war.[72]

Für viele Menschen begann der Schrecken schon in den Sammellagern in ihrer Heimat bzw. auf dem Weg dorthin. Eindrucksvoll beschreiben sie, wie entwürdigend sie diese weitere Ausgrenzung auch nach Jahren der sozialen Isolierung wahrnahmen. Erna Valk, dic aus Goch über Krefeld nach Düsseldorf kam, erinnert sich kurz nach dem Krieg, wie schlimm für sie der Weg vom Bahnhof zum Schlachthof in Düsseldorf war, wo sich das Sammellager befand: »Wir mussten mit unserem Gepäck ziemlich schnell laufen, Alte, Kranke, Kinder. Es gab Fußtritte. Die Düsseldorfer standen an den Fenstern und Türen, und einige weinten.«[73] Gary Wolff hatte hingegen auf dem Weg zum Schlachthof das Gefühl, dass die Passanten sie anschauten »wie Tiere im Zoo«,[74] und Liesel Ginsburg nannte dies »ein Spießrutenlaufen, die Bevölkerung gaffte uns an, als habe sie bisher noch keinen Menschen gesehen«.[75]

Richard Fleischer aus Göppingen, der mit seinen Eltern zusammen am 1. Dezember 1941 aus Stuttgart nach Riga deportiert wurde, erinnert sich in einem im November 1945 verfassten Brief, wie sie zunächst in ihrer Heimatstadt eine Nacht in der Turnhalle einer Schule übernachten mussten, »wie die Hunde ohne Betten und Decken«. Am nächsten Morgen ging es für sie weiter zum Sammellager nach Stuttgart, dort wurden sie »wie Verbrecher auf den Bahnhof getrieben, es war noch stockdunkel, unter dem Gejohle der Gassenjungen, und ›unser‹ Oberbürgermeister Dr. Pack war auch dabei. Zum Abschied rief er, ›fahrt in die Hölle, Saupack‹«.[76] Einige mussten, damit alles möglichst unbemerkt vonstatten ging, nachts zu den Sammelstellen marschieren, so erinnert Käte Frieß dies für Würzburg: »Nachts, im Schutze der Dunkelheit, trieb man uns heimlich wie die Pest hinaus.«[77]

Robert Eisenstädt erinnert sich 1944, wie sie im Juni 1942 in Hanau mit Gepäckwagen und unter Polizeibegleitung in Richtung Bahnhof marschierten und die unterschiedlichen Reaktionen der Bevölkerung sahen: Manche »nahmen trüben Blickes Abschied von uns, doch waren viele, die durch spöttische Bemerkungen ihrer Freude Ausdruck gaben«.[78] An einigen Orten brachte die Gestapo die Menschen auch mit Autos in die nächstgelegene große Stadt ins Sammellager. So schildert Johanna Rosenthal in einem kurz nach dem Krieg verfassten Brief, dass sie »mit verdeckten Autos« von Potsdam nach Berlin gebracht wurde, um dort einem Transport nach Riga angeschlossen zu werden.[79] Auch diese Art der Beförderung empfanden einige als entwürdigend. Lore Oppenheimer, die damals noch Lore Pels hieß, beschreibt, wie sie im Dezember 1941 in einem grünen Polizeiwagen zur Gartenbauschule Ahlem, der Sammelstelle in Hannover, gebracht wurden: »wie Schwerverbrecher«.[80] Rolf Abrahamsohn stand im Januar 1942 vom frühen Morgen an bis in den Nachmittag mit anderen Jüdinnen und Juden, die noch in Recklinghausen lebten, auf dem Bürgersteig und wartete auf die Lastwagen, die sie nach Gelsenkirchen bringen sollten. Die übrige Bevölkerung reagierte nicht auf das Schauspiel auf der Straße, »auch nicht die Nachbarn. Keiner brachte uns eine Tasse Kaffee, zu den Nachbarn hatten wir da schon keinen Kontakt mehr. Das Judenhaus war sehr isoliert worden, und alle machten einen großen Bogen drumherum. Sehen konnten sie, was da passierte, vielleicht hatten sie die Courage zum Helfen nicht. Oder man wollte es einfach nicht sehen.«[81]

Im Sammellager

In einem Sammellager auf die Abfahrt zu warten, bedeutete, unter schlimmen Bedingungen erstmals vollkommen von allem abgeschnitten und noch weit stärker isoliert zu sein als in den »Judenhäusern«. Zugleich mussten die Wartenden den Verlust jeglicher Privatsphäre hinnehmen. Wer hier hineinkam, durfte in den meisten

Fällen erst zum Abtransport wieder hinaus, war also noch nicht weit weg von der Heimat und doch bereits vollständig von ihr getrennt. Alfred Dube gehörte zu denjenigen, die bereits am 10. Oktober 1941 in der Prager Messehalle versammelt worden waren, aber erst sechs Tage später in das Ghetto Litzmannstadt deportiert wurden. Nach dem Krieg beschreibt er, wie er sich im Sammellager fühlte:

> »Hinter diesen Türen war unsere Stadt, die Stadt, in der ich aufgewachsen war, die Stadt, in der ich den Großteil meines Lebens verbracht hatte, wo um die Ecke meine Freunde lebten, aber nun eine Stadt, die für mich verboten war. Sehr wahrscheinlich würde ich sie eine sehr lange Zeit nicht wiedersehen. Ich kannte jede Ecke und jede Straße, in denen sich meine liebsten Restaurants und Klubs befanden. Ich würde sie alle vermissen. Ich hatte Angst.«[82]

Dieselben Sorgen bewegten auch Alfred Seiler beim letzten Gang durch Wien auf dem Weg zur Sammelstelle vor seiner Deportation nach Minsk. Er sah all die vertrauten Orte, die sein Leben bis dahin geprägt hatten, und fragte sich, ob er all dies jemals wiedersehen würde.[83]

Nicht nur die Ungewissheit machte den Betroffenen Angst: Oftmals waren sie schon an den Sammelpunkten mit Willkür, Brutalität und Demütigungen konfrontiert. Hier durchliefen sie mehrere Stationen, Polizisten registrierten sie, nahmen ihnen ihre Papiere ab, untersuchten sie, häufig in demütigender Art und Weise, und beraubten sie – nachdem dies bereits bei der Abholung aus ihren Wohnungen geschehen war – erneut. Außerdem waren die Sammelunterkünfte, in denen die Menschen nun mindestens eine Nacht bleiben mussten, in vielen Fällen unheimliche und unwirtliche Orte, die noch dazu vollkommen überfüllt waren. Die Enge wurde immer drückender, da immer mehr Jüdinnen und Juden aus anderen Orten in zentralen Lagern konzentriert wurden. Die Unterbringung war entwürdigend. Die deutschen Behörden richteten diese improvisierten Sammelpunkte in Schulgebäuden, Synagogen, Großmarkt- oder Messehallen oder auch auf Schlachthöfen ein, selten einmal in Hotels, so im Hotel Fränkischer Hof in Kitzingen für eine Deportation ab Würzburg.[84] Sanitäre Einrichtungen und erträgliche Nachtlager waren in den provisorischen Unterkünften Mangelware. Überlebende reflektierten rückblickend, diese qualvollen Bedingungen seien bereits ein Vorgeschmack auf das gewesen, was sie erwartete. Berthold Rudner schreibt nach der Ankunft im Ghetto Minsk über die zwei Tage, die er zuvor in der Synagoge Levetzkowstraße in Berlin verbracht hatte, diese seien lang genug gewesen, »um aus einem Kulturmenschen einen Primitiven zu machen«.[85] Und Otto Kalwo notiert im August 1945, die Menschen seien nach wenigen Tagen in der Wiener Sammelstelle »Wracks« gewesen.[86]

Im Schlachthof in Düsseldorf-Derendorf muss es unerträglich gestunken haben. Alles erinnerte hier an die eigentliche Funktion des Gebäudes; der Schlachthof blieb unter der Woche in Betrieb, es roch nach dem Blut und Kot der Tiere. Alfred Winter beschreibt, wie die Jüdinnen und Juden aus den umliegenden Orten nach Düsseldorf in den Schlachthof gebracht und von diesem Moment an selbst behandelt wurden wie Vieh.[87] Zu ihnen gehörte auch Liesel Ginsburg. Sie hatte sich morgens mit ihrer Familie in Rheydt an der Stadthalle einfinden müssen, von dort fuhren sie mit der Straßenbahn nach Gladbach zum Güterbahnhof und per Zug weiter nach Düsseldorf, wo sie in einer Kolonne zum Schlachthof marschierten. Sie erinnert sich später ebenso wie Erna Valk, dass der Schlachthof nicht vernünftig gesäubert worden und alles feucht und schmutzig war. Sie wurden alle aufgerufen und in »einer Leibesvisitation«, so Erna Valk, nach Wertsachen durchsucht. Die Nacht mussten sie in der engen, kalten Halle verbringen.[88] Die verunsicherten und verängstigten Menschen, die bis gerade eben noch ein eigenes Dach über dem Kopf, ein Bad und ein Bett mit bezogenen Decken gehabt hatten, mussten nun mit Hunderten fremden Menschen unter Geschrei und Jammern auf dem Fußboden nächtigen. Der Absturz war tief, schon hier. Günther Katzenstein, von dort nach Minsk verschleppt, fasst die Situation zusammen: »[I]ch sehe nur die Menschen, stehen dort am Schlachthof, gestikulieren und schreien und weinen und so weiter und so weiter. Das war ein fürchterlicher Anblick, das am Schlachthof.«[89]

Viele erlebten hier erstmals Gewalt und erniedrigende Beschimpfungen, machten »erste Erfahrungen mit den Gummiknüppeln der Wachen«.[90] Hilde Sherman erinnert sich, dass sie diese Momente im Sammellager als einen tiefen Einschnitt empfand, vor allem als ein Gestapomann sie anbrüllte und in den Raum stieß: »Ich war wie benommen. Es war das erste Mal in meinem Leben, dass ein Fremder mich stieß. (…) Und duzte. Der Anfang war gemacht. In Düsseldorf. In Deutschland. Wie sollte das weitergehen? Und in einem fremden Land?«[91]

Auch sexuelle Demütigungen erfuhren besonders Jüdinnen in den Sammellagern. Für die genannten »Leibesvisitationen« mussten sie sich häufig vollständig entkleiden, teils in abgetrennten Räumen, manchmal aber auch vor aller Augen. In der Frankfurter Großmarkthalle etwa fand diese Untersuchung aller Frauen und Mädchen im Beisein von SS- und SA-Männern statt.[92] Eine Berliner Überlebende erinnert sich im Interview: »Es wurde an uns Leibesvisitation gemacht, um auch an den intimsten Stellen ein Versteck ausfindig zu machen. Also er grabschte mir unter die Kleidung zwischen die Beine, das war als Teenager noch schrecklicher.«[93]

Sofie Leston, damals noch Rothschild, die in Kassel in einer Schule in der Schillerstraße auf ihre Deportation warten musste, erinnert sich, dass sie darum baten, wenigstens einige Gegenstände, die ihnen besonders wichtig waren, als Andenken behalten und mit auf die Reise nehmen zu dürfen. Doch ohne Erfolg: »Man nahm uns das Letzte rücksichtslos ab.«[94]

Für die Jüdinnen und Juden aus den Regierungsbezirken Hannover und Hildesheim hatte die Gestapo-Leitstelle Hannover Ende 1941 die Israelitische Gartenbauschule Ahlem zur zentralen Sammelstelle erklärt. Bernard Stein, der dort auf seinen Abtransport wartete, erinnert sich, dass die Gestapo ihnen bei den Untersuchungen schwerste Schläge androhte, sollten sie etwas nicht abgeben und es später gefunden werden. Körbe voll mit Uhren, Ringen und anderen

Wertgegenständen standen im Raum und füllten sich immer mehr. Das Schlimmste für ihn war es jedoch, als man seine Frau, die nach einer Operation im Krankenhaus gelegen hatte, auf einer Bahre ins Lager brachte. Sie hatte von seinem bevorstehenden Transport erfahren und sich freiwillig gemeldet. Noch bevor ihr Mann überhaupt ein Wort mit seiner kranken Frau reden konnte, durchsuchte die Gestapo sie nach Wertgegenständen.[95]

Der in großem Maßstab durchgeführte Raub an den Sammelstellen war einerseits die Fortsetzung der staatlichen Ausplünderung, andererseits nutzten Gestapoleute vor Ort die Situation, um sich persönlich zu bereichern. Beides ist nicht immer scharf zu trennen, für die eingeschüchterten Menschen, die gerade erst die für sie am wenigsten entbehrlichen Dinge ausgewählt hatten, um sie mitzunehmen, war es in beiden Fällen dasselbe Ergebnis: Nun hatten sie auch noch ihr Geld, ihre letzten Wertgegenstände und häufig auch wichtige Erinnerungsstücke wie zum Beispiel ihre Eheringe verloren. Ein Gestapomann nahm in Dresden dem dreizehnjährigen Manfred Ogrodek seinen Füllfederhalter weg und steckte ihn sich »stillschweigend in sein Jackett«.[96] Gary Wolff erinnert sich, dass ihn ein Gestapomann im Schlachthof um sein Akkordeon brachte.[97] Auch vor kleinen Kindern machte die Gier einiger hier eingesetzter Posten nicht halt. Werner Rübsteck schildert, wie – ebenfalls im Düsseldorfer Schlachthof – seine Schwester einen Ring abgeben musste: »Meine kleine Schwester, welche mit meiner Mutter ging, die hat damals so furchtbar geweint, weil einer dieser – ich will nicht den Namen sagen, ja? – hat ihr einen Ring abgenommen, der ihm gefallen hat; abgenommen, auf den Finger gesteckt: ›Guck, das ist schön.‹«[98]

Die Nächte, die den Untersuchungen und Ausraubungen folgten, waren schlimm. In Köln war die Sammelstelle in den Deutzer Messehallen untergebracht. Das Gelände war von Stacheldraht umzäunt und von Schutzpolizisten bewacht. Der Boden in dem unbeheizten Raum war nur mit Sägemehl bedeckt, das musste als Schlafunterlage ausreichen. Als Hans Baermann von hier nach Riga deportiert wurde, waren sie gezwungen, zuvor 24 Stunden »in nassen Hobelspänen« zu verbringen.[99] Zudem war es nahezu unerträglich eng. Inge Rothschild erinnert sich kurz nach dem Krieg: »[W]ir [wurden] mit Tausenden anderen in einer Messehalle zusammengetrieben und mussten dort eine Nacht verbringen. Wir waren so eng zusammengepfercht, dass viele Kleinkinder erstickten.«[100] Lore Mansfeld, damals noch Schottänder, hatte sich mit ihrer Mutter bereits an den Messehallen eingefunden, von wo sie nach Litzmannstadt deportiert werden sollten, doch wurden sie wieder nach Hause geschickt und mussten sich zum nächsten Transport melden. Dieser ging nach Riga.[101]

In Stuttgart wartete Hannelore Marx mit ihren Eltern auf die Abfahrt. Am Nachmittag des 27. November 1941 musste ein großer Teil der Juden aus Württemberg zur Reichsgartenschau auf dem Killesberg kommen. Mit ihren Rucksäcken wurden sie in der Versammlungshalle »zusammengepfercht«, die Koffer sollten separat verschickt werden. Es wurde immer voller, da nun auch Menschen aus kleineren Gemeinden in der Umgebung hierhergebracht wurden. Sie schliefen auf dem Fußboden und nutzten dabei ihre Rucksäcke als Kissen.[102]

Aus dieser Stuttgarter Sammelstelle ist ein etwa achtminütiges Fragment eines NS-Propagandafilms überliefert, ebenso mehrere Fotografien, die wohl zeitgleich bzw. im Zusammenhang mit diesem Film entstanden sind. Der Film zeigt zwar mehrere Stationen, die die Menschen in den Sammellagern durchliefen, wie die Kontrolle von Papieren und Gepäck, die Enge im Lager, die Essenausgabe sowie die Verladung von Gepäckstücken. Doch verzerrt er zugleich massiv die Realität auf dem Stuttgarter Killesberg: Alles scheint geordnet abzulaufen, Gewalt findet in diesem Film nicht statt, wir sehen den Vollzug eines Verwaltungsakts, die Täter kommen nicht vor. Immer wieder werden Koffer gezeigt, als ginge es hier um eine harmlose Reise.[103] Im Film und auf den Fotografien ist die Perspektive der Täter überliefert. Dies sind im Unterschied zu den in diesem Buch verwendeten Selbstzeugnissen keine Fotos, die Jüdinnen und Juden gemacht haben, um zu dokumentieren, was ihnen angetan wurde oder wie sie darauf reagiert haben. Der Film und diese Fotos zeigen den

5. Jüdinnen und Juden warten im Stuttgarter Sammellager auf ihre Deportation (deutsches Propagandafoto).[105]

Täterblick auf die erniedrigten Menschen. In der Filmsequenz wird dies sehr deutlich, die gefilmten Personen in der zum Lager umfunktionierten Halle drehen sich weg, wenn sie merken, dass die Kamera auf sie gerichtet ist, sie möchten in dieser Zwangslage nicht gefilmt werden.[104] Wenn hier trotzdem eines dieser Bilder, wie es sie übrigens aus zahlreichen Städten gibt, gezeigt wird, dann deshalb, weil sie doch einen Eindruck von den Bedingungen geben, in denen sich die zur Deportation Bestimmten nur kurz, nachdem sie ihr Zuhause verlassen hatten, befanden.[106]

Lore Oppenheimer beschreibt, wie sie in der Gartenbauschule Ahlem mit ihren Eltern in einer Turnhalle hausen musste: »Ein Saal mit ca. 60 Matratzen nebeneinander ohne Gang, Männer und Frauen, es lagen 60, 70 Menschen durcheinander.«[107] Auch in Kassel war eine Schule zum Sammellager umfunktioniert worden. Die Menschen schliefen auf dem Fußboden, für einige Kinder hatte die Jüdische Gemeinde Matratzen organisieren können.[108]

In der Synagoge in der Berliner Levetzkowstraße lebten und schliefen sie nach Abschluss der Untersuchungen zwei Tage und Nächte im großen Betsaal der Synagoge. Die Geräuschkulisse war erheblich, ständig waren Gemurmel, Schreie und Weinen zu hören, alle paar Minuten gab es Durchsagen. Die Luft war unerträglich stickig. In einem der Nebenräume wurde gekocht, im Betsaal gegessen, Chaim Behrendt schreibt: »Das Gotteshaus ist zum Kampierlager gemacht worden.«[109] Karl Loewenstein schildert dies so: »Der uns zur Verfügung stehende Raum reichte bei weitem nicht aus, um 1030 Menschen unterzubringen. Ich war daher – wie viele andere auch – gezwungen, zwei Tage und Nächte auf einem Klappsitz zu verbringen. Bewegen konnte man sich nicht, überall lagen oder hockten Menschen herum.«[110] Siegmund Weltlinger von der Reichsvereinigung der Juden in Deutschland arbeitete manchmal in diesem Sammellager und erinnert sich noch Jahre später mit Schrecken an die Bedingungen dort. Er, der selbst 1943 noch mit seiner Frau untertauchen und so der eigenen Deportation entgehen konnte, beschreibt die große Verzweiflung der Menschen, die, wenn sie einmal in der Sammelstelle waren, erst zu ihrer Deportation wieder herauskamen. Ein letzter Ausweg war es, sich das Leben zu nehmen: »Manche Frauen stürzten sich von der Empore auf den Marmorfußboden herab; eine furchtbarere Entweihung eines Gotteshauses war nicht auszudenken.«[111]

Nicht nur Selbstmorde mussten die Menschen mit ansehen. Jeanette Wolff beobachtete im Sammellager in Dortmund einen Mord – es war der erste von vielen, die sie während ihrer mehrjährigen Odyssee erlebte:

> »Im Börsensaale lagen wir etwa 1300 Menschen auf unseren Gepäckstücken auf der Erde, fünf Tage und vier Nächte schikaniert von der Gestapo und ihren Helfern. Das Erste, was wir von den Grausamkeiten der Gestapo zu Gesicht bekamen, war, dass man einen Menschen vor unseren Augen erschoss, weil er in der Nacht einen Schreikrampf bekam.«[112]

In Wien war die Situation in den Sammellagern zwar sehr ähnlich, doch gab es hier einige lokale Besonderheiten, wie auch das bereits erwähnte Verfahren des »Aushebens« bereits ein Spezifikum war.

Längere Zwangsaufenthalte waren hier üblicher als anderswo.[113] Besonders gefürchtet war die »Kommissionierung«. Hierbei wurden Anton Brunner, als Mitarbeiter der Zentralstelle mitverantwortlich für die Deportationen, jeweils ungefähr 1100 zur Deportation vorgesehene Menschen vorgeführt. Die meisten von ihnen wählte er endgültig aus, einige wenige stellte er noch einmal zurück. Nach dieser Auswahl konnten Betroffene nur noch einen Aufschub erwirken, wenn ein jüdischer Arzt ihnen Transportunfähigkeit bescheinigte. Und auch dies garantierte nichts, wie Otto Kalwo kurz nach dem Krieg deutlich macht: »Alte, Kranke, werden auf Tragbahren vor ihn hingetragen. ›Volljude?‹ ›Ja.‹ Und schon gestempelt. Vergebliches Ersuchen des Arztes, den Todkranken für einen späteren Transport zurückzubehalten.«[114]

Auch Artur Czuczka machte die Erfahrung, dass eine ärztliche Bescheinigung keinerlei Garantie war. Er versuchte im Februar 1941 in der Wiener Sammelstelle noch, seine Deportation zu verhindern. Er schreibt am 12. Februar, dass er nun an der Sammelstelle und zur Ausreise bestimmt sei, die Fahrt solle Gerüchten zufolge Ende der Woche erfolgen, doch wisse niemand Genaueres: »Ob ich mitgehen werde? Auch das weiß ich noch nicht bestimmt. Ich war bei der ärztlichen Visite, mein Leiden wurde festgestellt und anerkannt, allerdings erst nur von einem jüdischen Arzt, der eine Liste derartiger Leute angelegt hat, die jetzt weitergeht und dann & dort fällt erst die Entscheidung.« Einen Tag später schreibt er seinen Verwandten, dass er nun mit »beinahe 100 % Gewissheit sagen kann«, dass er am nächsten Tag abreisen wird. Er notiert: »So werde ich wohl mitgehen müssen und weitermachen, so lange ich kann. Was sein wird, wenn ich nicht mehr kann, das wird sich zeigen.«[115]

Nach der »Kommissionierung« wurden die zu Deportierenden in einen neuen Aufenthaltsraum gebracht, ihre Dokumente waren inzwischen vernichtet, stattdessen wurde ihnen eine Nummer zugeteilt. Die Parallele zum intendierten Identitätsverlust in den Konzentrationslagern ist offensichtlich.[116] So sah es auch Alfred Seiler, der beschreibt, wie ihnen nach einigen Tagen in der Sammelstelle in der

Sperlgasse, am Ende aller Prozeduren, die Kennkarte abgenommen und mit dem Stempel »Evakuiert« versehen wurde. Er kommentiert dies: »Jetzt hatten wir nichts mehr – keinen Besitz, keine Identität, keinen Namen. Nichts.«[117]

Nach diesen Schritten gab es für die Betroffenen keine Möglichkeit mehr, der Abfahrt zu entgehen. Rita Rockenbauer musste mehr als sieben Monate, von Februar bis September 1942, im Wiener Sammellager verbringen. Sie hoffte die ganze Zeit über, der Deportation zu entgehen, doch dann wurde sie endgültig dazu bestimmt. Sie schreibt am 12. September 1942 einen verzweifelten Brief an ihren geschiedenen nichtjüdischen Mann, von dessen Hilfe sie sich Rettung versprochen hatte: »Ich möchte sterben, sterben – es geht ins Ungewisse, Dunkle allein, allein, allein. O Gott. Es soll nach Riga gehen – ich bin verzweifelt.«[118] Der Transportzug, der am 14. September 1942 Wien verließ, fuhr nicht nach Riga, sondern zur Vernichtungsstätte Maly Trostenez bei Minsk.[119]

Dorthin verschleppten die Nationalsozialisten auch Edith Herz, die mehrere Wochen in einem improvisierten Lager in Bardenberg in der Nähe von Aachen sorgenvoll auf ihren Abtransport gewartet hatte. Lager wie dieses (beispielsweise auch die »Judensiedlung« Milbertshofen in München), in denen die Verantwortlichen Jüdinnen und Juden konzentrierten, um ihrer Wohnungen habhaft zu werden, waren »Zwischenstationen«, an denen die Betroffenen oft noch eine ganze Weile hausten, bevor sie den Deportationszug besteigen mussten.[120] Edith Herz schreibt im Sommer 1942 aus Bardenberg Briefe an ihre Cousine Ellen Loher in München, in denen sie erzählt, wie quälend das ungewisse Warten ist, während andere schon abtransportiert werden. Sie beklagt den Verlust jeglicher Privatsphäre und teilt am 15. Juli 1942 schließlich mit, dass sie sich nun auch in der Messehalle in Köln zum Transport nach Minsk einfinden muss. Obzwar bereits in einem Lager, war Edith Herz nun mit denselben Sorgen konfrontiert, die ihre Schicksalsgenossen nach dieser Benachrichtigung quälten: »Heute habe ich den ganzen Tag nur überlegt, wie und was wir mitnehmen. Ich glaube, bis wir ausrücken, wird noch ein dutzendmal umgepackt.« Sie meint: »Mehr wie kaputt gehen, kann man nicht«, und versichert: »So oft es geht, werde ich schreiben.« Edith Herz konnte nicht noch einmal schreiben, ihr Transport von Köln nach Minsk kam direkt zur Vernichtungsstätte Maly Trostenez.[121]

Ob in Wien, Prag oder den Städten im »Altreich«: Die Situation in den Sammellagern war desolat, die Menschen waren verzweifelt, sie fühlten sich ohnmächtig. Es zerrte an den Nerven der Eingeschlossenen, nicht zu wissen, wann ihr Transport stattfinden würde. Otto Kalwo beschreibt diese Situation eindrücklich: »Hineingestoßen in etwas für sie Unbegreifliches, können sie keinen klaren Gedanken mehr fassen. Verlassen, ohne Hilfe, sitzen sie nun da, vor sich ein Schicksal, das für sie glücklicherweise nicht fassbar ist. Und warten.«[122] Sofie Leston fasst diesen Zustand ähnlich zusammen: »Wir dämmerten schlecht und recht vor uns hin, immer nachgrübelnd, was uns denn wohl in irgendeinem Arbeitslager des lettischen Landes erwarten würde. Was uns im Einzelnen bevorstand, wussten wir nicht. Nur, dass wir nichts Gutes hoffen durften, prägte sich allen mit unwiderstehlicher Gewissheit ein.« Alle litten extrem »unter den Folgen dieses aus geordneten Wohnverhältnissen so plötzlich herausgerissenen Daseins«.[123]

Am nächsten Morgen oder nach einigen Tagen – oder in Ausnahmefällen erst nach einigen Monaten – rissen die Verantwortlichen die in den Sammellagern zusammengepferchten Menschen endgültig aus ihrem bisherigen Dasein heraus. Dabei mussten die Jüdinnen und Juden auch ihre Fahrkarte »nach Osten« noch selbst bezahlen. Als Tarif galt der Dritte-Klasse-Fahrpreis von vier Pfennig pro Kilometer, Kinder unter zehn Jahren reisten ermäßigt.

Es folgte der Weg zum Bahnhof. Die Männer, Frauen und Kinder mussten entweder unter Bewachung dorthin marschieren oder wurden hingefahren. Jeanette Wolff beschreibt, wie in Dortmund »ein langer, trauriger Zug unter Bewachung der Gestapo den Weg zum Bahnhof an[trat]«.[124] Israel Straus erinnert sich an die schwere Bewachung, unter der sie zur Station gebracht wurden,[125] und Esra Jurmann an die damit verbundene Gewalt in Dresden: »Am Bahnhof bekamen wir den ersten Vorgeschmack von dem, was uns bevorstand. Gestapo und SS-Leute schrien und schlugen, und wir waren anfangs fassungslos über diese Brutalitäten.«[126]

Hilda Stern Cohen, die im Oktober 1941 als Siebzehnjährige aus Frankfurt nach Litzmannstadt verschleppt wurde, beschreibt die chaotische und wiederum gewaltsame Szenerie, in der die verstörten Menschen die Züge bestiegen:

> »Rechts warten die Waggons: ›Einsteigen, schnell, schnell …‹ Tritte, Stöße helfen, und in ungeahnter Schnelligkeit sind 80 Menschen in einen der verbauten polnischen Waggons gepresst. Pakete, Koffer poltern herein, Menschen dazwischen, Kinder dazwischen. Die Türe wird verrammelt, und wir starren uns wortlos an. Das erste Gefühl keimt auf, dass man in einem Käfig nicht höflich sein kann. Wir sind alle gesittete Leute – aber jeder möchte sitzen.«[127]

Berthold Rudner schildert, als er schon in Minsk ist, wie er nach zwei Nächten im Sammellager in der Levetzkowstraße »mit dem Polizeiwagen nach Grunewald gebracht« wurde. Alles ging quälend langsam vor sich, er beschreibt die Zeit bis zur Abfahrt: »Stundenlang vor dem Zug gestanden, ohne einsteigen zu können. Alles fror. Kinder weinten. Endlich Verladung in uralte eiskalte Zuggarnitur. Gegen 19 h Abfahrt bei Nacht und Nebel und Kälte. Alles bibberte. Ca. 1200 Menschen führte der überfüllte Zug nach dem Osten. Menschen waren bedrückt.«[128] Während die meisten Deportierten von Geschrei und Unruhe auf den Bahnsteigen berichten, schildert Erna Steiniger aus Brünn eine ganz andere Szenerie, als sie Mitte November 1941 mitten in der Nacht mit Bussen zum Brünner Bahnhof und zu den Waggons gebracht wurden, die sie nun nach Minsk bringen würden: »Wir durften nicht sprechen, es wickelte sich alles in unheimlicher Stille ab.«[129]

Die Züge fuhren los. Sie verließen Berlin und Frankfurt, Wien und Prag, Hannover und Bielefeld, Dresden, Nürnberg und andere Städte. Sie rollten in Richtung Osten, entfernten sich langsam, aber unerbittlich von der Heimat der in ihnen zusammengezwängt sitzenden Männer, Frauen und Kinder.

3

IM ZUG: »ES WAR EINE FAHRT INS UNGEWISSE, INS VERDERBEN«[1]

»Das Rütteln des langsam sich nach Osten wendenden Zuges brachte uns der uns ja erwartenden Zukunft rasch nahe. Jetzt wussten wir alle, dass kein Pardon zu erwarten war. Die Kinder schrien nach Wasser, alte und kranke Menschen litten jetzt schon unsäglich unter der immer mehr zunehmenden Kälte. Man konnte keinen Blick nach draußen werfen, denn die Fenster waren dick vereist. Viele haben sich schon bei dieser ersten Fahrt Erfrierungen zugezogen. So fuhren wir in das Ungewisse.«

Diese kurze Beschreibung einer furchtbaren Reise stammt aus dem 1945 handschriftlich notierten Bericht von Bernd Haase aus Gelsenkirchen. Er wurde Ende Januar 1942 gemeinsam mit seiner Mutter und seiner Schwester nach Riga verschleppt. Als sie dort ankamen, mussten sie noch eine Nacht im bitterkalten Zug warten, bis am nächsten Morgen die Türen geöffnet wurden.[2]

Eine junge Frau aus Wien dachte ebenfalls, dass Riga ihr Ziel sei. Die Neunzehn- oder Zwanzigjährige hatte am 19. November 1941 in einer Sammelstelle in Wien in ihr Tagebuch geschrieben: »Morgen geht der Transport. Gestern am Abend hat es geheißen, wir fahren erst am Sonntag, aber es ist ja alles Bonkes. Gestern Nachmittag kam mein Visum, nun aber nützt es nichts mehr.« Und einen Tag später: »Heute hatten wir fahren sollen. Gott sei Dank ist bis jetzt noch kein Befehl zum Abmarsch gekommen. Vielleicht hat uns der liebe Gott lieb und lässt uns nicht nach Polen fahren. Es bleibt uns ja nur die Hoffnung.« Doch ihre Hoffnungen erfüllten sich nicht: Am 23. November 1941 verließ sie in einem überfüllten Zug mit 1000 jüdischen

Männern, Frauen und Kindern Wien. Sie blickte aus dem Fenster. In ihr Tagebuch notiert sie während der mehrtägigen Fahrt, wie es ihr erging. Sie schreibt: »Im Zug ins Unbekannte.« Eng aneinandergepresst saßen sie im vollen Abteil, sie hörten, dass sie unterwegs nach Riga seien. Sie schreibt: »Von Polen fuhren wir nach Ostpreußen, und jetzt sind wir gerade über die lettische Grenze gefahren.«[3] Damit endet das Tagebuch. Wenig später enden auch die Fahrt und das Leben der jungen Frau.

»Es war kein Viehwagen, wie vielfach erzählt wurde, sondern ausrangierte 4. Klassewagen, so dass auch ein Klosett vorhanden war.« So beginnt wiederum Elsa Meyring ihre Beschreibung der Fahrt der Stettiner Jüdinnen und Juden in den Distrikt Lublin im Osten des besetzten Polens, die bereits im Februar 1940 stattfand. Sie erinnert sich, dass es zwar ausdrücklich verboten war, die Fenster zu öffnen, »was aber in den 3 Tagen und Nächten, in denen wir nun nervtötend langsam fuhren, nicht beachtet wurde. Wir brauchten auch den Schnee, der auf den Scheiben lagerte, um unseren Durst zu stillen, nachdem die kleine Dose Milch schnell geleert war.« Die Menschen waren, wie sie sich erinnert, erstaunlich ruhig: »Die Haltung der Leute war im allgemeinen bewundernswert. Keine Klage. Alle vertrauten darauf, in eine polnische Stadt zu kommen und bis zur Beendigung des Krieges dort ›irgendwo‹ leben zu müssen.« Dieses Vertrauen lag sicherlich auch darin begründet, dass es die erste Deportation deutscher Jüdinnen und Juden war – sieht man einmal von den Deportationen aus Wien nach Nisko und zuvor der Abschiebung polnischer Staatsbürger aus dem Deutschen Reich ab. Diejenigen, die nun deportiert wurden, hatten noch keinerlei schlimme Nachrichten von zuvor Verschleppten erhalten, sie versuchten, auf der langen Reise ihre Hoffnung nicht zu verlieren.

Elsa Meyring beschreibt die Fahrt weiter: »Das Schwerste war, dass die Wagen nicht geheizt und nicht beleuchtet waren. Aber mit der Dunkelheit senkte sich ein wohltuender Halbschlummer auf die erschöpften Menschen.« Für sie selbst war die Fahrt in der Folge furchtbar, denn ihr Mann bekam Angstzustände, er »wollte ins Gepäcknetz klettern und drehte mir und der mir helfenden Schwester fast die Arme aus den Gelenken, wenn wir ihn zurückhielten und beruhigen wollten«. Um seine zerrütteten Nerven zu beruhigen, erzählt sie ihm tagsüber, dass sie auf einer Erholungsreise seien, auf dem Weg in ein schönes Hotel. »Aber nachts quälte er mich, ihn zu Bett gehen zu lassen. Er ließ sich nicht auf dem Platz halten und wanderte störend durch den Wagen, die armen Mitreisenden aufschreckend. Doch hat sich niemand darüber beklagt. Jeder verstand das große und besondere Leid, das sich da manifestierte.« Als ihr Mann in der dritten Nacht darauf bestand, sich zu entkleiden und gerade seine Stiefel ausgezogen hatte, kam der Zug zum Stehen. Wenig später öffneten sich die Türen, und sie mussten hastig aussteigen.[4]

Elsa Meyring und ihr Mann, Bernd Haase mit seiner Mutter und Schwester sowie die junge Frau aus Wien waren am jeweiligen Ziel angekommen nach einer Fahrt, die nichts Gutes ahnen ließ. Es war eine Fahrt, die alle, die den Deportationsbescheid bekommen, eilig gepackt und sich dann an den Sammelstellen eingefunden hatten, antreten mussten.

Diese Fahrten nach Osten erfolgten noch nicht in den mittlerweile ikonisch gewordenen Viehwaggons. Die kamen später, bei den Transporten aus den Ghettos in die Stätten der Vernichtung.[5] Manche Deportierte mussten unterwegs in andere Züge umsteigen, wenn sie vormals weißrussisches Gebiet erreichten; dort wurden dann auch Viehwagen eingesetzt, wie einige berichten. Die Städte im Reich verließen die Menschen dagegen in oft alten, aber normalen Zügen. In der Anfangszeit handelte es sich meist um ältere Personenwagen Dritter Klasse, seit den Deportationen in den Distrikt Lublin, die im März 1942 begannen, wurden zunehmend Güterwagen verwendet.[6] Bereits die Bedingungen dieser Fahrten waren in vielerlei Hinsicht qualvoll, und dies unabhängig davon, ob die Züge nach Litzmannstadt, Warschau oder Lublin, nach Riga oder Minsk rollten.

Die Auswirkungen dieser Bedingungen auf den Einzelnen konnten unterschiedlich sein, ebenso wie der Umgang damit. Für viele bedeutete die beschwerliche Reise eine ungeheure emotionale Belastung. Die Bedingungen verschlimmerten sich noch, je länger die Fahrt dauerte und je weiter der Zug sich von der Heimat entfernte.[7] Es wurde immer kälter, die Vorräte waren irgendwann aufgebraucht. Die Luft in den vollen Waggons, in denen sie »wie Heringe eingepresst«[8] waren, manchmal mit verriegelten Fenstern, wurde immer stickiger, der Gestank durch die hygienischen Zustände unerträglich: Die Toiletten waren bald verstopft und liefen über oder froren zu, es roch nach Schweiß, Erbrochenem, Fäkalien und Urin. Ein aus Frankfurt Deportierter fasst diese Bedingungen für seine Fahrt nach Minsk zusammen: »Je mehr der ungeheizte Zug nach Osten kam, je mehr machte sich die Kälte fühlbar. Die Aborte waren zugefroren, sie waren nicht mehr zu betreten, da der Boden nass und voll Menschenkot war.«[9]

Da saßen sie, die kurz zuvor doch bei allen Einschränkungen zumindest noch ein eigenes Bett, ein Zuhause, einen Rückzugsraum gehabt hatten, plötzlich mehrere Tage und Nächte lang sehr beengt und unbequem zusammen und mussten sich damit arrangieren. Im überfüllten Personenzug, in dem Fanny Englard, damals noch Dominik, reisen musste, brachten sie kleine Kinder im Gepäcknetz unter.[10] Ähnliches wird von anderen Fahrten berichtet, stets war jeder Platz belegt, zudem konnten die Menschen sich nicht hinlegen, manche saßen während der gesamten Fahrt auf dem Fußboden.[11]

Die Zwangspassagiere hatten in vielen Fällen nur die Lebensmittel, die sie selbst mitgebracht hatten. Besonders der Durst war quälend: »Unterwegs bekamen wir nur 2 mal Wasser. Halb verdurstet kamen wir an.«[12] Einige Überlebende berichten dagegen, dass sie vor der Abfahrt durch die Jüdische Gemeinde versorgt worden waren und daher Lebensmittel bei sich hatten. Chaim Behrendt, der aus Berlin nach Minsk verschleppt wurde, bekam am Bahnhof Grunewald noch große Papiertüten mit Lebensmitteln. Er hatte das Glück, dass sein Onkel bei der Gemeinde arbeitete und ihm eine Extratüte gab. Seiner Erinnerung nach versorgten, als sie Warschau erreichten, Mitglieder der dortigen Jüdischen Gemeinde sie mit Wasser und einem Laib Brot.[13] Berthold Rudner saß im selben Zug, er schreibt nach der

Ankunft im Minsker Ghetto deutlich anders über die Versorgungslage während der Fahrt: »Die Verpflegung war schandbar. Die mitgegebenen Stullen waren bald aufgezehrt. Während der ganzen langen Zeit gab's nicht einen warmen Tropfen. Wir waren schon glücklich, irgendwo *kaltes* Trinkwasser zu erlangen.«[14]

Der Mangel an Privatsphäre war für viele eine sehr schlimme Erfahrung, andere wiederum schlossen Freundschaften. So lernte Berthold Rudner auf der Fahrt von Berlin nach Minsk Martha Crohn kennen, mit der er im Ghetto die kurze Zeit bis zu ihrem Tod zusammenlebte: »Als endlich der Zug bestiegen werden konnte, kam ich neben einer kleinen, älteren, aber sehr lebendigen und gefassten, alleinstehenden Frau, Martha Crohn, zu sitzen, in der ich eine sehr vielseitig interessierte, literarisch gebildete Dame kennenlernte. Der Gesprächsfaden riss nicht ab, und bald schenkten wir uns gegenseitig Vertrauen.« Die beiden wurden bereits auf der Fahrt sehr vertraut miteinander: »Da wir genügend Decken hatten, hüllten wir uns gemeinsam ein und krochen belustigt in's ›Bettchen‹.«[15] Auch Emmi Nathan lernte auf der Fahrt von Düsseldorf nach Riga ihren Freund Berthold kennen. Er wurde jedoch später bei einer »Aktion« von ihr getrennt und fortgeschickt – sie hörte nie wieder etwas von ihm.[16] Käte Frieß störte die Enge ebenfalls überhaupt nicht, saß sie doch eng an ihren Mann geschmiegt und fühlte sich wohl.[17]

Für manche war die Fahrt ein Wechselbad der Gefühle mit durchaus auch positiven Erfahrungen, für die meisten überwogen jedoch ganz deutlich negative Emotionen wie Angst, Unsicherheit und sicherlich auch Ekel angesichts der Verhältnisse in den Zügen. Bei einigen waren die Nerven dem Zerreißen nahe, sie kamen mit alledem überhaupt nicht zurecht und erlitten auf der Fahrt Nervenzusammenbrüche, wie dies Elsa Meyring von ihrem Mann berichtet. Über einen Transport von Wien nach Minsk heißt es:

> »In Wolkowysk mussten wir in einem völlig verdunkelten Bahnhof mitten in der Nacht den Zug verlassen und in Viehwagen umsteigen. Viele, die sich nicht so schnell zurechtfinden konnten, bekamen die

> Stiefel der SS zu spüren, und Alte, Gebrechliche blieben unter den Knüppelschlägen auf dem Bahnsteig liegen. In dieser Nacht hatten viele den Verstand verloren, waren irrsinnig geworden. Die Transportleitung hatte den Auftrag, sämtliche Irrsinniggewordene in einen separaten Waggon zu sperren. Was sich in diesem Waggon abspielte, ist nahezu unbeschreiblich.«[18]

Einige zogen sich folgenschwere Erfrierungen zu. So berichtet Jeanette Wolff über die Fahrt aus Dortmund nach Riga (dies war derselbe Zug, in dem auch Bernd Haase mit seiner Mutter und seiner Schwester saß): »Die furchtbare Kälte, und dazu noch Tag und Nacht fast unbeweglich sitzen müssen, brachte entsetzliche Erfrierungen mit sich, an denen später noch viele zugrunde gingen. Hunderten von Menschen faulten die Zehen und die Finger ab.«[19] Dies verschlimmerte sich noch dadurch, dass dieser und manch anderer Transport abends an den Zielorten ankamen, die Züge dann jedoch noch die ganze Nacht in der eisigen Kälte standen, und die Menschen erst am nächsten Morgen aussteigen durften.[20]

In einigen Fällen hatte schon die beschwerliche Fahrt die ersten Todesopfer gefordert, zudem starben manche, vor allem ältere Menschen kurz nach der Ankunft.[21] Auch beobachteten Deportierte Gewalt von Seiten der Wachen, beim Umstieg in andere Züge, aber ebenso, wenn jemand versuchte, bei einem Stopp sich und die Mitreisenden mit Wasser zu versorgen: »An einer Station versuchte der Transportleiter der Leipziger Juden, Wasser für die Kinder zu holen. Er wurde unter Schlägen der SS gezwungen, sich völlig nackt auszuziehen und sich im Schnee zu wälzen.«[22] Den Vater von Manfred Ogrodek aus Dresden, der im selben Zug saß, zwangen sie ebenfalls aus dem Zug heraus, er musste nackt im Schnee Kniebeugen machen, wie der Sohn sich erinnert.[23] Der Wiener Schriftsteller Oskar Rosenfeld, der im Herbst 1941 aus Prag, wohin er vor den Nazis geflohen war, ins Ghetto von Litzmannstadt verschleppt wurde, notiert in seinem Tagebuch Ähnliches: »Wenn inmitten der Nacht der Zug irgendwo haltmachte und einer der jüdischen Transportleiter Wasser holen wollte, schlugen die mitfahrenden Feldgrauen auf ihn ein, schrien und fluchten. Es gab kein Wasser …«[24]

Manchmal drohten die begleitenden Wachmannschaften den Menschen in den Zügen, sie sofort zu erschießen, wenn es jemand wage, auch nur ein Fenster zu öffnen.[25] Wenn in diesen Transporten das Wasser knapp wurde, mussten die Eingeschlossenen sich irgendwie behelfen: »Wir leckten den Tau von den Fensterscheiben und führten ihn der geringen Kühlung halber an unsere borkigen Lippen.«[26]

Bei anderen Transporten war es dagegen erlaubt, zwischendurch den Zug zu verlassen, wie dies Hilde Sherman, damals noch Winter, und die Schwestern Sophie und Emmi Nathan für die Deportation aus Düsseldorf nach Riga berichten: Sie konnten Schnee in ihre Behältnisse füllen und damit ihren Durst löschen.[27] Nicht nur, um Trinkwasser und frische Luft zu bekommen, war es eine Erleichterung, wenn die Passagiere den Zug verlassen durften. Als Jeanette Wolff einmal aus dem Waggon aussteigen durfte, konnte sie sich im Schnee säubern und austreten.[28]

Für die Menschen auf der Fahrt nach Minsk gab es zwischendurch eine Gelegenheit, sich auszustrecken und frische Luft zu schnappen, nämlich als sie an der vormals weißrussischen Grenze in andere Züge, nun tatsächlich manchmal Viehwaggons, umsteigen mussten. Danach jedoch verriegelten die Wachen die Türen und öffneten diese bis zur Ankunft nicht mehr, »und Männer, Frauen und Kinder mussten ihre Notdurft im Wagen durch einen Spalt bei der Wagentür verrichten«.[29]

Zwischen Trost, Humor und Ungewissheit

All diesen Widrigkeiten zum Trotz: Neben den schon erwähnten Kindern und Jugendlichen, die sich Jahre später erinnern, dass sie die Fahrt noch als eine Art Abenteuer wahrgenommen haben,[30] berichten auch manche Erwachsene von einer erstaunlich guten

Stimmung, vom gemeinsamen Versuch, sich – sei es durch einen gewissen Galgenhumor, sei es mit Gesang oder Gebeten – über die äußeren Umstände hinwegzutrösten. Berthold Rudner fährt nach seiner detaillierten Beschreibung der misslichen Umstände auf der Fahrt von Berlin nach Minsk fort: »Die Stimmung an sich war aber gehoben. Ein mitreisender Geiger gab gute Konzerte. Und wenn nachts während der Fahrt etwa die ›Legende‹ von Wieniawski oder hebräische Lieder erklangen, die mit Inbrunst mitgesungen wurden, so ergab sich ein Art heilige Stimmung einer von Sehnsucht erfüllten und nach Erlösung dürstenden Menge.«[31] Im selben Zug saß Karl Loewenstein: »Und trotz alledem machte uns der Galgenhumor die Reise einigermaßen erträglich.«[32] Chaim Behrendt beschreibt die Fahrt in ebendiesem Zug: »Die Stimmung im Coupee ist verschieden. Die Jugend singt, lacht und passt sich schnell der augenblicklichen Lagen an. Die älteren sind nachdenklicher und können sich nicht mit dieser Situation befreunden; haben sie doch alles verloren, was sie bis zu diesem Tage aufgebaut haben. So vergehen vier recht unangenehme Tage.«[33] Lore Oppenheimer erinnert sich, wie »trotz Kummer und Sorgen die Chanukka-Lichter angezündet« wurden, dies beschreibt auch Greta Hammerschlag.[34] Die seelische Verfassung konnte also sehr unterschiedlich sein und damit auch die psychischen Auswirkungen auf jeden Einzelnen.

Da andere Züge Vorfahrt hatten, mussten die Deportationszüge immer wieder lange stehen bleiben, so dass die Fahrt zumeist zwei bis drei, manchmal noch mehr Tage und Nächte dauerte. Raum und Zeit verschwammen für die Menschen: Endlos erschien ihnen die Reise ins Unbekannte. Manche verloren das Zeitgefühl, an den fremd klingenden Ortsnamen erkannten sie, dass es in Richtung Osten ging.[35] Einige berichten, dass sie nicht gut sehen konnten, wo sie waren, es war düster, die Fenster teils zugefroren, außerdem war draußen alles zugeschneit.[36] Sie sahen auf diesen Fahrten erstmals die Auswirkungen des Krieges, ausgebrannte und zerstörte Häuser, und sie fuhren durch endlose, verschneite Wälder. Gewissheiten gab es nicht, manchmal wuchs die Ungewissheit eher noch an. So sah

Alfred Seiler auf der Fahrt zwischen Warschau und Brest-Litowsk jüdische Arbeiter, die an den Gleisen arbeiteten und sie warnten, sie seien zum Tode bestimmt. Er fügt hinzu: »Wir verstanden nicht, warum sie so etwas sagten. Wer konnte diesen Menschen glauben oder wollte ihnen glauben?«[37]

Die neun und dreizehn Jahre alten Söhne von Sofie Leston bestürmten sie auf der Fahrt von Kassel nach Riga mit Fragen, die sie kaum beantworten konnte. Und nicht nur ihre Familie spekulierte über die Situation: »Im Abteil besprach man aufgeregt und lebhaft die neue Lage. Die einen stellten Betrachtungen über die Zukunft an, über ein Ghetto und seine Arbeitsbedingungen. Die anderen versenkten sich in die Vergangenheit und redeten über das, was seit 1933 geschehen war.«[38]

Die »völlige Ungewissheit über unser Schicksal«[39] blieb, wie schon zuvor in den Sammellagern. Fanny Englard bestätigt: »Noch ahnten wir nicht, was uns bevorsteht.« Sie dachten immer noch, dass sie zur Arbeit fuhren, kannten das Ziel nicht. Kurz vor der Ankunft hieß es dann: »Wir fahren nach Riga. Bis dahin wussten wir nur, es geht nach Osten. Wohin im Osten, wussten wir nicht.«[40] Auch Bernhard Heilig schreibt in einem im Mai 1942 im Ghetto verfassten Bericht, dass er während der 28 Stunden dauernden Zugfahrt von Prag nach Litzmannstadt immer noch nicht wusste, wo man ihn hinbrachte.[41] Erika Mannheimer formuliert es drastischer: »Zug in's Elend in der Richtung ›Unbekannt‹ abgefahren.«[42]

Wohl wissend, wie unerträglich diese Ungewissheit und Sorge auch für die Daheimgebliebenen war, schrieben Deportierte allen Verboten zum Trotz ihren Freunden und Verwandten zu Hause von unterwegs und wählten hier zumeist einen Mut machenden Ton. Robert Eisenstädt aus Hanau, der als Einziger aus seinem Transport überlebte, berichtet über hoffnungsvolle Nachrichten: »Meine Geschwister und ich warfen Briefe aus dem Fenster, die an die zurückgelassenen Lieben gerichtet waren. Wir schrieben: ›Noch sind wir nicht am Ziele angelangt und wissen nicht, wie es heißt und wo es ist, aber wir fahren gen Osten der Sonne entgegen.‹«[43] Oscar Hoffmann aus Troisdorf schickte zwei beruhigende Karten nach Hause, eine erste aus Berlin, am Abend desselben Tags noch eine von unterwegs: »Nachdem wir ganz Deutschland durchquert haben und Schneidemühl als letzte deutsche Station verlassen haben, befinden wir uns jetzt in Bromberg, Polen. Nächste Station ist Thorn (dort 1 Stunde Aufenthalt). Begleitmannschaft immer ordentlich human. Alles ging viel besser als erwartet. Ziel unserer Reise ist Nowo Minsk (Südukraine).« Genau dokumentierte er, dass er dieses Lebenszeichen am Donnerstag, den 21. Juli 1942 um 18.15 Uhr schrieb,[44] was auch deutlich macht: Die Menschen in den Zügen bemühten sich sehr bewusst, dem Gefühl von nicht mehr zu messender Zeit etwas entgegenzusetzen, sich ihr Zeitgefühl zu bewahren und dies auch zu dokumentieren.[45] Das tatsächliche Ziel von Hoffmanns Reise war indes Minsk im besetzten Weißrussland, wo er drei Tage später morgens eine letzte Karte schrieb. Dazu später mehr. Im selben Zug saßen auch Rosa und Ernst Falkenstein, die beim nächsten Stopp in Thorn eine Nachricht aus dem Fenster warfen, in der sie mitteilen, dass »uns die Reise bis jetzt gut bekommen« ist. Sie hoffen auf ein gesundes Wiedersehen, lassen Grüße ausrichten und ergänzen: »Schreiben kann man kaum, da alle[s] sehr beengt ist.«[46]

Edith Blau schrieb unterwegs ebenfalls Postkarten an ihre Verwandten in Minden. Sie warf, wie sie dies später beschreibt, zwei Karten unfrankiert aus dem Zug, als sie draußen Soldaten sah, und hatte Erfolg: Beide Postkarten haben ihr Ziel erreicht. Die erste wurde in Königsberg abgestempelt. Auf dieser schreibt die junge Frau am Sonntag, den 14. Dezember 1941: »Ich stehe im fahrenden Zug & schreibe an der Scheibe. Die Nacht war schrecklich, aber jetzt ist es wieder gemütlich. (…) Wir sehen schon aus wie die Schweine. Kein Wasser kein Licht im Zug. Hoffentlich sind wir bald da. Schreibt schon bald nach Riga.« Auf einer weiteren Karte heißt es: »Meine Lieben, gesund u. munter kurz vor dem Ziel.«[47]

Auch für den jungen Esra Jurmann endete die Fahrt Anfang des Jahres 1942 in Riga, und zwar am Bahnhof Skirotava: »Am letzten Tag fuhren wir an einen großen Fluss, der zugefroren war. Das erste

Mal sprachen die Menschen von Riga. Lettland! Bis jetzt war es nur ein Rätselraten. Aber bald darauf hielt der Zug an. Es sah aus wie ein offenes Feld. Überall lag hoher Schnee. Es gab nur eine kleine hölzerne Hütte mit der Aufschrift ›Skirotava‹.«[48] Andere Transporte sollten zwar nach Riga gelangen, doch wurden sie umgeleitet (so im Herbst 1941 fünf Züge aus dem deutschsprachigen Raum) oder aus Riga noch weiter geschickt. So erging es Helga Verleger, einer der wenigen Überlebenden einer relativ späten Deportation ins Baltikum. In ihrer »Beschreibung des Osttransportes, der am 26. September 1942 Berlin verließ« schildert sie, wie sie mit Berliner und Frankfurter Jüdinnen und Juden unterwegs war: »Wir fuhren 4 Tage in plombierten Personenzügen.« Nachdem der Zug eine Nacht in Riga gehalten hatte, fuhren sie am nächsten Morgen weiter. Ihr Ziel war schließlich Raziku, etwa 50 Kilometer vom estnischen Reval entfernt: »Es hieß, das Ghetto Riga sei überfüllt.«[49] Um mit diesem Problem umzugehen, hatten die deutschen Machthaber bereits im Herbst 1941 eine andere »Lösung« gefunden.

4

»KEINE EINZIGE MENSCHENSEELE MEHR«.[1] MASSENMORDE AN DEN ZIELORTEN

Der letzte Satz im Tagebuch der jungen Wienerin, die die Fahrt in Richtung Osten dokumentierte und bereits zu Beginn des letzten Kapitels erwähnt wurde, lautet: »Von Polen fuhren wir nach Ostpreußen, und jetzt sind wir gerade über die lettische Grenze gefahren.«[2] Der Zug hatte jedoch nicht die lettische, sondern die litauische Grenze überquert. Ursprünglich sollte der Transport tatsächlich, wie die Tagebuchschreiberin richtig annahm, nach Riga fahren, doch wurde er, wie vier weitere Züge Ende November 1941 auch, kurzfristig nach Kaunas umgeleitet. Hier erschossen litauische »Hilfswillige« unter dem Kommando von Angehörigen des Einsatzkommandos 3 die deutschen und österreichischen Jüdinnen und Juden kurz nach ihrer Ankunft im Fort IX, einer alten zaristischen Befestigungsanlage. Laut deutschen Akten erschossen sie die junge Frau aus Wien am 29. November. Wir wissen nicht, was in ihr und den anderen, die doch dachten, sie fahren zur Arbeit, vorgegangen sein mag, als sie zur Erschießungsstelle geführt wurden. Wir wissen nicht, wie sie ihre letzte Nacht an dem fremden Ort verbracht hat. Ihr Weg endete hier ohne weitere Zeugnisse.

Jüdische Polizisten des Ghettos in Kaunas sahen damals gut gekleidete Menschen am Ghetto vorbei in Richtung des Forts an den Stadtrand marschieren. Elkahan Elkes, der Vorsitzende des dortigen Judenrats, schreibt darüber zwei Jahre später an seine Kinder:

> »Vor unseren Augen, vor den Fenstern unserer Häuser, zogen (…) viele, viele tausend Juden aus Süddeutschland und Wien vorbei, die mit ihrem Gepäck zum Fort IX, das einige Kilometer von uns ent-

fernt ist, gebracht wurden. Wir erfuhren später, dass sie getötet wurden – man hatte ihnen gesagt, dass sie nach Kovno kommen, um im Ghetto angesiedelt zu werden.«[3]

Eine jüdische Brigade wurde gezwungen, die Habseligkeiten der aus dem Reich deportierten und ermordeten Menschen zu sortieren. Die Ehefrau eines dieser Zwangsarbeiter erinnert sich Jahre später an die Erschütterung ihres Mannes, der Koffer leeren musste, in denen sich Kleider befanden, »darunter die wundervollsten Wiener Stricksachen und Handarbeiten«.[4] Vielleicht musste er auch die Kleidung der jungen Wiener Tagebuchschreiberin sortieren, deren Leben ein so jähes Ende fand.

In dieser Phase im Herbst 1941 waren aber vor allem die einheimischen Jüdinnen und Juden Opfer von Massenerschießungen, da den deutschen SS- und Polizeikräften in Riga und Minsk angeordnet worden war, »Platz zu schaffen« für die nun anrollenden Transporte. Der Massenmord auch an den deutschen Männern, Frauen und Kindern war zu diesem Zeitpunkt noch nicht vorgesehen, was sich jedoch rasch ändern sollte. Die Deportationen in das Ghetto Litzmannstadt sorgten zwar für eine noch schlimmere Überbevölkerung und katastrophale Versorgungsengpässe, doch konnten die etwa 20 000 dorthin Verschleppten noch irgendwie in Massenunterkünften untergebracht werden. Die im Oktober bekanntgegebenen Deportationen aus dem Reich nach Riga und Minsk jedoch beschleunigten die Ermordung der jüdischen Bevölkerung im sogenannten Reichskommissariat Ostland. Hier waren keine Unterkünfte für die angekündigten »Evakuierten« vorhanden, und die Lösung, die Heinrich Himmler für dieses Problem fand, war radikal.

Unheilvoll fügt sich hier alles zusammen: Die deutschsprachigen Jüdinnen und Juden müssen zwangsweise weite Reisen antreten, als noch nicht endgültig geklärt ist, was danach mit ihnen geschehen soll. Zugleich muss dort, wohin die Machthaber sie verschleppen, erst noch Platz für sie geschaffen werden, in manchen Zielorten geschieht das bereits Ende 1941 durch Massenmord, andernorts ab dem Frühjahr

1942. Eine furchtbare Gleichzeitigkeit: Während die Züge im Winter 1941 aus Köln nach Riga oder aus Hamburg nach Minsk rollen, ermorden deutsche SS- und Polizeikräfte zusammen mit lokalen Hilfskräften vor Ort gerade große Teile der lokalen jüdischen Bevölkerung.

In Riga war die jüdische Bevölkerung gerade erst (bis Ende Oktober 1941) in das Ghetto umgezogen, die Menschen erwarteten nun eher eine ruhige Phase, zumal die deutschen Machthaber doch Arbeitskräfte benötigten. Sie konnten nicht wissen, dass Riga inzwischen in Berlin als ein Zielort der Deportationen bestimmt worden war und Heinrich Himmler den höheren SS- und Polizeiführer Friedrich Jeckeln nach dessen Aussage Mitte November 1941 damit beauftragt hatte, das Ghetto zu liquidieren. Dieser dezimierte mit seinen SS- und Polizeikräften unter Hinzuziehung von in Riga stationierten Ordnungspolizisten und lettischen Hilfspolizeieinheiten die lokale jüdische Bevölkerung: Am 30. November 1941, dem sogenannten Rigaer Blutsonntag, und am 8./9. Dezember 1941 wurden laut deutscher Bericherstattung 27 800 lettische Jüdinnen und Juden im Wald von Rumbula bzw. teilweise im Ghetto ermordet. Auch in Minsk, wo bereits seit Juli 1941 ein Ghetto bestand, erhielten die lokalen Verantwortlichen die Anweisung, Räume für die Neuankömmlinge zu schaffen. Hier ermordeten die SS-Männer und Polizisten gemeinsam mit ukrainischen »Hilfswilligen« am 7. November 1941 knapp 7000 und am 20. November 1941 noch einmal mindestens 5000 Bewohner des Ghettos.[5]

Die lettische Jüdin Frida Michelsohn überlebte die Massenerschießung in Rumbula und berichtete später, wie sie als Teil einer endlos scheinenden Kolonne aus dem Ghetto nach Rumbula marschieren musste, wobei sie, als sie sich dem Wald näherten, immer lautere Schüsse hörten. An mehreren Stationen mussten sie im Wald erst ihre Wertsachen abgeben, dann die Mäntel ablegen und sich zuletzt bis auf die Unterwäsche ausziehen. Dann zwang man sie, an den Rand der Grube zu gehen. Frida Michelsohn ließ sich bei einem der Kleiderberge auf den Boden fallen und stellte sich tot. Immer mehr Schuhe derjenigen, die erschossen wurden, fielen auf sie, bis sie ganz bedeckt war. Versteckt unter diesem Schuhberg beobachtete sie den Massenmord. Spät in der Nacht konnte sie entkommen.[6]

Unmittelbar nach ihrer Ankunft endete in Rumbula auch das Leben der 1053 Jüdinnen und Juden, die Riga am 30. November 1941 aus Berlin kommend erreichten. Noch bevor die ersten lettischen Jüdinnen und Juden nach ihrem Fußmarsch aus dem Ghetto den Ort ihrer Ermordung erreichten, wurden auch die gerade Angekommenen dorthin weitergeleitet und fanden sich nun statt in einer Siedlung, in der sie arbeiten und leben sollten, am Rande von Erschießungsgruben. Die Männer, Frauen und Kinder aus Berlin waren nach der tagelangen anstrengenden Fahrt ganz durcheinander, sie wussten kaum, wie ihnen geschah, hatte man ihnen doch vor der Abfahrt versprochen, dass sie arbeiten, etwas aufbauen würden. Stattdessen mussten sie sich im Wald ausziehen und wurden erschossen. Nachkriegsaussagen der Täter zufolge fragten einige der Deportierten sie völlig verwirrt: »Was macht ihr denn bloß mit uns? Wir sollten doch umgesiedelt werden!«[7]

Dieser erste Massenmord deutscher Jüdinnen und Juden ging auf die Initiative des brutalen Antisemiten Jeckeln zurück, der Himmlers Befehl, das lettische Ghetto zu liquidieren, entweder missverstanden oder bewusst weiter ausgelegt hatte. Als Himmler von Seiten der Sipo und des SD, die die Erschießung der Berliner Juden nicht durch dessen Anweisungen gedeckt sahen, über Jeckelns eigenmächtiges Handeln informiert wurde und in sein Tagebuch schrieb: »Judentransport aus Berlin. Keine Liquidierung«, waren die Berliner Juden bereits im Massengrab verscharrt.[8]

In Riga und Minsk waren nun die überlebenden lettischen – hier fast ausschließlich männlichen und »arbeitsfähigen« – und weißrussischen Juden in einem Ghetto konzentriert, das von den Teilen, in die bald »Reichsjuden« verschleppt wurden, getrennt war. Sie alle hatten große Teile ihrer Familien verloren oder waren sogar ganz auf sich allein gestellt.[9]

Hilde Sherman, die kurz vor der Deportation geheiratet hatte, um mit ihrem Mann zusammenzubleiben, war sich der beschriebenen furchtbaren Gleichzeitigkeit sehr bewusst. Sie erinnert sich daran, wie sie im Ghetto auf der anderen Seite des Zauns die lettischen Männer sah, von denen sie erfuhren, wie sie Anfang Dezember über Nacht auf ihren Arbeitsstellen zurückgehalten worden waren und niemanden mehr vorfanden, als sie am nächsten Tag zurück ins Ghetto kamen – »dem Tag, an dem ich in Deutschland heiratete«: »Nur fluchtartig verlassene Wohnungen, keine einzige Menschenseele mehr.«[10]

In den Durchgangsghettos im Distrikt Lublin wiederholte sich nach dem Beginn der »Aktion Reinhardt« im Frühjahr 1942 das, was sich Ende 1941 in Riga und Minsk zugetragen hatte: Deutsche Einheiten mordeten die Ghettos leer, zeitweilig wurden Deportierte dort untergebracht. Häufig geschah dies auch zeitversetzt, was neue Probleme schuf: Zuerst kamen Transporte an, die Lage in den vollkommen überfüllten Orten war chaotisch, wenig später fand eine »Aktion« statt, und Tausende Menschen wurden in die Vernichtungsstätten Belzec oder Sobibor verschleppt und dort ermordet.[11]

Besonders seit dem Frühsommer 1942 endeten die Fahrten in Richtung Osten auch für zahlreiche deutschsprachige Deportierte unmittelbar mit ihrer Ermordung. Bis zuletzt wussten sie nicht, was sie erwartete, wurden sie getäuscht, schwankten zwischen Furcht und Hoffnung, glaubten an ihr Weiterleben in der Fremde, wie die junge Frau aus Wien, deren Leben so jäh in Kaunas endete. Oscar Hoffmann wurde im Juli 1942 von Köln nach Minsk deportiert. Bereits aus der Messehalle und zweimal während der Fahrt, einmal aus Berlin und einmal aus Bromberg, hatte er, wie erwähnt, Postkarten in die Heimat geschickt. Noch am Bahnhof in Minsk schreibt der Achtzehnjährige aus Troisdorf am 24. Juli 1942 morgens um 7 Uhr mit Bleistift eine Postkarte in die Heimat, auf der er seinen ehemaligen Chef beruhigt:

> »Nach 87-stündiger Fahrt sind wir gesund, munter u. guten Mutes hier in Minsk angekommen. In Wolkonye sind wir aus unserem Kölner Zug in Viehwagen verladen worden. Wie es heißt, sollen wir gleich samt unserem Gepäck den Bahnhof verlassen, um in unser La-

ger eingewiesen zu werden. Man vermutet, dass wir in der näheren Umgebung v. Minsk in der Landwirtschaft eingesetzt werden. Ob wir für längere Zeit hier bleiben, ist noch ungewiss.«

6. Oscar Hoffmann

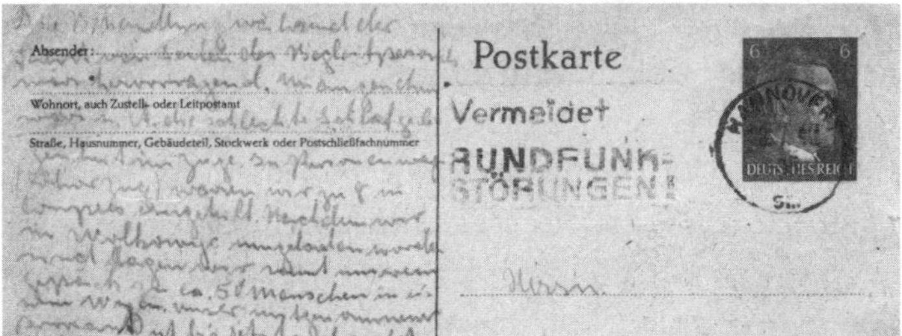

7. Postkarte von Oscar Hoffmann an seinen früheren Chef in Köln

In der Rückschau mutet seine Zufriedenheit nahezu unwirklich an: »Die Fahrt als solche war für mich ein großes Erlebnis.« Er beschreibt die Landschaft und die kleinen Orte, durch die sie gefahren sind, lobt die Behandlung durch das Wachpersonal auf der Fahrt. Und er ergänzt: »Wie ich gerade höre, besteht eine gewisse Möglichkeit, dass wir in den hiesigen Betrieben in unseren Berufen arbeiten können. Wenn es Ihnen möglich ist, senden Sie mir bitte mein Zeugnis, da dies von Wert sein soll.«[12] Während er dies schreibt, stehen seine Mörder schon an der Grube in Maly Trostenez, einem Vernichtungsort bei Minsk, bereit. Wenige Stunden, nachdem er die Postkarte geschrieben hat, ist Oscar Hoffmann tot.[13]

In diese fremde und mörderische Welt brachten die Züge ihre unfreiwilligen Fahrgäste. Auf das, was sie hier erwartete, konnten sie nicht vorbereitet sein. Und dies gilt auch für diejenigen, die nach der Deportation noch nicht unmittelbar mit dem Massenmord konfrontiert waren. Der soziale Abstieg, den diese Menschen aushalten mussten, war ungeheuer, und auch sie erlebten einen unfassbaren Schock bei der Ankunft an den Orten, an denen sie nun eine Weile zu leben gezwungen waren. Ängste, Gefühle von großem Verlust und Ungewissheit, das Ringen zwischen Hoffnungslosigkeit und Überlebenswillen prägten die Deportierten von dem Moment an, an dem sie in den Sammellagern warteten, und diese Emotionen verstärkten sich während der furchtbaren Fahrt. Dann kamen sie an den ihnen unbekannten Orten des Terrors und der Gewalt an. Viele von ihnen wurden bald ebenfalls Opfer der Massenmorde, die bereits im Gange waren, andere lebten jedoch noch eine Weile oder sogar mehrere Jahre unter den neuen Bedingungen und mussten sich irgendwie zurechtfinden und ihr Leben organisieren in dieser fremden Welt.

5

»WIR SIND WEIT, SEHR WEIT VON UNSERER GEWESENEN HEIMAT«.[1] DIE ANKUNFT AN DEN ZIELORTEN

Bernd Haase musste, wie viele andere, nach der Ankunft in Riga-Skirotava noch eine Nacht im eisig kalten Zug darauf warten, dass sich am Morgen des 1. Februar 1942 endlich die Türen öffneten. Was darauf folgte, war jedoch keineswegs eine Erleichterung: »Geschrei und Poltern riss uns aus unserer Starrheit. – ›Raus! Los, schneller!‹ – Schläge, Stöße mit Gewehrkolben, Ohrfeigen, Fußtritte, das war der Empfang in Riga.« Er beschreibt das Chaos, eine erste Selektion, und dann: »Wo mochten die fast unerkenntlichen Wege hinführen? Wo enden? Wir hatten jetzt nicht die Zeit, darüber nachzudenken.« Er schnappte sich seinen Rucksack und setzte alles daran, mit seiner Mutter und seiner Schwester zusammenzubleiben, sie hielten sich gegenseitig fest, um auf der eisglatten Straße nicht hinzufallen. Sie marschierten in Richtung Ghetto: »Es war ein langer, stöhnender und ächzender Zug, der sich über die Landstraße hinzog.«[2]

Einer der ins Ghetto von Litzmannstadt Deportierten war der Wiener Schriftsteller und Journalist Oskar Rosenfeld, der 1938 nach Prag emigriert war. Der Siebenundfünfzigährige erreichte das Ghetto am 4. November 1941. Er beschreibt den Schrecken, die Angst und das Gefühl von Verlorenheit eindringlich:

> »Der Zug hielt auf freiem Feld. Die Coupétüren wurden aufgerissen. Müde, zerquält, in den Händen Koffer, auf den Rücken die Rucksäcke, unter den Armen Bündel, so krochen mehr als tausend Menschen die Trittbretter hinab. Tiefer Kot, Schlamm, Wasser, wohin sie traten. Es war Herbst. Polnisch-russischer Herbst. Feldgraue Gestapo

> trieb an. ›Vorwärts! Lauf! Lauf!‹ schrien blonde gutgenährte Jungens. Unvergesslich der eine, mit rötlichem borstigem Bart und rötlichen Augenbrauen, stechendem Blick, schnarrender Stimme. Er schrie die ›Neuansiedelnden‹ an: ›Lauf, du Judensau‹, stieß gegen Frauen, die nicht wussten, wohin sie sich wenden sollten. Wo war man gelandet? Wem gehörte man an? Wo war die hilfreiche Hand, die sich entgegenstreckte? Wer übernahm die 1000, die in die Öde von Lodz hineingeschleudert worden waren? Nichts, nichts. Man kam nicht zur Besinnung. Das Hirn war leer, man vergaß sogar daran, dass man einen Tag und eine Nacht fast nichts gegessen hatte.«[3]

Schreie und Chaos waren Dinge, die die meisten erschöpften und verunsicherten Menschen erlebten, wenn sie nach der mehrtägigen Zugfahrt an den Zielbahnhöfen ausstiegen. Sie waren unmittelbar mit der Brutalität der diensthabenden deutschen SS-Männer, Polizisten und, je nach Ort, deren lokalen Helfershelfern konfrontiert, die sie unter Schlägen aus den Waggons trieben. Alles musste schnell gehen, was vor allem älteren Menschen nach der langen und anstrengenden Fahrt schwerfiel. Sie waren schockiert und verwirrt. So sehr die Jüdinnen und Juden aus ihrer Heimat bereits Ausgrenzung und Willkür kannten, diese Ankunft an Orten, die sie doch angeblich neu besiedeln sollten, war eine einschneidende Zäsur.

Die Berichte bezeugen die Hektik, den Lärm und die Gewalt. Sie erzählen von den ersten Toten, immer wieder taucht auch das Bild von rotem Blut im weißen Schnee auf. Schnee war ohnehin ein großes Thema: Für diejenigen, die im Winter 1941/42 in Riga oder Minsk ankamen, war die eisige Kälte ein ungeheures Problem. Auf einen solchen Winter waren die aus dem Deutschen Reich verschleppten Männer, Frauen und Kinder nicht vorbereitet, viele von ihnen besaßen nicht einmal angemessene Winterstiefel, um den beschwerlichen Weg ins Ghetto anzutreten. Dieser Marsch, in manchen Fällen auch eine Fahrt, war die nächste Etappe, und an deren Ende stand die erste Begegnung mit dem Ghetto, dem Ort, an dem die deutschen, österreichischen und tschechischen Jüdinnen und Juden nun eine Weile zu leben gezwungen waren.

»Raus, raus, raus!« Am Bahnhof

Die Bahnhöfe, an denen die Züge hielten, befanden sich nicht in den Ghettos, sie lagen am Rande der jeweiligen Stadt. Im Distrikt Lublin mussten die Menschen sogar mit anderen Verkehrsmitteln noch weiter transportiert werden oder zu einem sehr langen Marsch antreten.

Die Menschen mussten zunächst aussteigen und sich zurechtfinden, um überhaupt schnell genug auf die gebrüllten Befehle reagieren zu können und die gewünschte Aufstellung anzunehmen. Ruth Alton, damals noch Tauber, schreibt über die Ankunft am Bahnhof Radegast in Litzmannstadt: »Empfangen wurden wir mit Stockschlägen und Prügel.«[4] Leon Freier, im Januar 1942 in Riga angekommen, schildert: »Plötzlich fielen die SS-Banditen, mit Knüppeln und Pistolen bewaffnet, in die Waggons ein. Im Nebenwaggon höre ich Schüsse fallen, Scheiben klirren, im nächsten Augenblick wurde unser Waggon gesäubert, wir wurden durch die Fenster gejagt.«[5] Besonders aus Riga und Minsk wiederholen sich derartige Beschreibungen, kein Bericht lässt diese traumatische Ankunft aus.

Nach der langen Fahrt und oftmals völlig durchgefroren, fiel es den Deportierten schwer, so schnell, wie es von ihnen erwartet wurde, ihr Handgepäck zu greifen und aus den Waggons zu steigen. Die Wachleute zerrten an ihnen und schlugen zu, wenn es ihnen zu lange dauerte, besonders ältere Menschen waren vollkommen überfordert, zumal es in Riga keinen Bahnsteig gab, sie also aus den Zügen hinunterspringen mussten, wobei der Boden vereist und daher spiegelglatt war.[6] Die Wachleute hetzten auch ihre Hunde auf die verstörten Menschen, während sie »Raus, raus, raus!« brüllten und sie »wie das Vieh« hinausjagten.[7] Es war ein »Riesendurcheinander«, in dem Eltern nach ihren Kindern riefen, Paare versuchten, einander nicht zu verlieren oder sich nach dem Aussteigen wiederzufinden.[8] Wer noch letzte Wertsachen bis hierher hatte retten können, musste diese nun abgeben, die Wachen forderten das Bargeld der Verschleppten, ebenso wie Postkarten und Briefmarken.

Einige Mutige zerrissen ihr Geld oder warfen es in die Toiletten, die etwas Ängstlicheren gaben es ab.[9] Edith Blau, die auf der Zugfahrt noch Postkarten geschrieben und ihre Briefmarken benutzt hatte, zerriss nun ihr Geld und die übrig geblieben Briefmarken.[10] Manchen wurde hier auch noch das letzte Gepäck aus der Hand gerissen.[11]

Die Berichte über die Ankunft in Minsk ähneln denen aus Riga: »Links und rechts des Zuges standen in dichter Kette SS-Posten. Der Zug hielt, und wir wurden sofort mit Peitschen aus den Waggons gejagt. Die ersten Schüsse fielen, das war unser Empfang. Wir sahen die ersten Toten.«[12] Manfred Alexander hörte Rufe, dass es auf eine Kugel mehr oder weniger nicht ankomme. Wer zögerte, zu langsam aus dem Zug stieg, wurde an Ort und Stelle erschossen.[13] Erna Steiniger erinnert sich an die Begrüßung durch die SS: »Hier werdet ihr krepieren vor Hunger und Kälte.«[14]

Die Kälte nahm den Ankommenden in diesem Winter 1941/42 nahezu den Atem, manche fielen in Ohnmacht, jedoch: »Wer hinfiel, blieb liegen; keiner konnte und durfte helfen.«[15] Die weiße Schneelandschaft war durchaus schön, doch wurde sie den Menschen nun zur Hölle. Diesen Widerspruch formuliert Jeanette Wolff in ihrem direkt nach dem Krieg verfassten Bericht:

> »Ungefähr meterhoch lag der Schnee in unberührter Weiße, und über diesem, am unendlich tiefblauen Himmel, stand eine strahlende Sonne. Eine Märchenlandschaft, so erschien sie uns, die wir aus dem Kohlenrevier kamen. Damals wussten wir noch nicht, dass unter diesem Schnee schon Tausende von Leichen, Opfer der Nazis, begraben lagen, dass diese zartweiße Schneedecke für Tausende unschuldiger Menschen zum Leichentuch geworden war.«[16]

Demütigungen gehörten ebenfalls zur Ankunft dazu. Max Bunzl, der aus Theresienstadt in Riga ankam, beschreibt, wie die SS-Leute Frauen aus seinem Transport dazu bestimmten, die nach der tagelangen Fahrt vollkommen verdreckten Waggons zu reinigen: »Natürlich waren keine Besen vorhanden, und man musste es mit leeren

Händen machen, auch die Fäkalien.«[17] Einige Transportteilnehmer waren schon in einem derart schlimmen Zustand, als sie ankamen, dass es diese Gewalt und Demütigungen gar nicht mehr brauchte: So heißt es über einen Berliner Transport, die Leute seien teilweise »unterwegs wahnsinnig geworden und verstorben«.[18] Lore Oppenheimer erinnert sich an Transporte, in denen die Menschen »teils halb erfroren, im Kot gelegen« das Ziel erreichten: »Andere wieder kamen vollkommen meschugge an. So kamen Transporte an, was einfach nicht zu beschreiben ist.«[19]

Manch einem wurde schon hier, an einem Bahnhof irgendwo im Osten, klar, dass ihnen an diesen Orten keine Zukunft zugedacht war. Am Bahnhof, auf dem folgenden Marsch ins Ghetto und bei der Ankunft dort zerbrachen rasch alle Gewissheiten und das Vertrauen darauf, dass doch alles zumindest nach Recht und Ordnung vor sich gehen würde. Greta Zelley, damals noch Hammerschlag, erinnert sich später, wie ihr Vater nach der Ankunft »sofort einfach aufgab, als er sah, was passierte«. Er, der vielleicht seine Familie vor der Abfahrt hätte verstecken können, »aber dies nicht getan hat, weil er nicht geglaubt hatte, dass die Deutschen unschuldigen Menschen so etwas antun würden. Und als er das verstand, als wir ankamen, als er sah, dass es keine Hoffnung gibt – sie werden uns fertigmachen – da gab er auf.«[20]

Fanny Englard sah noch am Bahnhof Riga-Skirotava, während sie alle hektisch aus den Zügen sprangen, den ersten Toten: Ein alter Mann fiel hin, einer der Wachmänner – ihrer Erinnerung nach war es Rudolf Seck, der Kommandant vom Jungfernhof – schrie ihn an: »Saujude, steh auf, steh auf!« Der Mann konnte jedoch nicht aufstehen. »Vielleicht war er gelähmt vor Angst? Diese Angst, die die Nazis über uns brachten.« Zunächst schlug Seck ihn, doch damit hörte er nicht auf: »Dann zog er seinen Revolver und erschoss den Juden. Es war das erste Mal in meinem Leben, dass ich einen Toten sah – so grauenvoll, er schoss ihm in den Kopf und zersplitterte seinen Schädel, die ganzen Gehirnstücke … es war alles so … voll Blut.« Nach dem Schuss herrschte Totenstille, selbst kleine Kinder weinten nicht:

»Es war so eine komische Atmosphäre: Kein Haus sah man, nichts, kein Lebewesen, nur wir und die Nazis.«[21]

Im Fall von Riga werden immer wieder auch deutsche Verantwortliche namentlich genannt: Rudolf Lange, Kommandeur der Sicherheitspolizei und des SD, der einige Transporte in Empfang nahm, ebenso Ghettokommandant Kurt Krause und dessen Fahrer Max Gymnich, kommen in vielen Beschreibungen des brutalen Empfangs vor. Häufig ist davon die Rede, dass Krause nach der Ankunft Menschen erschoss.[22] Mehrere aus Köln Verschleppte benennen dabei etwas, was für sie besonders verstörend war: Max Gymnich brüllte sie an, und er tat dies in seinem unverkennbaren rheinländischen Dialekt. Inmitten dieser Fremde, nach langer und beschwerlicher Reise trafen sie hier auf etwas sehr Vertrautes, das sich aber paarte mit roher Gewalt. So schildert Herbert Schultz zunächst Gymnichs vertrauten Dialekt, sagt dann aber über dessen Verhalten: »Sofort benahm er sich sadistisch, was auf uns äußerst deprimierend wirkte.«[23]

Manche wurden unmittelbar nach der Ankunft von ihren Liebsten getrennt. Während bei den früheren Deportationen bis Anfang 1942 meist fast alle, die noch gehen konnten, in Richtung Ghetto marschierten, kam es im Laufe des Jahres 1942 immer häufiger zu Selektionen, und nur noch wenige Arbeitskräfte bekamen eine Überlebenschance, während die allermeisten Älteren, Kranken und Kinder ermordet wurden. Unter den im Frühjahr 1942 in den Distrikt Lublin Deportierten fand ab Mitte April im Lager »Alter Flugplatz« in Lublin zumeist eine Selektion arbeitsfähiger Männer statt, die ins nahe gelegene Lager Majdanek kamen. Viele Familien wurden also schon hier auseinandergerissen, die Frauen und Kinder wussten nicht, was mit den Männern geschah, und kamen allein an den Zielorten an. Spätestens ab Mitte April koppelten die Verantwortlichen an diesem Stopp in Lublin oder bei einem weiteren Halt in Trawniki außerdem die Waggons mit dem Gepäck ab, so dass die Menschen fast gänzlich ohne Habe an den Zielorten ankamen. Diejenigen, die nach Piaski kamen, mussten in Trawniki aus den Zügen steigen und von dort noch einige Kilometer zu Fuß marschieren.

Benommen, völlig übermüdet, wurden sie unter Schlägen und Geschrei vorwärtsgetrieben.[24]

Auch Minsk war schon bald nach den ersten Transporten für die ankommenden Menschen kaum mehr ein Ort, der ihnen zumindest ein temporäres Überleben sicherte. Alfred Seiler wurde mit seinen Eltern und seiner Schwester im Frühjahr 1942 aus Wien hierher verschleppt. Nachdem sie schon an der Grenze unter Schlägen und Geschrei brutal aus den Zügen getrieben worden waren, um in einen anderen Zug umzusteigen, verlief die Ankunft in Minsk ähnlich wie dieser Zwischenstopp. Sie durften nichts von ihrem Besitz mitnehmen und mussten sich vor dem Zug aufstellen, wo eine Selektion stattfand. Eine Reihe junger Männer, darunter er selbst, wurden von einem SS-Mann ausgesucht, um den Zug zu entladen, alle übrigen kamen in Lkws weg. Im Lager Maly Trostenez traf er seine Familie später wieder.[25] Bei einigen späteren Transporten änderten die deutschen Machthaber offenbar ihre Taktik. Damit keine Panik unter den gerade Angekommenen aufkam, hielt ein SS-Mann eine Begrüßungsrede, hieß die Menschen willkommen im neuen »Siedlungsgelände« und lud sie ein, in die bereitstehenden Lastwagen zu steigen, die sie an ihre Wohn- und Arbeitsplätze bringen würden. Die Wagen fuhren die bis zuletzt getäuschten Menschen dann zur nahe gelegenen Erschießungsstätte. Und so hatte ja auch der junge Oscar Hoffmann aus Troisdorf nach der Ankunft beruhigt auf einer Postkarte geschrieben, dass er gehört habe, er werde hier arbeiten.[26]

Noch im September 1942 ging die SS bei der Ankunft ähnlich vor, einige wenige Fachleute selektierte sie für das Lager, die übrigen Menschen wurden ermordet, wie Erich Prinz schildert, der am 12. September hier ankam. Als die etwa 1000 Menschen ausgestiegen waren und auf einer Wiese warteten, hielt ein SS-Mann eine Ansprache, bei der er die Wartenden jedoch keinesfalls nur beruhigte:

»Ihr braucht Euer Gepäck nicht, ihr kommt in ein Lager, wo alle gleich sind und daher gleiche Lagerkleidung tragen, Geld ist hier wertlos, ist daher abzugeben, Uhren sind abzugeben, im Lager befindet sich eine elektrische Lageruhr, Füllfedern sind abzugeben, da das Briefschreiben bei Todesstrafe verboten ist, Messer sind gleichfalls abzugeben. Frist für die Ablieferung dieser Gegenstände 10 Minuten. Bei wem nach 10 Minuten noch einer der vorstehenden Gegenstände gefunden wird, wird auf der Stelle erschossen.«

Tatsächlich wurde nach zehn Minuten eine junge Frau vor aller Augen durch Genickschuss getötet.

Wie bei anderen Transporten in dieser Phase, sollten sich nun Spezialisten melden. Prinz meldete sich mit seiner Frau, er sei Lebensmittelchemiker, und durfte daraufhin zur Seite treten. Insgesamt 44 Personen wurden auf diese Weise aussortiert, die übrigen in geschlossene Lkw verladen und weggefahren. Die aussortierten Personen führte ein Häftling in das zwei Kilometer entfernte Arbeitslager Maly Trostenez. Wie Erich Prinz später erfuhr, war dies der jüdische Lagerleiter Wolf Seiler, der Vater von Alfred Seiler, der im Frühjahr aus Wien hierher verschleppt worden war.[27]

In genau dieser Zeit, im Herbst 1942, fuhren noch einmal einige Züge nach Riga sowie ins besetzte Estland.[28] Die wenigen Überlebenden dieser Deportationen bezeugen einen ebenso brutalen Empfang, wie dies Monate zuvor der Fall gewesen war, doch auch hier fand außerdem eine Selektion statt. Herbert Kurt Kallmann, der im September 1942 mit seiner Mutter aus Berlin nach Riga verschleppt wurde, trat mit einigen anderen vor, da die SS-Männer Deportierte mit technischen Berufen suchten. Dies war der Moment, als er von seiner Mutter getrennt wurde. Auf Nachfrage wurde ihm gesagt, sie käme mit den anderen in ein Altersheim oder nach Dünamünde, einen Stadtteil von Riga. Er beobachtete, wie die SS die Menschen in Omnibusse verlud, dann fuhren sie ab. Er sah seine Mutter niemals wieder.[29]

Für alle, die nicht an den Bahnhöfen erschossen oder unmittelbar zu einer Mordstätte gebracht wurden, war die nächste Etappe der Marsch in das Ghetto bzw. in einigen wenigen Fällen in ein Lager. Sie mussten sich aufstellen und sammeln, was manchmal sehr lange dauerte, wie Sofie Leston berichtet: »Wieder mussten wir in eisiger Kälte stundenlang warten. Mich fror, mein Magen knurrte, ein starkes Hungergefühl quälte mich.« Sie hatte jedoch, nach allem, was sie seit der Ankunft gesehen hatte, schon gelernt: »Aber ich durfte den Wachen gegenüber keinerlei Schwäche zeigen; es hieß auf die Zähne beißen und durchhalten.«[30] Diejenigen, die nicht in der Lage waren, den teilweise mehrstündigen Marsch anzutreten, durften auf Lastwagen steigen. Viele von ihnen fuhren in den Tod.[31] Die böse Ahnung, dass dies passieren könnte, trieb einige dazu an, sich zu Fuß auf den Weg zu machen, koste es, was es wolle.[32] Manchmal kamen bereits zuvor Angekommene als Freiwillige zum Bahnhof, um die neuen Transporte in Empfang zu nehmen und ihnen auf dem Weg ins Ghetto zu helfen. Sie versuchten, die Menschen zu überzeugen, zu Fuß zu gehen und bloß nicht die Lastwagen zu besteigen.[33]

Marsch ins Ghetto

Dann, irgendwann, marschierten die in Reihen aufgestellten Menschen los. Oskar Rosenfeld setzt seine eindringliche Beschreibung der Ankunft in Litzmannstadt in seinem Tagebuch fort:

> »Ein Zug formierte sich. Durch Kot und Schlamm ging es irgendwohin. Neugierige standen an den Rändern einer Straße, einer verwahrlosten, häuserarmen Gegend, von der man nicht sagen konnte, ob sie Stadt oder Dorf sei … Einige Wagen, mit je einem hageren Pferd bespannt, nahmen Alte und Kranke auf. Die Kutscher fluchten, hieben auf die armen Gäule ein. Ein Vorgeschmack für die künftigen eigenen Leiden vielleicht. Menschen zerlumpt, zerfetzt, mit wachsbleichen Gesichtern trotteten daneben. Man begegnete Karren, kleinen Wagen, die von jungen und alten Leuten, nicht von Tieren geschleppt wurden. Öde Lehmhütten … Hilflose Bäume und Sträucher … Kotlachen … stinkender Unrat … Müde mit gekrümmten Rücken zahllose Kreaturen … Daneben Gesichter, die alles Leid schon überwunden hatten, auf denen geschrieben stand: Wir halten durch, wir überleben

euch, ihr könnt uns nicht zerstören … armselige Kramläden, Schenken, Caféhäuser, Zigarettenverkäufer, Mädchen und Kinder, die irgend etwas feilboten, Geruch von Dingen, die im Westen nicht zu sehen sind, junge Menschen in Uniform mit dem Zionsstern am Arm, Geschrei neben Stille, darüber ein nebelgrauer Himmel, durch den bisweilen rabenartige Vögel fliegen … Das war das Verbrecherviertel von Lodz, das Ghetto Litzmannstadt …«[34]

In Minsk und Riga war der Marsch ins Ghetto etwas weiter, und für viele waren die winterlichen Bedingungen mit Glätte und teils hohem Schnee eine Qual. Zu sechst nebeneinander marschierten sie, versuchten, die Reste ihres Gepäcks zu tragen.[35] Siegfried Ziering erinnert sich an einen Schneesturm bei der Ankunft und daran, dass die furchtbaren Bedingungen sie zwangen, große Teile ihres Gepäcks am Bahnhof »auf Nimmerwiedersehen« stehen zu lassen.[36] Edith Blau hatte vor ihrer eigenen Deportation Briefe mit einer Freundin im Warschauer Ghetto und einem Freund im Ghetto von Tomaszow gewechselt. Sie wusste daher bereits recht viel über die Bedingungen in den Ghettos und auch, dass die deutschen Machthaber die jüdische Bevölkerung täuschten. So luden sie und ihre Mutter ihr Gepäck nicht auf die Wagen, sondern schleppten es selbst. Über den Marsch schreibt sie: »Menschen fallen hin, bleiben liegen, wir sind fast am Ende unserer Kräfte. Lettische Posten begleiten uns zu beiden Seiten.«[37] Die sie begleitenden Wachleute trieben sie brutal an. »Viele von uns waren nicht imstande, den Marsch durchzuhalten. Wer nicht weiterkonnte, wurde liegen gelassen. Es war uns verboten, den Zurückbleibenden zu helfen. Was mit diesen geschah, weiß ich nicht.«[38] Gerda Gottschalk benennt in ihren Erinnerungen das Schicksal dieser Menschen sehr eindeutig: »Zurückbleiben bedeutete den Tod im Schnee.« Und so schleppte sie links und rechts am Arm zwei erschöpfte Frauen mit.[39]

Wiederum waren es die Älteren und Schwachen, die am ärgsten litten und kaum imstande waren, Schritt zu halten. Sie waren zu erschöpft von der langen Fahrt. Die Wachmänner agierten brutal. Ein

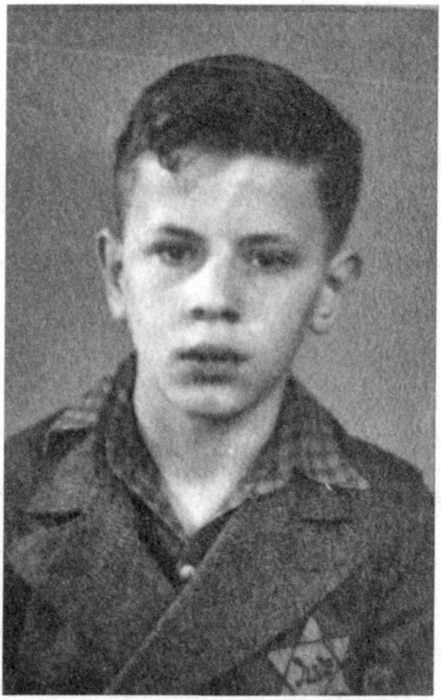

8. Siegfried Ziering 1941 in Kassel mit »Judenstern«

aus Düsseldorf Deportierter fragte einen der Wachmänner höflich, wie weit der Weg sei. Er wurde daraufhin zusammengeschlagen.[40] Auf den jungen Esra Jurmann machte dies alles einen furchtbaren Eindruck: »Ich war erschrocken. Ich wurde erzogen, Respekt vor den Alten zu haben. Und jetzt sah ich einen jungen Mann in Uniform, der mit einem Stock auf alte Menschen einschlug.« Und er beschreibt, wie dieses Erschrecken, diese Gefühle seine Wahrnehmung insgesamt beeinflussten: »Ich fing an, Angst zu haben. In dieser Welt werden wir geschlagen.«[41]

Ihnen allen wurde auf diesem Weg auf brutalste Art klargemacht, wie sehr man sie getäuscht hatte. Ruth Foster erinnert sich an eine furchtbare Szene: Ein SS-Mann sprach ein kleines Kind vor ihnen an, ob es Süßigkeiten wolle, und als dessen Vater diese Frage unsicher für sein Kind bejahte, forderte der SS-Mann es auf, es solle seinen Mund öffnen. Daraufhin schoss er ihm in den offenen Mund. Ruths Vater, der dies fassungslos beobachtet hatte, fragte seine Tochter daraufhin verzweifelt: »Ich dachte, wir sind hier, um zu arbeiten. Was passiert hier, was passiert hier?«[42]

Vier Transporte, die Anfang Dezember 1941 in Riga-Skirotava angekommen waren, wurden zum nahe gelegenen Jungfernhof geleitet, einem alten, verkommenen Gutshof, auf dessen Gelände ein Lager entstehen sollte. Auch diese Menschen wurden auf ihrem Weg dorthin von den Wachleuten geschlagen, auch hier kam es zu Morden.[43] Im Hamburger Transport war der bekannte und geachtete Rabbiner Joseph Carlebach mit dabei. Er begann auf diesem Marsch, das »Sch'ma Israel (Höre Israel)« zu singen. Dies hatte auf manche der stumm und verunsichert über die Landstraße gehenden Menschen eine große Wirkung, weit über diesen Moment hinaus, wie Fanny Englard es für sich beschreibt, »das durchdrang tief meine Seele, und dieses Gebet ›Höre Israel‹ hat mich die ganzen Jahre in den Konzentrationslagern begleitet, sozusagen eine Art ›Vielleicht-wird-es-gut‹«.[44]

Der Weg ins Ghetto von Riga war weiter und »beschwerlich«, wie Sofie Leston beschreibt: »Die Straße wand sich empor, es ging leicht bergan. Dazu gab es Schlaglöcher und eisglatte Stellen, über die sich der Fuß nur mit Mühe hinwegsetzen konnte. Mancher stürzte hin, stand wieder auf. Stürzte schnell und erhob sich nur mit Mühe.« Irgendwann sahen sie in der Ferne die Altstadt von Riga.[45]

Der Marsch nach Minsk war ähnlich, doch war hier der Blick auf die Stadt, als die Menschen sich dieser näherten, verstörend. Chaim Behrendt beschreibt die deprimierenden ersten Eindrücke: »Die Stadt ist fast vollständig vernichtet. Zerbombte und ausgebrannte Ruinen hinterlassen uns einen trostlosen Eindruck.« Nach etwa einer Stunde Fußmarsch erreichten sie einen Teil der Stadt, der vor allem aus Holzhäusern bestand: das Ghetto.[46] Auch Berthold Rudner erlebte die traurige Prozession durch Minsk, die er Anfang Februar 1942 so beschreibt: »Die Bevölkerung begaffte uns wie einen einziehenden Zirkus. Der Zug der Erniedrigten und Beleidigten kam nur langsam voran und machte einen sehr deprimierenden Eindruck.«[47]

Erste Begegnung mit dem Ghetto (Lager)

Artur Czuczka schreibt unmittelbar nach seiner Ankunft in Opole im Osten des besetzten Polen im Februar 1941 einen Brief an seine in die USA emigrierten Verwandten. Darin schildert er die widersprüchlichen Empfindungen, die er an sich selbst und bei anderen Deportierten beobachtet:

> »Merkwürdig & bei fast allen von uns gleich ist es, dass es uns noch gar nicht richtig zum Bewusstsein gekommen ist, was mit uns los ist. Mir kommt es vor wie Einquartierung im Krieg & in einigen Tagen geht es weiter. Ich warte auf Befehle & glaube im Dienst zu sein. Wir fühlen uns hier wie auf Besuch und sind doch im Gegenteil als hier Ansässige zu betrachten, sind hierher eingewiesen & können & dürfen diesen uns zugewiesenen Aufenthalt nicht verlassen. Es ist Einquartierung + Haft + Abhängigkeit und noch viel mehr, was ich noch nicht ausdrücken kann.«[48]

9. Postkarte einer deportierten Wiener Jüdin aus dem besetzten Polen

Zahlreiche Deportierte teilten diese Erfahrung, die Bestürzung und die Unfähigkeit, ihre Situation wirklich zu erfassen. Von den im Frühjahr aus Wien Deportierten schrieben viele an ihre Liebsten zu Hause und schilderten die Bedingungen und ihre Bestürzung darüber – eine Weile, bevor der Massenmord begann. Markus und Lotte Mahler berichten auf einer Postkarte an einen Freund in Wien über Opole: »Ein armseliger Ort, wie man ihn sich nicht armseliger vorstellen kann.« Nachdem sie die erste Nacht sitzend in der Synagoge geschlafen haben, besserte sich die Situation zumindest etwas: »Am 2ten Tag am Boden auf Stroh. Heute erhielten wir schon eine Koje mit 2 aufeinandergestellten Betten zu drei Personen. Jetzt bekommen wir 2mal Tee od. Kaffee und mittags eingekochte Suppe.«[49] Ähnlich erging es auch anderen, sie fanden nicht auf Anhieb eine Unterkunft, viele mussten anfangs irgendwo im Sitzen schlafen, lehnten sich an ihre Rucksäcke und hofften auf eine Verbesserung ihrer Lage. Wilhelm und Johanna Schischa schafften es nach einigen Tagen über Bekannte, mit vier weiteren Familien in einem Zimmer unterzukommen.[50]

Ähnlich in Modliborzyce, wohin Hermann und Celine Mandelbaum aus Wien verschleppt wurden. Im April schreiben sie an ihre Tochter:

> »Wir sind nun schon mehr als 4 Wochen in diesem verkommenen Nest, und leben dabei unter total unkultivierten und unhygienischen Menschen. Wir, Frau und Herr Fröhlich wohnen bei einer 6 Kopf. Fam. in einem einzigen Raum, besser gesagt Hühnerstall … Wir zwingen uns, alles nicht sehr tragisch zu nehmen, weil wir hier mit dem Bewusstsein und Hoffnung leben, Euch meine Teuersten recht bald bei bester Gesundheit zu sehen. Gott möge uns beistehen, dass der Krieg bald zu Ende sein soll, damit wir uns auch recht bald alles in Freuden erzählen können.«[51]

Wilhelm Schischa sandte Fotos nach Hause, die er noch beim lokalen Fotografen in Opole in Auftrag geben konnte, um den Verwandten einen besseren Eindruck über die Umstände zu vermitteln. Die

10. Deportierte Wiener Jüdinnen und Juden in Opole

desolate Situation, in der sich die Wiener kurz nach der Ankunft wiederfanden, den großen Bruch mit ihrem bisherigen Leben, in dem sie Träume und eine Zukunft hatten, macht eines dieser Fotos besonders eindrucksvoll deutlich. Es zeigt eines der völlig überfüllten Zimmer, in dem die Wiener Jüdinnen und Juden nun hausen mussten. Ein Bett steht in diesem Zimmer, auf dem zwei Personen Platz finden, die übrigen liegen oder sitzen auf dem Boden, teils in Bettwäsche eingehüllt, teils an die Wand oder Tür gelehnt. Einige schauen in die Kamera, versuchen sogar ein Lächeln, andere wiederum starren mit glasigem, mutlosem Blick vor sich hin. Wie sollte es mit ihnen und ihrem Leben weitergehen? Diese bange Frage meint man in ihren Gesichtern zu lesen. Wie mögen sie die ersten Nächte in dieser Enge verbracht haben, in schlechter und stickiger Luft, das Schnarchen und Stöhnen ihrer Zimmergenossen immer präsent?

Diejenigen, die im Herbst 1941 ins Ghetto von Litzmannstadt deportiert worden waren, sahen, wie Oskar Rosenfeld dies in seinem Tagebuch so eindringlich beschrieben hat, verfallene und verwahrloste Häuser, schmutzige Straßen, es stank nach Abfällen. Auch der Anblick der einheimischen Juden war ein Schock, viele von ihnen trugen schmutzige und zerlumpte Kleidung, sie waren von Hunger und Entbehrung gekennzeichnet.[52] Bernhard Heilig war im Herbst 1941 mit dem zweiten Prager Transport ins Ghetto Litzmannstadt gekommen. Er erinnert sich ein halbes Jahr später daran, wie sie am Tag nach der Ankunft Menschen des ersten Prager Transportes trafen. Diese informierten die neu Angekommenen über die Verhältnisse im Ghetto, »die in so krassem Gegensatz zu denen von daheim standen, trotzdem sich ja auch dort, speziell in der letzten Zeit, vieles geändert hatte«. Er blickt zurück: »Überhaupt, man verglich noch – Unvergleichbares.«[53]

Die deportierten Männer, Frauen und Kinder kamen in Sammelunterkünfte, zu denen unter anderem ehemalige Schulgebäude bestimmt worden waren. Die jeweils ungefähr 1000 Menschen, die mit den einzelnen Transporten kamen, drängten sich nun in diesen Gebäuden zusammen, versuchten unterzukommen und dabei ihr Gepäck und ihre Angehörigen nicht zu verlieren. Die Lebensbedingungen in den »Lagern«, wie die Deportierten diese Quartiere nannten, waren generell extrem schlecht. Es war kalt, oft waren die Fenster zerstört, fließendes Wasser und sanitäre Anlagen gab es jeweils nur in einem einzigen Gebäude, für die allermeisten der Neuankömmlinge hieß es, sich mit den verschmutzten Latrinen auf dem Hof zu arrangieren. Das wog umso schwerer, als viele bald an Durchfall erkrankten.[54] Bernhard Heilig beschreibt, wie unfassbar schwer es war, in diesen Unterkünften zu schlafen:

> »Nicht nur, dass die einzelnen Menschen scharf auf einer Seite liegen mussten – an ein Liegen auf dem Rücken war gar nicht zu denken – so war das Zimmer auch zu schmal, um zwei ausgestreckt liegenden Gestalten der Länge nach Platz zu bieten. Es musste also – genau wie in einer Sardinenbüchse – immer ein Fußpaar eines Menschen zwischen zwei gegenüberliegende Menschen geschoben werden, um überhaupt Platz zu finden. Auf der Seite liegend, Oberkörper und Füße von verschiedenen Nachbarn eng gepresst, erzeugte dieses Lie-

gen das Gefühl, sich bereits in einem Massengrabe zu befinden, und führte zu Angstzuständen, Atemnot, Alpdruck und dergleichen.«[55]

Ruth Alton beschreibt ebenfalls die unglaubliche Enge in der Schule in der Hohensteiner Straße, in der ihr Transport untergekommen war. Die Toiletten auf dem Hof nennt sie »Schweineställe«, zudem erinnert sie sich: »Jeden Abend wurde mit dem Zentimetermaß der Schlafplatz für die einzelnen Menschen abgeteilt, denn der Mangel an Raum war Anlass zu nie endenden Streitigkeiten. Im Nebenzimmer wurde im Beisein der vielen Bewohner ein Kind geboren, und es gab wohl kaum einen Raum in der Schule, in dem nicht nach einigen Tagen bereits ein Todesfall zu verzeichnen war.«[56]

Auch die Menschen, die später in den Durchgangsghettos im Osten des besetzten Polens ankamen, fanden sich in einer chaotischen Situation. Sie versuchten, sich zu orientieren, auch hier war es schwierig, eine Bleibe zu finden. Arnold Hindls beschreibt seine Ankunft in Piaski: »Total erschöpft, zitternd vor Kälte, hungrig und durstig erreichten wir endlich unser Ziel und wurden in das Ghetto von Piaski eingelassen, von keiner offiziellen Persönlichkeit erwartet oder begrüßt.«[57] Ähnlich verzweifelt klingen die ersten zeitgenössischen Nachrichten: »Was wir nie dachten ist doch eingetroffen. Ich möchte Euch keine nähere Beschreibung über unseren Aufenthalt geben, es genügt, wenn ich Euch schreibe, dass ich etwas Derartiges an Dreck noch nie gesehen habe. Unsere Verpflegung ist sehr mangelhaft.« So beginnt Jakob Liebschütz aus Mindelheim am 13. April 1942 die erste Karte, die er nach seiner Deportation nach Piaski nach Hause schreibt. Seine Frau Fanni ergänzt: »Seit Ende März sind wir hier & reinigen das Ghetto, ohne Überschuhe versäuft man im Dreck, Abort in Feld & Flur, Abfallhaufen in & vor den Häusern.«[58]

Zwei Jahre lebten in Piaski zu diesem Zeitpunkt bereits einige der im Februar 1940 aus Stettin verschleppten Jüdinnen und Juden. Die meisten von ihnen wurden dann im Frühjahr 1942, parallel zur Ankunft der nächsten Transporte aus dem Deutschen Reich, gemeinsam mit den polnischen Jüdinnen und Juden weiter vertrieben – in die Vernichtung.[59] Martha und Max Bauchwitz aus Stettin befanden sich noch in Piaski, als ein Transport aus Hessen dort ankam. Sie berichten Ende März 1942 in einem Brief an ihre Tochter von den »Aussiedlungen« der letzten Tage, denen sie offenbar nur knapp entgangen sind, und der Ankunft der deutschen Jüdinnen und Juden: »Wir stehen noch stark unter dem Eindruck der letzten Tage. Es ist wüst leer. Die 1500 aus Mainz, Worms und Darmstadt sind in die Wohnungen der ›Verreisten‹ gekommen. Sie haben keinen Pfennig Geld! Man erzählt, viele seien unterwegs gestorben. Keiner weiß, wo sie sind.«[60] Unter den aus Worms Verschleppten waren auch Liesa und Ludwig Tuteur mit ihren zwei Söhnen. Von ihr ist noch eine Postkarte vom 28. April 1942 überliefert, auf der sie schreibt: »Wir sind gesund u. hoffen es auch weiter zu bleiben. Wenn Du mal getragene gute Strümpfe o. Schürtzen zu entbehren hast, so sind diese erwünscht.«[61] Niemand aus der Familie hat überlebt.

Wie stellte sich die erste Begegnung mit den Ghettos für diejenigen dar, die weiter nach Osten, nach Riga und Minsk in das Reichskommissariat Ostland verschleppt worden waren?

Die Menschen aus den ersten Transporten, die in Riga ankamen, waren, wie bereits beschrieben, zum Jungfernhof gekommen. Ein Herrenhaus, Ställe und Scheunen standen noch dort. An einer Seite war das Gelände durch den Fluss Düna begrenzt, an den anderen Seiten wurde es bewacht. Männer und Frauen wurden nach der Ankunft getrennt, was die Situation von derjenigen in den Ghettos unterscheidet. Käte Frieß beschreibt 1945 die furchtbaren Lebensbedingungen in diesem Lager, das erst noch gebaut werden musste:

> »In diesen Ställen tropfte das Eis, und ich kann kaum die Grausamkeit unserer Unterbringung beschreiben. Das Schlimmste war wohl die Männer-Baracke. Eine Scheune, riesengroß und mit freiem Himmel, denn von dem ehemaligen Dach waren nur noch kleine Reste vorhanden. Innen waren nichts wie Holzgestelle, aber in 6 Etagen übereinander. Kaum Gänge waren da, und man kletterte unter den schrecklichsten Verrenkungen von einem Loch ins andere. Die Betten waren noch enger und kleiner.«[62]

Durch das undichte Dach schneite es hinein. Die Insassen durften diese Unterkunft in der Anfangszeit nachts nicht verlassen und mussten daher auch ihre Notdurft darin verrichten, und so »war die Atmosphäre unerträglich«.[63] Die Frauen kamen ebenfalls in einer kalten Baracke unter: »Es sah aus wie ein großes Warenlager. Es wurde uns gesagt, dass wir in diese *Regale* kriechen sollten.« Die hölzernen Kojen, auf denen sie schlafen mussten, waren mit Eis bedeckt.[64]

Das Ghetto in Minsk erreichten die ersten Deportierten bereits im November 1941. Der Hamburger Transport war der erste, der im besetzten Weißrussland ankam. In diesem Zug saß das Ehepaar Sally und Hannchen Rosenberg, das seiner Rettung doch schon so nah gewesen war, als die *Orinoco* auf dem Weg nach Kuba zur Umkehr gezwungen worden war.[65] Es ist nichts darüber bekannt, wie es ihnen nach der Ankunft in Minsk ergangen ist. Unter welchen Bedingungen sie nun jedoch zumindest eine Weile noch zu leben gezwungen waren, das können wir rekonstruieren. Ihr Namensvetter Heinz Rosenberg kam mit demselben Zug an wie sie. Die Ankunft im Ghetto hat er in schrecklicher Erinnerung, denn es war – wie auch in Riga – nicht zu übersehen, dass gerade etwas Furchtbares passiert war: »Hunderte von Leichen bedeckten den Boden … Überall war Blut, und auf den Öfen und Tischen stand noch das Essen. Alle Räume waren in einem vollständigen Durcheinander. Es war nicht eine lebende Seele zu finden.«[66] Ähnlich schildert es Horst Philipp:

> »Das Bild, welches sich uns hier bot, ist eigentlich gar nicht mit ein paar Worten wiederzugeben. Ein riesiges völlig verschmutztes Gelände mit kleinen Holzhäuschen lag vor uns, in der Mitte des Geländes stand eine Schule. Wir traten näher und versuchten in die kleinen Häuschen hereinzukommen. Es ging aber sehr schwer. Die Wohneinrichtungen lagen zertrümmert auf dem Fußboden, zerrissene Wäsche, Kleider, Bücher, Geschirr, alles, was man sich denken kann, lag am Boden. Überall sah man Blutspuren.«[67]

Ebenfalls aus Hamburg war Gerhard Hoffmann in Minsk eingetroffen. Er schreibt, er habe im Ghetto »typische russische Elendsbaracken, wie sie zu Propagandazwecken öfters in den Illustrierten abgebildet waren«, vorgefunden. Diese seien bis vor kurzem von russischen Juden bewohnt gewesen, doch erfuhren sie von den einheimischen Juden, die der Ermordung im Versteck entgangen waren, dass diese vormaligen Bewohner umgebracht worden waren. Die Überlebenden »huschten verängstigt zwischen den Häusern herum und versuchten, das letzte ihrer Habe zu retten. Ab und zu fielen Schüsse. Es war ein herzzerreißender Anblick. Wir konnten dies alles im Moment nicht fassen.«[68]

Sie bezogen die Häuser, in denen kurz zuvor andere Menschen gewohnt hatten, die nun in einem Massengrab verscharrt waren. Der elfjährige Berny Lane und seine Familie mussten die Toten, die in einem der alten Holzhäuser lagen, zur Seite schieben, um dann in diesem Haus zu schlafen: »Das war mein erster Eindruck des Minsker Ghettos.«[69] Die erste Impression, an die Erna Steiniger sich erinnert, war ein älterer russischer Jude, der im Ghetto stand, sie ansah und den eben erfolgten Massenmord kommentierte: »Heute wir, morgen ihr.«[70]

Für die meisten war das sogenannte Rote Haus, ein ehemaliges Schulgebäude, die erste Unterkunft, ein Massenlager wie in Litzmannstadt. Die Menschen aus dem ersten aus Hamburg in Minsk angekommenen Transport konnten in den Klassenzimmern der ehemaligen Schule unterkommen, für die nächsten Transporte war es noch unbequemer, da sie in den Gängen lagern mussten. Mitunter saßen sie Rücken an Rücken, um sich gegenseitig zu stützen, wenn sie versuchten, sich ein wenig auszuruhen. Ihre Beine konnten sie nicht ausstrecken.[71] Gary H. Philipp hauste mit seinen Eltern in der Aula, andere mussten in kleineren Räumen übernachten.[72] Die mit seinem Frankfurter Transport hierher verschleppten Männer, Frauen und Kinder mussten drei Tage in diesem Massenquartier verbringen. Berthold Rudner schreibt über den Umzug in die eigentlichen Unterkünfte in seinem Tagebuch: »Die Quartiere erwiesen sich als elende Holzhäuser, geplündert und demoliert, die sich zudem in einem unbeschreiblichen Zustand befanden, den sich ein Mitteleuropäer nicht vorzustellen vermag.«[73] In diesen alten Häusern, in denen sie mitunter erst Betten zimmern mussten,[74] mussten sie sich in kleinen Zimmern mit je etwa einem Dutzend Personen arrangieren, »ohne Decken, ohne Matratzen, ohne Kopfpolster, doch mit ungeheuren Mengen Wanzen, Mäusen und Ratten«.[75] Auch Erich Floss erinnert sich: »Nachts rannten die Ratten über unsere Köpfe.«[76]

Nur wenig später als die ersten Transporte mit Zielort Minsk erreichte am 10. Dezember 1941 ein Zug aus Köln Riga, dessen Insassen die Ersten waren, die nicht zum Jungfernhof kamen, sondern vom Güterbahnhof in das verlassene Ghetto marschieren mussten. Eine Gruppe von Juden aus diesem Transport musste die sich noch in den Wohnungen befindenden Leichen zum jüdischen Friedhof bringen, bevor die anderen Deportierten das Ghetto betraten.[77] Dennoch war für sie die Ankunft furchtbar, ebenso wie für die in den nächsten Tagen und Wochen ankommenden Deportierten. Ihre verstörten und geschockten Berichte ähneln denen aus Minsk. Lilly Menczel fasst ihren Schrecken in Worte: »Am Tag unserer Ankunft im Ghetto sahen wir überall Spuren davon, dass Menschen dort kurz vorher ermordet worden waren: In den Straßen waren gefrorene Blutlachen zu sehen – ein furchtbarer Anblick. Wir fanden in der Wohnung Essen auf dem Tisch vor, man hatte die armen, zum Tode Verurteilten noch nicht mal ihre Mahlzeit beenden lassen.«[78] Es war nicht gelungen, alle Leichen rechtzeitig zum Friedhof zu bringen, manch einer fand noch Tote in den Häusern, die sie nun bezogen.[79]

Die Berichte ähneln sich in ihrem Horror. Die allermeisten nach Riga Deportierten schreiben von Blutspuren auf der Straße bzw. im Schnee und in den Wohnungen, von Möbeln und Gerümpel auf den Straßen sowie Chaos in den Wohnungen, die sie nun mit viel zu vielen Menschen beziehen mussten. Sie beschreiben gefrorenes Essen auf dem Tisch, teilweise mit Löffeln, die noch in der Suppe steckten, und schildern, wie groß der Schock über diese Eindrücke war, zumal sie vollkommen erschöpft ankamen.[80] Esra Jurmann, damals selbst noch ein Kind, erinnert sich, dass er in seiner neuen Bleibe eine an die Wand gekritzelte Abschiedsbotschaft vorfand: »Leb wohl, Mama«.[81] Da das Reinigungskommando kaum hinterherkam, fanden auch die Transporte im Januar 1942, wenn sie die Häuser bezogen, noch gefrorenes Essen der Ermordeten vor.[82]

Egal, wie groß der Schock war, sie mussten damit umgehen, wie Gerda Gottschalk, als sie die gefrorene Mahlzeit auf dem Tisch in der verlassenen Wohnung sah: »Sie war noch von denjenigen hergestellt worden, die jetzt reglos in Massengräbern des Hochwaldes lagen. Der Hunger zwang uns, die Speisen aufzutauen und zu essen, die Kälte zwang uns, die Kleider, die wir in den Schränken vorfanden, an uns zu nehmen, um die erstarrten Glieder zu wärmen.«[83] Da die ersten Transporte zwei Wochen lang keinerlei Lebensmittel erhielten, bildeten die zurückgelassenen Mahlzeiten und Vorräte der Ermordeten die Ernährung der Neuankömmlinge, sie konnten es sich gar nicht erlauben, zu lange über den Hintergrund dieser Hinterlassenschaft nachzudenken. Auch suchten sie trotz Verbots in den noch leerstehenden Häusern nach Lebensmitteln.[84] Und doch: Wenn sie anfingen zu reflektieren, waren sie fassungslos. Edith Blau schreibt darüber im Mai 1945: »Hier hatte ein Blutbad stattgefunden, und wir sollten hier leben, bis es an unsere Reihe kam! Wo man hinsah, Kinderwagen, kleine Schuhchen, die herrlichsten Kinderbilder, schöne Frauen, glückliche Familienfeiern, Hochzeitsbilder – fort, wie weggeblasen.«[85]

6

»WIR WAREN ÜBERLEBENSKÜNSTLER, DAS WAR UNGLAUBLICH«.[1] VERSUCHE, DAS LEBEN NEU ZU ORGANISIEREN

Die Ghettos im besetzten Osteuropa waren in den ärmsten Vierteln errichtet worden, meist waren sie heruntergekommen und bestanden aus alten Holzhäusern. Häufig gab es weder eine Kanalisation noch Strom. Toiletten oder einfache Latrinen fanden die Menschen im Hof, die hygienischen Bedingungen waren erbärmlich und weit entfernt von allem, was sie aus ihrer Heimat kannten. Und dennoch: Nach all der Ungewissheit, der anstrengenden Reise und dem Schrecken bei der Ankunft schreibt Wilhelm Schischa am 1. März 1941 nach Wien: »Wir sind trotz alledem froh, schon hier zu sein.«[2]

Artur Czuczka beschreibt die schwierige Situation in Opole und macht zugleich deutlich, dass er doch hoffte, dass von irgendwoher Hilfe für die in diesen fernen Ort verstoßenen Menschen käme: »Einige wenige Juden haben Geschäfte, in denen man aber nicht viel bekommt, die anderen hiesigen Juden aber alle gehen & stehen ohne jede Beschäftigung auf der Straße herum, was wir Wiener jetzt auch tun. So aber kann es nicht bleiben, sonst werden wir alle trübsinnig und verrückt.« Wie er weiter berichtet, wollte der Judenrat, unterstützt von einem Komitee aus Wiener Juden, Arbeit für alle schaffen. Er selbst war aus gesundheitlichen Gründen allerdings zu keiner schweren Arbeit fähig. Er setzt seinen Brief fort:

> »Was nachher werden wird, weiß ich noch nicht, ich kann mir aber nicht denken, dass man uns hier glatt verhungern lassen wird. Seelisch sind wir alle, einer mehr, einige weniger krank, auch körperlich sind besonders Frauen schon einige erkrankt, wenn da noch Hunger

dazukommt, wird es eine Katastrophe, doch hoffe ich, dass es doch nicht so weit kommen wird, es wird doch irgendwo in der Welt jemand sein, der sich unserer Not annehmen wird und uns vor dem Untergehen bewahren wird.«

Er berichtet jedoch auch:

»Ab heute dürfen wir J. nach 7 h abends nicht mehr auf der Straße sein & ist eine Nichtbefolgung hier weitaus gefährlicher als in Wien, ab morgen müssen auch wir Wiener J. das Judenband / weißes Band m. blauem Zionsstern / am Arm tragen. Das alles sind wohl Kleinigkeiten, aber doch sieht man daraus, dass bald zwischen uns und den ansässigen J. kein Unterschied mehr gemacht werden wird, wir also als schon ganz dazugehörig behandelt werden, was uns die Illusion des Besuches ganz rauben wird.«[3]

Die »Illusion des Besuches« war ihnen genommen, nun mussten die Menschen darangehen, ihr Leben unter diesen furchtbaren Bedingungen neu zu organisieren. Als Erstes räumten sie ihre jeweilige Bleibe auf und versuchten, sie sich so gut wie möglich herzurichten. Erna Valk erinnert sich an die erste Phase ihres Lebens in Riga: »Ich war sehr unglücklich, und trotzdem musste ich wie die anderen darangehen, die kleine Stube aufzuräumen, welche für 3 Familien ausreichen musste.«[4] Berthold Rudner beschreibt dies für Minsk: »Mit vieler Arbeit wurden die Räume einigermaßen hergerichtet, Betten gesucht und gefunden und so wenigstens ein Nachtlager errichtet.«[5] Esra Jurmann weiß noch, wie sie die erste Nacht zu zehnt auf dem Fußboden verbrachten: »Am nächsten Tag fingen wir an, uns in dieser neuen Welt zurechtzufinden.«[6] Edith Blau formuliert dazu kurz nach dem Krieg: »Das Leben beginnt. Man richtet sich die Wohnungen ein, geht klauen, organisieren.«[7]

Es fehlte den Neuankömmlingen an allem, sie mussten improvisieren, vor allem mussten sie herausfinden, wie sie in dieser lebensfeindlichen Welt die notwendigsten Dinge bekommen konnten. In einer Umgebung zumal, in der sie sich nicht auskannten, in der sie keine Freunde und Bekannten hatten und die Sprache meist nicht beherrschten. Die Bedingungen in den Ghettos unterschieden sich stark voneinander, so verließen in Riga und Minsk Arbeitskommandos die Ghettos, und der Tausch und Schmuggel wurde hier zur wichtigen Überlebensstrategie, andernorts war dies nicht möglich.

»Alles verdreckt und verlaust«.[8] Straßen und Unterkünfte

Die Menschen, die nach Litzmannstadt, Riga und Minsk und im Frühjahr 1942 nach Warschau oder in den Distrikt Lublin verschleppt worden waren, mussten ihr Leben von Anfang an in Ghettos organisieren, was große zusätzliche Probleme mit sich brachte. In Opole, wo das Ehepaar Schischa, Artur Czuczka und andere Wiener Jüdinnen und Juden sich wiederfanden, bestand anfangs kein Ghetto, dies änderte sich jedoch bereits nach kurzer Zeit. Zunächst berichteten die dorthin Deportierten noch, dass sie freie Menschen seien und hingehen könnten, wo sie möchten,[9] doch Mitte März 1941 ließ Kreishauptmann Alfred Brandt den Ort mit einem Stacheldrahtzaun, im Juni 1941 dann mit einem Holzzaun abriegeln. Mit der Ghettoisierung verschlechterte sich die Situation erheblich, so stiegen sofort die Preise stark an, da der Handel nun erschwert war.[10] Wilhelm Schischa sorgt sich wegen der veränderten Bedingungen: »Seit Sonntag haben wir leider hier ein Ghetto – wir dürfen nicht hinaus, und die anderen nicht mehr zu uns.«[11] Artur Czuczka bedauert, dass er nun nicht im Sommer, wie er dachte, lange Spaziergänge in die umliegenden Wälder machen und im Teich baden könne. Die Alternative zum Bad im Teich erschien ihm nicht besonders verlockend: »Wir haben wohl hier ein jüd. Tröpferlbad mit 5 Duschen für alle ca. 5000 Juden, aber man geht dort schmutziger & mit mehr Ungeziefer heraus als man hineingegangen ist.«[12] Der aus Nürnberg nach Izbica deportierte Philipp Rühl berichtet im selben Monat von den Bedingungen im Transitghetto: »Unsere Behausungen waren früher ›Wohnungen‹ von polnischen Juden. Du wirst inzwischen auch viel Dreck und Unrat gesehen haben, aber das, was wir hier vorgefunden haben, dürfte den Gipfel von allem darstellen.« Sie versuchten, sich zu behelfen, so schufen sie »in emsiger Arbeit« einige »hygienische Grundlagen«. Er beklagt jedoch, dass es ihnen an allem fehle, die notwendigen Werkzeuge seien nicht vorhanden, außerdem fehle es »z. B. am Holz zum Bau von Latrinen, eine Sache, die hier unbekannt war! Dies, trotzdem die Leute sehr eng zusammengewohnt hatten.« Wie die Menschen an anderen Deportationszielen beschreibt auch er in Izbica die furchtbare Enge: »Wir sind z. B. 16 Personen in einem Raum von 22 qm Größe. Abgesehen von Wanzen und Flöhen wohnen wir gesund. Die meisten wohnen aber zu ebener Erde mit schlechten oder gar keinen Böden und leiden deshalb unter der Feuchtigkeit. Vielfach sind auch Ratten da. Das Wasser ist nur abgekocht trinkbar.«[13]

Manche Deportationsziele hatten keine gepflasterten Straßen und verwandelten sich bei starkem Regen in schlammige Tümpel. Mitunter gab es keine Toiletten, die Bewohner erledigten ihr Bedürfnis entweder auf den Straßen oder am Ortsrand. Bereits bevor sich die Lebensbedingungen aufgrund der mörderischen deutschen Politik massiv verschlechterten, waren die Verhältnisse mancherorts Lichtjahre entfernt vom einstigen Lebensstandard der hierher verschleppten Menschen.[14]

Die ersten nach Minsk Deportierten kamen aus Hamburg. Horst Philipp beschreibt, was sie Unlösbares zu erledigen hatten: »Unsere Aufgabe war es, aus diesem verschmutzten und verwahrlosten Gelände ein sauberes Ghetto zu machen. Männer zogen einen Stacheldraht, Frauen reinigten die Häuser, Kinder schleppten mühselig das Wasser von der Pumpe herbei. Reinigungsmittel hatten wir nicht. Bis Ende des Jahres 1941 waren alle Transporte von Deutschland eingetroffen.«[15]

Ein erster wichtiger Schritt der Integration in die Welt des Ghettos war es, aus den Sammelunterkünften herauszukommen und eine private Bleibe zu finden, und sei sie noch so ärmlich, klein und überfüllt. Diejenigen, die es schafften, dem Elend in einem Sammellager – etwa in der umfunktionierten Synagoge in Opole – zu entkommen, betonen, wie schlimm die Zustände dort waren.[16] Das Ehepaar Schischa hatte Glück, Bekannte nahmen sie auf, doch selbst in dieser als besser empfundenen Situation bekamen sie erst nach einiger Zeit Holzpritschen und mussten nicht länger auf dem Boden liegen, was sie bereits als Wohltat empfanden.[17] Ende März 1941 berichtet Wilhelm Schischa recht optimistisch nach Hause: »Wir schlafen jetzt ziemlich gut in unseren neuen Betten, haben auch schon einen Tisch und Bänke.«[18]

Als der Judenälteste in Litzmannstadt, Mordechai Chaim Rumkowski, im November 1941 einige der Sammelunterkünfte besuchte, sicherte er den dort eingepferchten Menschen zu, das Wohnungsamt seiner Verwaltung werde es organisieren, dass sie alle in Kürze Wohnungen beziehen könnten. Es gab jedoch nicht genügend Behausungen, außerdem fehlte den Deportierten das Geld für die Miete, so dass dies nur in wenigen Fällen klappte.[19] Grete Feldsberg schreibt jedenfalls am 4. Dezember 1941 nach Wien über den erwarteten Umzug: »Erst heute teile ich Ihnen mit, dass wir nach verhältnismäßig guter Fahrt hier angekommen sind – noch in Gemeinschaft, sollen aber demnächst in Zimmer untergebracht werden.«[20]

Für einige wenige Privilegierte schuf Rumkowski noch im Winter 1941 das so genannte Gästeheim, ein Erholungsheim in der eher ländlichen Umgebung im Stadtteil Marysin, wo Unterkunft und Verpflegung deutlich besser waren als im übrigen Ghetto. In der Ghetto-Enzyklopädie, die Mitarbeiter des Archivs der jüdischen Verwaltung noch im Frühjahr 1944 erarbeiteten, notiert Oskar Rosenfeld dazu: »Der Älteste, Präses Rumkowski, ging dabei von der Überlegung aus, dass es seine Pflicht sei, gewissen Persönlichkeiten der älteren Jahrgänge, die entweder im jüdischen Bereich oder als Wissenschaftler in ihrer Heimat eine prominente Stellung eingenommen hatten, das Leben im Ghetto zu erleichtern.«[21] Außerdem gab es seit Anfang Dezember 1941 ein Altenheim, in dem viele der Deportierten Aufnahme fanden. Es existieren aus dieser Zeit zahlreiche Bittgesuche um Aufnahme in ein Heim, die Kapazitäten waren allerdings bei weitem nicht ausreichend.[22] Oskar Rosenfeld, der in einem dieser Heime unterkam, schreibt, als er am 30. Mai 1942 von dort in ein Privatquartier umziehen muss, über seine Sorgen »nach sieben Monaten menschenwürdigen Lebens«.[23]

Das sogenannte Rote Haus in Minsk, den Massenquartieren in Litzmannstadt sehr ähnlich, war für die Deportierten nur ein erster Anlaufpunkt für einige Tage gewesen, bevor ihnen andere Unterkünfte zugeteilt wurden. Doch auch in diesen war es, in Minsk wie andernorts, keineswegs leicht auszuhalten. Inge Rothschild erinnert sich an Riga: »Wir hausten in einem Zimmer mit 11 Personen.«[24] Weil in einige der Ghettos immer mehr Transporte kamen, verschlimmerte sich die Enge noch: »In manchen kleinen Stuben hausten nebeneinander auf der Erde liegend, jeden Flecken ausnutzend, Männer, Frauen, Kinder.«[25] Nicht nur waren zu viele Menschen in den Wohnungen, auch waren andere ungebetene Gäste dort zu finden: »Wohnungen voll mit Ungeziefer. Eine Wanze und Laus kannte ich nur von der Biologiestunde in der Schule.«[26]

Die Wohnungen hatten oft weder fließendes Wasser noch eigene Toiletten. In Minsk waren die Wasserleitungen, wenn überhaupt vorhanden, zugefroren oder zerstört, es gab eine Pumpe im Hof, die im Dauerbetrieb war und zu brechen drohte. Daher behalfen sich die Menschen häufig mit Schnee, wenn sie Wasser benötigten.[27] Wilhelm Schischa schreibt aus Opole von Stroh- oder Blechdächern, »kein Klo, kein Trinkwasser, keine Wäschewaschgelegenheit«, zudem klagt er, sie müssten Wasser zum Kochen und Waschen in zwei Milchkannen holen und recht weit tragen.[28] Hilde Sherman fand »die Zustände bei den Toiletten«, die sich in Reihen auf den Höfen befanden, von allem am schlimmsten, überall sei gefrorener Kot zu finden gewesen.[29] Exkremente in den Höfen und auf den Straßen bestimmen denn auch die Beschreibungen der Straßen der Ghettos, die entsetzten aus dem Deutschen Reich verschleppten Jüdinnen und Juden erwähnen das immer wieder.[30]

Karl Loewenstein beschreibt für Minsk, dass die Räume in den Behausungen so aufgeteilt waren, dass jede Person 1,4 Quadratmeter zur Verfügung hatte, was immerhin in diesem kalten Winter bei der Ankunft Vorteile habe: »Die Menschen lagen bei der strengen Kälte Körper an Körper, um sich gegenseitig zu wärmen.«[31] Die Kälte, für die sie nicht angemessen ausgerüstet waren,[32] vergrößerte ihre Leiden noch. Ilse Chotzen schreibt darüber in einem aus Riga geschmuggelten Brief vom 27. November 1942 und blickt darin auch auf ihren ersten Winter im Ghetto zurück: »Ich liege jetzt im Bett, weil es im Bett immerhin am wärmsten ist, obwohl ich nachts oft vor Kälte aufwache. Überhaupt wir haben schon viel (sehr viel) unter der Kälte gelitten und fürchten uns auch wieder vor diesem Winter, der ja eben erst richtig anfängt. Neben allen großen und kleinen Zores haben wir auch körperlich allerhand Schwierigkeiten.«[33] Die Menschen sammelten alles, was sie fanden, um damit zu heizen.[34]

Auch in Minsk gingen die Frauen unmittelbar nach dem Einzug daran, »die Elendsbaracken zu säubern«. Gerhard Hoffmann macht deutlich, wie nötig dies war: »Selten im Leben haben wir einen solchen Schmutz gesehen, wie wir ihn hier vorfanden. Der Dreck lag fast meterhoch.« Die Bemühungen, die Wohnungen herzurichten, hatten nur sehr bedingt Erfolg: »Furchtbare Zustände.«[35]

Die neuen Bewohner der einfachen Holzhäuser mussten Erfindungsgabe besitzen, um ihre Lage zu verbessern. Nachdem in Minsk viele angesichts des Mangels an Betten zunächst auf dem Boden schliefen, bauten sie sich Betten, »indem wir die Türen aus den zerstörten Häusern auf vier Füße nagelten … damit war das Bett fertig«.[36] Dennoch: In den primitiven und überfüllten Räumen kamen die erschöpften Menschen kaum zur Ruhe und konnten sich daher auch nicht genügend von den bisherigen Strapazen erholen: »Schlechte Luft, Gestöhne der Kranken, Kälte und Ratten machten das Schlafen zur Qual.«[37]

Überaus schwierig war es zudem, ohne fließendes Wasser und Seife Körper und Kleidung ordentlich zu waschen, obwohl dies von allen nach der langen Reise und angesichts der schmutzigen neuen Bleibe, in der zudem Ungeziefer hauste, als dringend notwendig empfunden wurde. »Wäsche zu machen war eine große Plackerei«, beschreibt Berthold Rudner die Not. »Es fehlten Gefäße und vor allem Seife. Ließ man ein Stück liegen, so verschwand sie im Handumdrehen. Die ›Ratten‹ hatten sie verschlungen. Meistens waren es aber die ›lieben Mitbewohner‹, die den Raub begingen!«[38]

Wenn es darum ging, sich selbst sowie Kleidung und Unterkunft sauber zu halten, war daher Kreativität gefragt. Eine Bewohnerin des Ghettos von Minsk begann angesichts des Mangels an Seife, Holz zu verbrennen, die Asche zu kochen und in der daraus entstandenen Lauge die Wäsche zu waschen. Diese wurde zwar grau, aber sauber, und das war es schließlich, was unter diesen Umständen zählte.[39] Die Deportierten wussten selbst, dass sie unbedingt auf sich achten mussten: »Wir tun alles, um Hygiene zu bewahren, gehen alle wöchentlich ins Tröpferlbad«, schreibt Wilhelm Schischa in einem seiner Briefe aus Opole. Außerdem bemühten sie sich, sich täglich in frischer Luft zu bewegen.[40] Karl Loewenstein ließ in Minsk in jedem Zimmer mit Material aus den zerstörten Häusern einen kleinen Kachelofen bauen, so dass sie sich hin und wieder mit warmem Wasser waschen konnten, was wegen der Läuse wichtig war.[41] Alfred Winter erinnert sich: »Es gab kaum Privatsphäre, um sich zu waschen, und nach einiger Zeit war es mit der Scham vorbei. Es war wichtig, sauber und gesund zu bleiben.«[42]

Die Mutter von Liesel Ginsburg war in Riga den ganzen Tag über in der Wohnung, putzte und kochte: »Wir haben uns an die sanitären Bedingungen gewöhnt.« Sich seine Würde unter solchen Bedingungen zu erhalten, »das war eine große Sache«. Sie beschreibt, wie sie sich durch Tausch Gegenstände »organisierten«, »damit unsere Wohnungen wieder in etwa menschenwürdig wurden«, und Kleidung, um möglichst ordentlich auszusehen. »Wir waren Überlebenskünstler, das war unglaublich«, fasst sie all diese Bemühungen zusammen.[43] Nachdem sie aus einem Massenquartier in ein eigenes Zimmer im Ghetto Litzmannstadt umgezogen waren, rollten Ruth Alton und ihr Sohn Michael tagsüber ihre Bettdecken als Sitzgelegenheit zusammen und rückten sich diese manchmal vor das Fenster, »denn ein Fenster ›ganz für uns allein‹ war für ihn, nachdem wir so gedrängt in dem Klassenzimmer gewohnt hatten, wo es sogar um die Benutzung des Fensters Streit gegeben hatte, eine große Errungenschaft«.[44] Sie achteten auch auf Details, um sich ihre ärmliche Ghettobleibe so angenehm wie möglich herzurichten. Es war ihrer Familie gelungen, etwas Besteck aus Berlin mitzubringen, außerdem hatten sie Aluminiumteller geschenkt bekommen, und sie waren stolz darauf, mit Geschirr und Besteck essen zu können und nicht alles aus der Menage, dem für das Ghetto typischen Henkelbecher, zu sich nehmen zu müssen. Ihr »Tafelsilber« bewahrten sie in einem »kleinen Holzschränkchen« in ihrem Zimmer auf. Einen Spiegel, den sie später von einer im Mai 1942 »ausgesiedelten« Jüdin geschenkt bekamen, hingen sie zwischen den Fenstern auf und davor, »eine Kommode vortäuschend, schichtete ich unsere vier Handkoffer, über die ich eine blaue Leinendecke legte, die mir meine Großmutter vor vielen Jahren gestickt hatte«. Sie legten außerdem ihre aus Berlin mitgebrachte Bettwäsche möglichst elegant auf die Betten, und der siebenjährige Michael suchte häufig Blumen, die sie in einer alten Blechdose in ihr kleines Zimmer stellten. »Nur der graue Eimer, der etwas abseits in der einen Ecke des Zimmers stand, störte, war aber trotzdem das wichtigste Möbelstück, nämlich die ›Toilette‹, denn auf dem Hof dieses Hauses waren keine Latrinen.«[45]

Jede noch so kleine Verbesserung zählte. Die aus Hannover nach Riga deportierte Lore Oppenheimer erinnert sich, wie sie, als sie anfingen, Ordnung zu schaffen, unter der Habe der ermordeten lettischen Juden Chanukka-Kerzen fanden. Sie zündeten sie an und fühlten sich etwas besser.[46] Es ist mehrfach überliefert, dass Deportierte sich bemühten, gerade in dieser ersten Phase nach der so verstörenden Ankunft Chanukka oder in vielen Fällen auch Weihnachten so stimmungsvoll wie möglich zu begehen und sich damit ein wenig an die Heimat und die mit diesen Festlichkeiten verbundenen Gefühle zu erinnern.[47] Zwei aus Köln nach Riga deportierte Frauen, vermutlich die Schwestern Ella und Grete Ungar, schreiben in einem illegal verschickten Brief vom 26. Dezember 1941, wie sie das Weihnachtsfest verbracht und dabei voller Sehnsucht an ihre Lieben in der Heimat gedacht haben: »An alle Lieben, Weihnachtstage nähern sich ihrem Ende. Wir haben sie auch verlebt, aber wie?« Sie haben, so schildern sie, aus der vom Mittag übrig geblieben Wassersuppe mit ein paar Kartoffeln eine Suppe gemacht, danach einen Kartoffelsalat. Weiter heißt es in dem Brief: »Während unserer Mahlzeit stand das Kinderbild mit dem Weihnachtsbaum auf unserem Tisch. Da hatten wir wenigstens einen Baum auf dem Bilde.« Ella, die den ersten Teil des Briefs unterschrieben hat, erinnert sich darin an Weihnachten zu Hause, wird wehmütig, »und es rollten Tränen die Wangen herunter«. Sie schließt optimistisch: »Trotzdem sind wir gesund und halten den Kopf hoch in dem Glauben, dass alles nur ein Übergang ist, und wir uns bald alle wiedersehen werden. Wir haben hier alle Hoffnung. Hier sind wir alle in dem Glauben, dass bald alles anders und zum Guten enden wird.«[48] Hilde Schneider, eine evangelische Christin, die aber den Nationalsozialisten nach den Nürnberger Gesetzen als Jüdin galt, feierte zwar mit ihren christlichen Mitbewohnerinnen das Weihnachtsfest 1941, sie fühlte sich jedoch isoliert, keiner Gruppe im Ghetto wirklich zugehörig, und erinnert sich später: »In dieser Dimension des völligen Ausgeschlossenseins gibt es kein Morgen und kein Gestern.«[49]

Konnten die Menschen die Feiertage nicht begehen, so empfanden sie dies oft als Verlust, dachten vor allem zu diesen Gelegenheiten voller Sehnsucht an ihre Liebsten und die alten Zeiten, wie Wilhelm Schischa im April 1941 schreibt: »Zum ersten Mal in unserem Leben mussten wir die Sedernächte vermissen, wie schwer uns dabei war, kann ich Euch nicht sagen. Unsere Gedanken waren ständig bei unseren l. Kindern, bei allen, die uns lieb und teuer sind.«[50]

Auch in Litzmannstadt bemühten sich die Deportierten zu den Feiertagen um ein wenig festliche Stimmung, indem sie sich zu Chanukka so gut anzogen, wie es ihnen möglich war, und – wie dies Ruth Alton für die Berliner beschreibt – eine kleine Feier in der Aula der Schule veranstalteten, in der sie damals noch untergebracht waren. Kinder führten zu diesem Anlass ein kleines Theaterstück auf, Ältere trugen Gedichte vor: »Alle handelten vom Essen und einer baldigen

Heimkehr.« Ihr Sohn Michael sang das Chanukka-Lied, und nach und nach begannen alle mitzusingen. Momente wie diese konnten für die ins Elend verschleppten, so unterschiedlichen Menschen eine große Bedeutung haben: »Hunger, Kälte und Streitigkeiten waren vergessen. Schuster und Schneider, Ärzte, Rechtsanwälte und Apotheker, auf einmal waren sie eine große Familie.« Der gemeinsame Gesang gab ihnen »Mut und Hoffnung«.[51]

Feiertage waren besondere Anlässe, doch auch der Alltag musste organisiert werden, und Johanna Rosenthal beschreibt die ersten Versuche, sich und ihr Leben in Riga zu sortieren: »Trotz aller Verzweiflung mussten wir uns ein Heim schaffen.« Sie schliefen zunächst auf dem Fußboden, und trotzdem: »Allmählich lebten wir uns im Ghetto ein.«[52] Mit der Zeit normalisierte sich ihr Leben unter so unnormalen Bedingungen etwas.[53]

Manche legten Gärten an, zur Verschönerung, aber auch, um Gemüse anzupflanzen: »Auch an Selbsthilfe war gedacht. Mit Gemüsesamen und jungen Anbaupflänzchen, die die draußen arbeitenden jungen Männer ins Ghetto einschmuggelten, legten wir Gärten an, in der Hoffnung, mit dem sorgsam gezüchteten Gemüse unsere Verpflegung wesentlich zu verbessern.«[54] Gerda Gottschalk beschreibt den Beginn des Frühlings in Riga: »Das Ghetto bekam ein freundlicheres Aussehen. Viele legten vor ihrem Haus einen Miniaturgarten an.«[55] Dora Hansen notiert in ihr Tagebuch: »Habe ein paar Flieder- und Obstzweige noch gerupft, die anfangen, in der Vase zu grünen.«[56]

»Zum Problem Ost und West«[57]

Fremd war den Deportierten nicht nur die Umgebung, sondern auch die jeweilige lokale jüdische Bevölkerung. Je nachdem, wohin sie verschleppt worden waren, lebten dort polnische, lettische, russische oder weißrussische Jüdinnen und Juden. Rasch entstanden Konflikte zwischen den so unterschiedlichen Gruppierungen. Da war zum einen die Sprachbarriere, vor allem aber bestanden erhebliche kulturelle Unterschiede zwischen den in vielen Fällen assimilierten, sich in erster Linie als Deutsche, Österreicher oder Tschechen verstehenden Jüdinnen und Juden und den häufig eher religiösen, oftmals orthodoxen »Ostjuden«. Stereotype Wahrnehmungen gab es hier in beide Richtungen. Die Deportierten hielten die lokale Bevölkerung für rückständig, und die entsetzlichen Lebensbedingungen in den kleinen und engen Orten, in denen sie nun zusammenleben mussten, schienen ihre Vorurteile noch zu bestätigen. Umgekehrt wunderten sich die Einheimischen über das Verhalten der neu Angekommenen, hielten sie für wohlhabend und arrogant und waren schockiert, wie wenig sie die religiösen Regeln befolgten. Zugleich nahmen sie die Neuankömmlinge oft als unbeholfen und ein wenig dumm und naiv wahr, unfähig, sich mit den lokalen Bedingungen zu arrangieren und zu verstehen, was dort geschah. Sie nannten sie ironisch »Jeckes«, angelehnt an die spöttische Bezeichnung für die deutschsprachigen jüdischen Einwanderer nach Palästina, mit der diese als überheblich und über alle Maßen gründlich charakterisiert wurden. Besonders negativ war die Wahrnehmung der deutschen Jüdinnen und Juden, sie kamen schließlich aus demselben Land wie die Täter. Je nach Deportationsziel brachte die einheimische Bevölkerung die Neuankömmlinge zudem direkt mit den eben erfolgten Massenmorden in Verbindung. Doch auch andernorts hatte die Deportation direkte Auswirkungen auf das Leben der Ortsansässigen. So kamen in Litzmannstadt zu den Ressentiments noch die praktischen Folgen der Einweisung von 20 000 zusätzlichen Bewohnern und Bewohnerinnen hinzu: die Schließung der Schulen, zunehmende Enge, reduzierte Lebensmittel.

Kurzum, das erzwungene Zusammenleben war von Anfang an in vielfacher Hinsicht belastet, und diese Bedingungen verschlimmerten sich zusehends. Diejenigen Deportierten, die früh in verschiedene Ortschaften im Distrikt Lublin kamen, lebten in vielen Fällen mit der einheimischen Bevölkerung in deren Wohnungen zusammen, wodurch ein sehr enger Kontakt und oftmals auch Konflikte entstanden. In Litzmannstadt und Warschau blieben die meisten Deportierten relativ isoliert in Massenunterkünften. Sowohl in Riga als auch in Minsk waren die Ghettos der deutschsprachigen Juden von denen der einheimischen Juden getrennt. In Minsk gab es zwei »Sonderghettos« für die Angehörigen der verschiedenen Transporte, in Riga gab es das Deutsche und das »Kleine« Ghetto, in dem die einheimischen Juden untergebracht waren. Mit Zäunen waren diese voneinander getrennt. Der Kontakt zur einheimischen Bevölkerung war den Deportierten offiziell verboten. So waren die Voraussetzungen sehr unterschiedlich.

Ernst Krombach, einer der erst im Frühjahr 1942 in den Distrikt Lublin Verschleppten, fasst die Fremdheit am 24. April 1942 in einem Brief an seine Freundin Marianne Strauß in Worten zusammen, die wohl viele seiner Leidensgenossen unterschrieben hätten: »Wild-West ist gar nichts dagegen. Es sind so unterschiedliche Lebensauffassungen und Grundsätze hier, dass jeder ungefestigte Mensch seelisch stark ins Wanken gerät, wenn nicht für immer entgleist. Es gibt weder Kultur noch Moral.«[58] Zwei Jahre früher waren aus Stettin Martha und Max Bauchwitz nach Piaski gekommen, und sie bezeichneten ihre neue Heimat ähnlich als »Wild-Ost«.[59]

Einige der im Februar 1941 nach Opole verschleppten Wiener Jüdinnen und Juden schreiben immer wieder sehr ausführlich über die lokale Bevölkerung. Wilhelm Schischa verhehlt sein Unverständnis, ja seine Abscheu nicht: »Oft gehe ich in die Wohnungen unserer polnischen Juden, wie es da aussieht könnt Ihr euch gar keinen Begriff machen. Stinken, Spinnweben, Schmutz und Dreck, genauso in den Geschäften.« Er merkt noch an, dass die »arischen« polnischen Geschäfte »rein und sauber« seien.[60] Nicht nur bezeichnet Schischa die polnischen Juden als schmutzig und »schlechter als Ihr Euch denken könnt«, sondern auch als faul. So heißt es in einem seiner Briefe, »die Weiber und Männer hängen den ganzen Tag mit Nichtstun herum und Zuhause strotzt alles mit Dreck«.[61] Um seinen Verwandten einen besseren Eindruck davon zu geben, wo er und seine Frau gelandet waren, schickte er im Juli 1941 ein Foto mit, im entsprechenden

Brief findet er noch einmal mehr als deutliche Worte über die polnischen Juden und macht sie für die schlimme Situation, in der sie sich befanden, verantwortlich: »Anbei lege ich Euch wieder ein Bild von unseren sauberen Glaubensgenossen bei – das alles sind Momentaufnahmen, von den Nichtstuern, die den ganzen lieben langen Tag dem Herrgott die Zeit abstehlen – und nicht einmal einen Nagel in ihre verfaulten zerbrochenen Hütten hineinschlagen. – Diesen Menschen, oder besser gesagt diesen Unmenschen, die auch uns Wiener nicht mögen, obwohl sie alle von uns leben, verdanken wir unser Elend.«[62]

Artur Czuczka dagegen betont in seinen Briefen, wie froh er sei, bei einer Familie in Opole untergekommen zu sein. Während viele seiner Leidensgenossen zunächst eher die Fremdheit zwischen ihnen und der lokalen jüdischen Bevölkerung betonen, schaut er sich bei seinen Wirtsleuten sogar etwas ab und findet in der Religion ein wenig mit ihnen zusammen, wie er am 3. März 1941 berichtet: »Ich bin seit etwa 7 Wochen hier bei sehr frommen Leuten und daher selbst etwas fromm geworden. Die Leute sind trotz ihres schweren Schicksals voll Gottvertrauen & haben damit einen großen Halt, den ich auch suche.«[63] Doch auch in seiner Wahrnehmung überwogen, bei aller Dankbarkeit dafür, dass sie ihn aufgenommen hatten und alles mit ihm teilten, offenbar die Verwunderung über manche Eigenarten und ein gewisses Gefühl der Fremdheit:

> »Meine Leute hier sind abgesehen davon, dass sie viel & furchtbar streiten miteinander & mich da mit hineinziehen & abgesehen von so vielen anderen echt jüd.-poln. Eigenheiten, die sehr schwer für mich zu ertragen sind / ich bin doch schon länger als 3 Monate hier / doch sehr brav zu mir und geben mir von dem Wenigen, das sie selbst haben immer ab, obzwar sie wissen, dass ich ihnen vorläufig nichts zahlen kann.«[64]

Cläre und Erich Silbermann aus Stettin, die bereits Anfang 1940 in Belzyce untergekommen waren, loben die Hilfsbereitschaft der verarmten Bevölkerung:

»Das Städtchen hier ist sehr armselig, die Menschen leben in so primitiven Verhältnissen und fristen ihr schweres Leben derart mühselig, dass es gar nicht genug anerkannt werden kann, mit welcher Gebefreudigkeit und wie selbstverständlich sie sich für uns einsetzen. Sie teilen ja tatsächlich ihr Bett und alles, was sie haben, mit uns, und unsere Wirtsleute, die allerdings etwas begüterter sind, lehnen immer wieder unseren Dank ab und beteuern, uns alles nur zu borgen. Es ist wirklich rührend.«[65]

Lotte und Markus Mahler wundern sich in einem ihrer Briefe darüber, wie sehr die polnischen Juden einerseits strengstens auf die Einhaltung der Speisegesetze achteten und doch zugleich sämtliche anderen hygienischen Regeln so missachteten: »Eine kleine Episode: Ich stelle das Kaffeegeschirr auf das Tischtuch, schreit die Hausfrau: nehmen Sie das milchige Geschirr weg vom fleischigen Tischtuch. Aber, dass sich der Hausherr in das Tischtuch auch schnäuzt, das geniert die Hausfrau nicht im Mindesten.« Sie fügen noch hinzu: »Anschließend daran musst Du wissen, dass diese Leute und ihre Wohnungen gänzlich verlaust sind. Jetzt wird hier für alle eine Entlausungsaktion durchgeführt. Da schätzen wir uns noch glücklich, dass wir separiert wohnen.«[66]

Die polnischen Jüdinnen und Juden waren ihrerseits entsetzt und hatten mitunter schon vor der Ankunft schlimmste Befürchtungen. Dies ist besonders für Litzmannstadt in zahlreichen Quellen überliefert. Dawid Sierakowiak formuliert dies so: »Morgen sollen die ersten Aussiedler aus Wien ankommen. Angeblich lauter Christen und Hitleranhänger, denen man eine jüdische Großmutter nachgewiesen hat. Sie werden hier im Ghetto womöglich einen antisemitischen Verein aufmachen.«[67] In der Tat verstanden sich ja viele der deutschen Deportierten zunächst als Deutsche und dann erst als Juden – wenn überhaupt. Diese Selbstwahrnehmung stimmte mit der Fremdwahrnehmung durchaus überein.[68]

Waren die Deportierten entsetzt über ihre Ankunft an einem Ort, den sie als furchtbares Drecknest empfanden, schildert die lokale

Bevölkerung vor allem ihre große Verwunderung darüber, dass da derart gut gekleidete Menschen mit viel Gepäck ins Ghetto marschierten. Moshe Pulaver erinnert sich an die »herrlichen Koffer und schönen Kleider«, sie sahen den Neuankömmlingen in den Ghettos im besetzten Polen und auch in Riga und Minsk sofort an, dass sie in den meisten Fällen besser situiert gewesen waren.[69]

Schnell wurde aber auch die Hilflosigkeit der neuen Ghettobewohner deutlich. Józef Klementynowski blickt im Mai 1942 auf die Ankunft der deutschen Jüdinnen und Juden zurück: »Manche fragten sogar, ob sie nicht in irgendeinem Hotel wohnen könnten. Es gab zwar unter ihnen hochmütige und grobe Menschen, aber im Grunde genommen waren sie durch ihre Desorientierung klein und hilflos.« Er, der polnische Jude, der im Archiv des Ghettos mit einigen der Deportierten zusammenarbeitete, sah deren tragische Lage sehr deutlich: »Irgendwo hat sie irgendwer irregeführt … Man hatte sie nicht informiert, wohin sie fahren und was mit ihnen geschehen würde. Sie hatten gehört, dass sie in irgendein Industriezentrum reisen würden, wo jeder von ihnen eine entsprechende Beschäftigung finden würde, und deshalb waren sie enttäuscht, als sie gänzlich andere Bedingungen vorfanden.«[70] Diese Täuschung beschreibt auch Raisa Gitlina für die nach Minsk Verschleppten. Die Nazis hätten ihnen vorgegaukelt, sie sollten den »asiatischen Osten kolonisieren und ein gutes Beispiel für die zurückgebliebenen Menschen dort« sein. Sie seien aufgeschmissen gewesen, ohne Sprachkenntnisse, in einer fremden Umgebung, getrennt von ihren Familien.[71]

Der aus Düsseldorf nach Litzmannstadt deportierte Gary Wolff erinnert sich noch Jahre später an dieses Gefühl, »ein Jecke« gewesen zu sein, »was mich zu einem Außenseiter machte«. Er schaffte es besser als viele andere, sich in dieser Welt zurechtzufinden, er begriff, dass sie alle »wie Vieh auf dem Markt darauf warteten, geschlachtet zu werden«. Es sei darum gegangen, dies so lange wie möglich hinauszuzögern. Die polnischen Juden hätten gemerkt, dass er dies rasch verstanden hatte, und ihn daher akzeptiert. Er sei kein »dummer ›Jecke‹« gewesen, hätten sie gesagt.[72]

Nicht mehr als »Jecke« zu gelten, aus dieser Masse von Fremden herauszukommen, war also wichtig, wollte man von der lokalen Bevölkerung akzeptiert werden. In Minsk und Riga hatte das Unverständnis angesichts des mangelnden Begreifens der Neuankömmlinge, wo sie eigentlich gelandet waren, von Anfang an mit dem Wissen der Einheimischen zu tun, dass hier nichts anderes stattfand als ein gezielter Massenmord. Alexander Bergmann aus Riga war fassungslos, dass die »Jeckes«, wie sie auch hier verächtlich genannt wurden, weiterhin patriotisch waren und an »die deutsche Ordnung« glaubten: »Für mich war das ein Zeichen von Beschränktheit aufseiten der deutschen Juden und erboste mich geradezu.« Noch Jahre später war er verwundert darüber, dass die deutschen Jüdinnen und Juden so lange nicht verstanden, »dass sie aus dem ›gesegneten‹ Deutschland nach Riga gebracht worden waren, um hier ermordet zu werden«.[73] Im Warschauer Ghetto wundert sich im Mai 1942 Emanuel Ringelblum, der große Chronist, Archivar und Historiker, auf den die Gründung des dortigen Untergrundarchivs zurückging, über eine ähnliche Tendenz bei den gerade hierher Verschleppten: »Ungeachtet dessen, was sie in Deutschland erlebt haben und dass sie so viel gelitten haben, sprechen sie ständig von ›unserem Führer‹ und glauben an den Sieg. Sie sind überzeugt, dass sie nach Deutschland zurückkehren werden.«[74] Im selben Monat schreibt der Lehrer Abraham Lewin in seinem Tagebuch über die deutschen Jüdinnen und Juden, die auch er seit einigen Tagen im Warschauer Ghetto meist nur aus der Ferne sah, dass sich noch keinerlei Kontakte ergeben hätten, und er erklärt dies historisch:

> »Zwischen uns und ihnen steht immer noch eine Mauer aus vielen hundert Jahren Vorurteilen und sprachlicher Trennung. Letztlich ist es für einen Juden aus Hannover schwierig, mit einem Juden aus Piaseczno oder Gryca ein Gespräch zu führen und umgekehrt. Sie sind einfach nicht in der Lage, sich zu verständigen. Hoffen wir, dass die Zeit eine Annäherung bringen wird.«[75]

Diese beiden sehr genauen Beobachter des sozialen Lebens im Warschauer Ghetto, Lewin und Ringelblum, verzeichnen unabhängig voneinander aber auch Gesprächssituationen mit deutschen Deportierten, die nicht so recht zum eben gezeichneten Bild passen. Abraham Lewin berichtet am 28. Mai 1942 von einem Gespräch mit einer Jüdin, die kürzlich aus Berlin ins Ghetto verschleppt worden war. Sie berichtete ihm von wachsender Opposition gegen Hitler und erklärte, sie glaube nicht, dass der Krieg noch lange dauern werde, immer öfter seien Anti-Hitler-Slogans öffentlich zu hören oder lesen, so wie dieser hier: »Juden haltet aus / Mit den Lumpen ists bald aus! / Lieber der König / Lieber der Kaiser von Gottesgnaden / Als der Lump von Berchtesgaden.«[76] Auch in den Aufzeichnungen von Emanuel Ringelblum finden sich Hinweise auf einen speziellen Humor der deutschen Deportierten, sie brachten nämlich »verschiedene Witze mit. Unter anderem erklären sie das Wort ›Jude‹, das sie vorne tragen müssen, wie folgt: ›Italiens und Deutschlands Ende‹«.[77]

Die deutschen Juden fühlten sich oft ihren Glaubensbrüdern überlegen, empfanden die polnischen Juden, wie bereits im Fall von Wilhelm Schischa sehr deutlich wurde, als schmutzig, unzivilisiert und zurückgeblieben. Oskar Singer, der aus Prag nach Litzmannstadt verschleppt worden war, hat dort mehrere Essays zu diesen Themen verfasst und erklärt die Überheblichkeit vor allem damit, dass viele der Deportierten ihre erste Erfahrung mit »dem Osten« unter den Bedingungen des Ghettos machten. Sie sahen schockiert den Schmutz, die Enge und die heruntergekommenen Menschen und dachten, das sei schon immer so gewesen. Durch diese verzerrte Wahrnehmung wurden die schlimmsten Vorurteile noch übertroffen, sie sahen »eine entsetzliche Karikatur des Ostens« und reagierten, so Singer weiter, mit großer Arroganz darauf.[78]

Die polnischen Juden seien »zudringlich« wie Fliegen, ein »furchtbares Volk«, schreibt die Wienerin Irene Hauser im Sommer 1942 in ihr Tagebuch.[79] Lisa Herzog aus Köln meinte kurz nach dem Kriegsende: »Die kleinen Kinder von 3 Jahren haben uns schon bestohlen und betrogen. Da kamen wir einfach nicht mit. Da kann man sich überhaupt keinen Begriff machen, wie es dort zuging. Die Ressortchefs, die Ghettobeamten und alle höheren Angestellten waren mit den Gefängnissen und Zuchthäusern von ganz Polen auf freundschaftlichem Fuß.«[80]

Trennend war ebenfalls die Sprachbarriere. »Sprache ganz süddeutsch gemischt: Maiderle, Veigele, aber bei Unterhaltung nie zu verstehen«, klagt Martha Bauchwitz in Piaski.[81] Alice de Buton, der es gelungen war, im Archiv des Ghettos Arbeit zu finden, beschreibt die Probleme, die sie und andere hatten: »Man sitzt wie in einem Bienenschwarm: polnisch, jiddisch, hebräisch – nur nicht deutsch. Man ist völlig isoliert, hat keine Ahnung von dem, was gesprochen wird und möchte doch so gerne daran teilnehmen. Das kostet Nervenkraft in ungeheurem Ausmaße. Wie ein Analphabet kommt man sich vor – warum kennt man diese Sprache nicht? … Minderwertigkeitskomplexe?«[82] Trude Friedrich wiederum erinnert sich, dass sie in Riga nicht so große Sprachprobleme hatte. Die Verständigung mit den lettischen Juden sei kein Problem gewesen, da viele Deutsch oder Jiddisch konnten, Letzteres habe sie selbst zumindest verstanden.[83] Alfred Seiler aus Wien, der in Maly Trostenez gefangen war, traf bei manchen Arbeitsstellen mit Juden aus dem Ghetto zusammen und lernte hier Jiddisch.[84] Günther Katzenstein freundete sich in Minsk mit dem Einheimischen Josef Greifer an, der ihm half, da er kein Russisch konnte.[85]

Insgesamt jedoch war das Verhältnis zwischen deportierten und einheimischen Jüdinnen und Juden auch in Riga und Minsk häufig eher von gegenseitiger Fremdheit, kultureller Distanz und Misstrauen bestimmt, wenngleich dies meist nicht so scharf geäußert wurde wie in den Ghettos im besetzten Polen. Einen Grund für das Misstrauen gegenüber den Neuankömmlingen sieht Karl Loewenstein in den Massenerschießungen vor der Ankunft der deutschen Juden: »Auch wurden wir wegen dieses Vorgangs von den Russen zunächst als ihre Feinde betrachtet, bis es uns gelang, sie davon zu überzeugen, dass wir doch genau so von den Nationalsozialisten verfolgt würden und dass wir nicht freiwillig, sondern zwangsweise nach Minsk gekommen seien.«[86]

Ähnliches berichten Überlebende auch aus Riga: Die lettischen Juden seien ihnen gegenüber anfangs feindselig gewesen und hätten ihnen an den Kopf geworfen, dass ihre Familien ermordet worden seien, um Platz für sie zu machen. Doch mit der Zeit hätten sie gemerkt, dass sie alle dasselbe Schicksal teilten.[87] Für Boris Kacel war es furchtbar, die neuen Bewohner zu sehen, war doch seine eigene Mutter ermordet worden, und nun hatte eine ihm unbekannte Frau ihren Platz in ihrem alten Haus eingenommen: »Ich beobachtete die neu angekommenen jüdischen Frauen durch den Stacheldrahtzaun und verglich sie mit meiner Mutter, was ungeheuer schmerzhaft war.«[88]

Die von den polnischen Ghettobewohnern genannte Überheblichkeit der aus dem Westen stammenden Jüdinnen und Juden nannten auch Letten und Weißrussen als Gründe dafür, dass sie nicht so recht mit den »Neuen« in Verbindung treten wollten. Matus Stolov erinnert sich, wie er selbst sagt, sehr gut an die Ankunft der Deportierten und fasst die Einstellung der einheimischen jüdischen Bevölkerung ihnen gegenüber so zusammen:

> »Sie lebten innerhalb des Minsker Ghettos, abgetrennt durch Stacheldraht, und sie konnten nicht mit den russischen Juden kommunizieren (mit Ausnahme von gelegentlichem Tauschhandel gegen Lebensmittel). Sie waren anders. Ihre Einstellung war selbstbewusster, sie kleideten sich anders, und sie glaubten nicht, dass die Deutschen sie hergebracht hatten, um sie zu töten. Sie betrachteten die übrigen Juden als eine niedrigere Klasse. Die russischen Juden verkehrten nicht mit den deutschen Juden, da sie diese als hochnäsig empfanden. Viele Frauen beschrieben die deutschen Juden als dumm und naiv, weil sie extravagante Kleidung und Make-up trugen, obwohl sie kurz davor waren, umgebracht zu werden.«[89]

Raisa Gitlina bestätigt, dass die »Hamburger«, wie sie alle Deportierten nannten, »sehr anders« gewesen seien, »Intellektuelle aus gut situierten bürgerlichen Familien. Die meisten von ihnen waren nicht an körperliche Arbeit gewöhnt und konnten sich nicht selbst versorgen.«[90]

Hersh Smolar widmet den deutschen Jüdinnen und Juden in seinen Erinnerungen viel Platz und sieht sie sehr kritisch. So schreibt er ihnen die Initiative dafür zu, dass die deutschen Sonderghettos in Minsk eingezäunt wurden, sie hätten sich von den einheimischen Juden separieren wollen, sie, die doch in seinen Augen in erster Linie Deutsche waren. Er beobachtete, dass sie, während sie den Zaun um das Ghetto bauten, »Befehle über die Arbeit brüllten«, und zwar genauso, wie die deutschen Machthaber dies gegenüber den einheimischen Juden taten. Auch wunderte er sich über die stereotype Ordnungsliebe in den Wohnungen.[91] Und so erstaunt es nicht, dass Margot Aufrecht sich kaum an Kontakte mit der Minsker jüdischen Bevölkerung erinnert.[92]

Das Verhältnis war also in hohem Maße geprägt von wechselseitigen Vorurteilen, von Unsicherheiten und dem Gefühl, den anderen unter- oder aber sehr überlegen zu sein, zumindest war es immer ungleichgewichtig und von starken Spannungen geprägt, solange die Menschen sich nicht näher kennenlernten. Diese Kontakte waren in vielfacher Hinsicht entscheidend, doch hatten sie nur wenige. In Litzmannstadt kam es anfangs aufgrund der getrennten Wohnbereiche kaum zu Begegnungen, die über den Handel mit Waren hinausgingen.[93] Auch in Warschau waren die Deportierten räumlich von der übrigen Bevölkerung getrennt. »Obwohl schon viel Zeit vergangen ist, seitdem sie nach Warschau gekommen sind (über einen Monat), werden sie getrennt untergebracht«, so Emanuel Ringelblum. »Sie leben immer noch außerhalb des Ghettos, in speziellen Quarantäne-Häusern.«[94] Die auf beiden Seiten vorhandenen Fremdheitsgefühle konnten in den meisten Fällen nicht überwunden werden. Kontakte gingen in vielen Fällen nicht über kurze Gespräche auf der Straße hinaus. Entscheidend war, wie Oskar Singer formulierte, »schnell aus der Masse« zu flüchten: »Wer nur einigermaßen die Lage erfasst hat und entweder Anschluss an Einheimische fand oder eine Wohnung ergattern konnte, zog das große Los.«[95] Entgegenkommen gab es dann durchaus auch von der anderen Seite, so traf sich Dawid Sierakowiak nach einer Weile regelmäßig mit einigen Deportierten, und Liza Taflowicz freundete sich mit einem Wiener Paar an.[96]

Chaim Kaplan zeigte in seinem Tagebuch Mitgefühl, nachdem er im März 1941 in Warschau in einer Unterkunft für Deportierte war und darüber fassungslos notiert:

> »Heute besuchte ich die Flüchtlinge aus Danzig und kam mit gebrochenem Herzen heim. Es fehlt nicht an Tragödien im Ghetto, denn wohin man geht, stößt man auf Armut und Bedrückung, Hunger und Krankheit, Tränen und Leiden. Wir sind für die Nöte Einzelner unempfindlich geworden. Aber was ich in der Flüchtlingsunterkunft der Danziger sah, verstörte mich so sehr, dass sogar mein Herz, das Herz, das zu Stein ward, ergriffen wurde.«

Er traf in dieser Massenunterkunft »auf eine stumme Tragödie, auf Opfer einer großen Katastrophe, die sich in ihre eigenen trüben Gedanken vergraben haben. Ihre Augen sind ohne einen Schimmer der Hoffnung, ohne einen Funken des Lebens.«[97]

Diese eher mitfühlende Sicht auf die anderen war auch unter den einheimischen Jüdinnen und Juden in Minsk und Riga immer wieder zu finden. »Die Lage der ›Neuen‹ war jämmerlich«, fasst Meir Levenstein seine ersten Eindrücke der nach Riga Deportierten zusammen: »Sie hatten keine Winterkleidung und litten unter Hunger und Kälte gleich schwer.«[98] Frida Raisman charakterisiert die desolate Lage der deutschen Jüdinnen und Juden in Minsk sehr zutreffend: Sie waren völlig aus ihrem vertrauten Umfeld herausgerissen, kannten sich vor Ort nicht aus, sprachen kein Russisch, konnten sich also nicht verständigen und hatten daher keine Überlebenschancen.[99] So erinnern zahlreiche andere Einheimische ebenfalls die schwierige Situation der deutschsprachigen Ghettobewohner, die verloren und in hohem Maße auf Hilfe angewiesen waren.[100] Die Mutter von Jakow Krawtschinkij tauschte für die »Hamburger« Gegenstände, da sie es wegen der Sprachbarriere nicht selbst konnten. Zwischen ihr und einigen der Deportierten entstand ein vertrautes Verhältnis.[101] Boris Srebnik ging einmal mit einer gestohlenen Kartoffel zum Sonderghetto und gab sie durch den Zaun einem deutschen Juden, der ihm im Gegenzug ein Karamellbonbon schenkte, an dessen Farbe und Geschmack, ja, selbst an das Papier, in das es gewickelt war, er sich noch Jahre später erinnerte.[102]

»Ich denke, dass wir uns gegenüber den deutschen Juden ungerecht verhalten haben. Sie konnten sich solche Grausamkeiten, über die wir ihnen berichteten und deren Spuren sie in den Wohnungen zum Teil selber wahrgenommen hatten, einfach nicht vorstellen. All das zu begreifen, war ja auch für den normalen Verstand gar nicht möglich«, so beschreibt Alexander Bergmann in Riga, wie er nach einer Weile Verständnis für die ins Chaos Verschleppten entwickelt hatte.[103] Vielfach ist Hilfe von Seiten der lettischen Männer überliefert. Edith Blau sah diese kurz nach ihrer Ankunft zum ersten Mal:

> »Wir sahen durch das Fenster jüdische Männer mit einem gelben Stern auf dem Rücken. Deutsche waren es nicht! Es war der letzte Rest der lettischen Juden, die man noch leben gelassen hatte. 3000 Männer. Sie starrten mit wilden Augen auf unsere Seite, getrennt durch eine breite Straße und Stacheldraht, sie dachten an ihre Frauen und Kinder und sahen uns! Und was taten sie? Mit brechendem Herzen und Tränen in den Augen warfen sie unseren Kindern Brot, Fleisch, Obst über den Zaun! Sie waren Helden! Uns war es unter Todesstrafe verboten, mit diesen lettischen Juden zu sprechen. Eine Frau wurde am 1. Tag direkt am Zaun erschossen.«[104]

Die lettischen Juden kamen manchmal trotz Verbots ins deutsche Ghetto und brachten Lebensmittel für die Kinder. »Es muss für diese Männer grauenhaft gewesen sein, die gerade ihre Frauen und Kinder verloren hatten«, so erinnert sich Hilde Sherman: »Wir alle wussten, dass es nur diesen Männern zu verdanken war, wenn nicht gleich eine Katastrophe über uns hereinbrach.«[105]

Trotz offiziellen Verbots gab es also Kontakte zwischen deutschem und lettischem Ghetto in Riga. Vor allem auf den Arbeitsstellen trafen die Menschen regelmäßig zusammen und lernten sich kennen. Neben der Religion war besonders für junge Leute der Zionismus verbindend, wie Gertrude Schneider beschreibt. Jugendliche trafen sich Freitagabends in einem großen Saal in der Nähe des Spitals, zündeten Kerzen an und sangen deutsche und hebräische zionistische Lieder, tanzten die Hora, einen traditionellen jüdischen Tanz, »und man gab sich der Hoffnung hin, dass es eine Zukunft für uns alle gäbe, dass wir einmal als freie Menschen in unserem eigenen Land die Hora tanzen würden«.[106]

Zwischen den jüngeren Bewohnern der beiden Ghettos entstanden Freundschaften, besonders zwischen lettischen Männern, deren Familien während der Massenerschießungen im November und Dezember 1941 ermordet worden waren, und deutschen Frauen. Von diesen wiederum hatten einige ihre Männer im Lager Salaspils verloren. Manchmal waren Liebe und Zärtlichkeit Waren (die lettischen Juden hatten meist mehr zu essen), doch auch innige Liebesbeziehungen entstanden. »Einige Paare waren so verliebt, dass sie sich gegenseitig als Mann und Frau im täglichen Kampf um Nahrung und Überleben unterstützten«, erinnert sich der lettische Jude Boris Kacel.[107] Einige Hochzeiten fanden bereits im Ghetto mit einer kleinen und bescheidenen Feier in einer Wohnung statt, andere nach der Befreiung. Der Onkel von Hilde Sherman hatte als Ghettopolizist freien Zugang zum lettischen Ghetto und brachte ab und zu Freunde von dort mit. Darunter war auch Willy Sherman, den sie später heiratete. Liesel Ginsburg hat ihren Mann Alexander 1942 bei der Arbeit kennengelernt und ihn nach dem Krieg wiedergefunden. Die beiden haben 1949 in Rheydt geheiratet.[108] Auch Edith Blau hat ihre »große Liebe in diesem Rigaer Ghetto gefunden, Malkni, ein lettischer Jude, mit dem ich fast 2 Jahre innig befreundet war«.[109] Boris Kacel und seine Kameraden freundeten sich mit deutschen Jüdinnen an, die in einem Kommando auf ihrer Arbeitsstelle waren.[110]

Fred Leser erinnert sich, dass für ihn und seine Mutter eine etwas bessere Zeit begann, als sie im Sommer 1942 vom Jungfernhof ins

Ghetto kamen. Sie teilten ein Zimmer mit zwei Damen aus Köln, die lettische Freunde hatten und dadurch besseres Essen bekamen. Die lettischen Bekannten der Zimmergenossinnen hatten Beziehungen zu Nicht-Juden, sie konnten Dinge »organisieren«.[111]

Derartige Kontakte und die Integration in die Ghettogesellschaft waren auch aus psychologischen Gründen ungeheuer wichtig, wie eine zentrale Episode im Tagebuch Oskar Rosenfelds verdeutlicht. Er beschreibt hier, wie er, vermutlich im Frühjahr 1942, so verzweifelt war, dass er über eine Flucht aus dem Ghetto in Litzmannstadt nachdachte. Ihm war bewusst, dass dies unweigerlich zu seinem Tod geführt hätte. Er trennte seinen Judenstern ab und ging durch die Straßen des Ghettos:

> »Neben mir Stimme. Jemand ruft mich an. ›Herr, Sie haben keinen Stern.‹ Es ist ein jüdischer Polizist. Mir wird warm im Herzen. Er nimmt und heftet mir ihn an. Achtung, sagt er. ›Wenn sie ein Aschkenes[112] sieht, sind sie verloren.‹ Mir ist wohl. Ich gehöre plötzlich zu ihnen allen, den sogenannten Ostjuden. Wir haben die gleiche Angst vor Aschkenes, vor dem Schicksal, vor dem schweren Leben, das uns noch bevorsteht. Die paar Worte ›Herr – –‹ haben mich gerettet.«[113]

Eine ähnliche Erfahrung beschreibt die damals sechzehnjährige Cecilie Landau, später Lucille Eichengreen, aus Hamburg. Sie lernte einen Straßenhändler kennen und erfuhr von diesem immer mehr über die gesellschaftlichen Verhältnisse im Ghetto. »Ich war an einem Punkt angelangt, wo ich in meine neuen Lebensumstände integriert werden wollte«, so erinnert sie sich: »Ich hasste es ›aufzufallen‹; ich war jüdisch wie alle anderen, und doch gehörte ich nicht dazu. Ich musste wissen, wo ich mich befand, und ich war lernbegierig. Mit wem war ich hierher verschlagen worden? Menschen wie diejenigen, unter denen ich hier lebte, hatte ich noch nie irgendwo gesehen, und niemals zuvor hatte ich Verhältnisse erlebt, die auch nur entfernt denen im Ghetto ähnelten.«[114]

Hunger, Krankheiten, Tod

Hilda Stern Cohen bekam an einem der ersten Tage im Ghetto Litzmannstadt eine Suppe, vor der sie sich ekelte. Auch in dieser Hinsicht waren viele der Neuankömmlinge noch anderes gewöhnt. Das Mädchen wunderte sich »über den geradezu unverwüstlichen Appetit, mit welchem alle anderen das widerliche Zeug hinunterschlangen«.[115] Diese Wahrnehmung änderte sich schnell. Alle waren gezwungen, ihre Ansprüche an das, was sie zu essen bekamen, sehr herunterzuschrauben. Die meisten fanden lange keine Arbeit, so dass sie keine zusätzliche Mittagssuppe im Arbeitsressort (wie man die Fabriken im Ghetto nannte) bekamen. Daher mussten sie von einem ungesüßten Kaffee am Morgen, den Oskar Rosenfeld »laues braunes Wasser« nannte, einer Suppe und 280 Gramm Brot am Mittag sowie ungesüßtem Kaffee am Abend leben.[116] Nach kurzer Zeit fiel es niemandem mehr ein, die Suppe nicht zu essen. Hungrig warteten die Menschen darauf, dass sie in großen Blechkübeln in die Sammelunterkünfte gebracht wurde. Oskar Rosenfeld schreibt im Februar 1942 über den Ekel angesichts dieser Suppe, die sie doch alle nicht mehr ablehnen konnten: »Der Geruch lässt sich nicht beschreiben. Die Menschen hatten sich an ihn gewöhnt, wie man sich an den Geruch der Gefängniszelle gewöhnt. Es gab Einzelne, die ein leichtes Erbrechen bekamen, wenn die Suppe nahte. Aber es musste unterdrückt werden, wenn man sich den Magen füllen, wenn man sich nicht der Verachtung der Nachbarn aussetzen wollte.«[117]

Und auch an den anderen Orten begannen die Menschen, alles, was sie in die Hände bekamen, zu verzehren, »die schlimmsten Abfälle zu essen«.[118] In Riga erhielten manche neu Angekommenen in ihren ersten zwei Wochen keine Lebensmittelzuteilungen, so dass sie gezwungen waren, Kartoffelschalen und Gemüseabfälle zu suchen, diese so gut es ging zu säubern und dann zu kochen. »Auch fanden wir hier und dort unter den Trümmern noch Reste von Mehl oder Grütze. Wir vermischten Kartoffelschalen mit etwas Mehl und buken ohne Fett daraus einen Kartoffelpuffer.« Die erste offizielle Verpflegung, die sie erhielten, war, so Jeanette Wolff, »verschimmeltes Brot, 220 g auf den Kopf und Tag, später kamen Fisch- und Bücklingsabfälle aus den Räuchereien hinzu. Rhabarber- und Rote-Rüben-Blätter, Spinat- und Kohlabfälle, Sauerkraut, aber fast nur stinkend und verdorben, das war dann unsere Nahrung.«[119] Erna Valk ergänzt: »Der Hunger war schon groß und triebs herein. Die ersten 8 Tage gabs keine Lebensmittelzuteilung und das, was wir essen mussten, füttert man hier nicht den Schweinen.«[120] Das häufig verschimmelte Brot konnte nur ein, zwei Tage lang gegessen werden, spätestens dann war es vollends ungenießbar.[121] In den Häusern fanden die Menschen die Vorräte der gerade Ermordeten, manche wagten es trotz strikten Verbots, auch in anderen als ihren eigenen Häusern danach zu suchen. Sofie Leston beschreibt Gemeinschaftsküchen, in denen notdürftig aus Kartoffelschalen, Pilzen, Kohlblättern und Fischköpfen Mahlzeiten zubereitet wurden.[122]

In Minsk gab es bis April 1942 für alle Bewohner des Deutschen Ghettos nur zwei Küchen, für 7300 Personen standen zum Kochen der Suppe nur zwei Waschkessel zur Verfügung. Die Menschen bekamen mittags 300 Gramm Wasser mit fünf Gramm Buchweizen und 150 Gramm Brot, Karl Loewenstein beklagt, dass sie keinerlei Fett erhielten.[123] Gerhard Hoffmann erinnert sich kurz nach dem Krieg an die mangelhafte Verpflegung: »Sie bestand aus einem dreiviertel Liter Suppe (d.h. Wasser mit vielleicht 4 Graupen und einer verfaulten Kartoffel. Das ist nicht übertrieben.) und 180 g Brot, als Tagesration.«[124]

Dora Hansen notiert am 4. Februar 1942 in Riga in ihr Tagebuch: »Ausgang bei Wintersonne, stahlblauem Himmel, wäre schön, wenn nicht die Hölle wäre.« Und was diese Hölle auch bedeutete, kann man noch im selben Eintrag nachlesen: »Viele erfrieren und verhungern.«[125] Krankheiten und die schlechte Versorgung ließen die Sterberate unter den Deportierten in die Höhe schnellen, sie war zum Beispiel in Litzmannstadt doppelt so hoch wie die der polnischen Ghettobevölkerung: Zwischen Oktober 1941 und Mai 1942 starben knapp 3200 der deportierten Jüdinnen und Juden, das sind etwa

16 Prozent. Die polnische Jüdin Riva Chirurg schreibt darüber in ihren Erinnerungen: »Sie fielen wie Fliegen. Sie fielen einfach.« Manch einer der bald ausgemergelten und verzweifelten Menschen wählte angesichts der Bedingungen, unter denen zu leben sie gezwungen waren, den Freitod, fast täglich kamen Suizide vor.[126]

Auch in den anderen Orten hielten viele der Deportierten die Lebensbedingungen nicht aus. Krankheiten breiteten sich rasch aus. So berichtet Wilhelm Schischa schon nach knapp drei Wochen, dass sie alle »Bauchschmerzen und Durchfall« hätten.[127] Artur Czuczka schreibt am 22. August 1941, dass er seine Lebensmittelversorgung sicherstellen müsse, »um nicht vor Hunger & Entkräftigung zugrunde zu gehen wie leider schon viele meiner Leidensgenossen«.[128] Wenig später berichtet er, dass sie schon etwa 120 aus den Reihen der Wiener begraben mussten.[129]

Ein dramatisches Zeugnis über den Tod einer Wiener Jüdin gibt ein Brief vom 30. November 1941 ab, in dem eine der Deportierten, selbst noch krank und ganz geschwächt, einer Bekannten vom Zustand ihrer Mutter berichtet:

> »Der Zweck meines heutigen Schreibens an Sie ist leider ein sehr trauriger. Meine l. Mutter ist leider schwer krank und ich weiß nicht, ob sie die heutige Nacht noch überleben wird. Bis jetzt hat sie sich so brav gehalten, nur wurde ich leider schwer krank und da hat sie sich doch zu viel aufgerieben. Ich bin heute noch zu Bett, fühle mich schrecklich schwach und soll noch dabei auf die Mutter schauen, dabei haben wir beide nur ein Bett und stören einer den anderen.«

Die Verfasserin berichtet weiter vom furchtbaren Zustand ihrer Mutter, die niemanden mehr erkenne und auch nichts mehr esse oder trinke. Am Ende des Briefes ist dann knapp hinzugefügt: »Meine arme Mutter ist bereits gestorben.«[130]

Karl Loewenstein dokumentiert nach dem Krieg die hohe Sterblichkeit unter den deutschsprachigen Jüdinnen und Juden in Minsk, wobei er, wie manch andere auch, das Ghetto als Lager bezeichnet: »Kein Wunder, dass in wenigen Wochen 700 Menschen an Entkräftung und der Lagerkrankheit – so nannten wir den Durchfall – starben. Der ungeheure Wärmeverlust durch den Mangel an Fett und die strenge Kälte des Winters 1941/42 trugen dazu bei, die Menschen ihrer Widerstandskraft zu berauben. Hinzu kamen die seelischen Leiden.«[131] Ein anderer Überlebender bezeugt, dass teilweise etwa 15 Personen täglich an den Folgen des Hungers starben, und als sich der zweite Ghetto-Winter näherte, waren noch mehr Todesopfer zu beklagen.[132] Unabhängig davon, in welchem Ghetto sie gelandet waren, galt für sie, was Thea Nathan festhält: »Wir standen immer mit einem Fuß im Grab.«[133]

Berthold Rudner war in Minsk einige Wochen mit Martha Crohn zusammen, die er auf der Zugfahrt kennengelernt hatte. Sie starb bereits im Januar 1942 an Typhus – und nicht nur sie. Rudner notiert am 13. Januar 1942 in sein Tagebuch: »Der Tod geht um! Im Lager. Die Alten und Kranken gehen ein. Es gibt auch nur noch Massengräber. Alle paar Tage werden an die 20 Toten begraben! – Es ist ein schauerlicher Zustand.«[134] Der Tod wurde zu etwas, an das die Menschen sich notgedrungen gewöhnten. Esra Jurmann wohnte in der ersten Zeit mit einem älteren Ehepaar zusammen. Beide hatten schwere Frostverletzungen an den Füßen, der Junge erinnert sich, dass es nach verfaultem Fleisch roch. »Aber nicht lange, die Alten starben alle im ersten Monat. Jeden Tag wurden Leichen hinausgetragen. Die Körper mit einer Decke über dem Gesicht wurden so alltäglich, wie es einst der Briefträger war.«[135]

Einige nach Riga deportierte Jüdinnen und Juden mussten sich mit den Bedingungen in einem Lager zurechtfinden, dort war es noch schwerer, sich halbwegs angenehm einzurichten, waren die Häftlinge doch in primitiven Baracken – in Jungfernhof, dem »Schreckenslager«[136], einem »vollkommen verfallenen Bauerngehöft«,[137] in einer alten Scheune und einem Viehstall – untergebracht bzw. mussten diese Baracken mitunter erst einmal bauen.[138] Es war eiskalt in den undichten Baracken, morgens nach dem Aufwachen mussten die Menschen den Schnee von ihren Decken schütteln, immer wieder erfroren Menschen in diesem strengen Winter 1942/42.[139] Die Todeszahlen schnellten in die Höhe, und die Leichen konnten nicht begraben werden, da der Boden zu hart gefroren war.[140] Dies bezeugt Erich Wassermann, der aus Würzburg hierher verschleppt worden war: »Jeden Tag wurden zahlreiche Tote aufgefunden. Schuld an diesen hohen Todesziffern waren die schlechten Unterbringungsmöglichkeiten sowie die sanitären Verhältnisse. Auf diesem Wege starben ca. 4–500 Menschen im Laufe von 3 Monaten im Winter 1941.«[141] Sofi Billig ergänzt: »Ein besonderes Arbeitskommando war nur dazu da, um täglich die Toten aus den Regalen zu ziehen. Die Leichen wurden abseits der Scheune auf dem Hof aufgestapelt.«[142]

Anfangs waren die Häftlinge nicht ausreichend mit Wasser versorgt und tranken daher aus der direkt am Lager vorbeifließenden Düna, wodurch viele an Typhus erkrankten, eine furchtbare Situation, auch weil es zunächst keine Latrinen gab.[143] Bald begannen die Menschen, Latrinen zu bauen, sie besserten die undichten Baracken aus, versuchten einander des nachts zu wärmen und waren bemüht, sich irgendwie zu reinigen, obwohl es kein fließendes Wasser und kein Toilettenpapier gab. Die große und wichtige Maxime war es, sich nicht gehen zu lassen. Wer nicht auf sich achtete, war verloren.[144]

Als Ort des Schreckens und Todes bekannt war den Menschen im Ghetto von Riga das Lager Salaspils, das viele in ihren Erinnerungen ein »Vernichtungslager« nannten. Zahlreiche der zeitweise dorthin Verschleppten kehrten nicht mehr lebend ins Ghetto zurück, und diejenigen Männer, die im Laufe des Jahres 1942 von dort ins Ghetto entlassen wurden, waren in einem furchtbaren Zustand. So ist es nicht verwunderlich, dass die Menschen die Appelle fürchteten, die dazu dienten, neue Opfer für das berüchtigte Lager auszuwählen: »Jeden 3. Tag war Appell, dann wurden die kräftigsten Männer nach Salaspils geschickt. Dort kamen sie um vor Hunger, Kälte, Ungeziefer und Schlägen.«[145]

In einem bereits Ende 1944 aufgezeichneten Bericht fasst Siegfried Weinberg zusammen, was der Tenor sämtlicher Berichte über Salaspils ist: »Dieses Lager war wohl eines von den grausamsten Lagern in Riga.« Er dokumentiert, wie auch andere Überlebende, die unzulänglichen Baracken, Ungeziefer, Ausbrüche von Ruhr und Typhus und den Zustand der Häftlinge: »Wie lebende Leichen, nur noch ein menschenähnliches Knochengestell, wanderten die Männer durch das Lager.« Er fügt hinzu: »Wer in Salaspils krank wurde, der ging einem elenden Ende entgegen.«[146]

Für viele der nach Salaspils selektierten deutschen, österreichischen und tschechischen Männer wiederholte sich bei der Ankunft dort das Entsetzen des ersten Ankommens in Riga. Sie mussten sich in der eisigen Kälte Unterkünfte bauen und bekamen zunächst keinerlei Verpflegung, später dann »½ l Wassersuppe und auf 12, manchmal auf 20 Personen ein 2 kg Brot. Tagelang gab es überhaupt kein Brot, und da bekam man manchmal 3–4 Kartoffeln.« Monatelang hatten sie kein Wasser, um sich zu waschen.[147] Alfred Ehrlich erinnert sich: »Wir haben uns drei Monate lang morgens nur mit Schnee abgerieben.«[148] Die Menschen starben massenhaft aufgrund dieser Bedingungen, außerdem waren Morde an der Tagesordnung: »Der Kommandant der Sicherheitspolizei für Lettland, S.S. Sturmbannführer Dr. Lange, machte sich einen besonderen Sport daraus, bei seinen Besuchen Erhängungen und Erschießungen vornehmen zu lassen und saß lachend dabei im Sessel.«[149] Egon Klein, der sich selbst noch mit hohem Fieber zur Arbeit schleppte, um der Ermordung als Kranker zu entgehen, beschreibt den Horror: »Jeden Morgen beim Erwachen lagen neben mir lauter Tote, die vor Hunger oder Erfrierung starben. 6 Monate dauerte diese Hölle, sodass von 3000 Mann 400 übrig bleiben, die ganz verlaust und krank (Muselmänner) ins Ghetto nach Riga zurückgeschafft wurden. Meine Frau erkannte mich nicht, so hatte ich mich in den 6 Monaten (Salaspils) verändert, ich habe in dieser Zeit mein halbes Gewicht verloren.«[150]

Alfred Winter war in Salaspils einem Kommando zugeteilt, dessen Mitglieder gezwungen waren, Gruben in den gefrorenen Boden zu sprengen, um diese als Massengräber zu nutzen. Sie mussten die Leichen ohne Handschuhe anfassen, und da sie große Frostbeulen an den Händen hatten, holten sich viele Wundstarrkrampf-Infektionen, vier von ihnen, darunter sein Bruder, starben daran: »Am

27. April 1942 beerdigte ich meinen Bruder.«[151] Den hatte Hilde Sherman, damals Winter, erst kurz vor der Deportation geheiratet. Die junge Witwe beschreibt den furchtbaren Zustand derjenigen, die die Tortur im Lager überstanden: »Die wenigen Menschen, die aus Salaspils zurückkamen, waren Gespenster, Schatten. Und starben noch drei Monate danach wie die Fliegen an Entkräftung. So auch Harry Stein aus Prag, vormals Europameister im Freistilringen. Plötzlich waren Tausende von Frauen Witwen. Mit Scharen von kleinen Kindern, die hungerten.«[152] Ebenso Erna Valk, die das Glück hatte, dass ihr Mann Salaspils überlebte: »Ganz wenige, darunter mein Mann, kamen nach 7 Monaten in erschreckendem Zustande ins Ghetto zurück. Die anderen waren teils erfroren, teils an Typhus gestorben, teils erschossen oder erhängt worden, meist wegen Tauschhandels mit Letten, denn, wer nicht sein Letztes vertauschte gegen ein Stück Brot, starb Hungers.«[153] Der Vater von Liesel Ginsburg kehrte zwar ins Ghetto zurück, war jedoch so geschwächt und krank, dass er einen Monat später starb: »Der ist eingegangen, also das war ein richtiges langsames Sterben.«[154]

Die Mutter von Esra Jurmann gab einem der Männer, die als »wandelnde Gespenster« ins Ghetto zurückkamen, voller Mitleid etwas Suppe. An seiner Sprache erkannten sie, dass er aus Prag kam: »Bitte, gnädige Frau« und »Küss die Hand, gnädige Frau«. Der Junge erinnert sich daran, wie er dies damals empfand: »Höflichkeitsformen eines vergangenen Zeitalters«.[155]

»Todesgefühl«:[156] Psychische Belastungen und Unterstützung von außen

Zumindest manche begannen vollauf zu realisieren, in welcher Hölle sie gelandet waren. So sprachen Häftlinge in Jungfernhof darüber, dass nur eine Handvoll Menschen überleben werde.[157] Andere konnten dies alles noch nicht begreifen. Fanny Englard erinnert sich an ihre Fassungslosigkeit angesichts all dessen, was seit der Ankunft über sie hereingebrochen war, und darüber, wie einfach all das passieren konnte, und zwar so schnell und plötzlich, und sie sich nichts davon wirklich erklären konnten: »Während wir aus einem zivilisierten Leben kamen, gab es dort überhaupt keine Zivilisation.« Auch sie dokumentiert die vielen Toten, die nicht begraben werden konnten, und ihre Reaktionen darauf: »Die Leichen wurden aufgehäuft auf einen großen Berg. Und das Gehirn hat es nicht erfasst, was die Augen sahen. Wir glaubten noch immer, wir sind zur Arbeit auserwählt. Obwohl mein Gefühl …« Etwas später nannte sie dieses Gefühl ein »Todesgefühl«.[158]

Ein solches Gefühl stellte sich bei mehr und mehr Menschen ein, zumindest zerrte die Situation massiv an ihren Nerven, wie Artur Czuczkas Briefe aus Opole sehr deutlich machen. Er entschuldigt sich am 2. März 1941 in einem Brief dafür, dass er seit zwei Monaten nur traurige Nachrichten schreibe, allerdings könne er nicht anders nach dem Tod seiner Mutter im Januar und nun »diese[r] Polensache«. Er beschreibt seine seelische Not:

> »Ich nehme mich so gut es geht zusammen, halte mich so fest als nur möglich, aber es vergeht kein Tag, keine Nacht, in der die Nerven nicht durchgehen und ich wie ein kleines Kind weine & jammere. Das Furchtbarste an meiner jetzigen Lage ist das Alleinsein, diese Verlassenheit unter fremden, ganz anders gearteten, ganz anders denkenden Menschen, deren Sprache ich noch dazu nur sehr schwer verstehe.«[159]

Die nervliche Belastung war ein riesiges Problem für die in den Ghettos zusammengepferchten Menschen, und dies auch schon, bevor sie mit Massenmorden in ihrem unmittelbaren Umfeld konfrontiert waren. Am 4. März 1941 teilen Lotte und Markus Mahler aus Opole einem Freund in Wien mit: »Wir befinden uns in einem körperlichen u. seelischen Zustand, wie Ihr es Euch nicht vorstellen könnt. Bitte sei nicht böse ob der vielen Wünsche.«[160] Vor allem anfangs, als die Menschen in den armseligen Unterkünften hausten und noch keine Arbeit hatten, und für diejenigen, die gar keine Arbeit fanden, war dies ein furchtbarer Zustand. Die Zimmer waren schmutzig und sie selbst ebenfalls, sie hockten aufeinander, hatten Hunger und nichts zu tun: »Bis zum Wahnsinn war es nur ein einziger Schritt.«[161] Die junge Lyrikerin Hilda Stern Cohen beschreibt für das Ghetto Litzmannstadt, wie sie in den überfüllten Massenunterkünften vor sich hindämmerten: »Die langen dumpfen Tage und die noch längeren und dumpferen Abende in den vollgepfropften Stuben herumzulungern, wirkte verheerend auf Nerven und Gemüt.«[162]

Der Wiener Literat Oskar Rosenfeld stellt in seinem Tagebuch eindringlich die psychischen Folgen des Nichtstuns dar: »Hunde bellen, Pferde wiehern, Vögel zwitschern, *Sklaven schuften*, aber wir Menschen im Ghetto vegetieren, sich selbst zur Last. Wir haben den Sinn des Lebens verloren. Man braucht uns nicht erst auf den Mist zu werfen, wir liegen schon dort vom ersten Augenblick, an dem wir das Ghetto betreten haben. Das Nichtstun hat sich in unser Mark eingefressen und uns allmählich Abscheu vor allem eingegeben.«[163] Oskar Singer beantwortet die Frage, was unter diesen Umständen aus den Menschen werden würde: »Verlotterte elende Schattengestalten, die nur einen Wunsch hatten: Aus dieser Hölle hinaus.«[164] Manche konnten nicht mehr weitermachen, gaben sich auf: »Leider gab es aber auch Bewohner, die weder Wasser wärmen noch sich waschen wollten und sich einfach auf dem Boden ausstreckten und vor sich hin dösten. Ihr Lebenswille war gebrochen; sie wurden die ersten Opfer des Todes.«[165]

Einen Weg, die schlimme Situation besser zu ertragen, beschreibt Ruth Alton: »Die primitive und nicht sehr hygienische Lebensweise, und vor allem die Tatsache, dass man niemals allein war, nicht einmal, wenn man den Toiletteneimer benutzten musste, oder in der Waschschüssel ein Bad nahm, war sehr unangenehm, aber wir nahmen alles damit zusammenhängende mit einem gewissen Humor in Kauf.«[166] Humor konnte helfen, unbedingt nötig war aber auch innere Adaption an die neuen Umstände, sich in gewisser Weise seelisch anzupassen. Der aus Düsseldorf nach Litzmannstadt deportierte Gary Wolff beschreibt dies Jahre später in einem Interview:

»Man musste sich der Situation stellen, die alten Regeln galten nicht mehr. Und das habe ich sehr schnell gelernt. Meine Eltern waren wirklich zu langsam. Sie konnten die Chancen nicht erkennen, die sich ihnen boten. Ich war ständig wütend und frustriert über sie, weil sie immer noch in Kategorien wie richtig und falsch, Regeln und Vorschriften dachten. ›Das tut man nicht!‹ und ›Das kann man nicht!‹ – während ich als 13-Jähriger plötzlich merkte: Du kannst, du versuchst, du musst. Das war ein anderes Gefühl.«[167]

Kontakt zur Außenwelt, in die Heimat, zu den zurückgelassenen Liebsten war für diejenigen, die diese Möglichkeit noch hatten, von enormer Bedeutung, nicht nur unter materiellen Aspekten, wenn Pakete oder Geldsendungen kamen, sondern auch und besonders in emotionaler, psychischer Hinsicht. Der Post- und Paketverkehr zwischen den Ghettos und der Heimat oder emigrierten Kindern in anderen Ländern spielte eine extrem große Rolle für die Deportierten. Die räumliche Distanz zu ihren Liebsten, unter Zwang geschaffen, konnte auf diese Weise überbrückt und gemildert werden. Diese Nachrichten bedeuteten ihnen mitunter alles und waren Motivation, weiter um ihr Überleben zu kämpfen. Je nach Ort und Zeit war diese Nachrichtenübermittlung erlaubt, manche riskierten hingegen ihr Leben dafür. So war es unter Todesstrafe verboten, Briefe aus Riga oder Minsk zu schreiben, doch nahmen immer wieder Deportierte brieflichen Kontakt auf, indem sie etwa Wehrmachtssoldaten, die sie von ihrer Arbeitsstelle kannten, Sendungen mitgaben.[168] Bei einigen Sendungen und Nachrichten kann nicht mehr genau rekonstruiert werden, wie sie von Ghetto zu Ghetto, von Ort zu Ort gekommen sind. Auch sind zahlreiche Postkarten überliefert, die nie zugestellt wurden, da die Zensur sie abgefangen hat (aus dem Ghetto Litzmannstadt allein über 22 000 von dorthin deportierten Jüdinnen und Juden), heute geben sie eindrucksvolle Einblicke in das Leben und die seelische Verfassung der Deportierten.[169]

Für die Empfänger und Empfängerinnen waren die Nachrichten aus den Ghettos nur schwer zu ertragen. So gut es ging, unterstützten sie ihre Liebsten mit Geldsendungen oder Paketen (was mitunter auch gar nicht möglich war), hinzu kam die Ungewissheit, ob die Sendungen überhaupt ankamen. Am schwersten wog sicherlich die Hilfslosigkeit, zumal bereits emigrierter Verwandter, als immer deutlicher wurde, wie ausweglos die Situation der Deportierten war und wie wenig sie tatsächlich für sie tun konnten. Artur Czuczka schrieb all die hier zitierten Briefe aus dem Ghetto in Opole an seinen Bruder Fritz in New York. Dessen Sohn George erinnert sich viele Jahre später daran, wie sein Vater beim Erhalt solcher Nachrichten traurig zu ihm sagte, er werde seinen Bruder wohl nicht mehr wiedersehen.[170]

Artur Czuczka bittet bereits in seinem ersten Brief aus Opole um Zusendung von Geld, denn: »Ich habe nämlich, jetzt kann ich es ja sagen, bis zum letzten Moment nicht daran geglaubt mitgehen zu müssen & habe daher vieles wichtige versäumt mitzunehmen. Das Böseste an allem ist, dass ich kein einziges Paar nur halbwegs für hier passende Schuhe habe.« Auch eine Essschale und eine Flasche fehlten ihm.[171] Die Eile, in der zu Hause die Koffer gepackt werden mussten, rächte sich nun bei vielen, vor Ort fehlte es dann an allen Ecken und Enden, und so finden sich in den Briefen immer wieder sehr konkrete Nachsendebitten. Oft entschuldigen sich die Briefeschreiber dafür, dass sie um vieles betteln müssen. Vormals gut situierte Bürgerinnen und Bürger sahen sich zu Bettlern degradiert, doch sie hatten keine Wahl. Nahezu symbolisch kann hier die Bitte von Markus und Lotte Mahler stehen, ihnen ihren Skianzug zu senden, da es sehr kalt sei und sie diesen Anzug gut gebrauchen könnten. Wie sehr kontrastieren die eigentliche Funktion eines Skianzugs und das Leben, für das dieser steht, mit der jetzigen Bedürftigkeit der Briefeschreiber![172]

Wie immens wichtig der briefliche Kontakt besonders in emotionaler Hinsicht für ihn war, macht Artur Czuczka seinen Verwandten in den USA in einem Brief vom 2. März 1941 deutlich. Er bestätigt den Erhalt eines ihrer Briefe, und die darauf folgenden Zeilen sind sicherlich repräsetativ für das Empfinden vieler anderer Deportierter. Ihre Post, so schreibt er ihnen, sei »eine unbedingte Lebensnotwendigkeit« für ihn, da er sonst niemanden mehr habe und sich »hier furchtbar verlassen & einsam fühle. Immer, so schlecht es auch gewesen sein mag, hatte ich ein Zuhause, eine Heimat, unsere Mama hinter mir, und jetzt habe ich gar nichts mehr, weder Mama noch Zuhause noch Heimat, mein einziger & letzter Halt seid Ihr, meine Lieben, und Ihr seid so unendlich weit von mir, und die Aussichten, zu Euch kommen zu können, sind jetzt durch meine Verbannung geringer und aussichtsloser denn je.«[173] Wieder und wieder betont er die Bedeutung der Briefe seiner Liebsten, gerade auch angesichts seiner seelischen Verfassung, so am 11. Juni 1941:

> »Seit 5 Monaten bin ich ganz allein, habe niemanden um mich, der zu mir gehört, kann mit keinem Menschen über all das, was mich bewegt, sprechen, und mein einziger Trost in dieser so bösen Lage sind nur Eure Briefe. Nur der Gedanke daran, dass dieses furchtbare Alleinsein doch einmal ein Ende haben wird & ich bei Euch sein werde können, hält mich weiter aufrecht & gibt mir die notwendige große Kraft, durchhalten zu können.«[174]

Die Unterstützung aus der Heimat war buchstäblich die einzige Überlebensmöglichkeit für manche der früh Deportierten. Artur Czuczka schreibt an seine Familie: »Es ist das erste Mal in meinem Leben, dass ich bettele, aber ich bin leider gezwungen dazu. Wenn Ihr jemanden in Cechien, Polen oder Russland / von wo herrliche 10 kg Pakete kommen/ wisst, der mir helfen könnte, schreibt ihnen oder sagt mir [die] Anschrift, damit ich selbst schreiben kann.«[175] Er schafft es nach einiger Zeit, Kontakt nach Prag herzustellen, von wo er Unterstützung erhält, wie er am 9. Juni 1941 berichtet.[176] Im August 1941 fühlt er sich dann jedoch mehr oder weniger von der Welt allein gelassen. Er hat schon länger keine Pakete mehr bekommen und schreibt: »Dass ich außerdem auch fast keine Post bekomme, macht mir das Leben hier noch schwerer, als es so schon ist. Ich sage Euch, dass es fast nicht mehr auszuhalten ist, und doch muss ich es ja aushalten.«[177]

Wieder und wieder betonen auch Lotte und Markus Mahler in ihren Briefen an einen Freund in Wien, dass sie ohne die Pakete aufgeschmissen wären und die Post aus der Heimat ihnen Hoffnung gibt. Wie auch Wilhelm und Johanna Schischa senden sie mindestens ein Foto aus Opole, ebenso legt Olga Hass einigen Briefen an ihre Schwester Fritzi Löwy Fotos aus Opole bei. Sie bittet in ihren Briefen auch um Fotografien, dieser Austausch von Fotografien als Mittel, mit den Liebsten in Kontakt zu bleiben, fand also in beide Richtungen statt.[178]

Ohne Hilfe aus dem Ausland wäre auch die Situation für die aus Stettin in den Distrikt Lublin Deportierten schon ein Jahr früher gänzlich aussichtslos gewesen. In einem Bericht aus dem September 1941 heißt es dazu: »Die traurige Lage der Juden dort ist allgemein bekannt. Die Entwicklung hat gezeigt, dass ihnen ein Raum zugewiesen wurde, in welchem eine Lebensmöglichkeit nicht besteht. Nachdem cirka 30 % im Laufe des ersten halben Jahres verstorben sind, fristen die übrigen ihr Leben von Spenden, die sie aus allen Gegenden der Welt erhalten.«[179]

Wie furchtbar muss es für die Verwandten im Ausland gewesen sein, die Hilferufe ihrer deportierten Liebsten zu bekommen, ohne wirklich etwas für sie tun zu können. Gewiss, sie schickten Pakete, solange es möglich war, schrieben Briefe, immer in der Hoffnung, dass diese auch tatsächlich ankommen würden. Doch waren die emigrierten Kinder oder Geschwister der Deportierten letztlich weitgehend hilflos. Ihre Briefe sind fast nie erhalten geblieben, sie sind mit der weiteren Verschleppung bzw. Ermordung der Verwandten in den Ghettos verloren gegangen. Als Beispiel für die verzweifelte Lage auch der Angehörigen, die sich selbst in Sicherheit hatten bringen können, soll hier ein Brief dienen, den Anny Kulka am 1. November 1941 aus New York an die Hilfsorganisation RELICO in Genf geschrieben hat. Ihre Eltern, ihre Schwester und ihr sechsjähriger Neffe waren im Februar 1941 aus Wien nach Kielce im besetzten Polen deportiert worden. Sie schreibt: »Von meinen Angehörigen erhalte ich Briefe, indem sie mich inständigst bitten, ihnen durch Senden von Lebensmittelpaketen, via Lissabon, Geldsendungen und Kleiderpaketen, ihnen es zu ermöglichen, sich am Leben erhalten zu können.« Sie beschreibt weiter, wie sie, obgleich sie selbst sehr zu kämpfen habe, schon mehrfach versucht habe, ihrer Familie zu helfen, doch habe von drei Überweisungen nur eine ihr Ziel erreicht, von neun verschickten Paketen seien nur zwei angekommen:

> »Wie Sie daraus ersehen werden, werte Leitung, war[en] alle meine Bemühungen, und kostbares Geld, umsonst. Von meinen Angehörigen bin ich informiert, dass sie, um sich am Leben erhalten zu können, fast alles, was sie auf ihrem Körper hatten, verkaufen mussten, nun stehen die Armen ohne Kleidung, Lebensmittel und Geld da. Ich bin schon ganz verzweifelt und weiß mir keinen anderen Rat, wie meinen Angehörigen in ihrer Lage helfen zu können.«

Sie bittet das Komitee um Weiterleitung von Paketen an Schmiel Landmann in Kielce. In seiner Antwort verweist RELICO am 4. Dezember 1941 auf den Paketversand über Portugal, da sie selbst keinerlei Möglichkeiten hätten, die Sendungen ins besetzte Polen zu befördern.[180]

Auch in Litzmannstadt spielte die Post eine große Rolle, obwohl es immer wieder Postsperren gab und die Zensur viele Sendungen abfing. Der Postverkehr funktionierte offenbar nur sehr unregelmäßig, immer wieder ist auf den überlieferten Karten von der Ungewissheit die Rede, ob eine vorherige Sendung angekommen war. Besonders Geldsendungen waren für die Deportierten von großer Bedeutung.[181] Ruth Alton erinnert sich, dass sie regelmäßig Post von ihren Liebsten erhielt.[182] Aenne Katz sendet Lotte Nienaber in Düsseldorf Postkarten aus dem Ghetto, in denen sie um Hilfe bittet. So ist kurz nach der Ankunft im Ghetto auf einer Karte vom 12. November 1941 ihre Verzweiflung sehr greifbar: »Ich bitte Dich, uns umgehend und regelmäßig Geld u. Päckchen zu senden, u. dies unter allen Umständen möglich zu machen. Veranlasse auch unsere Essener und Düsseldorfer Freunde dazu.« Sie fügt hinzu: »Ich hoffe, es geht Euch allen gut, jedenfalls besser wie uns.«[183] Am 5. Dezember 1941 bittet sie erneut um Geldsendungen: »Es ist dies das Einzige, was Du für uns tun kannst, und ich bitte Dich, das nun auch mit größter Gewissenhaftigkeit zu erledigen.«[184] Aenne Katz schreibt viel später, am 11. Mai 1944, noch einmal eine Postkarte: »Ich freue mich, Dir ein Lebenszeichen geben zu können.«[185] Zwei Monate später sind sie und ihr Mann Emil tot, vergast im Vernichtungslager Kulmhof. Ihre Tochter Anneliese, die mit einem Kindertransport nach England gekommen war, hat überlebt.[186]

Auch Grete Feldsberg, die schon einmal im Dezember 1941 aus Litzmannstadt geschrieben hatte, nimmt den postalischen Gesprächsfaden Jahre später, im Frühsommer 1944, wieder auf und schreibt an ihren alten Chef in Wien, teilt ihre neue Adresse mit und bittet um Post. Und am 16. Juni 1944 schreibt sie ihm dann: »Sie können sich ganz unmöglich vorstellen, wie glücklich ich über Ihre liebe Karte bin! Und ich kann Ihnen nie genug danken für alles, was Sie für meine Großmutter getan haben und für mich noch weiterhin tun wollen! Ich hoffe, Ihnen alles bestätigen zu können, was für mich eintrifft + danke Ihnen im voraus tausendmal für jedes Gedenken.« Eine Woche später teilt sie mit, »ich bin sehr glücklich, Ihnen heute für Ihre liebe Sendung danken zu können. Sie wissen nicht, wie wertvoll mir in jeder Beziehung solch ein liebes Gedenken von zu Hause ist.« Und wieder eine Woche später: »Ich bin sehr froh, Ihnen für das wunderbare Brot danken zu können, das ich gestern erhielt. Ich kann Ihnen nicht sagen, wie glücklich ich bin, zu wissen, dass zu Hause jemand da ist, der an mich denkt.«[187] Manchmal erfuhren Deportierte auch, dass Freunde und Bekannte inzwischen ebenfalls verschleppt wurden, teilweise sogar, wohin. So ist eine Postkarte der sechsundzwanzigjährigen Susanne Zirker aus Hamburg überliefert, die von Bekannten erfahren hatte, dass ihre Freundin Eva Burchard inzwischen aus Hamburg nach Minsk deportiert worden war. Sie schreibt aus Litzmannstadt eine Karte an »Fräulein Eva Burchard aus Hamburg, Minsk-Ghetto«. Beide haben nicht überlebt.[188]

Zurück zu den Bedingungen nach der Ankunft. Für diejenigen, die nach Riga deportiert worden und eine Weile im Lager gewesen waren, bedeutete der Umzug ins Ghetto sogar eine Verbesserung, so erinnert sich Fred Leser, der zuvor im Jungfernhof und danach in diversen anderen Lagern war, die Zeit im Ghetto von Riga sei eine »gute Zeit« gewesen.[189] Und auch Hannelore Marx, die zunächst in Jungfernhof inhaftiert war, stellt fest: »Im Ghetto war das Leben ein bisschen erträglicher.«[190]

Für alle verbesserte sich die Situation, wenn sie zur Arbeit eingesetzt waren und dadurch größere Rationen bzw. eine Suppe bei der Arbeit erhielten und vor allem, je nach Ghetto und Art der Arbeit, die Möglichkeit hatten, Teile ihrer Habe gegen Lebensmittel zu tauschen und diese abends ins Ghetto zu schmuggeln. Zudem bedeutete Arbeit, bei allen damit verbundenen Härten, für viele zumindest eine gewisse Art von Alltagsleben, von Struktur in dieser aus den Fugen geratenen Welt. Organisiert wurde der Arbeitseinsatz von den jeweiligen jüdischen Verwaltungen oder Judenräten. Deren Struktur war in den Ghettos im besetzten Polen und denen in Riga und Minsk verschieden, vor allem in Bezug auf die Einbeziehung der deutschsprachigen Jüdinnen und Juden, doch die (teils unlösbaren) Aufgaben und Dilemmas, mit denen diese scheinbaren Selbstverwaltungen konfrontiert waren, waren sehr ähnlich.

Jüdische Verwaltungen

Während es in den deutschen Ghettos in Riga und Minsk eigene deutsche Judenräte gab, mussten sich die Deportierten im Ghetto Litzmannstadt der Verwaltung des Judenältesten Rumkowski und seiner eigens gegründeten »Abteilung für die Eingesiedelten« unterordnen. Die nach Warschau verschleppten Menschen unterstanden dem dortigen Judenrat unter Adam Czerniaków, zugleich waren aber auch Verantwortliche für die jeweiligen Transportgruppen zuständig. In den kleineren Ghettos im Distrikt Lublin gab es oft Mischformen. So blieben die lokalen Judenräte zwar bestehen, doch die Deportierten gründeten eigene Komitees, die sich speziell um ihre Belange kümmerten und das Leben neu zu organisieren suchten. Es kam häufig zu gravierenden Konflikten zwischen den Nationalitäten.

Nach der frühen Deportation der Stettiner Juden bildeten diese Komitees in den drei Ortschaften, in die sie verschleppt worden waren,[191] ebenso gründeten die ein Jahr später deportierten Wiener jeweils ein Komitee, um die Hilfe für die eigene Gruppe besser zu organisieren. Zwischen dem Komitee der Wiener in Opole und dem dortigen Judenrat sowie der Jüdischen Sozialen Selbsthilfe, einer im Generalgouvernement tätigen Hilfsorganisation, gab es immer wieder Kompetenzgerangel und Streitigkeiten. So kritisierten die Wiener Verantwortlichen Jakob Engel und Leopold Vulkan ihre polnisch-jüdischen Kollegen, sprachen ihnen Gerechtigkeitssinn und Kompetenz ab.[192]

Artur Czuczka dokumentiert in seinen Briefen aus dem Jahr 1941 ausführlich die schrittweise Organisation dieser Wiener Interessenvertretung. Schon im Februar heißt es:

> »Ansonsten hat sich heute nichts Neues ereignet, es verlautet, dass in den nächsten Tagen alles organisiert werden soll & wir Wiener J. unter Leitung eines von uns gewählten Komitees unsere Sache selbst in die Hand nehmen werden & uns selbst verschiedene Einrichtungen wie Latrinen, Badehäuser, Gemeinschaftsküche & sogar ein eigenes jüdisches Postamt errichten werden, nachdem angeblich in den nächsten Tagen weitere 600–1000 Wiener hierherkommen sollen, werden wir uns auch selbst Baracken bauen.«[193]

Artur Czuczka wirft der Wiener Gruppe Korruption und Arroganz vor. Einige hätten sich »Stellen & Posten angeeignet & stehlen & betrügen die Ärmsten von uns ganz unverschämt und leben dadurch besser als sie je gelebt haben«.[194] Später denkt er darüber nach, wie sehr dieses Verhalten sich insgesamt auf das ohnehin so angespannte und schwierige Verhältnis zwischen Deportierten und lokaler Bevölkerung auswirkte. Er berichtet über einen Bekannten: »Er ist einer jener dummen Wiener, die sich für die hiesige jüd. Polizei anwerben ließen & die durch ihr strenges und dummes Benehmen den hiesigen Juden gegenüber unter denselben sehr verhasst sind, welcher Hass sich natürlich auf alle Wiener immer mehr verbreitet und uns in unserem gezwungenen Zusammenleben sehr schadet. Grüner aber scheint nicht so wie einige andere schlecht, sondern nur dumm zu sein.«[195]

Unabhängig von den Konflikten und der Kritik aneinander: Die Wiener Deportierten begannen, ihr Leben zu organisieren und die Umstände durch infrastrukturelle Maßnahmen zu verbessern. So gingen sie daran, Baracken zu bauen, um die miserable Wohnsituation zu verbessern. Wilhelm Schischa dokumentierte dies sowohl schriftlich als auch durch Aufnahmen, die er beim lokalen Fotografen in Auftrag gab und nach Hause schickte. So berichtet er am 3. Juli 1941: »Die Baracken gehen der Vollendung entgegen, gebaut werden dieselben von Juden.«[196] Drei Tage später versandte er ein Bild vom Bau der Baracke (siehe Seite 136), in die »am vergangenen Freitag ca. 120 Köpfe eingezogen sind«.[197]

Die auf der nächsten Seite abgebildete Innenaufnahme der Baracke, in die Anfang Juli 1941 Wiener Jüdinnen und Juden eingezogen sind, ist in vielerlei Hinsicht bemerkenswert. Die Ästhetik erinnert in frappierender Weise an die Aufnahmen nach der Befreiung der Konzentrationslager, die die visuelle Erinnerung an den Holocaust erheblich mitbestimmt haben. Hier ist jedoch besonders interessant, wie sehr die Menschen auf diesem Foto, nach all den Monaten unter unerträglichen Bedingungen in Opole, auf sich und ihr Äußeres achteten, wie sehr beispielsweise die beiden Damen im rechten unteren Teil der Aufnahme darum bemüht waren, ordentlich, ja elegant auszusehen, und damit allem, womit sie seit Monaten konfrontiert waren, etwas entgegenzusetzen.

Auch um die Errichtung des so wichtigen eigenen Postamtes in Opole kümmerte sich das Komitee der Wiener »Evakuierten«. Wilhelm Schischa beschreibt die Post: »Opole ist um 500 Jahre zurück. Alles spielt sich auf der Straße ab, es gibt keinen Postkasten, die Post, eine Holzhütte, so wie alles nur aus Holz besteht, ist den Massenanstürmen nicht gewachsen. Heraußen sind die Namen verzeichnet, welche Pkt., Eilbriefe und Geld bekamen, dann geht ein Stoßen und Drängen an. Die Briefpost wird um 4 Uhr Nachm. ebenfalls auf der

11. Bau einer Baracke durch Wiener Juden im Ghetto Opole, Juli 1941

12. Innenaufnahme einer Baracke in Opole, Juli 1941

Straße verteilt.«[198] Schischa betont noch einmal die ungeheure Bedeutung der Post: »Was die Juden aus dem Protektorat, Portugal, Lemberg und dieser dortigen Umgebung für ihre hiesigen Verwandten tun, könnt euch keinen Begriff machen. Täglich werden bis zu 700 kleine und große Pakete ausgegeben. Pferdefuhrwerk um Fuhrwerk führen, in Säcken verpackt, täglich diese Kostbarkeiten zu unserem Postamt.«[199]

Von diesem Postamt schickt Wilhelm Schischa ebenfalls ein Foto nach Wien (siehe Seite 138). Auch hier fällt einerseits der Versuch auf, eine Ordnung in das Chaos zu bringen, das den Berichten zufolge beim Abholen von Paketen und Briefen entstand, andererseits wiederum, wie fein angezogen und hergerichtet die Frauen und Männer auf diesem Foto sind.

Die Situation der lokalen Judenräte war äußerst schwierig, und dies galt erst recht, als im Jahr 1942 wiederum Deportierte den Distrikt Lublin erreichten: Die Judenräte und die Jüdische Soziale Selbsthilfe erhielten von der deutschen Zivilverwaltung keinerlei zusätzliche Mittel, um die Neuankömmlinge zu unterstützen, im Gegenteil, man kürzte die Unterstützungen sogar noch, so dass von offizieller Seite nur wenig Hilfe kam.[200]

Arnold Hindls lernte in Piaski den Ingenieur Friedrich Siegfried Sänger kennen, der mit Frau und Kindern deportiert worden war und im Judenrat den Münchner Transport vertrat: »Wir berieten, wie man die hier herrschenden trostlosen sanitären Verhältnisse verbessern könne, und waren uns einig darüber, dass in erster Linie das baufällige Bad instand gesetzt und im Zusammenhang damit eine Entlausungsanlage und einige Badewannen und Brausen installiert werden müssten.« Es gelang ihnen, ein Bad und eine Entlausungsanlage in Betrieb zu nehmen, und doch konnten all diese Bemühungen niemals genug sein, um unter den gegebenen Umständen sämtliche Menschen zu retten: »Der Andrang zu diesen Einrichtungen war unbeschreiblich, der Anblick der zu Skeletten abgemagerten Menschen, von denen sich viele kaum mehr auf den Beinen halten konnten, furchtbar deprimierend. Unser Nachbar aus München, ein ehe-

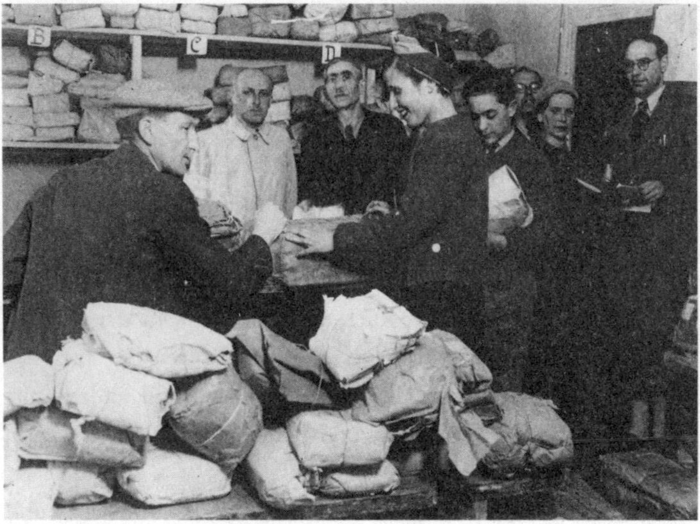

13. Postamt in Opole, Sommer 1941

maliger Bankdirektor, den ich im Bade wiedersah, war so schwach, dass er seine Notdurft im Baderaum nicht zurückhalten konnte. Drei Tage später starb er an vollkommener Erschöpfung.«[201]

Die lokalen Judenräte hatten immer mit demselben Problem zu kämpfen: Sie sollten immer mehr Menschen im Ghetto versorgen, bekamen aber von den deutschen Verwaltungen weder die Mittel dafür, noch wurde mehr Platz in den ohnehin überfüllten Ghettos geschaffen. Dies beklagt im Warschauer Ghetto auch der Judenrats-Vorsitzende Adam Czerniaków am 4. April 1942 in seinem Tagebuch: »Um 19 Uhr sollen heute 642 Umsiedler aus Deutschland ankommen. Ich ließ Vorkehrungen treffen. Wir haben keine Räumlichkeiten und keinen Groschen.«[202] Für die Neuankommenden aus Berlin stellte er eine bislang als Seuchenlazarett dienende Schule als Sammelunterkunft bereit.[203]

Wie schon beschrieben, war die jüdische Verwaltung der deportierten Jüdinnen und Juden in Minsk und Riga anders organisiert, mit eigenen Judenräten nur für die Deportierten. Die beiden deutschen Sonderghettos in Minsk waren zwar etwa einen Kilometer voneinander entfernt, aber durch einen gemeinsamen Judenrat verbunden. Die Sonderghettos waren in Bezirke bzw. Lager unterteilt, die nach den Herkunftsorten der Deportierten benannt waren. Ebenso waren in Riga die Verschleppten in ihren Transportgruppen gemeinsam untergebracht, die jeweiligen Straßen waren nach deren Herkunftsorten benannt, so gab es eine Hamburger, eine Kölner oder eine Leipziger Straße im Ghetto. Aus den jeweils ersten beiden Transporten ernannten die deutschen Ghettokommandanten Verantwortliche, in Riga war dies der Kölner, in Minsk der Hamburger Transport. Vorsitzende der Ältestenräte waren Alfred Leiser in Riga und Dr. Edgar Franck in Minsk.[204] Darüber hinaus stellte jeder Transport ein Mitglied in diesen Rat, meist waren dies die Transportleiter, die schon vor der Abfahrt der Züge von der Gestapo bestimmt worden waren. In Düsseldorf etwa hatte sich der Vorsitzende der jüdischen Gemeinde, Siegfried Falk, gemeinsam mit seiner Frau wenige Tage vor der Deportation nach Riga das Leben genommen, daraufhin wurde der frühere Kantor der Gemeinde in Neuss, Benno Nussbaum, zum Transportleiter bestimmt und Arthur Mansbach, Kaufmann und Vorstandsmitglied der Gemeinde in Neuss, zu seinem Stellvertreter.[205] Darüber hinaus hatten die einzelnen Häuser Hauskommandanten, die sich bemühten, die mit jedem ankommenden Transport zunehmende Überfüllung zu mildern, indem sie »versuchten, die Insassen so auf die Räume aufzuteilen, dass es nicht zu Reibereien kommen sollte«.[206]

Lore Israel charakterisiert die Rolle Leisers kurz nach dem Krieg: »[E]r hatte damals ziemlich weitgehende Befugnisse und war sozusagen der Bürgermeister von einer kleinen Stadt von 13 000 Einwohnern.«[207] Große Macht sprechen auch andere Überlebende der jüdischen Verwaltung, dem »Ältestenrat des Reichsjudenghettos in Riga«, zu. Alfred Winter schildert dessen Entstehung und spart, wie auch manch anderer, nicht mit Kritik:

»Die Deutschen begannen, eine jüdische Ghettoverwaltung aufzubauen. Sie wollten jeden Juden so weit wie möglich ausbeuten. Ein sogenannter Judenrat wurde unter der Leitung von Leiser gebildet. (…) Im Ghetto wurde ein Arbeitsamt eingerichtet, dem jede Gruppe alle arbeitsfähigen Männer und Frauen melden musste. Der Leiter des Arbeitsamtes war ein Mann namens Schulz aus dem Kölner Transport. Schulz war kein Engel, und sein Verhalten grenzte an Kollaboration mit den Deutschen. Er kontrollierte das Leben jedes Einzelnen im Ghetto mehr als jeder andere. Er konnte eine Person einem guten oder schlechten Arbeitskommando zuordnen. Das machte ihn anfällig für Bestechung und Korruption, da seine Lebensmittelversorgung nicht viel besser war als die der übrigen Ghettobewohner. Die Deutschen gaben den Verantwortlichen bessere Unterkünfte und zusätzliches Brot. Auch ihre Familien wurden während der Aktion geschützt, als alle, die nicht arbeiten konnten, aus dem Ghetto geholt wurden. Am Ende wurden sie von den Deutschen in dieselbe Kategorie eingestuft, und ihre Familien erlitten das gleiche Schicksal wie alle anderen Ghettobewohner.«[208]

Werner Sauer war milder im Urteil über die jüdische Verwaltung: »Überhaupt muss gesagt werden, die Ghettoprominenz nutzte ihre Stellung bei weitem nicht in der Form aus, wie späterhin die Kapos und Ältesten im KZ.«[209]

Eine im Ghetto bekannte und offenbar teilweise gefürchtete Persönlichkeit war Günther Fleischel, den der deutsche Ghettokommandant Krause zum »Judenältesten« des Hannover-Transports erklärte. Der nationalkonservative Fleischel wusste wahrscheinlich noch viel weniger als alle anderen Deportierten, wie ihm geschah, als er sich in einem Zug und dann im Ghetto von Riga wiederfand. Seine Eltern waren jüdischer Abstammung, aber zur evangelischen Konfession übergetreten, Fleischel selbst wandte sich 1919 dem Katholizismus zu. Er gehörte zu den rechten Gegnern der Demokratie, war 1933 Mitglied des »Stahlhelm« in Wiesbaden und wurde im Oktober 1933 in die SA übernommen. Er, der 1937 mit Frau und Kind nach Hannover zog, war ein aktiver Unterstützer des Nationalsozialismus. Er entdeckte seine jüdische Herkunft erst Anfang 1936 nach dem Tod seines Vaters, danach ging alles Schlag auf Schlag, sein bisheriges Leben zerfiel gleichsam zu einem Trümmerhaufen. Am 10. Dezember 1937 wurde er wegen »Rassenschande« zu dreieinhalb Jahren Zuchthaus verurteilt, am 12. Juni 1941 aus dem Zuchthaus Hameln nach Hannover entlassen. Er wollte nicht zurück zu seiner Familie, um seinem Sohn nicht zu schaden, lebte daher zunächst in einer Pension, im September 1941 in einem der Hannoveraner »Judenhäuser.« Von dort kam er im Dezember 1941 zur Sammelstelle Ahlem und gelangte nach Riga. Zunächst für die Gruppe Hannover zuständig, wurde er im März 1942 »Judenältester« der Gruppen Berlin, Hannover und Wien. In seiner Wohnung im Ghetto fanden christliche Gottesdienste statt.[210] Gerda Gottschalk erinnert sich an das Auftreten Fleischels und nennt dies »zwiespältig«, er sei gefürchtet gewesen wie ein SS-Mann, habe mit dem Stock zugeschlagen.[211]

Erste Aufgabe für Fleischel war es, wie auch für die jeweils anderen Gruppenältesten, seine Leute unterzubringen. Der aus Hannover stammende Bernard Stein erinnert sich, wie Fleischel ihnen bei der Ankunft erklärt habe, welche Häuser ihm zugewiesen worden seien, sie müssten nun alle irgendwie dort unterkommen. »Für uns deutsche Juden begann nun die große Frage, wovon wir unser Leben fristen sollten. Unser Judenältester erklärte, dass die SS, nämlich die Lagerleitung, ihm erklärte, die Juden müssten so lange davon leben, was sie fänden, bis sie zum Arbeitseinsatz kämen.« Fleischel habe ihnen daher empfohlen, in den leerstehenden Häusern nach Lebensmitteln zu suchen, auch wenn dies unter Androhung der Todesstrafe verboten war. Das Leben wurde nun innerhalb der Gruppen organisiert, Posten für diese innerjüdische Organisation vergeben, einige wurden als Lagerordner ernannt, aus denen später die jüdische Polizei gebildet wurde.[212]

Die deutsche Kommandantur mit Obersturmführer Kurt Krause an der Spitze hatte in der Leipziger Straße ihr Büro, dort arbeiteten auch seine jüdische Sekretärin Frieda Marx und ihre Assistenten. Frieda Marx war in Köln Sekretärin von Alfred Leiser gewesen, der dort Leiter des jüdischen Wohlfahrtsamtes gewesen war. Leiser war nun im selben Haus untergebracht, ebenso die Zentrale der deutsch-jüdischen Polizei mit ihrem Chef Friedrich Frankenberg. Da viele der Deportierten ihre Koffer nicht bekommen hatten, besaßen sie in den meisten Fällen nur das, was sie bei ihrer Ankunft am Leibe trugen, und nun mussten sie bei den Gruppenältesten um Kleidung aus der sogenannten Kleiderkammer bitten. »Es war daher ziemlich wichtig, sich mit dem Gruppenältesten und auch mit dem Personal von der Kleiderkammer gut zu verstehen, das heißt, ihnen von Zeit zu Zeit ein Paket Zigaretten oder irgendetwas Essbares, das man in der Stadt eingetauscht hatte, zu geben.« Die Gegenstände und Kleidungsstücke in der Kleiderkammer waren de facto die geraubten Sachen der Deportierten: In Sammelstellen wurden die besten Sachen aus den Koffern aussortiert und ins Reich geschickt, die weniger guten an die Letten verkauft und die minderwertigsten ins Ghetto gegeben.[213]

Das Kommunikationssystem war kompliziert und genau durchorganisiert: Anweisungen wurden von der Kommandantur an die jeweiligen Gruppenbüros geschickt, dann von Boten den Hausvertrauensmännern übergeben, diese gingen von Wohnung zu Wohnung und überbrachten die Anordnungen oder Nachrichten.[214] Das Journalbuch der Dortmunder Gruppe ist für einige Monate aus dem Jahr 1942 überliefert und macht deutlich, wie bürokratisch innerhalb der jüdischen Verwaltung über alles Buch geführt wurde. Befehle und Anordnungen sind hier handschriftlich erfasst, etwa auch, wenn bestimmte Arbeitskräfte zu stellen waren.[215]

Ähnlich wie das Büro in der Leipziger Straße im Ghetto von Riga gab es auch in Minsk ein Büro, in dem drei Frauen und zwei Männer beschäftigt waren, »um die Befehle der vorgesetzten Behörde erfüllen zu können«, wie Karl Loewenstein schreibt: »Das stieß insofern auf Schwierigkeiten, als uns die SS die Schreibmaschinen und das Schreibpapier abgenommen hatte. Alte Briefumschläge wurden zunächst zugeklebt, dann aufgetrennt und als Schreibpapier benutzt.« Nach einer Weile war er selbst für dieses Büro zuständig.[216]

Auch in Minsk gab es einen eigenen Ordnungsdienst der deportierten Juden. Karl Loewenstein wurde, »nachdem ich vergebens

Einspruch dagegen erhoben hatte, die Aufstellung einer Ordner-Wache übertragen«. Er stellte sie aus ehemaligen Soldaten zusammen.[217] Martin Stock beschreibt die Aufgaben der durch spezielle Armbinden gekennzeichneten jüdischen Polizisten: »Sie mussten für Ordnung innerhalb des Lagers sorgen und wurden auch als Torwache aufgestellt.«[218]

Die Abhängigkeit der angeblichen Selbstverwaltung von den deutschen Stellen auch in Minsk betont Gerhard Hoffmann: »Wir mussten bald eine eigene Lagerleitung schaffen, die das Ghetto verwaltete. Standen natürlich unter schärfster SS-Kontrolle, die mehrmals täglich erschien.«[219] Manfred Alexander schätzte dies, allerdings unzutreffend, anders ein: »Der Judenrat hatte das letzte Wort.«[220]

Das geschilderte System der Verantwortlichen für einzelne Transporte war in der Anfangszeit in Litzmannstadt ähnlich: Sogenannte Kollektive organisierten das Leben innerhalb der einzelnen Unterkünfte und waren dafür zuständig, die Anordnungen des Judenrats bekanntzugeben und umzusetzen. Sie waren nach der Herkunftsstadt und der Transportnummer benannt, so gab es beispielsweise das Kollektiv »Prag I«. Die Kollektivleitung ernannte für jedes Zimmer einen Ordner.[221] Ruth Alton erinnert sich, wie ihr Mann zum Transportleiter ihrer Gruppe ernannt wurde: »Die Stellung belud ihn mit einer Riesenverantwortung und strengte ihn mehr an als die schwere physische Arbeit, die er vorher, noch in Berlin, zu leisten hatte.«[222]

Die Lebensmittelversorgung in diesen Kollektiven organisierte eine Küchenkommission, deren Hilfe auch viele derjenigen, die eine eigene Unterkunft gefunden hatten, in Anspruch nahmen. Um jene zu versorgen, die keine Arbeit fanden, wurden Teile des Gehalts von Arbeitern eines Kollektivs eingezogen, ebenso behielt der Judenälteste für diesen Zweck Teile des Geldes ein, das Angehörige oder Freunde mit der Post an die Deportierten schickten. Die Wiener Jüdin Alice de Buton musste in dem Büro, in dem sie kurze Zeit arbeitete, Postkarten mit einem einheitlichen Text tippen: »Wir teilen Ihnen mit, dass Herr und Frau Soundso sich wohl befinden und in

Litzmannstadt-Ghetto, an der Siegfriedstraße 7, Wohnung 23, wohnen. Geldsendungen sind erlaubt.«[223] Auch in Warschau waren die Leiter der Deportationszüge zumindest anfangs auch im Ghetto für ihre jeweilige Gruppe zuständig.[224]

Wie die jeweils einzelnen Menschen in den Ghettos auch versuchten diese Selbstverwaltungen nun, das aufgezwungene neue Leben zu organisieren, in bekannte Strukturen einzupassen und ihm damit einen interpretierbaren Rahmen zu geben.

Neben der Ausgabe der geringen Lebensmittelrationen und dem Aufbau einer medizinischen Versorgung war die Organisation des Arbeitseinsatzes der Deportierten die vorrangige Aufgabe. Herbert Schultz aus Köln hatte in seinem Arbeitsamt anfangs 16 Mitarbeiter. Ihm unterstanden außerdem die Arbeitseinsätze der Gruppen, deren zwölf Leitern er die Anordnungen über den Arbeitseinsatz weitergab. Sie stellten Arbeitskolonnen zusammen, die von den einzelnen Firmen angefordert wurden.[225] Hermann Neudorf lobt den Judenrat in dieser Hinsicht: »Dank der hervorragenden Arbeit der jüd. Ghettoleitung wurde allmählich die Arbeitseinteilung geregelter.«[226] Auch in Minsk war die Abteilung Arbeitseinsatz von zentraler Bedeutung: »Die Tätigkeit bestand darin, die Anforderungen von Arbeitskräften seitens der SS, des Militärs, der Privatfirmen, der Organisation Todt und der Reichsbahn sowie anderer Dienststellen zu erfüllen.«[227]

Erste Arbeitseinsätze und Handel

Die Bedingungen des Arbeitseinsatzes der Ghettoinsassen waren lokal sehr unterschiedlich. Während es in Litzmannstadt nur innerhalb der Ghettogrenzen Arbeit in Fabriken und Werkstätten, den sogenannten Ressorts, gab, gab es sie in Warschau auch außerhalb des Ghettos. Im Distrikt Lublin gab es nur wenig Arbeit für einzelne Deportierte in der Umgebung. In Riga und Minsk sammelten sich die Menschen morgens früh und marschierten in Kolonnen unter strenger Bewachung zu ihren Arbeitsstellen. Wer hier überleben wollte, musste die kargen offiziellen Lebensmittelrationen aufbessern. Viele nahmen, wie schon erwähnt, ihre letzte Habe und auch die in den Wohnungen gefundenen Gegenstände der Ermordeten mit an die Arbeitsstelle, tauschten und handelten und schmuggelten die zusätzlichen Nahrungsmittel dann abends bei der Rückkehr ins Ghetto – stets unter Lebensgefahr, denn bei Entdeckung drohte der Tod. Überlebende aus Riga berichten, dass abends bei ihrer Rückkehr immer wieder eben ermordete Männer am Galgen hingen. Ghettokommandant Kurt Krause erschoss außerdem häufiger Frauen, die des Schmuggels überführt worden waren, auf dem jüdischen Friedhof.

Doch war der lebensgefährliche Tauschhandel alternativlos, wie Käte Frieß in ihrem im Sommer 1945 verfassten Bericht klarstellt: »Wir mussten tauschen, denn sonst säße ich hier heute nicht vor der Schreibmaschine. Das war Lebensbedingung.«[228] In einem Brief kurz nach der Befreiung meint Johanna Rosenthal zu dieser permanenten Gefahr: »Abends, wenn wir todmüde vom Kommando nach Hause kamen, führte man uns am Galgen vorbei, aber nichts konnte uns abschrecken. Es war ja ganz gleich, auf welche Art man starb. Wir hatten ja den Tod immer vor Augen.«[229] Hermann Neudorf, der mit seiner Mutter aus Gelsenkirchen hierher verschleppt worden war, formuliert es so: »Es hilft nichts. 10 werden erhängt, und Tausende kämpfen weiter, das Leben ihrer Familien zu erhalten.«[230] Er selbst arbeitete außerhalb des Ghettos bei der Wehrmacht und hatte dort viele lettische Kollegen, mit denen er Gegenstände aus den Wohnungen der ermordeten Juden tauschen konnte, »und ich wurde ein ›großer‹ Handelsmann. Ich erlernte Russisch, ein wenig Lettisch, und mit allen Kräften stürzte ich mich auf das Geschäft, weil ich wusste, am Abend daheim werden die Lieben sich freuen.«[231]

Mit der Arbeit und der Möglichkeit, Lebensmittel mitzubringen, wurde zwar alles »etwas normaler, alltäglicher«,[232] doch konnte genauso »normal« und »alltäglich« der Tod auch die Liebsten treffen: Ruth Fosters Vater traf während der Arbeit außerhalb des Ghettos einen Wehrmachtssoldaten, den er von früher kannte. Dieser gab ihm Brot, das abends bei der Kontrolle entdeckt wurde. Die jüdische Polizei holte Ruth und ihre Mutter ab, sie mussten zum Blechplatz kommen. Dorthin wurden auch ihr Vater und zwei andere Männer in Handschellen gebracht und vor ihren Augen erschossen. Ruth war 19 Jahre alt.[233] Claus Becher beschreibt, wie sein Bruder Rolf von den Wachen mit einem halben Laib Brot erwischt wurde, das er gegen ein Hemd eingetauscht hatte: »Sie schlugen ihn und warfen ihn zwei Tage lang ins Gefängnis. Dann holten sie ihn heraus und erhängten ihn am 18. März 1942.«[234] Lore Oppenheimer schreibt über die Kontrollen: »So hatten wir immer eine andere Aufregung und Angst um das bisschen Leben.«[235]

Ähnlich war die Situation in Minsk, wo die SS immer wieder Ghettobewohner erschoss, was jedoch nichts änderte. »Das Tauschen war zwar verboten und wurde mit dem Tode bestraft, aber das hielt niemand davon ab, denn Hunger tut weh«, so erklärt Karl Loewenstein.[236] Werner Blumert beschreibt die bedrohliche Situation in einem Brief kurz nach dem Krieg:

> »Es verging kein Tag, wo im Ghetto keiner erschossen wurde. Alle arbeitsfähigen Männer und Frauen mussten bei S.D., S.S., Luftwaffe, Wehrmacht und O.T. arbeiten. Sie wurden morgens unter Bewachung abgeholt und abends unter Bewachung wieder ins Ghetto gebracht. Wurde bei einem Ghettoinsassen der von der Arbeit seinen Angehörigen etwas zu essen mitbringen wollte, irgendetwas gefunden, wurde [er] auf Anordnung von Rübe erschossen. Zuerst wurde derjenige nur erschossen, später die ganze Kolonne.«[237]

Die Menschen tauschten trotzdem nahezu alles gegen Lebensmittel ein, bis hin zu ihren Brücken und Goldkronen.[238] Erna Steiniger bringt die Lage knapp auf den Punkt »Wer nicht zur Arbeit eingeteilt wurde, ist verhungert.«[239]

Auch in den Ghettos im Distrikt Lublin waren der Besitz von Wertsachen und Schwarzhandel lebensgefährlich, so ist aus Izbica überliefert, dass der Gestapochef Kurt Engels jeden, den er mit

Handelsware erwischte, sofort erschoss. Aber auch hier war dieser Schmuggel angesichts der Lebensbedingungen alternativlos.[240]

Sowohl in Riga als auch in Minsk waren die deportierten Männer und Frauen als Arbeitskräfte durchaus begehrt, war es doch für die Verantwortlichen viel einfacher, mit deutschen Arbeitskräften zu kommunizieren. Außerdem lag ein allgemeiner Arbeitskräftemangel vor, und dazu kam noch etwas anderes: In der für sie völlig fremden Umgebung gab es für die ortsunkundigen Neuankömmlinge kaum Fluchtmöglichkeiten, zumal sie sich auch meist nicht mit der lokalen Bevölkerung verständigen konnten.[241] Auch der Leiter der deutschen Ghettoverwaltung in Litzmannstadt, Hans Biebow, wollte die deutschen Jüdinnen und Juden verstärkt in den Betrieben des Ghettos eingesetzt sehen, unter anderem mit dem Argument, dass diese doch den deutschen Geschmack am ehesten kennen würden. Doch da hier die Arbeitsplatzvergabe über den lokalen Judenältesten Rumkowski und dessen Verwaltung durchgeführt wurde und die meisten Arbeitsplätze vergeben waren, blieben viele Deportierte lange ohne Stelle, und in leitende Positionen kamen sie nur sehr selten. Eine Ausnahme bildete die Familie Stern: Dem Vater von Hilda gelang es noch Ende 1941, als Beamter des Judenrates Anstellung in der Gemüseabteilung zu finden. Sie selbst und ihre Mutter fanden Arbeit in einer Fabrik, die Wehrmachtsuniformen herstellte.[242]

Die Mehrheit der deutschsprachigen Jüdinnen und Juden war physisch kaum in der Lage, schwere Arbeit zu verrichten, und damit waren sie aus Rumkowskis Sicht in seinen Fabriken und Werkstätten kaum sinnvoll einzusetzen. Doch war es faktisch auch für junge und gesunde Männer und Frauen schwer, eine Anstellung zu finden. Ende 1941, als insgesamt über 165 000 Menschen im Ghetto lebten, hatten etwa 40 Prozent keine Arbeit.[243] Die neu Angekommenen weigerten sich manchmal noch, ihnen angetragene Arbeiten zu verrichten. Einige sollten kurz nach der Ankunft Lebensmittellieferungen am Bahnhof Radegast entladen und zu den Lagerorten bringen. Die meisten waren jedoch nach den Strapazen der Reise oder durch Krankheit zu geschwächt. Möglicherweise verkannten einige auch immer noch die Situation, in der sie sich befanden, und wollten sich für eine derart primitive Tätigkeit nicht hergeben. Oskar Singer sieht hierin einen zentralen Grund dafür, dass Rumkowski die deutschen Jüdinnen und Juden so wenig schätzte, doch betont er in seinen 1942 verfassten Überlegungen zu diesem Thema auch die extreme Situation der Deportierten: »Wer also aus einem wohlgeordneten Milieu unter so schwerem seelischen Druck und mit einer solchen Rapidität in eine Hölle versetzt wurde, kann beim besten Willen nicht sofort als Arbeitsmaschine funktionieren.«[244]

Während in Minsk und Riga der jeweilige deutsche Judenrat für die Organisation des Lebens und des Arbeitseinsatzes verantwortlich war, erregte die zögerliche Haltung der Deportierten in Litzmannstadt die Wut des Judenältesten. In einer Rede beschwerte sich Mordechai Chaim Rumkowski Anfang November 1941 laut der Aufzeichnung seines Sekretärs Szmul Rozensztajn: »Ich sehe, dass ihr mich um jeden Preis provozieren wollt«, und weiter: »Ich muss aber an dieser Stelle erklären, dass ein Teil der Eingesiedelten nicht verstehen will, was so ein Ghetto ist, und ein großes Maß an Unverschämtheit an den Tag legt.« Er beklagte sich, dass sie sich für die »klügsten, die besten und obersten« hielten, und erklärte, dass es auch unter der ursprünglichen Ghettobevölkerung intelligente und vormals reiche Juden gegeben habe, die nun alle im Schmutz arbeiten müssten. Er forderte sie dringend auf, seine Anordnungen zu befolgen.[245]

Für manche der deutschsprachigen Intellektuellen empfand der Judenälteste aber offenbar doch Bewunderung und unterstützte sie. Der Berliner Arzt und Wissenschaftler Professor Wilhelm Caspari, der vor seiner Deportation in Frankfurt gearbeitet hatte, ging im Labor eines Krankenhauses seinen Forschungen nach. Zudem hielt er Vorträge über den Zusammenhang der Ernährung mit den unter den Ghettobewohnern verbreiteten Krankheiten. Später erstellte Caspari in der Statistischen Abteilung der jüdischen Verwaltung Tabellen und Graphiken über die Sterblichkeit im Ghetto. Er selbst starb Anfang 1944.[246] Professor Hugo Ditz, aus Prag verschleppt, war ein bekannter Chemiker und arbeitete bis zu seinem Tod im September 1942 an der Erweiterung eines Handbuchs der anorganischen Chemie. Rumkowski unterstützte ihn, indem er ihn in seinem Gästeheim aufnahm und ihn im Labor einstellte.[247]

Oskar Singer und Oskar Rosenfeld gehörten zu den wenigen, die bald eine Anstellung im Archiv des Judenältesten fanden, was ihre Situation erheblich verbesserte. Sie prägten in der Folge durch ihre zahlreichen Texte die Erinnerung an das Ghetto und die dorthin Verschleppten in erheblichem Maße mit.[248]

Einige vor allem der jüngeren Deportierten fanden Arbeit. Etwa 70 junge Prager bildeten eine neue Abteilung der Feuerwehr. Der Ordnungsdienst, die jüdische Ghettopolizei, stellte etwa 100 ehemalige Offiziere der deutschen bzw. österreichischen Armee ein. Auch die meisten Ärzte und Krankenpflegerinnen bekamen Arbeit. Viele von ihnen mussten allerdings zunächst an einem der gefährlichsten Orte ihren Dienst leisten: im »Zigeunerlager«, wo die aus dem Burgenland deportierten Romnja und Roma lebten. Hier waren die Bedingungen noch schlimmer als im Ghetto, und Typhus ging um. Die hier eingesetzten Ärzte und Krankenschwestern erhielten zusätzliche Lebensmittelrationen und höhere Gehälter, was ein großer Vorteil war, doch waren sie auch besonders gefährdet. Jeden Morgen gingen sie in das Lager und kehrten nachmittags zurück. Eine von ihnen war die Kölner Krankenschwester Lisa Herzog, die sich nach kurzer Zeit mit Typhus infizierte.[249]

In Litzmannstadt verließen die Arbeitskräfte das Ghetto nicht, so dass sie nur mit der verarmten Ghettobevölkerung Kleidung und ihre sonstige Habe gegen Lebensmittel tauschen konnten. Und so begannen die Männer und Frauen aus Wien, Berlin oder Köln, ihre guten Schuhe für ein Brot zu tauschen, am nächsten Tag einen Anzug oder ein Kleid. Sie liefen auf den schmutzigen Straßen des Ghettos umher und versuchten, ihre Krawatten, Hosen und Jacken zu verkaufen.[250] Die polnisch-jüdische Bevölkerung war trotz der durch diesen Schwarzmarkt gestiegenen Preise an den zum Kauf angebotenen Gegenständen interessiert, handelte es sich doch zumeist um Dinge, die sie selbst schon lange nicht mehr besaßen. Es kam immer wieder vor, dass polnische Jüdinnen und Juden die Deportierten auf der Straße ansprachen und fragten, ob sie etwas verkaufen wollten.[251]

Für viele in den Distrikt Lublin Verschleppte war angesichts des Mangels an Arbeitsstellen ebenfalls der Handel mit ihren Gegenständen die einzige temporäre Überlebenschance. Anfang März 1941 berichtet Artur Czuczka seiner Familie, dass er weiterhin hoffe, sein Gepäck bald zu bekommen, er trage alles, was er am Leib habe, schon seit drei Wochen, »bin ganz zerfetzt & schmutzig«. Er ergänzt:

> »Wenn die Koffer kommen & ich mich waschen und umziehen werde können, werde ich doch wieder ein Mensch sein. Auch aus einem anderen Grund ist der Erhalt der Koffer für mich lebenswichtig, ich habe gar kein Geld mehr & kann mir daher nichts zum Essen kaufen, was hier sehr gut möglich ist. In den Koffern sind nun verschiedene Sachen, Wäsche und alle möglichen Dinge, für die man hier viel Geld & Lebensmitteln eintauschen kann, und das muss ich dann, so wie alle anderen es jetzt schon tun, auch machen.«[252]

Nach 16 Tagen wurden ihm seine Koffer tatsächlich endlich ausgehändigt.[253]

In Riga verließen die Arbeiterinnen und Arbeiter jeden Morgen in Kolonnen das Ghetto, in dem fast nur die Alten, Kranken und Kinder zurückblieben. Ältere Frauen, die nicht zur Arbeit mussten, hielten die Häuser und Höfe sauber. Da nur wenige Handwerker, aber viele Akademiker oder Kaufleute unter den deutschen Juden waren, wurden viele von ihnen als Hilfsarbeiter eingesetzt.[254] Claus Becher beschreibt die ersten Einsätze: »Sie teilten uns in Arbeitsgruppen ein, einige als Straßenarbeiter, andere bei der Eisenbahn oder wo immer niedere Dienste zu verrichten waren. Wir wurden behandelt und getrieben wie Sklaven und mit zu wenig zu essen, um uns Kraft für die Arbeit zu geben.«[255] In diesem ersten Winter waren zahlreiche Menschen zum Schneeschaufeln eingeteilt. Nach langen Märschen mussten sie dies an ihren jeweiligen Einsatzorten den ganzen langen Tag über machen, zwischendurch versuchten sie zu handeln.[256] Auch Sophie und Emmi Nathan waren anfangs dazu eingeteilt. Wie Emmi

14. Der Schlagbaum im Ghetto von Riga,
Zeichnung des Überlebenden Bernd Haase

sich erinnert, war es so kalt, dass »unsere Tränen fast einfroren«.[257] Gerda Gottschalk musste den Platz vor der Oper vom Schnee räumen, während im Gebäude gerade eine Probe stattfand: »Die Musik tönte heraus, wir stützten uns auf die Schippen und lauschten … fernen Zeiten nach …«[258]

Insgesamt waren die Menschen im Laufe der Zeit an etwa 200 Arbeitsorten in und um Riga im Einsatz, sowohl Polizei- und Wehrmachtsdienststellen als auch zivile Stellen beuteten die billige Arbeitskraft aus.[259] Besonders die langen Wege zu den Arbeitsplätzen quälten sie. »Nun allmählich erfasste man alle Arbeitsfähigen, und bei grimmiger Kälte gings zum Schneeschaufeln oder Massengräber im Hochwald schaufeln, Hafenarbeiten verrichten usw.«, beschreibt Johanna Rosenthal: »Welche Arbeit es war, unter zwei Stunden war kein Weg.«[260] Die Menschen mussten morgens um 4 Uhr aufstehen, um halb sechs zum Appell antreten, bekamen Ersatzkaffee und eine Ration Brot. Dies musste für den ganzen Tag reichen. Danach führten SS-Leute sie an ihren Arbeitsplatz. »Die Arbeit, die wir zu verrichten hatten, war außerordentlich schwer. Wir hatten bei jedem Wetter Ziegel, Zement und Bretter heranzutragen, Arbeiten für die Errichtung von Flugplätzen, Schützengräben und Bunkern auszuführen und auch Bäume zu fällen.«[261] Käthe Schwarz, die Mutter von Ilse Chotzen, schreibt auf die Rückseite eines geschmuggelten Briefes ihrer Tochter im November 1942: »Um 4 Uhr als Erste muss ich aufstehen, bin seit ca. 4 Monaten in einer Fabrik und arbeite von 6 bis 4 Uhr. Eine Stunde Weg ist zu laufen, eine Stunde zurück.«[262] Manchmal drohten die ausgezehrten und müden Menschen ihre Kräfte zu verlassen, und wie Gerda Gottschalk sich erinnert, verließ sie unter solchen Bedingungen auch manchmal der Mut: »Wir sehnten die Kugel herbei, die allem ein Ende machen würde.«[263] Richard Fleischer denkt mit Schrecken daran zurück: »Es war ein richtiges Hundeleben: In Lumpen ungewaschen, hungrig, verlaust, aussätzig, zogen wir Tag für Tag zur Arbeit. Richtige Fron und Massenarbeit. Prügelei war tägliches Schauspiel, für die geringste Sache bekamen wir 25–50 auf den blanken Hintern. Viele starben daran.«[264]

So grauenvoll die Ankunft im Ghetto von Riga und der lange Weg zur Arbeit auch waren: In manchen Aufzeichnungen wird auch deutlich, dass die Wahrnehmung von Riga insgesamt sich von derjenigen der anderen Orte, an die deutschsprachige Jüdinnen und Juden verschleppt wurden, unterschied. Zumindest, wenn sie auf dem Weg zur Arbeit das Ghetto verließen, gingen sie, wenn auch hungrig und von Wachleuten angetrieben, durch eine wunderschöne Stadt, die nicht so fremd und abstoßend auf die Deportierten wirkte wie andere Transportziele, sondern eher vertraut. So schreibt etwa Dora Hansen im Juni 1942, dass sie im Kommando Baulager der Luftwaffe arbeite, die Dampferfahrt dorthin sei »wunderbar«. Und weiter heißt es in ihren Aufzeichnungen: »Richtiges Seeklima, selbst bei großer Wärme frischer Wind. Wenn kein Stacheldraht und genügend Holz und Essen, möchte ich wohl in Riga leben. Die Düna hinauf zum Kommando: Baulager der Luftwaffe, allmorgendlich die Fahrt mit kleinem Arbeitsdampfer, wie bei uns im Hafen, ist so breit wie die Unterelbe bei Cuxhaven und von tiefer Himmelsbläue meist. Altstadt mit Schloss liegt am Ufer, z. T. durch Bomben zerstört. Die andere Seite liegt wie bei uns mit grünem Vorland, auf dem Vieh weidet.«[265]

Auch in Minsk mussten sich die zur Arbeit eingeteilten Menschen jeden Morgen auf dem Hof zwischen dem Roten und dem Weißen Haus nach Arbeitskommandos getrennt aufstellen; ihre Namen wurden vorgelesen, dann wurden sie den Abholern »als Zahl« übergeben. Wie Karl Loewenstein sich erinnert, waren anfangs von etwa 7300 Menschen im deutschen Ghetto 1425 zur Arbeit eingesetzt, für die übrigen gab es keine Arbeit.[266] Einigen war direkt bei der Ankunft schon klar, dass es von größter Bedeutung war, zu einer Arbeit eingeteilt zu werden, wie Berny Lane, damals noch Werner Levi, dies schildert. Sein Vater hatte Dachau erlebt, er wusste sofort, dass es in dieser Welt besser war, als »arbeitsfähig« zu gelten. Er selbst war sehr sportlich und wirkte stark und älter, so dass er sich zur Arbeit meldete und im Laufe der Zeit verschiedene Einsätze hatte. So war er für Mercedes Benz und die Organisation Todt tätig, leistete aber auch Feldarbeit oder musste gefrorene Kartoffeln ausgraben.[267]

Eine der ersten Aufgaben des Hamburger Transports in Minsk war es, einen Stacheldrahtzaun um das Ghetto zu ziehen, dies geschah, wie Gerhard Hoffmann sich erinnert, unter Schlägen.[268] Es gab noch andere Tätigkeiten, die im weitesten Sinne als infrastrukturelle Arbeiten bezeichnet werden könnten. Erna Steiniger war anfangs »in einem zerschossenen russischen Spital« bedienstet, das sie aufräumen und in ein deutsches Krankenhaus umwandeln mussten.[269] »Man teilte uns in kleine und große Gruppen als Arbeitskommandos der SS, OT, SD, Wehrmacht, Luftwaffe, Eisenbahn und noch zivilen Firmen zu«, fasste Gerhard Hoffmann diese Arbeitsorganisation zusammen. Da er in Hamburg eine Ausbildung als Reklame- und Plakatzeichner absolviert hatte, »hatte ich das Glück, einen Posten als Reklamezeichner am Hauptverpflegungsmagazin Ost zu bekommen. Hatte dadurch natürlich saubere und angenehme Arbeit.« Seine Kolonne bestand aus etwa 30 deutschen und russischen Juden. Sein Vater war als Maler bei der Heeresortskommandantur tätig, er konnte keine Lebensmittel für die Mutter und den Bruder Walter mitbringen, und »so war ich der Ernährer der Familie. Viele Menschen waren schon an Hunger gestorben«.[270]

Wie dies bei Gerhard Hoffmann schon deutlich wird: Es war ungeheuer wichtig, in ein »gutes Kommando« zu kommen, wo die Behandlung und vielleicht auch die Verpflegung besser und die Arbeit nicht allzu schwer waren. Edith Blau und ihre Mutter arbeiteten in Riga bei der Reichsbahn, dies war solch ein gutes Kommando; sie mussten dort putzen, kochen und waschen. Später kamen sie in eine Großeinkaufsstelle der Reichsbahn und hatten dort sehr anständige Chefs. Zudem konnten sie sich dort waschen.[271] Für Gerda Gottschalk waren die besten Arbeitsplätze diejenigen bei der Wehrmacht, denn die Soldaten seien oft nett gewesen und hätten manchmal sogar ihre Verpflegung geteilt. Manche der Soldaten sagten ihnen, sie würden sich auch wie Gefangene fühlen.[272] Dies bestätigen auch etwa Jeanette Wolff und Lore Oppenheimer. Letztere betonte, ihr Arbeitskommando bei der Wehrmacht sei eines der besten gewesen. Sie war einem Major zugeteilt, um die Unterkunft seiner Kompanie zu putzen: »Dort hat uns natürlich an Essen nichts gefehlt. Wir fünf Mädels waren aus Hannover, und der Proviant-Unteroffizier war auch aus Hannover.«[273] Auch Johanna Rosenthal kam im März 1942 in ein festes Arbeitskommando bei der Wehrmacht, zum Armeebekleidungsamt, kurz A.B.A. Bereits nach zwei Wochen wurde sie dort Vorarbeiterin und behielt diese Arbeit bis zur Auflösung am 27. September 1944.[274] In einem geschmuggelten Brief berichtet Ilse Chotzen im November 1942, dass sie schon seit März in derselben Wehrmachtsdienststelle arbeite, diese Stelle sei für sie ein großes Glück: »Ich bekomme dort mittags warmes Essen und bin sogar auch dicker geworden.«[275]

Dora Hansen berichtet in ihren Aufzeichnungen, dass sie im Garten beim Lazarett arbeite, eine sehr gute Arbeitsstelle: »Herrlich, den ganzen Tag in der Sonne, im Freien trotz schwerer Arbeit. Ganz braun gebrannt. Bezahlung: 1 Scheibe Brot.« Und etwas später kann sie vermelden: »Wieder als Gärtnerin tätig. Bin froh darüber. Bringe Salat und junges Gemüse.«[276]

Gerda Gottschalk hatte im Laufe des Jahres 1942 gemeinsam mit ihrer Schwester und einem befreundeten Geschwisterpaar großes Glück: Als der Reichskommissar 50 junge, nicht jüdisch aussehende

Frauen zur Kasernierung nach Riga-Strand anforderte, wurden sie dazu eingeteilt. Sie bezogen am Strand ein Haus, das zunächst für Gäste des Reichskommissars hergerichtet werden musste, danach bedienten sie dort die Gäste. Die Lebens- und Arbeitsbedingungen waren äußerst günstig. Das Ende des Sommers bedeutete für sie auch das Ende der Kasernierung am Strand, doch hatte die Zeit dort den »Strandmädchen«, wie sie nun genannt wurden, neue Kräfte verliehen.[277] Im Kommando Riga-Strand waren auch Männer beschäftigt. Wolf Hirsch kam im Frühsommer 1942 von Salaspils dorthin und gehörte einem kleinen Kommando von sieben Mann an. Ihre Aufgabe war die Instandsetzung von Villen am Strand von Riga und deren Unterhaltung. Sie hatten dort, wie Hirsch sich erinnert, viel größere Freiheiten als im Ghetto und zuvor in Salaspils.[278]

Als Berny Lane im Lazarett in Minsk arbeitete, sprach ihn einmal ein Hauptmann an und fragte ihn, ob er aus Frankfurt sei, er wolle mit ihm reden. Der Junge war in diesem Moment davon überzeugt, dass sein Leben nun beendet sei, dass er etwas falsch gemacht habe. Doch dann gab der Hauptmann ihm Schokolade, kniete sich hin und bat um Vergebung. Er weinte – »Solche Dinge passierten auch.«[279] Ihre Lage war unberechenbar und verwirrend. Chaim Behrendt, der durch seine schwere Arbeit bei mangelnder Ernährung schon dem Hungertod nahe war, rettete es, dass er nach einiger Zeit in einem Außenkommando der Organisation Todt eingesetzt wurde, in dem er auch untergebracht war. Hier erhielt er etwas bessere Verpflegung, zudem war er vor den immer wieder im Ghetto durchgeführten Razzien geschützt.[280]

Auch im Lager Jungfernhof bei Riga wurden die Deportierten in Arbeitskommandos eingeteilt, »die Glücklicheren« kamen in die Küche. Viele andere mussten auch hier den ganzen Tag in der Kälte Schnee schaufeln, so mussten Häftlinge immer wieder die Straße vom Bahnhof ins Lager freischaufeln.[281] Julius Ceslanski hatte Glück im Unglück: Als er nach der Ankunft beim Kommandanten Seck nach seiner verlorenen Geige fragte, wies dieser ihn an, dazubleiben, die Öfen zu heizen und Schuhe zu putzen: »So wurde ich Putzer bei Seck. Als später bei Beginn der landwirtschaftlichen Nutzung eine Schreibkraft nötig wurde, erhielt ich den Schreiberposten. Ausschlaggebend dafür waren meine kaufm. Kenntnisse.«[282] Manche schafften es auch durch Erfindungsreichtum, eine gute Stelle zu finden: »Aus eigener Initiative eröffnete ich bald nach unserem Eintreffen in Jungfernhof eine Nähstube in dem Hause der lettischen SS-Wache«, so Else Lüders. »Der Lagerkommandant Seck bemerkte dieses und war anscheinend einverstanden, denn er unternahm nichts dagegen.«[283] Und auch Lucie Levi war als Schneiderin beschäftigt: »Ich habe mich in Jungfernhof bis Juli 1942 aufgehalten und war Leiterin der dortigen Nähstube.«[284]

Arbeit und Massenmord

Einige Deportierte kamen durch ihr Arbeitskommando schon bald unmittelbar mit dem Massenmord in Berührung und waren selbst ihres Lebens nicht mehr sicher. In Litzmannstadt wurden viele deutschsprachige Jüdinnen und Juden zwar »schlimmstenfalls« zu sehr unbeliebten Arbeiten eingeteilt oder meldeten sich irgendwann vollkommen verzweifelt selbst dafür, wie zum Ziehen von Wagen, die Fäkalien transportierten. Über einen von ihnen, einen Dozenten der Universität in Prag, der sich freiwillig gemeldet hatte, notiert Oskar Rosenfeld in sein Tagebuch: »Das ist Hunger … Um 25 dkg Brots willen hat er Fäkaliendienst übernommen. Wenn er zusammen mit einigen Gefährten des Ghettos, an Unrat gewöhnten Menschen von Balut, den Wagen zieht, denkt er an Indien … an seine Träume von einst … ein merkwürdiger Geselle … zieht den Wagen und raucht die kurze englische Pfeife, die er aus Delhi gebracht hat. Das ist Hunger …«[285]

Doch es ging alles noch schlimmer. In Minsk und Riga gab es Kommandos, die unmittelbar mit dem Massenmord konfrontiert waren, der ständig um sie herum vollzogen wurde. Max Sommerfeld musste in Minsk immer wieder Massengräber ausheben. Besonders hart war dies in jenem bitterkalten Winter, in dem sie angekommen waren:

> »Im Winter 41 musste ich, da ein Sprengkommando die festgefrorenen Massengräber sprengte, die Toten, welche zu mehreren 100 in einem Schuppen untergebracht waren, wegfahren. Diese Massengräber wurden von der Wehrmacht gesprengt. Um die Toten aufzuräumen, brauchten wir mehrere Wochen dazu. Es wurden 2 bis 3 Massengräber ausgehoben, von welchen ich selbst die Toten bestatten musste. Die Toten waren vollkommen entblößt. Wir mussten die Toten auf den Friedhof transportieren. Die Toten fielen immer wieder vom Wagen herunter, sodass wir sie immer wieder von neuem aufladen mussten, es war sehr unheimlich.«[286]

Herbert Simons aus Köln war in der Kantine der Gestapo eingesetzt. Zwar durfte er so viel essen, wie er wollte, und konnte seiner Familie alles Mögliche organisieren, doch war die Arbeit überaus belastend: »Kam ein Transport Juden an, so mussten wir Schnaps und Maschinengewehre auf die SS-Autos tragen; die SS soff sich vor dem Erschießen der Juden erst an; russische Kriegsgefangene mussten den Opfern Laufgräben zur letzten Ruhestätte graben.« Die deutschen Juden mussten die Habseligkeiten der Ermordeten sortierten, er fand darunter sogar Sachen von Bekannten. Als einmal bei einer Kontrolle Schmuggelware bei ihnen gefunden wurde, überlebte er nur durch Zufall oder Glück: Einige Kameraden wurden herausgewunken, er auch, wie er dachte. Doch bezog sein Nebenmann die Geste auf sich und trat daher aus der Reihe. Alle diejenigen, die vorgetreten waren, wurden erschossen.[287]

Anfang 1942 forderte der deutsche Ghettokommandant Krause in Riga eine Gruppe junger und kräftiger Männer an, das sogenannte Hochwaldkommando. Rudolf Stern gehörte diesem furchtbaren Arbeitstrupp an. Sie mussten eine Grube zuschütten, Brillen, Taschen und andere Gegenstände lagen hier herum. Die Letten, die sie beaufsichtigten, »sagten uns, am Tage vorher sei ein Transport aus Berlin hier erschossen worden«.[288] Auch Walter Krämer war in diesem

Kommando. Abends wurde ihm befohlen, am nächsten Morgen zum Kassler Hof zu kommen, von dort leiteten SS-Männer ihn und 29 andere Ghettobewohner in den Wald, wo sie eine 20 Meter lange, zehn Meter breite und zwei Meter tiefe Grube ausheben mussten: »Als wir am nächsten Tag wieder hinkamen, war das Grab zu und fanden wir im Gebüsch Sachen, welche von Juden eines Berliner Transportes herstammen mussten, da man Kennkarten usw. fand.« Er setzt seinen Bericht fort: »Ein schönes Gefühl, Gräber zu schaufeln für seine eigenen Glaubensgenossen.« Als sie das nächste Grab schaufelten, wurde ihnen gedroht, wenn sie nicht schneller machten, seien sie als Nächste dran: »Die Gewehrkolben hagelten über die Köpfe, und mancher ist unter ihnen liegen geblieben.« Er ging abends nach seiner Rückkehr in das Ghetto zum Judenältesten und erzählte ihm davon. Er hatte Glück und wurde »von diesem mörderischen Kommando« entlassen. Dank seines Onkels, der in der Düsseldorfer Gruppe der Vorsitzende des Judenrates war, kam er in die Schuhmacherei.[289] Die furchtbare Arbeit dieses Kommandos sprach sich im Ghetto herum, weshalb niemand mehr dieser Einheit angehören wollte, daher brachte Krause die Arbeiter fortan im Gefängnis unter.[290]

Allmählich erkannten die Deportierten, dass die Morde, mit denen sie bei ihrer Ankunft konfrontiert waren, nicht nur die einheimische jüdische Bevölkerung betrafen: »Es liefen noch viele Juden-Transporte in Riga ein, doch nicht alle kamen ins Ghetto, sondern viele wurden direkt in den Hochwald bei Riga geleitet, wo Juden vorher große Gräber schaufeln und später zumachen mussten«, so Erna Valk: »Von diesem Kommando starben fast alle den Hungertod.«[291]

Die im Ghetto zurückgebliebenen Frauen warteten auf die Rückkehr ihrer in diesem furchtbaren Kommando eingesetzten Männer, wie Jeanette Wolff beschreibt:

»Endlich, nach etwa vier Monaten, wurden einige fast sterbend ins Lager zurückgebracht. Diese Männer waren zu Skeletten abgemagert, die Körper mit widerlich stinkenden, eiternden Wunden bedeckt, bei den meisten der Geist verwirrt. Sie hatten schreckliche Arbeit an Leichen, wahrscheinlich aus verschollenen Transporten, machen müssen. Schlecht ernährt, täglich misshandelt, schliefen sie nachts in den feuchten Kellergelassen der Gestapo im Zentralgefängnis in Riga auf nacktem Steinboden, zu 40 Mann in einer Zelle, die vielleicht zur Not für zehn Menschen ausgereicht hätte.«

Sie schildert ihre Begegnung mit einem der Rückkehrer: »Einer der Überlebenden, Kurt Meier aus Witten, erzählte, dass sie durch Hunger und Kälte dort fast alle zu Tieren geworden seien, und einer habe auf den Tod des anderen gewartet, um sich in den Besitz der noch vorhandenen, total zerlumpten Kleidung zu setzen.« Sie ergänzt: »Fast alle Hochwaldkommandos waren Himmelfahrtskommandos.«[292] Hermann Heymann erinnert sich an die Arbeit: »Wir mussten im Hochwald Gruben ausschachten. Diese waren etwa 8 m lang, fast ebenso breit und 3 bis 4 m tief. Das Auswerfen einer einzelnen Grube dauerte meistens 2 bis 3 Tage. Bei anderen Einsätzen mussten wir diese Gruben zuwerfen.« Die Spuren der Morde waren stets präsents: »An diesen Gruben fand man massenhaft Patronenhülsen, ferner Brillen, verbrannte Kleidungsstücke, auch manchmal Uhren, Ringe und Fotografien. Auf einer Fotografie erkannte ich ein junges Mädchen aus Wesel, die ich im Ghetto gesehen hatte.«[293]

Als das Kommando einmal einen Tag nach einer Mordaktion im Wald anrücken musste, sahen sie auf einem der Massengräber einen Strauß roter Rosen, wie Ernest Metzger aus Dorsten sich erinnert: »Das versetzte die SS in erhebliche Aufregung, denn es wurde – ganz sicher zu Recht – als ein Akt des Widerstandes und als Zeichen der Sympathie für die ermordeten Juden gewertet.«[294]

Der Vater von Ilse Polak war ebenfalls für diese mörderische Tätigkeit ausgesucht worden, seine Familie wusste allerdings gar nicht, wo er war, als er über einen längeren Zeitraum nicht in ihr Haus in der Bielefelder Straße im Ghetto zurückkehrte. Als er endlich kam, erkannte sie ihn kaum wieder, so abgemagert und schlecht sah er aus. Später fanden sie heraus, dass ihre Tante mit ihrer Familie auch unter den im Hochwald Erschossenen war. Ohne es zu wissen, hatte Isaak Polak das Grab seiner Schwester geschaufelt.[295]

In dieser wahnsinnigen Welt versuchten manche der Deportierten, Leben zu retten, das Elend ihrer Leidensgenossen zu lindern.

Medizinische Versorgung

Im medizinischen Bereich gab es mehr als genug zu tun, viele waren bereits krank und mit Erfrierungen in den Ghettos angekommen, und die Bedingungen vor Ort verschlimmerten die gesundheitlichen Verhältnisse rapide. Daher war die medizinische Versorgung eine der dringendsten Aufgaben der jüdischen Verwaltungen. An allen Zielorten waren exzellente Ärzte unter den Deportierten, die nun mit ungeheurem Improvisationstalent versuchten, sich nahezu ohne Medikamente und medizinische Ausrüstung um die Kranken zu kümmern.

Da unter den bereits Anfang 1940 aus Stettin in den Distrikt Lublin Deportierten viele alte und kranke Menschen waren, sahen sich die bestehenden jüdischen Krankenhäuser rasch überfordert. Auch der Mann von Elsa Meyring, dem es ja auf der Zugfahrt schon so schlecht gegangen war und der sich davon nicht mehr vollständig erholt hatte, kam in das überfüllte jüdische Spital in Lublin, das weder über genügend Betten noch ausreichend Personal verfügte. Seine Frau begann, die Krankenschwester zu unterstützen, die für die beiden Räume mit den Stettiner Jüdinnen und Juden zuständig war. Ihr Mann sollte dieses Krankenhaus nicht mehr verlassen, schon bald starb er »in seiner Kleidung, die er seit der Deportation nicht mehr ausgezogen hatte, einen sanften Tod«. Elsa Meyring blieb danach noch eine Weile im Spital tätig, kümmerte sich um die Aufnahme der deportierten Kranken, da für diese die Verständigung in dem polnisch-jüdischen Krankenhaus schwierig war. In den drei kleinen Ortschaften, in welche die Stettiner gekommen waren, richteten sie mit der Zeit eigene kleine Krankenstuben ein, um die Versorgung der leichter Erkrankten und der vom Lubliner Krankenhaus Zurückgewiesenen zu gewährleisten. Ärzte waren ausreichend vorhanden, allerdings mangelte es hier wie andernorts an Medikamenten.[296] In einem im September 1941 verfassten Bericht heißt es rückblickend auf die erste Zeit nach den Stettiner Deportationen: »Zahlreichen Personen sind Hände und Füße erfroren; vielen mussten Finger und Zehen abgenommen werden, und dies unter den primitiven Umständen und mit den mangelhaften Instrumenten, die den Ärzten zur Verfügung standen.«[297]

Als im Frühjahr 1942 Tausende Jüdinnen und Juden aus dem Reich in den Distrikt deportiert wurden, spitzte sich die Lage weiter zu, wobei manche der Stettiner Ärzte hier immer noch aktiv waren. In Izbica richtete der Judenrat in der verwüsteten Synagoge ein primitives Krankenhaus ein, in dem exzellente Ärzte aus Wien oder Prag auf einem Küchentisch operieren mussten. In Piaski wandelten sie die ehemalige Leichenhalle in ein Krankenhaus um, »das aber über keinerlei ärztliche Instrumente verfügte«, so erinnert sich Arnold Hindls. Deportierte Ärzte hielten auch kostenlose Sprechstunden für die ärmsten unter ihren Leidensgenossen ab, wie Dr. Rudolf Loewenstein in Izbica, der morgens für diese Patienten da war, bevor er seine offizielle Tätigkeit für den Judenrat begann. Max Bauchwitz, der bereits Anfang 1940 aus Stettin nach Piaski deportiert worden war, arbeitete dort als Arzt, und in seinen Briefen und denen seiner Frau wird sehr deutlich, wie ausgelastet er war, vor allem nach den Deportationen im Frühjahr 1942. Martha Bauchwitz schreibt am 4. April 1942 an ihre Tochter: »Vater ist kolossal beschäftigt, trotzdem sechs Ärzte aus Odenwald, Mähren und Berlin mitgekommen sind.« Kurz danach wurde das Ehepaar Bauchwitz nach Belzec deportiert.[298]

Auch an den anderen Orten im besetzten Polen gab es bei Ankunft der Deportierten zwar bereits eine entsprechende Infrastruktur mit bestehenden Krankenhäusern, doch konnte diese nie den Bedürfnissen der verarmten Ghettobevölkerungen gerecht werden. In Litzmannstadt ging die jüdische Verwaltung Ende 1941 daran, für die

Deportierten eine eigene medizinische Versorgung zu organisieren. Die Gesundheitsabteilung des Judenältesten teilte jedem Kollektiv, also jeder der nach Herkunftsorten zusammenlebenden Gruppen, einen eigenen Arzt zu sowie je zwei Gehilfen, meist ehemalige Medizinstudenten, und drei Pflegerinnen, die ihm zur Seite standen. Wenn darüber hinaus Hilfe benötigt wurde, mussten die Kollektive aus ihrer Mitte freiwillige Helfer mobilisieren. Doch es reichte nie aus – und bald breiteten sich unter den eng zusammenlebenden Deportierten ansteckende Krankheiten aus.[299]

In Riga und Minsk mussten die Deportierten in den deutschen Ghettos so etwas wie ein Gesundheitswesen überhaupt erst neu organisieren und Krankenhäuser einrichten. Auch hier mangelte es nicht an hervorragenden Ärzten und Pflegekräften unter den Deportierten, wohl aber massiv an Medikamenten und Möglichkeiten, einigermaßen hygienische Bedingungen für eine hinreichende Versorgung der Kranken zu schaffen.

In Riga wurde in einem ehemaligen Schulgebäude ein Zentrallazarett mit dem Kölner Dr. Hans Aufrecht als Chefarzt, unterstützt von Dr. Rolf Bischofswerder, eingerichtet. Schon vorher hatten Ärzte medizinische Hilfe in kleinen Kliniken organisiert. Da dort keine größeren Krankheiten behandelt werden konnten, gab die SS die Erlaubnis, eine Klinik zu eröffnen.[300] Doch besserte sich die Lage auch danach kaum: »In diesem Lazarett wurden Operationen mit einer gewöhnlichen Säge durchgeführt, da es hier, wie an allen anderen Stellen, an allem fehlte«, beschreibt Werner Sauer den Notstand mit einem drastischen Beispiel.[301] So verwundert es nicht, dass nicht allen Patienten geholfen werden konnte. Der Mann von Sofie Leston erkrankte unmittelbar nach der Ankunft im Ghetto an einer Lungenentzündung und starb nach zehn Tagen, da er nicht ausreichend behandelt werden konnte.[302] Bonka Stein, die kurz vor ihrer Deportation aus Hannover noch an der Galle operiert worden war und direkt nach der Entlassung aus dem Krankenhaus mit ihrem Mann deportiert wurde, notiert: »Ich kam in ein Krankenrevier und schrie vor Hunger.«[303]

Unter diesen Bedingungen mussten die weithin als ausgezeichnet anerkannten Ärzte und Krankenschwestern – einzig der Chefarzt Dr. Aufrecht wird häufig kritisiert[304] – schier Unmögliches vollbringen. Edith Blau erinnert sich: »Ach, aber was haben diese Menschen geleistet. Transporte sind angekommen, bei denen die Hälfte der Leute schon erfroren im Zug war. Die anderen Erfrierungen werden geheilt. Viele, viele erleben nur ein paar Stunden im Ghetto.«[305] Ruth Foster, die durch ihre Arbeit als Krankenschwester im Spital über alles bestens informiert war, sagte über die Ärzte im Ghetto: »Unter diesen schlechten Bedingungen vollbrachten sie Wunder.«[306] Die meisten Medikamente wurden von lettischen Juden ins Ghetto geschmuggelt.[307]

Medizinisch ausgebildete Frauen leisteten so viel wie möglich. So wirkte die von den Nazis als Jüdin definierte und daher deportierte Christin Hilde Schneider als Krankenschwester in der Sanitätsstation der Hannoveraner, auch sie konnte jedoch aufgrund des Mangels an Medikamenten kaum die Kranken versorgen.[308] Edith Marx, damals noch Wolff, war im Sanitätsdienst tätig und betreute hier eine Arbeitskolonne, die außerhalb des Ghettos bei Eisenbahnarbeiten eingesetzt war. Manchmal arbeitete sie auch im Lazarett an der Leipziger Straße. Auch sie bezeugt, dass jeder »Bezirk« eine eigene Sanitätsstation hatte; das Hauptlazarett war an der Leipziger Straße, und dort befand sich auch die für die Dortmunder Gruppe zuständige Sanitätsstation.[309] Aber auch Männer halfen, so sie konnten: Inge Rothschilds Vater arbeitete als Sprechstundenhilfe beim Arzt der Kölner Gruppe: »Mein Vater hatte Tag und Nacht zu arbeiten, da bei den schlechten Verhältnissen die Zahl der Kranken sehr groß war.«[310]

Auch in Minsk errichtete die jüdische Verwaltung im sogenannten Weißen Haus eilig ein primitives Krankenhaus. Etwa 20 Kranke waren in einem kleinen stinkenden Raum untergebracht. Nur fünf Ärzte standen dem Ghetto zur Verfügung. Aus Brünn stammte etwa der Chirurg Saphir, »der seine Operationen mit einem Küchenmesser durchführen musste«, so Karl Loewenstein. Auch hier gab es kaum Medikamente.[311]

Die meisten Operationen im Krankenhaus in Riga waren Schwangerschaftsabbrüche, denn Geburten waren im Ghetto verboten. Nini Ungar, damals noch Minna von Sonnenthal, war schwanger, als sie Anfang 1942 von Wien nach Riga verschleppt wurde. Ihren Mann sah sie nie wieder, er kam nach Salaspils und von dort nicht zurück. Nun zwang Ghettokommandant Krause sie dazu, das Kind abtreiben zu lassen, ließ sie wissen, dass »Judenbälger« nicht zur Welt kommen dürften.[312] Krause kontrollierte das Spital ständig, er war wütend, wenn Frauen schwanger in das Spital kamen, und sah manchmal den Abtreibungen zu. Bekam er heraus, wer der Vater des Kindes war, ließ er ihn bestrafen. Dr. Aufrecht und seine Frau Ilse, die als Krankenschwester arbeitete, sprachen darüber mit einigen Gruppenältesten, worauf ein geheimer Raum in einem der Kasseler Häuser eingerichtet wurde, um dort unbeobachtet Abtreibungen durchführen zu können.[313]

7

»TOTE AUF ABRUF«.[1] GEWALT UND »AKTIONEN« IM JAHR 1942

»Hunger, Kälte, Ungeziefer, Aktionen, nächtliche Überfälle, Vergewaltigungen, strenge Strafen, natürlich auch Todesstrafe für alles. Ebenso ist auch die Prügelstrafe hoch im Kurs. Öffentliche Hinrichtungen durch den Strang, Mord von geschlossenen Transporten, andauernde Aktionen gegen Alte und Kranke.« So fasst Werner Sauer nach dem Krieg die Situation in Riga zusammen.[2]

Die deportierten Jüdinnen und Juden erkannten bald, dass sie keineswegs von Gewalt und Massenmord verschont würden, weil sie sich, wie doch die Täter auch, in erster Linie als Deutsche oder Österreicher fühlten, aus derselben Kultur stammten, dieselbe Sprache sprachen. Diese Gemeinsamkeiten hatten bei manchen zunächst die Hoffnung genährt, ihnen sei ein anderes Schicksal bestimmt als den einheimischen Jüdinnen und Juden. Hilde Sherman erinnert sich an die Wirkung der ersten großen Mordaktion gegen die Deportierten im Frühjahr 1942: »Auch den Gutgläubigsten ging allmählich auf, dass wir Tote auf Abruf waren.«[3] Nun verstanden sie, dass sie keineswegs verschont würden. Bis dahin hatten manche Erfahrungen einen anderen Eindruck erweckt. Sophie Nathan arbeitete seit Anfang 1942 bei der Wehrmacht und erinnert sich daran, dass die Soldaten nicht glauben konnten, dass sie tatsächlich Deutsche waren. Sie wunderten sich über die gemeinsame Sprache, halfen ihnen dann aber.[4]

Ähnlich schreibt in Minsk Berthold Rudner über seine Arbeitsstelle am 8. Dezember 1941 in sein Tagebuch: »Viele Österreicher bei der SS hier, mit denen ich in heimatlicher Mundart gut auskomme.«[5] Manche der Deportierten hatten, wohl aus diesen Gründen, bessere Arbeitsstellen bekommen. Und doch war alles nur Täuschung, wie

Franz Spitzer sich erinnert: »Man hat uns vorgemacht, wir sind irgendwie privilegiert.«[6] Gerade aus Minsk ist überliefert, dass viele Aufseherposten in Fabriken und anderen Arbeitskommandos mit deutschen Juden besetzt wurden. Dies bekräftigte bereits bestehende Vorurteile auf Seiten der einheimischen Juden, täuschte aber auch die Deportierten über ihr eigenes Schicksal.[7] Wilhelm Kube, der Generalkommissar für Weißrussland, setzte sich bei Hinrich Lohse, dem Reichskommissar für das Ostland, dafür ein, die deutschen Juden in Minsk, unter denen doch immerhin »Frontkämpfer« seien, nicht auf eine Stufe mit den einheimischen Juden zu stellen. Wörtlich heißt es in seinem Schreiben vom 16. Dezember 1941: »Ich bin gewiss hart und bereit, die Judenfrage mit lösen zu helfen, aber Menschen, die aus unserem Kulturkreis kommen, sind doch etwas anderes als die bodenständigen vertierten Horden.«[8] Keineswegs wandte er sich damit gegen den Judenmord an sich.

Trotz solcher vereinzelten Einwände verschonten die Verantwortlichen die deutschen, österreichischen und auch tschechischen Jüdinnen und Juden nicht, täuschten sie aber. Karl Loewenstein erinnert sich, wie manchmal bei der Ankunft neuer Transporte ein SS-Offizier eine Ansprache hielt, die etwa diesen Wortlaut gehabt habe: »Ihr seid hierher gebracht worden, weil wir zu euch mehr Vertrauen haben als zu den Russen. Ihr werdet auf unsere SS-Güter gefahren, um dort zu arbeiten. Ihr verbleibt dort bis zum Kriegsende, dann werden wir weitersehen. Ihr könnt unbesorgt sein, es geschieht euch nichts. Ihr habt nichts zu befürchten. Sind Spezialarbeiter unter euch, insbesondere Radiotechniker? – die benötigen wir hier.« Nachdem einige wenige Arbeitskräfte herausgesucht wurden, mussten alle anderen als Wohnwagen getarnte Gaswagen besteigen: »Ihr Todeskampf muss furchtbar gewesen sein, denn die Leichen wiesen ausnahmslos Spuren von Blut auf, das ihnen aus den Augen, Ohren, Nase und Mund gedrungen war.«[9]

Einzelne Morde standen von Anfang an auf der Tagesordnung, die Menschen konnten sich ihres Lebens nie sicher sein. »Wenn ich von der Arbeit kam, frug ich immer zuerst: ›Was ist heute wieder passiert‹«, so beschreibt dies Martin Stock für Minsk: »Es war immer sehr gefährlich, sich im Lager aufzuhalten, weil der Kommandant öfters zu Inspektionen kam und Leute zusammenstellte, die dann wegkamen und die man nie mehr sah.«[10] Nicht nur als Strafe für den Tauschhandel und Schmuggel verübten die deutschen Wachen Morde, immer wieder ist in den Berichten von willkürlichen Erschießungen die Rede, manchmal für angebliche »Vergehen«, wie etwa dem Nicht-Tragen des »Judensterns«. Doch auch ohne die Morde und größere »Aktionen« war Gewalt allgegenwärtig. Verschiedene Berichte bezeugen, dass in Riga immer wieder lettische Polizisten, aber auch deutsche SS-Männer nachts in das Ghetto kamen und Frauen vergewaltigten: »Wir waren Freiwild. Bald ging es Nacht für Nacht los. Scharen von SS-Leuten, betrunken oder nüchtern, trieben sich im Ghetto herum.« Da Ghettokommandant Krause um die Disziplin in »seinem« Ghetto fürchtete, ordnete er an, dass nach Anbruch der Dunkelheit der Zaun nur noch von außen bewacht werden durfte.[11] Die beiden Wachmänner Neumann und Tuchel seien, so Hilde Sherman, ständig betrunken gewesen und hätten gegrölt, wenn die Arbeitskommandos zurück ins Ghetto kamen und sie sie filzten. Sexualisierte Gewalt spielte auch hier eine Rolle. Sie fügt hinzu: »Sie scheuten sich nicht, die weiblichen Angehörigen der Arbeitskommandos abzutasten, und teilten Fußtritte, Ohrfeigen und Schläge mit dem Griff ihrer Revolver aus.«[12]

Aus Salaspils ist überliefert, dass Rudolf Lange, der Befehlshaber der Sicherheitspolizei und des SD in Riga, häufig ins Lager kam und ohne bestimmten Anlass mordete: »Wir wussten alle, wenn Lange ins Lager kommt, so hatte er wieder mal das Bedürfnis, einen oder mehrere Juden zu erschießen.«[13] Ähnlich in Jungfernhof, wo immer wieder Menschen erschossen wurden, entweder von Lagerleiter Rudolf Seck selbst oder auf dessen Weisung: »Ich habe deutlich bemerkt, dass Seck seine besondere Freude und sein besonderes Vergnügen bei diesen Tötungen empfand, denn er lachte und machte Witze dabei.«[14]

Auch aus Piaski im Distrikt Lublin werden solche Gewalttaten berichtet. Am Rand des südlichen Ghettos war das Kommando der SS untergebracht, die Diensthaben konnten vom Balkon aus beide Ghettoteile überwachen. »Bei jedem Besuch dieser ›Herrenmenschen‹«, so Arnold Hindls, »gab es reichlich Ohrfeigen, Fußtritte und Peitschenhiebe, und ›nicht erlaubte‹ Lebensmittel, die ins Ghetto geschmuggelt worden waren, wurden beschlagnahmt.«[15]

Die alltägliche Gewalt bezeugen sämtliche Überlebende, und oft stand sie, wie bereits geschildert, im Zusammenhang mit Schmuggel. Wegen geringster Vergehen ließen die deutschen Verantwortlichen Menschen hängen und straften auch diejenigen, die dies nicht ausreichend zur Kenntnis nahmen: »Jeder von uns, der beim Vorbeimarsch nicht zum Galgen hinaufschaute, bekam von den SS-Posten einen Schlag unters Kinn, so dass ihm schon von selbst der Kopf in die Höhe flog.« Der Kommandant bestimmte offenbar Juden mit großen Familien dazu, hier als Henker tätig zu werden unter der Androhung, sonst die ganze Familie zu erschießen.[16]

Frieda Marx, die als Sekretärin des Rigaer Ghettokommandanten Krause eingeteilt war, musste »wiederholt sogenannte Todesurteile schreiben«, wie sie sich erinnert: »Der Text lautete etwa: ›Wegen Tauschhandels (Geldbesitz, Diebstahl) wurde mit dem Tode durch Erschießen (Erhängen) bestraft der Jude X.‹«[17]

Manche Morde ließen die Überlebenden auch nach dem Krieg niemals los: »Ein Bild wird mir stets vor Augen stehen«, so beginnt Walter Krämer seine Schilderung:

> »Eines Tages war, wie oftmals, Kontrolle, und danach Erschießung. An diesem Tage war es auch wieder einmal, als der Kommandant mit seinem Bluthund zum Friedhof mit einer ganz jungen Frau ging, die Kinder, 2 lb. kleine Mädchen, liefen hinter ihrer Mutter her und weinten und riefen, Mutti, Mutti bleib doch bei uns. Doch er ließ sich nicht erweichen, diese Bestie, er nahm die Mutter auf den Friedhof und mit einem Genickschuss hat er die Mutter den zwei kl. Kindern geraubt. Noch heute und solange ich lebe, werde ich dieses Bild niemals vergessen, immer wird es mir vor den Augen stehen.«[18]

Diese Erschießung bezeugt auch Hilde Sherman, die allerdings erinnert, es seien sieben Kinder gewesen, die Krause kniend um Gnade für ihre Mutter baten.[19] Rolf Abrahamsohn berichtet ähnlich, dass eine Bekannte aus Köln, Frau Baum, beim Schmuggeln erwischt worden war. Ihre drei Kinder flehten beim Kommandanten um das Leben ihrer Mutter, doch er erschoss sie und ging weiter: »Das waren so Ereignisse, die wir immer wieder erlebten: Freunde wurden aufgehängt, nur weil sie irgendwo ein Stück Brot geschenkt bekommen hatten. Sie hatten einen solchen Hunger gehabt und wollten auch etwas für die Angehörigen mitbringen. Also haben sie für ihre Angehörigen ihr Leben riskiert.«[20]

Siegfried Weinberg bezeugt die fast täglich stattfindenden Erschießungen durch den Kommandanten Krause auf dem jüdischen Friedhof und die Morde durch Erhängen. Er erinnert sich direkt nach der Befreiung: »Unter täglichen Erschießungen und Erhängungen, unter Durchführung der Prügelstrafe vollzog sich das Leben der noch Übriggebliebenen. Sie alle lebten mit der Hoffnung, dass diese Qualen einmal ihr Ende finden würden und dass auch sie einmal wieder freie Menschen sein würden.«[21] Überlebende aus Minsk bezeugen derartige Gewaltausbrüche und willkürliche Morde ebenso.[22] So heißt es im Bericht von Arthur Schwarz lapidar: »Kleinere Morde waren sowohl im Russenghetto sowie auch im deutschen Ghetto an der Tagesordnung.«[23] Zahlreiche Überlebende bezichtigten den späteren Ghettokommandanten Adolf Rübe, Insassen des Krankenhauses ermordet und immer wieder Frauen und auch Kinder auf den Jüdischen Friedhof verschleppt und dort erschossen zu haben.[24] Erwin Marcus, der aus Frankfurt nach Minsk deportiert worden war, sagte nach dem Krieg aus: »Mir persönlich sind etliche Juden bekannt, die von Rübe in Richtung Friedhof gefahren wurden und nie wieder in das Ghetto zurückkamen.«[25] Diese willkürlichen Morde waren keineswegs auf Rübe beschränkt. Karl Loewenstein berichtet, wie er jeden Morgen mit SS-Oberscharführer Schmiedel durch die einzelnen Ghettobereiche gehen musste: »Und jeden Morgen fand dieser Mörder ein unglückliches Opfer, das er kurzerhand niederschoss.« Das Verhalten eines solchen Mörders war für die im Ghetto zusammengepferchten Menschen vollkommen unberechenbar: »Er liebte die Konversation, sah sich in den Wohnungen die Familienbilder an und verteilte im Wiener Lager großzügig Zigaretten.« Nur wenig später kam er in Zivil und ging durch das Ghetto, um seine Opfer zu erschießen.[26]

Dabei waren bestimmte Plätze in den Ghettos berüchtigte Orte von Hinrichtungen und Abschreckungsmaßnahmen, so die Jüdischen Friedhöfe, wo – wie eben beschrieben – die Ghettokommandanten in Minsk und Riga vor allem jüdische Frauen erschossen, oder der berüchtigte Blechplatz in Riga und der Basarplatz in Litzmannstadt. Dort inszenierte die deutsche Polizei Anfang 1942 eine öffentliche Hinrichtung: Max Herz, ein Buchdrucker aus Köln, hatte zu fliehen versucht, wurde aber gefasst. Alle Deportierten mussten am 21. Februar 1942 auf dem Basarplatz antreten. Dort war ein Galgen aufgebaut. Auch die Frau und die neunjährige Tochter von Herz mussten zusehen. Herz wurde öffentlich gehängt, womit den entsetzten Zuschauern ihre Ausweglosigkeit deutlich demonstriert wurde.[27]

Doch auch die Massenmorde nahmen zu. Wie Jeanette Wolff über Riga bezeugt, schufen die deutschen Verantwortlichen angesichts immer weiter eintreffender Transporte dadurch Platz, dass sie »Aktionen« durchführten, um die Bevölkerung zu dezimieren, oder Transporte direkt vom Bahnhof in den Wald von Bikernieki führten. So seien aus einem Berliner Transport, in dem auch 750 Kinder aus einem Waisenhaus waren, nur ca. 80 Männer zur Arbeit gekommen und alle übrigen ermordet worden.[28] Wolffs Tochter Edith sollte als Sanitäterin bei der Ankunft dieses Zuges am Bahnhof sein, »jedoch wurden die Sanitäterinnen nicht mehr abgeschickt. Wir hörten dann Maschinengewehrfeuer aus der Richtung Shirotawa. Gegen 8 Uhr früh kamen vollbeladene Lastwagen mit blutbefleckten Kleidungsstücken und ca. 60 Kinderwagen. Ich war damals eingesetzt bei der Aussortierung dieser Kleidungsstücke. Aus diesen Wäschestücken konnten wir erkennen, dass ca. 750 Kinder zu dem Transport gehört haben. In der Wäsche fand sich zum Teil der Druckstempel ›Jüdisches Waisenhaus Berlin‹.«[29]

15. Der Galgen auf dem Blechplatz im Ghetto von Riga, Zeichnung von Bernd Haase

Bonka Stein schreibt sachlich über die unerträgliche Situation: »In dieser Zeit waren im Ghetto immer Appelle und Menschen [wurden] angeblich für andere Lager ausgesucht, aber die sind nicht weit gekommen, immer nur bis zum nächsten Wäldchen, wo sie erschossen wurden. Die Auswahl war wahllos, jeder konnte das Pech haben, und so hat man bei jedem Appell mit dem Leben abgeschlossen.«[30]

Die Mitglieder des ersten deutschen Judenrats in Minsk fielen den Morden bald nach ihrer Ankunft zum Opfer. Die gesamte deutsch-jüdische Lagerleitung – Franck, Bieber, Behrend, Cohn, Jacob, Satz, Spiegel und Rappolt – wurde Anfang 1942 verhaftet, ohne dass im Ghetto jemand etwas Genaues über die Hintergründe wusste. Offenbar hatte ein deutscher Polizist ihnen angeboten, für sie die Post zu befördern, was verboten war.

Wochenlang hörten die Ghettobewohner nichts von ihnen, bis eines Tages ein Pferdeschlitten ins Ghetto kam, auf dem der Judenälteste Edgar Franck lag, kaum noch am Leben. Die Szene war dramatisch, wie sich Chaim Behrendt aus Berlin erinnert:

> »Der Schlitten kam an der Lagerkommandantur an, wo er von den jüdischen Posten angehalten wurde. Ein Mann mit großen Bartstoppeln lag darauf, und unverständliche Worte kamen aus seinem Mund. Ein sofort herbeigerufener Arzt erkannte in diesem abgezehrten Mann Dr. Franck. Man brachte ihn sofort ins Ghettokrankenhaus und ließ ihm alle erdenkliche Hilfe zukommen, damit er das Bewusstsein zurückbekommt und um zu erfahren, wo er gewesen war, was man mit ihm machte usw. Aber alle Hilfe war vergebens. Einen Tag später verstummte auch das unverständliche Gemurmel. Er war tot.«[31]

Karl Loewenstein vermutet, dass die Deutschen ihn vergiftet haben. Die anderen wurden am 13. April zurück ins Ghetto gebracht und von SS-Obersturmführer Kurt Burkhardt erschossen.[32] Richard Frank erinnert sich an diese schreckliche Szene: »Wie diese Opfer zur Erschießung aus der Haft ins Ghetto zurückgebracht wurden, waren sie derartig zerschlagen und physisch geschwächt, dass sie sich kaum aufrecht halten konnten. Sie mussten sich gegenseitig die Schuhe ausziehen, ca. eine halbe Stunde bei der schlimmsten Kälte im tiefen Schnee stehen, erst dann wurden sie erschossen.«[33] Werner Blumert, Spiegels Neffe, erfuhr von seiner Tante, die mit ansehen musste, wie ihr Mann getötet wurde: »Mein Onkel Spiegel war nicht sofort tot, sondern kam noch 2 mal hoch und erhielt dann den Gnadenschuss.«[34]

Die Schilderungen all dieser Morde sind kaum zu ertragen. Doch ist es wichtig, dass wir mit diesen Taten, mit diesen Morden, Menschen verbinden, und uns so die Ungeheuerlichkeit des Geschehenen bewusst machen.

Februar und März in Riga: Dünamünde

Im Februar und März 1942 fielen in Riga Tausende Deportierte den deutschen Mordaktionen zum Opfer. Es begann im Ghetto, der Jungfernhof kam etwas später an die Reihe. Ältere sollten sich freiwillig melden, da die Bedingungen im Ghetto für sie besonders schlimm seien; die Krankenschwestern halfen den Alten – die glaubten, sie kämen nach Dünamünde und hätten es danach wirklich besser –, auf die Wagen zu steigen.[35] Sie hatten sich gemeldet, um dem Hungertod zu entgehen. Allerdings gab es einige, denen es von Anfang an nicht geheuer war. »Beim Zusehen dieses Transportes ahnte ich sofort, was in Wirklichkeit auch mit diesen Menschen geschehen sollte«, so erinnert sich Bernard Stein. »Ihr Handgepäck mussten sie ablegen und schnellstens auf den Lkw hinaufsteigen. Als es nun nicht mehr schnell genug ging, wurde mit Stöcken und Peitschen auf die Leute eingeschlagen. In jeden Wagen waren so viele hineingepresst, dass noch nicht mal die berühmte Stecknadel hätte zu Boden fallen können.« Die SS suchte die Straßen nach weiteren Opfern ab, nahm Menschen einfach von der Straße: »Kranke und bettlägerige Leute wurden aus den Betten gerissen, ältere Leute, auch wenn sie noch so rüstig waren, mit brutaler Gewalt mitgenommen.«[36] Die Potsdamerin Johanna Rosenthal schreibt kurz nach dem Krieg über die Razzien: »Am 5. Februar ging unser erster Schrecken los. Alles, was sich im Ghetto aufhielt – also auch Innendienst gab es – musste um 9 Uhr früh aus den Wohnungen und zum Appell auf die Straße. Die SS fuhr mit verschlossenen Wagen vor und sortierte in der Berliner und Wiener Gruppe 1500 Menschen aus. Ziel unbekannt.«[37] Diese Razzia wird in vielen Zeugnissen beschrieben, so auch durch Herbert Schulz aus der jüdischen Verwaltung: »Nachdem diese armen Menschen stundenlang in der Kälte gestanden hatten, wurden sie auf Lastkraftwagen gejagt und unter dem Deckmantel – Dünamünde – wegtransportiert.« Tatsächlich seien sie aber alle in den Wald von Bikernieki gekommen, der »das Massengrab von tausenden Juden war«.[38] Die lettischen Juden bemerkten schon bald, dass die Wagen nicht so schnell nach Dünamünde und wieder zurück hätten kommen können.[39]

Max Schloss schildert eindrucksvoll, wie die Menschen in der eisigen Kälte auf ihr Schicksal warten mussten:

> »Zwei Stunden sind vergangen, seit wir uns versammeln mussten. Männer, Frauen, Kinder, die Gebrechlichen und die Kranken. Die Kälte verkrampft die Körper. Gesichter, Ohren und Füße schmerzen furchtbar. Kinder weinen. Gedämpftes, leises Stöhnen, aber dennoch hörbar. Eine Frau fällt hin, sie ist ohnmächtig. Eine andere dort drüben und eine genau gegenüber. Jetzt fällt ein älterer Mann hin und steht nicht mehr auf. Er wird geschüttelt und gezogen. Ein Sanitäter eilt herbei. Tot! Sagt er. Legt ihn in einen Graben an der Straße. Er kann später abtransportiert werden, sagt ein Scharführer. Viele brechen wegen der Kälte zusammen. Die Füße scheinen zu erfrieren. Trotz des Befehls beginnt ein allgemeines Getrampel, weil niemand mehr stillstehen kann. Viele schreien vor Kälte. Steh still, wird immer wieder gebrüllt.«

Nach drei furchtbaren Stunden kam der Kommandant ins Ghetto, ging die Reihen entlang, ließ einige vortreten, fragte nach Alter und Beruf, viele mussten aus der Reihe treten. Eine junge Frau wollte mit ihren Eltern gehen, der Kommandant wollte sie zurückschicken, sie kniete nieder und bat ihn, sie mit ihren Eltern gehen zu lassen, worauf er erwiderte: »Wenn du darauf bestehst, mir ist es egal, aber du machst den Fehler deines Lebens.« Nach der Selektion sei es still gewesen im Ghetto, diejenigen, die zur Arbeit mussten, hatten das Ghetto längst verlassen: »Sie haben sich von ihren Liebsten, ihren Freunden und Bekannten verabschiedet; das herzzerreißende Händeschütteln, die letzte Umarmung, die guten Wünsche, die Blicke, die vor Angst, Sorge und Beklemmung zittern und in manchen Fällen sogar einen Funken Hoffnung zeigen, trotz allem – all das haben sie bereits hinter sich gelassen.«[40]

Die Menschen verloren erstmals viele ihrer Bekannten, der Tod kam ihnen erschreckend nahe.[41] Die beiden Töchter von Jeanette Wolff mussten, wie die Mutter berichtet, in diesen Tagen »als Sanitäterinnen in den verlassenen Häusern nach Leichen und Kennkarten suchen. Sie fanden Leichen, zur Unkenntlichkeit zerschlagen, andere, denen die Ringfinger fehlten, da man die Finger gleich mit abgeschnitten hatte, wenn der Ring zu fest saß, ja, sogar die Zahnbrücken, an denen Gold war, hatte man den noch warmen Leichen ausgebrochen. Später, im Frühjahr, als Eis und Schnee schmolzen, fanden sich viele abgeschnittene Finger.«[42] Zudem hätte sie fast eine ihrer Töchter verloren. Es war die Aufgabe der jüdischen Verwaltung, zur Vorbereitung der »Aktion« Listen zu erstellen »und diejenigen Leute zu erfassen, die ein bestimmtes Alter – wenn ich mich recht erinnere, 45 Jahre – überschritten hatten sowie diejenigen, die nicht arbeitsfähig waren sowie sämtliche Kinder unter 10 Jahren. Bei der Entscheidung der Frage, ob arbeitsfähig oder nicht, haben zum Teil jüdische Ärzte mitgewirkt – vor allem Dr. Aufrecht. Es ging nun offenbar bei der Aufstellung dieser Listen nicht immer korrekt zu. So z. B. gelangte meine erst 28 Jahre alte Tochter Juliane auf diese Listen.« Ein deutscher Polizist setzte sich beim Ghettokommandanten für ihre Tochter ein. »Das weiß ich, weil ich in dieser Angelegenheit selbst zu Krause ging und in diesem Augenblick Hesfehr wegen meiner Tochter anrief. Krause erklärte gleich, die Verschickung betreffe ja nur ältere und arbeitsschwache Leute, folglich gehöre meine Tochter nicht in diesen Kreis.« Und so kam es, dass ihre Tochter nicht in den Tod deportiert wurde.[43]

Doch viele, viele andere waren nicht mehr da. »Es war eine grauenhafte Nacht, die über uns hereinbrach: Der alte Blinde fehlte, die Witwe mit dem kleinen Mädchen auch. Die Alte mit ihrer Nichte. Und der und die und der, die, die … Menschen, die man seit langem kannte, Schulkameraden und deren Eltern, Chefs und Freunde und, und, und … Ermordet und verscharrt«, so schildert es Hilde Sherman Jahre später fassungslos: »Innerhalb einer halben Stunde. Tausende und Abertausende. In einer halben Stunde.«[44]

Gertrude Schneider nannte diese Erfahrung »eine Katastrophe für die Reichsjuden, die sich bis dahin einigermaßen sicher gefühlt hatten«. Sie fährt fort:

»Dieselben Lkws, die die Menschen vom Ghetto weggebracht hatten, kamen wieder zurück, und zwar angefüllt mit Mänteln, Anzügen, Kleidern, in aller Eile ausgezogener Unterwäsche, verkrusteten Schuhen, Handtaschen, Lebensmitteln, Babyflaschen und Büchern – alles Beweise dafür, dass die Eigentümer nicht mehr am Leben waren. Und da an den Mänteln die Judensterne angenäht waren, war es ganz offensichtlich, dass es sich um Reichsjuden handelte. Menschen, mit denen man vor kurzem noch zusammen gewesen war, die man Jahre gekannt hatte, und die nun denselben Weg gegangen waren wie vorher ihre lettischen Glaubensbrüder. Es hatte nicht geholfen, dass sie Deutsche waren oder dass sie der deutschen Sprache, die sie so geliebt hatten, mächtig gewesen waren. Es hatte auch nicht geholfen, dass man sie angeblich nur zur Umsiedlung nach Riga gebracht hatte. Die grausame Tatsache war, dass man sie vernichtete, nur weil sie Juden waren. Es gab keinen anderen Grund, und es war für die SS völlig gleichgültig, ob sie nun Deutsche oder Ostjuden waren.«

Eine unbeschreibliche Verzweiflung herrschte danach im Ghetto, es häuften sich die Selbstmorde.[45]

Während im Ghetto der Name Dünamünde also schon bekannt und ein Synonym für Tod und Verderben war, fand die große Mordaktion im Jungfernhof erst knapp zwei Monate später, am 26. März, statt. Es gab einen Appell, und Lagerkommandant Seck teilte mit, dass Mütter mit Kindern sowie alte Menschen nach Dünamünde kommen sollten, um dort leichtere Arbeit in einer Fabrik zu verrichten. Vorab waren bereits Listen erstellt worden, an denen die jüdische Verwaltung mitwirken musste. Seck wollte nur diejenigen in seinem Lager behalten, die arbeiten konnten. Harry Kahn beschreibt die Auswahl der zu Deportierenden:

»Der Lagerälteste Kleemann und ein gewisser Ceslanski sammelten Freiwilligenmeldungen, erhielten aber nur wenige. Nach meiner

> Überzeugung hat Seck dann die Auswahl vorgenommen auf Grund der Listen, die jedem Transport von der Gestapo in der Heimat mitgegeben waren. Im Endergebnis behielt Seck nur kräftige und arbeitsfähige Leute auf dem Jungfernhof zurück. Ich erinnere mich auch, dass er einmal einige Leute ein Stück laufen ließ, um festzustellen, ob sie außer Atem gerieten.«[46]

Hans Werner Loszynski hingegen beschreibt, dass durchaus nicht wenige Menschen sich zumindest anfangs meldeten: »Die furchtbaren Zustände in Jungfernhof führten dazu, dass viele von uns sich freiwillig zu dieser Aktion bei dem Ältestenrat meldeten. Ich hörte damals, dass Seck mehrere solche Gesuche zurückgewiesen habe, weil die Betreffenden körperlich kräftig und zur Landarbeit in Jungfernhof geeignet seien.« Er selbst musste am betreffenden Tag morgens um sieben Uhr mit seiner Kolonne zur Arbeit, als er um fünf Uhr am Nachmittag zurückkam, war das Lager fast leer. Zuvor hatten sie von ihrer Arbeitsstelle aus beobachten können, wie die Lastwagen fortfuhren und schon nach 15 bis 20 Minuten zurückkamen, »eine Art Pendelverkehr«. Dies machte sie misstrauisch, und sie brachten durch »kleine Geschenke« die lettischen Lkw-Fahrer zum Reden, die ihnen verrieten, dass sie die Deportierten zum Hochwald gefahren hätten, wo sie erschossen worden seien.[47]

Als die Ersten, die ausgesucht worden waren, in die bereitgestellten Fahrzeuge stiegen und fortgefahren wurden, verloren die zurückbleibenden Menschen ihre Familienangehörigen und Freunde. Überlebende berichten, wie sie darum baten, mit ihren Liebsten zusammenzubleiben, die ihnen doch in dieser furchtbaren Fremde der einzige Halt, das einzig Vertraute geblieben waren, doch in vielen Fällen wurde die Bitte nicht gewährt. Rasch merkten sie, dass hier etwas nicht stimmte, da die Lastkraftwagen und Busse viel zu schnell wieder zum Jungfernhof zurückkehrten. Als ihre Mutter selektiert wurde, bat Hannelore Marx, damals noch Kahn, darum, mitzudürfen. Der Kommandant lehnte ab, sie musste im Lager bleiben, ihre erst 46 Jahre alte Mutter dagegen einen der Busse besteigen. »Nachdem der Bus mit meiner Mutter weggefahren war, dachte ich über das Geschehene nach. Mein Gefühl war, nun ist Mama gestorben.« Unwillkürlich kam ihr der Gedanke, dass dies vielleicht sogar besser für sie war. Sie und ihr Vater fielen sich »in die Arme und weinten bitterlich«. Die Erinnerungen an diesen Tag haben sie nie losgelassen: »Bis zum heutigen Tage sehe ich meine Mutter vor mir, wie sie mit all den anderen im Bus wegfährt zu ihrem letzten Bestimmungsort, vor ein Erschießungskommando. Solange ich lebe, wird mir dieses Bild nicht aus dem Kopf gehen.«[48]

Auch Albert Kimmenstiel, der aus Nürnberg nach Riga deportiert worden war, verlor an diesem Tag seine Eltern. Seine Mutter kam weinend zu ihm und seinem Vater und berichtete, sie sei für den Transport bestimmt. Der Junge reagierte umgehend und bemühte sich um seine Mutter, bekam jedoch vom Lagerkommandanten gesagt, er sei alt genug und brauche keine Mutter mehr. Sein Vater meldete sich freiwillig, um seine Frau zu begleiten: »Bevor meine Mutter in den Omnibus stieg, rief sie mir zu, gebe acht auf Max, dann fuhr sie ab. Mein Vater wurde von meiner Mutter getrennt, auch er bestieg einen Omnibus und entschwand meinen Augen, für immer …«[49]

Leonhard Zimmak wusste zunächst nicht, dass dies eine Trennung für immer sein würde. Er meldete sich freiwillig zum Transport, um bei seiner Familie zu bleiben, durfte aber nicht mit: »Man sagte mir, ihr kommt alle nach und muss hier erst Ordnung gemacht werden.« Angeblich sollten sie in drei Wochen nachkommen, daher verabschiedete er sich, ohne dass ihm klar war, dass es das letzte Mal sein würde: »2 Stunden später hat man uns aber schon gesagt, dass wir unsere Lieben nicht mehr wieder sehen werden.«[50] Die Erinnerungen an den Moment, da den Menschen bewusst wurde, dass sie diejenigen, die zum Transport ausgesucht worden waren, niemals wieder treffen würden, unterscheiden sich voneinander. Während viele Überlebende bezeugen, dies sehr schnell gewusst zu haben, sagt Julius Ceslanski nach dem Krieg: »Erst nach Monaten sickerte es durch, dass unsere Leute nicht nach Dünamünde gekommen waren, sondern liquidiert worden waren.« Er bezeugt zudem die folgende

Szene: »Es ist mir erinnerlich, dass Seck einem jungen Mädchen, die unbedingt mit ihren Angehörigen nach Dünamünde gehen wollte, auf deren Bitten erklärte: ›Du wirst es in 20 Minuten bereuen, dass du nicht dageblieben bist.‹ Ob dieses Mädchen noch am Leben ist, weiß ich nicht.«[51]

»Aktion Reinhardt« im Distrikt Lublin seit März 1942

Im März 1942 begann mit den Deportationen aus Lublin und Lemberg in die Vernichtungsstätte Belzec die »Aktion Reinhardt«, der Judenmord im sogenannten Generalgouvernement. Johanna Schischa schreibt im März 1942 noch eine Karte nach Wien, in der sie berichtet, dass ihr Mann verschleppt worden sei. Er wurde also ganz offenbar schon früh in der Vernichtungsstätte Belzec ermordet.[52] Die Spuren von Artur Czuczka, Johanna Schischa und all den anderen, die im Frühjahr 1940 oder 1941 in den Distrikt Lublin deportiert worden waren, verlieren sich in genau dieser Zeit, und wir müssen davon ausgehen, dass sie rasch in diese Mordaktionen einbezogen wurden und nicht mehr lange lebten. Zeitgleich erreichten zahlreiche erneute Transporte aus dem Reich die Gegend um Lublin. In den allermeisten Fällen ist es nicht möglich, das Schicksal dieser Deportierten nach der Ankunft genauer zu rekonstruieren, sicher ist nur: In mehreren Razzien mit anschließendem Transport in die Vernichtungslager der »Aktion Reinhardt« ermordeten die deutschen Machthaber große Teile der jüdischen Bevölkerung in Orten wie Izbica und Piaski im Laufe dieses Jahres 1942.[53] Ende März 1942 berichten die bereits Anfang 1940 aus Stettin hierher verschleppten Martha und Max Bauchwitz in einem Brief an ihre Tochter von den »Aussiedlungen« der letzten Tage, denen sie selbst nur knapp entgangen waren. Wenig später wurde das Ehepaar Bauchwitz nach Belzec deportiert und ermordet.[54]

Die polnischen Jüdinnen und Juden wussten inzwischen, was die Deportierten erwartete, und viele von ihnen versuchten, sich zu ver-

16. Das letzte Foto von Johanna und Wilhelm Schischa in Opole, Juli 1941

stecken, während die meisten der ausländischen Juden zumindest bei den ersten »Aktionen«, die sie betrafen, an den Sammelpunkten erschienen.[55] Die Razzien waren brutal, SS- und Polizeikräfte erschossen zahlreiche Menschen an Ort und Stelle, die anderen trieben sie zusammen und dann in den Tod. Durch diese Razzien wurden Familien getrennt, weil Familienmitglieder, die eine Arbeit außerhalb des Ghettos gefunden hatten, während der »Aktion« nicht vor Ort waren, und wenn sie zurück ins Ghetto kamen, waren ihre Verwandten fort. Dies erlebte etwa Kurt Ticho im Juni 1942, der später in Sobibor seinen eigenen Mantel, den sein Vater am Tag der »Aktion« mitgenommen hatte, in der Gewissheit, seinen Sohn am Abend wiederzusehen, inmitten der Habe der Ermordeten wiederfand. Zwei Tage nach dieser »Aktion« kamen einige zurück ins Ghetto, die nicht mehr in die überfüllten Züge hatten gezwängt werden können, »erschöpft, verbraucht und halb verhungert«. Sie hatten Furchtbares erlebt: »Sie berichteten, der Transport wäre weiter nach dem Osten gegangen u. sie sind bereit lieber zu sterben, als diesen Weg noch einmal mitmachen zu müssen.«[56]

Viele Deportierte, deren Spur sich später verliert, blieben nach derartigen »Aktionen« noch eine Weile allein zurück. Charlotte Brandis aus Regensburg berichtet darüber in einem undatierten Schreiben an ihren Onkel: »Seit 14 Tagen bin ich allein hier. Wohin die Eltern und Bruder und Großmutter gekommen sind, weiß ich nicht. Ich war in Arbeit, und als ich abends kam, waren alle fort.«[57] Die im Ghetto Zurückgebliebenen wussten nichts, und die bange Hoffnung auf eine Nachricht sollte sich nicht erfüllen. Ihre Verwandten waren längst nach Belzec oder Sobibor gebracht worden. Ernst Krombach beschreibt die Situation im August 1942: »In der Zwischenzeit sind schon viele Transporte abgegangen. Von ca. 14 000 hier angekommenen Juden sind heute nur noch ca. 2000–3000 da. Diese Leute gehen mit noch weniger in Viehwagen und schärfster Behandlung hier los, d.h. mit dem, was sie am Leibe tragen. Das wäre also noch eine Stufe tiefer. Gehört hat man von diesen Leuten nie wieder etwas.«[58]

Mai 1942: Aus Litzmannstadt nach Kulmhof

Bereits im Januar 1942 hatten in Litzmannstadt, wo ja bisher keine Massenerschießungen stattgefunden hatten, die Deportationen der polnischen Jüdinnen und Juden in die Vernichtungsstätte Kulmhof (Chełmno) begonnen. Zunächst waren die Deutschen, Österreicher und Tschechen nicht davon betroffen, dies änderte sich nun jedoch: Vom 4. bis zum 15. Mai brachten die Verantwortlichen 10 914 fast ausschließlich nichtpolnische Juden nach Kulmhof. Träger des Eisernen Kreuzes I. und II. Klasse sowie des Verwundetenabzeichens waren hiervon ausgenommen, ebenso diejenigen, denen es gelungen war, eine Arbeit zu finden.[59]

Dass ihnen Gefahr drohte, war Ende April 1942 ein großes Thema unter den deutschsprachigen Jüdinnen und Juden. Am 29. April 1942 dokumentiert Oskar Singer dann die Anordnung zur »Aussiedlung«: »Um zwei Uhr haben wir die traurige Gewissheit, und in den Nachmittagsstunden lesen wir bereits die Bekanntmachung Nr. 380. Sie verkündet mit lapidaren Worten die Katastrophe.«[60] Die Gerüchteküche begann zu brodeln, die Menschen diskutierten, wer wohl zuerst aus dem Ghetto deportiert werden sollte. Die Reaktionen waren unterschiedlich, einige dachten, dass es nicht schlimmer werden könne, egal, wohin sie gebracht würden, und meldeten sich bereitwillig zum Transport ins Ungewisse. Vor allem die Suppe vor der Abreise sowie der Laib Brot für die Fahrt motivierten die hungernden Menschen nach etwa einem halben Jahr im Ghetto. Andere wiederum bemühten sich sofort um eine Ausnahmeregelung für sich und ihre Familien. Die meisten versuchten panisch, Teile ihrer Habe gegen Lebensmittel einzutauschen, da nur zwölfeinhalb Kilogramm Gepäck mit auf den bevorstehenden Transport genommen werden durften. Die sogenannte Abteilung für Eingesiedelte organisierte die »Aussiedlungen«, sie verschickte die Deportationsbenachrichtigungen und sperrte die Lebensmittelkarten der Betroffenen. Insgesamt versandte die Abteilung im Mai ungefähr 15 000 Aussiedlungsbescheide, die in der Ghettosprache »Hochzeitseinladungen« genannt wurden. In 4500 Fällen gab die Aussiedlungskommission den Anträgen auf Befreiung von der Deportation statt.[61]

Die Vorbereitungen dafür verliefen geordneter als die von Gewalt geprägten »Aktionen« in Riga, was sich später in diesem unheilvollen Jahr 1942 auch in Litzmannstadt noch änderte. Nach einem genauen Plan sollten vom 4. Mai an die Transporte vom Bahnhof Radegast abfahren. Wie bei der Ankunft vor gut einem halben Jahr verließen sie nun das Ghetto geordnet nach den Städten, aus denen die Menschen stammten. Recht geordnet kamen auch diese selbst zu ihrem letzten Transport, wie Oskar Singer in einem seiner Texte vom Mai 1942 angesichts des Abmarsches der Kölner und Düsseldorfer beschreibt: »Die Menschen haben sich pünktlich eingefunden. Der ›Jecke‹, wie man den deutschen Juden hier spöttisch nennt, hat ja seine Milieudisziplin mitgebracht. Er versucht gar nicht, sein Schicksal dadurch abzuwenden, dass er sich versteckt. Alle treten an, denn Ordnung muss sein.«[62] Jedoch zeigt ein Eintrag im Tagebuch Oskar Rosenfelds eindrucksvoll, dass keineswegs immer alles so geordnet vor sich ging und dies auch nicht so wahrgenommen wurde. In abgehackter Sprache, in der die Fassungslosigkeit des sonst so sprachgewaltigen Literaten deutlich wird, schildert er den Beginn der »Aussiedlung« am 4. Mai 1942:

> »Die Menschenzüge sind zumeist lautlos, alle sind gefasst … Einzelne brechen zusammen, bleiben tot liegen … andere machen vor dem Reiseantritt ihrem Leben durch Erhängen ein Ende … Aber die Straße erfährt nichts davon. Sie kümmert sich nicht um die Einzelschicksale. Sie gehört allen. Sie ist gerecht. Wer fällt bleibt liegen. Wir haben keine Zeit. Der Hunger drängt und der Tod wartet.«[63]

»Manche gingen gern, sie sagten, schlechter als hier kann es nirgends sein. Aber die meisten leisteten nur schweren Herzens dem Befehl Folge. Sie hatten sich an ihr kleines Plätzchen auf dem Fußboden gewöhnt und fürchteten sich vor jeder Veränderung«, so schätzt Ruth Alton kurz nach dem Krieg die Einstellungen ihrer Schicksalsgenossen ein.[64] Einige, die sich zur Deportation einfanden, hofften allen schlimmen Erfahrungen zum Trotz offenbar doch noch auf eine Zukunft, darauf, dass es wirklich nur um einen Weitertransport zur Arbeit ging. Noch einmal Oskar Rosenfeld: »Andere Frauen wieder sitzen beim Friseur vor der Deportation, lassen ihre Haare schön machen, das Leben begehrend.«[65]

Vermutlich aber überwogen insgesamt die Angst vor der abermaligen Abreise ins Ungewisse und der Wunsch, im Ghetto zu bleiben. Trotz allem. Cecilie Landau aus Hamburg, die später Lucille Eichengreen hieß, lief in diesen Tagen von einem Büro zum anderen, um unter Verweis auf die polnische Herkunft ihrer Eltern das Bleiberecht für sich, ihre Schwester und ihre Mutter zu erwirken: »Und schließlich erhielten wir die Erlaubnis, im Ghetto zu bleiben. Wir glaubten, damit Glück gehabt zu haben. Wussten wir doch, was uns hier erwartete. Das Unbekannte könnte viel schlimmer sein.«[66] Viele Menschen versuchten wie sie, bei den Behörden eine Genehmigung zum Bleiben zu erwirken. Das dafür zuständige Amt war permanent belagert, dramatische Szenen spielten sich hier ab, wenn morgens ein Angestellter die Namen derer verlas, die bleiben durften, und derer, die trotz ihrer Bemühungen deportiert werden sollten, wie in der Tageschronik im Mai 1942 vermerkt ist:

> »Die Kommission für die Bearbeitung der Reklamationen arbeitet Tag und Nacht; und pünktlich um 8 Uhr morgens füllen Massen von Petenten den Hof des Gebäudes, in dem sich die Abteilung befindet. Um diese Uhrzeit liest nämlich ein Abteilungsbeamter die Namen derjenigen vor, die befreit worden sind, die der Aussiedlung unterliegen bzw. deren Aussiedlung aufgeschoben worden ist. Die Masse hört in einer zum Zerreißen gespannten Atmosphäre zu, und man hat den Eindruck, dass die Menschen auf ihre Begnadigung oder ihr Todesurteil warten. Tränen der Freude oder schrecklicher Verzweiflung sind die Reaktion von jedem, der seinen Namen gehört hat.«[67]

Innerhalb weniger Tage hatte sich das anfangs leicht lethargische Verhalten der deutschsprachigen Jüdinnen und Juden angesichts ihrer nächsten Deportation in Unruhe verwandelt. Jetzt meldete sich kaum mehr jemand freiwillig, wie auch Oskar Singer am 13. Mai 1942 vermerkt: »Die Eingesiedelten zögern, einem Befehl zu trotzen. Aber schließlich siegt der Selbsterhaltungstrieb, und eine erkleckliche Zahl gehorcht nicht. Das ist immerhin eine Überraschung.«[68] Der jüdische Ordnungsdienst musste in der Nacht auf den 13. Mai 1942 etwa 500 Menschen gewaltsam aus ihren Unterkünften – die meisten wohnten noch in den Kollektiven, einige bereits in Wohnungen – holen und zu den Sammelpunkten bringen, da sie sich am Vortag nicht wie gefordert dort eingefunden hatten. Oskar Singer berichtet: »Die letzte Nacht war sehr bewegt. In vielen Wohnungen ging es drunter und drüber. Diese Menschenjagd ist grauenvoll. Aber wir haben das ja bei den Einheimischen auch erlebt. Diese aber hatten die größeren Chancen. Die gegenseitigen Beziehungen waren besser, viel verzweigter!«[69] So wie die deportierten Jüdinnen und Juden in Riga und Minsk wegen ihrer fehlenden Kontakte und Sprachkenntnisse kaum Möglichkeiten zur Flucht in die Umgebung der Ghettos hatten, fehlten auch denjenigen in Litzmannstadt die Kontakte, um während der dramatischen Tage im Mai 1942 Unterschlupf zu finden, bis die Lage sich wieder beruhigt hatte. Ab Mitte 1942 waren nur noch gut 6300 der aus dem Großdeutschen Reich Deportierten im Ghetto Litzmannstadt zurückgeblieben.[70]

Juli 1942 in Warschau und Minsk

Die meisten der nach Warschau verschleppten deutschsprachigen Männer, Frauen und Kinder fielen der »Aktion Reinhardt« zum Opfer.[71] Ihre Spuren lassen sich hier nicht weiterverfolgen, auch sind aus den dramatischen Tagen in diesem Sommer 1942 keine Zeugnisse von ihnen überliefert. Am 22. Juli 1942 begann die Deportation der Warschauer Jüdinnen und Juden. Der Judenratsvorsitzende Adam Czerniaków nahm sich das Leben, als er den Befehl zur Organisation der »Umsiedlung« erhielt. Bis zum 21. September verschleppten die Besatzer mindestens 260 000 Männer, Frauen und Kinder in das Vernichtungslager Treblinka und ermordeten sie dort – über 10 000 erschossen sie noch in Warschau, mehr als 11 000 Menschen deportierten sie in andere Lager.[72] Nach Abschluss dieser »Umsiedlungen« notiert Emanuel Ringelblum am 15. Oktober 1942, dass den polnischen Juden bald »die Vernichtung bewusst« gewesen sei. Anders bei den deutschsprachigen Juden, zumindest bei manchen von ihnen hatte die große Täuschung seitens der deutschen Verantwortlichen gewirkt: »Juden aus Westeuropa wissen nicht, was Treblinka ist. Sie halten es für eine Arbeitskolonie und fragen im Zug, wie weit es noch bis zum ›Industriebetrieb‹ Treblinka ist. Wüssten sie, dass sie sterben werden, würden sie sich sicherlich widersetzen. Sie kommen mit erstklassigen Koffern.«[73]

Eine Weile lang meinten auch manche der nach Minsk Verschleppten, ihr Schicksal würde ein anderes sein als das der lokalen jüdischen Bevölkerung. Für einen der Deportierten galt dies tatsächlich: Karl Loewenstein, »Halbjude«, mit dem Eisernen Kreuz I. und II. Klasse ausgezeichnet, wurde, möglicherweise aufgrund einer Intervention des Generalkommissars Kube, im Mai 1942 nach Wien geschickt, von wo aus er nach Theresienstadt kam, wo er in der innerjüdischen Verwaltung arbeitete und das Kriegsende erlebte.[74] Doch war dies ein außergewöhnlicher Sonderfall. Die übrigen Deportierten merkten bald, dass für sie keine Ausnahmen galten.

Ende Juli 1942 war es nämlich auch in Minsk so weit: Tausende im Winter 1941 / 42 dorthin Deportierte wurden von deutschen Verantwortlichen ermordet. Das Ghetto wurde »abgesperrt und von bewaffneten SS umstellt. Die im Lager befindlichen Juden wurden auf Lastautos verladen und außerhalb Minsk erschossen«, beschreibt Erna Steiniger in knappen Worten das Geschehen.[75] Diejenigen, die als Arbeitskräfte eingesetzt waren, befanden sich während dieser Ereignisse nicht im Ghetto, sie mussten einige Tage an ihren Einsatzorten bleiben, bekamen also die brutalen Razzien gar nicht mit. Sie hatten panische Angst um ihre Angehörigen, wussten nicht, was im Ghetto los war. »Der Tag verlief normal. Doch abends, als wir von unseren Begleitsoldaten ins Ghetto zurückgebracht wurden, war dieses vollständig von SS umzingelt«, so erinnert sich Gerhard Hoffmann an den schicksalhaften Tag. »Man ließ uns nicht hinein. Wir mussten wieder zum Arbeitsplatz. So ging es uns drei Tage. Man ließ keine Kolonne durch. Auch konnten wir von niemandem erfahren, was dort vor sich ging. Wir lebten in einer Angst um unsere im Ghetto verbliebenen Angehörigen.«[76] Als sie endlich ins Ghetto zurückkehren durften, sahen sie ihre schlimmsten Vorahnungen bestätigt: Eine »Aktion« hatte stattgefunden, und während sie in der Vergangenheit immer nur gegen die einheimische jüdische Bevölkerung gerichtet gewesen waren, ermordeten die SS-Männer und ihre Helfer nun Tausende deutsche und österreichische Männer, Frauen und Kinder. Heinz Menkel, der in jenen Tagen wie viele andere auch seine Eltern verlor, schildert die Rückkehr seines Arbeitskommandos:

»Als wir am 28. Juli 1942 wieder in das Lager kamen, wurden wir im linken Teil des Lagers untergebracht, weil die SD aus dem anderen Teil des Lagers die brauchbaren Stücke, wie Bekleidung, Schmuck usw. sich (…) herausholte. Als wir am nächsten Tage in unsere früheren Wohnungen zurückkehrten, war kein lebender Jude mehr in dem Teil des Lagers zu finden. In den Betten lagen einige erschossene Juden, welche krank und bettlägerig waren und somit wohl nicht abtransportiert werden konnten.«

In den drei Tagen, als niemand ins Ghetto durfte, hatte er, wie er sich erinnert, von seiner Arbeitsstelle aus Schüsse gehört.[77] Auch die aus Bremen nach Minsk verschleppten Martin Spanier und Curt Parker verloren während dieser »Aktion« ihre Familie, Richard Frank war ebenfalls außerhalb des Ghettos und fand seine Frau und seine beiden Kinder nicht mehr in ihrer Wohnung vor, als er zurückkehrte. Sie waren längst ermordet.[78]

Die Eltern von Margot Aufrecht, eine der wenigen Frauen, die Minsk überlebten, waren ebenfalls unter den Mordopfern. Sie selbst war nach ihrer Rückkehr vorerst in einem anderen Teil des Ghettos untergebracht:

»Einige Tage später gelang es mir, mich in das alte Lager zu begeben, und in der von uns ehemals bewohnten Baracke fand ich auf dem Boden liegend die zerschossene und blutbefleckte Schürze und die Hausschuhe meiner Mutter wieder. Im Lager wurden durch ein Arbeitskommando die Spuren dieser Erschießung beseitigt. Zwei mir bekannte Juden, die sich während der Erschießungen unter ihrer Baracke versteckt hatten, erzählten mir, dass vor Beginn der Erschießungen die Blockältesten, zu denen auch mein Vater gehörte, auf dem Lagerplatz antreten mussten und dort erschossen wurden. Meine Mutter kam bei dieser Aktion ebenfalls ums Leben.«

Nahezu ihr gesamter Transport war ausgelöscht worden: »Erwähnen möchte ich, dass von meinem Berliner Transport, dem 1200 Juden angehörten, nach den Erschießungen noch 98 am Leben waren.«[79]

Gerhard Hoffmann vermutete seinen Vater auf dessen Arbeitsstelle, sorgte sich aber um seine Mutter und seinen Bruder. Als er in das zweigeteilte Sonderghetto zurückkehren durfte, gab es für ihn einen Moment der Erleichterung: »Beim Einrücken sah ich schon von weitem Mutti und Walter am Draht stehen und mir zuwinken. Ein Stein fiel mir vom Herzen. An meinen Vater dachte ich nicht weiter. Er war in gleicher Lage wie ich, so meinte ich.« Die bittere Wahrheit war jedoch eine andere: »Doch als unsere Kolonne dann auf dem Ghettoplatz angelangt war, kam unser Lagerleiter auf mich zu und kondolierte mir. Ich war wie vom Schlag getroffen und begriff nicht.« Er war vollkommen verwirrt und schrie: »›Wer denn, ich verstehe das nicht!‹ Dein Vater, sagte man mir. Ich lief so schnell wie ich konnte nach Hause. Sie standen vor der Tür und warteten schon auf mich. Sie nahmen mich ins Zimmer und mit tränenden Augen erzählten sie mir alles.«

Der Vater hatte sich an der »Aktion« im zweiten Ghettoteil beteiligen müssen. Er war am ersten Abend noch zurückgekommen und hatte zu seiner Frau gesagt, »ich habe den Weltkrieg mitgemacht, ich habe viel gesehen, aber was ich heute erlebt habe, das übersteigt alles«. Er musste am nächsten Tag erneut zu seiner bitteren Arbeit antreten und ging hin, obwohl er sich hätte verstecken können. »Er ist nie wieder gekommen. Nie wieder hat man von diesen Menschen etwas gehört. Sie hatten zu viel gesehen und wurden sicherlich umgebracht.« Die Sachen der Ermordeten waren »ausgeraubt und ausgeplündert. Lager zwei war ein einziges Trümmerfeld. Man fand nichts mehr vor. Tragödien spielten sich ab. Frauen, von der Arbeit zurückkehrend, liefen schreiend herum und suchten ihre Männer. Kinder ihre Eltern und Eltern ihre Kinder.«[80]

September 1942: Die »Sperre« in Litzmannstadt

Noch während die Deportationszüge aus Warschau nach Treblinka rollten, begann in Litzmannstadt eine »Aktion« mit dem Ziel, alle unter zehn und über 65 Jahren, alle Kranken sowie diejenigen, die keine Arbeit hatten, aus dem Ghetto ins Vernichtungslager Kulmhof zu deportieren. Litzmannstadt sollte ein reines Arbeitsghetto werden. Diese »Aktion« betraf sowohl die deutschsprachige als auch die polnische Ghettobevölkerung, hier machten die deutschen Kräfte nun, wie auch in Warschau während dieser großen Deportationen, keinen Unterschied mehr.

Zunächst räumte die Gestapo am 1. und 2. September zusammen mit dem jüdischen Ordnungsdienst die Krankenhäuser, mehr als 1200 Patienten wurden nach Kulmhof gebracht. Oskar Rosenfeld, der Wiener Literat und Feuilletonist, war nicht mehr in der Lage, das Erlebte sprachlich in den Griff zu bekommen. Seine Notizen bestehen in diesen dramatischen Tagen nur noch aus Satzfetzen. So notiert er am 2. September in sein Tagebuch: »Einzelne mit Fingernägeln Pulsadern aufgerissen – Selbstmord. – Vorderfront abgesperrt, Passage nur gegenüber. Da ungefähr 200 Patienten geflüchtet sind, wurden stellig gemacht diejenigen, welche bereits Zuweisung für Spital haben, Verwandte der Kranken und Menschen aus Greisenheim. Alles nachts.« Besonders für die Verwandten war die Situation unerträglich: »Viele Angehörige irrend durch die Gassen, händeringend, wahnsinnig, brechen zusammen.«[81]

Die gewalttätige Räumung der Krankenhäuser war jedoch nur der Auftakt zu den Ereignissen während der sogenannten »Sperre«. Vom 5. bis 12. September galt im Ghetto eine »Allgemeine Gehsperre«. Damit war den Menschen – mit wenigen Ausnahmen, etwa dem Ordnungsdienst, der Feuerwehr und Ärzten – nicht erlaubt, sich auf der Straße zu zeigen.[82] In diesen Tagen deportierten die Nationalsozialisten Kinder, kranke und alte Menschen. Insgesamt fielen der »Aktion« 15 685 Menschen zum Opfer, darunter 5860 Kinder, knapp 600 Menschen ermordeten deutsche Polizisten darüber hinaus vor Ort. Einige wenige Privilegierte durften ihre Kinder im Ghetto behalten. Viele andere versuchten, ihre Angehörigen zu verstecken.[83]

Schon am Abend des 3. September kursierten Gerüchte darüber, dass die Kinder verschleppt werden sollten. Nur einen Tag später folgte dann die traurige Gewissheit für die entsetzten Ghettobewohner: Nun wurde bekannt, dass Kinder, ältere Menschen über 65 Jahre und diejenigen, die nicht mehr »arbeitsfähig« waren, »ausgesiedelt« werden sollten. An diesem Tag hielt Rumkowski die Rede, die in nahezu jedem Erinnerungsbericht aus dem Ghetto Litzmannstadt erwähnt wird und in der er forderte: »Brüder und Schwestern, gebt sie mir! Väter und Mütter, gebt mir eure Kinder!«[84] Dies fiel dem Judenältesten nicht leicht: »Seine Stimme versagt, die Worte bleiben ihm im Halse stecken. Seine Person – auch ein Bild des Unglücks«, so beschreibt Oskar Singer den öffentlichen Auftritt Rumkowskis an diesem Tag.[85] Oskar Rosenfeld notiert in seinem Tagebuch: »Menge bitterlich geweint, auch Männer.«[86] Irene Hauser schreibt an diesem Tag in ihr Journal: »Gott stehe uns bei. Alle Mütter weinen. Ich will es nicht glauben.«[87]

Die Berlinerin Ruth Alton erinnert sich voller Schrecken: »Ich höre nur die ersten Worte dieser Rede, die Forderung der Kinder. Mein Sohn Michael ist 7 Jahre. Wie von Furien gehetzt stürze ich davon, nach Hause in unser Zimmer. Aber ich treffe keinen an. Ich berste vor Aufregung. Sie wollen mir mein Kind fortnehmen!«[88] Gemeinsam mit ihrem Mann und ihrer Mutter überlegten sie an diesem Abend, was zu tun sei, und beschlossen, sich zu viert das Leben zu nehmen, waren jedoch unschlüssig, wie sie dies bewerkstelligen sollten. Der Vater versuchte, Gift zu beschaffen, scheiterte jedoch daran. Die Verzweiflung war unfassbar groß. Nach schlafloser Nacht zog Ulli Tauber am nächsten Morgen los, um zu erreichen, dass ihr Sohn ausgenommen wurde. Die Mutter wiederum versuchte den ganzen Tag über, den kleinen Michael zu beschäftigen und die drohende »Aussiedlung« vor ihm geheim zu halten, zugleich machte sie sich Gedanken darüber, was sie tun sollte, wenn er abgeholt würde, bevor ihr Mann zurück war. Den Sohn begleiten, dafür den Mann allein zurücklassen? Es waren furchtbare Dilemmas, vor die sich die Menschen in den Ghettos mitunter gestellt sahen.

Die Familie Tauber konnte zunächst aufatmen: Am Abend stellte sich heraus, dass Michael von der »Aussiedlung« befreit wurde. Doch war das Bangen damit längst noch nicht beendet. Als die »Aktion« in der Nacht in ihrer Straße begann, bestanden die jüdischen Polizisten, da die Familie nichts Schriftliches vorweisen konnte, darauf, den Jungen mitzunehmen, bis alles überprüft war. Ihr Mann schaffte es, den Jungen wieder nach Hause zu bringen, die Angaben konnten anhand einer Liste bestätigt werden. In den nächsten Tagen mussten sie immer wieder um ihre Lieben fürchten, der Sohn wurde für die Dauer der »Aktion« in einem Heim für die Kinder auf der Ausnahmeliste untergebracht, mit ihrer Mutter musste Ruth Alton aber mehrfach auf dem Hof »Selektionen« überstehen.[89] Wie sie schildert, kamen nach der Anordnung zur »Allgemeinen Gehsperre« jüdische Polizisten mit Listen in die Wohnungen, teilweise standen unten große Pferdewagen für den Abtransport der zur Deportation Bestimmten bereit.[90] Oskar Rosenfeld versucht abermals, den Schrecken in Worte zu fassen: »Menschen gottgläubig spielen mit Selbstmord. Es ist mit menschlichem Hirn nicht zu fassen … Wer das überlebt, dem wird plötzlich alles verschwinden, und man wird es nicht glauben selbst …«[91]

Der jüdische Ordnungsdienst erfüllte seine Aufgabe nicht so effektiv, wie die Deutschen es gefordert hatten, da die Menschen sich selbst und vor allem ihre Kinder versteckten. Daraufhin nahmen seit dem zweiten Tag der »Sperre« der Leiter der deutschen Ghettoverwaltung Hans Biebow und die Gestapo die Sache in die Hand. Die Gestapo, mit Kriminalkommissar Günter Fuchs an der Spitze, sperrte die Straßen und wählte Menschen zur Deportation aus. Nun wurde die »Aktion« mit ungeheurer Brutalität durchgeführt, ähnlich den »Aktionen« in Warschau, im Distrikt Lublin, in Minsk und Riga. Furchtbare Szenen ereigneten sich auf den Straßen und den Hinterhöfen, wie Ruth Alton darstellt: »Große Lastwagen sind vollgestopft mit Kindern und älteren Personen. Weinende und laut schreiende Menschen laufen um die Autos herum. Mütter und Väter strecken flehend die Arme nach ihren Kindern aus. Die Kinder schreien nach ihren Müttern. Es ist herzzerreißend, und ich fliehe ins Haus zurück.«[92] Cecilie Landau aus Hamburg hatte inzwischen bereits ihre Mutter auf dem Friedhof des Ghettos begraben müssen. Nun wurde ihre zwölfjährige Schwester Karin zur »Aussiedlung« bestimmt. Sie wurde auf einen Lastwagen getrieben, der älteren Schwester gelang es nicht mehr, an die Ladefläche heranzukommen:

> »Wir hatten beide unsere Hände nacheinander ausgestreckt, und doch waren wir im selben Augenblick schon endlos voneinander getrennt. Motoren wurden gestartet, die Lastwagen rollten an. Ich wurde fast ohnmächtig. Karins Augen blieben ganz fest auf mich gerichtet, bis ich sie nicht mehr sehen konnte.«[93]

Dem Vater von Gary Wolff aus Düsseldorf gelang das nahezu Unglaubliche. Der Junge war schon auf einem Lastwagen, als sein Vater eingriff. Er trug seine Auszeichnungen aus dem Ersten Weltkrieg, beherzt ging er zu einem der SS-Männer und sagte: »Kamerad, das ist mein Sohn! Da, da, da, da, da!« Dies rief er aus, während er auf sein Verwundetenabzeichen und das Eiserne Kreuz wies. Der derart Angesprochene schaute auf die Abzeichen, schaute auf ihn und sagte: »Okay! Runter!«[94]

Am Sonntag, den 6. September 1942, notiert Oskar Rosenfeld: »4 Uhr früh die Kinder. Nachbarhaus Jammern, Schreien. Keine Menschenlaute, sondern Tiermütter, die brüllen und pfeifen.«[95] Auch in der folgenden Nacht kamen die Menschen im Ghetto nicht zur Ruhe, wie der Schriftsteller schildert:

> »Sonntag/Montag 7. Gewitter-Nacht. Taggrauen kühl. Polizisten Laufschritt umzingeln Zgierzka und anderswo Häuser Laufschritt, dringen ein, holen Kinder. Vor Haustoren einspännige Wagen (Leiterwagen). Plötzlich aus Haustor heulend Frauen, Mädchen, Greisinnen, hinaus auf Wagen, Kinder wie Pakete hinaufgeworfen. Vorne Feldgrau Peitsche, daneben Soldaten, Gewehr, Revolver, Stahlhelm, Fenster müssen geschlossen sein, Drohung gegen Gesicht am Fenster, wahllos Menschen mitgenommen.«[96]

Zwei Tage später verhinderte nur das Eingreifen eines jüdischen Polizisten seine eigene Deportation.[97]

Am 12. September 1942 wurde die »Allgemeine Gehsperre« beendet. Hans Biebow ordnete an, dass vom übernächsten Tag an wieder normal gearbeitet werde. Die Brutalität, mit der die »Sperre« durchgeführt worden war, bestätigte die Ahnungen der Menschen über das Schicksal der Deportierten. So notiert Oskar Rosenfeld einige Tage später über sehr konkrete Gerüchte: »Scheinbar alle ›Untaugl.‹ vergast etc., d. h. nicht mehr am Leben.« Oskar Singer bekräftigt diese schreckliche Vermutung: »Alle sind fest davon überzeugt, dass man die ausgesiedelten Juden in die Vernichtung führt.«[98]

Mit diesem Wissen oder zumindest den schlimmen Ahnungen darüber, dass ihre Liebsten ermordet worden waren, mussten die Überlebenden dieser »Aktionen« im Jahr 1942 ihr Leben in den Ghettos im besetzten Polen, in Riga oder Minsk weiterhin im Griff behalten. All dem erfahrenen Horror zum Trotz versuchten sie, weiter zu überleben, auch wenn sicherlich vielen von ihnen ähnliche Gedanken im Kopf herumgingen wie Oskar Rosenfeld, der in diesem Herbst 1942 unter dem Eindruck des gerade in Litzmannstadt Erlebten in sein Tagebuch schreibt:

> »Wenn so etwas möglich war, was gibt es dann noch?
> Wozu noch Krieg?
> Wozu noch Hunger?
> Wozu noch Welt?«[99]

8

WEITERLEBEN: »EINE GEWISSE NORMALITÄT SETZTE EIN«[1]

Das Leben ging weiter in den Ghettos im besetzten Osteuropa, musste weitergehen. »Trotz alledem hat man nicht immer geweint. Es gab auch ab und zu Vergnügungen wie Fußball und kleine Theateraufführungen«, so charakterisiert Lore Oppenheimer das widersprüchliche Ghettoleben.[2] Edith Blau beschreibt dies im Mai 1945 mit Blick auf das Ghetto in Riga:

> »Man lebt ganz großartig, im Ghetto gibt es Sachen zu kaufen, die es in der ganzen Stadt nicht ohne Karten gibt, aber wir sind tüchtig, und keiner lässt sich unterkriegen. Wein wird getrunken, Konzerte werden veranstaltet, Fußballmatches ausgetragen. Gerade mitten auf dem Galgenplatz, wo gestern noch jemand gehängt wurde, weil man bei ihm 1 Kilo Butter gefunden hatte (Wir mussten, als wir am Abend vom Kommando kamen, alle 3 Mal um diesen Galgen herumgehen). Es ist ein so wahnsinniges Leben, dieses Ghettoleben. Der Tod ist ständig unter uns, und man lacht und liebt sogar wie in einem Irrenhaus! Ich selbst habe meine große Liebe in diesem Rigaer Ghetto gefunden. Malkni, ein lettischer Jude, mit dem ich fast 2 Jahre innig befreundet war, und es ist heute mein erstes Unternehmen nachzuforschen, ob er noch lebt, dann hätte für mich das Leben wieder eine herrliche Bedeutung.«[3]

Fast alle Deportierten verloren im Laufe des Jahres 1942 Freunde und Verwandte, waren mit Gewalt und Morden konfrontiert und mussten dennoch inmitten all dem Schrecken daran gehen, ihren Alltag zu organisieren, häufig unterbrochen durch weitere Mordaktionen. In den nur noch als »Rest«-Ghettos im Distrikt Lublin und in Warschau bestehenden Ghettos lebten nun fast keine der aus dem Westen deportierten Jüdinnen und Juden mehr, einige wenige hatte es in Arbeitslager verschlagen, doch Artur Czuczka, Wilhelm und Johanna Schischa, Max und Martha Bauchwitz, Charlotte Brandis und all die anderen, die uns als in diese Orte Deportierte und Zeugen begegnet sind – sie fielen im Laufe des Jahres 1942 den Morden zum Opfer. Auch Berthold Rudner, der aus Berlin nach Minsk verschleppt worden war, hinterlässt im Juni 1942 das letzte Lebenszeichen in seinem Tagebuch, danach verliert sich seine Spur. Irene Hauser und ihr sechsjähriger Sohn wurden im September 1942 aus Litzmannstadt nach Kulmhof deportiert und dort ermordet. Die Gruppe der aus dem Deutschen Reich verschleppten Männer, Frauen und Kinder wurde immer kleiner.

An manchen Orten begannen nach mörderischen Razzien eher ruhige Phasen. Für den Jungfernhof bezeugen mehrere Überlebende, dass es nach der Aktion »Dünamünde« etwas leichter wurde, sie hatten nun alle Arbeit, mehr Platz in den Baracken und wurden besser verpflegt, zudem sei Kommandant Seck weniger gewalttätig gewesen. Er sah in den Lagerinsassen nun seine Arbeitskräfte. »Wir erhielten allerlei Freiheiten, sogar Urlaub zum Besuch von Freunden im Rigaer Ghetto«, so beschreibt Hans Werner Loszynski diese Zeit.[4] Auch im Ghetto Litzmannstadt war die Phase nach der »Sperre« eher ruhig, in mehreren Tagebüchern finden sich Hinweise, dass die Menschen daran glaubten, dass das Ghetto durch ihre Arbeitskraft gerettet werden könnte, so etwa bei Oskar Rosenfeld Ende 1942: »Die deutschen Fachkommissionen (Fachleute, keine Politiker) finden Arbeit sehr gut, staunen über das Talent der Arbeiter. Ghetto wird durch Arbeit gesichert.«[5]

Die Ermordung großer Teile der Ghettobevölkerungen brachte eine Umgestaltung sozialer Strukturen mit sich, auch wurden in Riga immer mehr Arbeitskräfte außerhalb des Ghettos in den sogenannten Kasernierungen ihrer Fabriken einquartiert. Auch dadurch änderte sich ihr Leben, die Möglichkeiten, zu Freunden und Verwandten Kontakt zu halten, verbesserten sich erheblich für diejenigen, die gemeinsam an eine Arbeitsstelle kamen. Doch dieses Leben war weiterhin von widersprüchlichen Erfahrungen geprägt, wobei die Menschen versuchten, ihm einen gewissen Rahmen zu geben, sich selbst zu behaupten in all dem Chaos.

Probleme blieben der Hunger, im Winter die Kälte, die schlimmen Lebensbedingungen insgesamt und daraus resultierende Krankheiten. Im Tagebuch von Dora Hansen aus Riga finden sich immer wieder knappe Notizen darüber. Am 9. November 1942 schreibt sie: »Winter mit kaltem Zimmer, eisig, weil kein Holz. Sammle morgens 7 h Holzsplitter von Hauptplätzen in den Höfen Prag. Manchmal einen Sack voll. Leben sonst unverändert. Nette Frauen bei der Arbeit. Bekomme ab und zu einen Bissen ab oder heißen Kaffee.« Sie tauscht Teile ihrer letzten Habe gegen Holz, denn: »Kälte wird empfindlich ohne Heizung. Steinfußboden.« Weiter heißt es im Januar 1943: »Mit Frost und höchster Ungemütlichkeit. Im Raume Eiseskälte, Schmutz. Dazu Hunger. Holz nur durch Geschenke lieber Menschen. Ein inneres Grausen.« Doch gibt sie nicht auf: »1. Februar: Wenn die Hoffnung nicht in dem Menschen wäre.«[6]

Vermutlich waren es diese Hoffnung und vor allem auch das unbedingte Verlangen, diesen furchtbaren Bedingungen etwas entgegenzusetzen, die dazu führten, dass das kulturelle Leben und in gewissem Sinne auch ein Alltagsleben für viele Menschen wichtig blieben.

Kultur, Freizeit und Bildung

In vielerlei Hinsicht hatten die Menschen von Anfang an versucht, den furchtbaren Bedingungen etwas entgegenzusetzen, vor allem der Entwürdigung, die die Nationalsozialisten intendierten. Mancherorts organisierten die Deportierten Schulunterricht für die Kinder, Musiker und Schauspieler spielten für ihre Leidensgenossen, in Riga gab es eine Zeit lang sogar Tanzunterricht.[7] Manchen war ihre Religion besonders wichtig, sie begingen etwa die jüdischen Feiertage, so gut es möglich war. Einige hielten Gottesdienste in ihren Räumen ab – in den überfüllten Zimmern war es nicht schwierig, die zehn Personen, die mindestens für einen Minjan notwendig waren, zu finden.[8] Im Lager Jungfernhof hatte der Hamburger Rabbiner Joseph Carlebach bis zu seiner Ermordung im März 1942 versucht, die Moral unter den Lagerinsassen aufrecht zu erhalten, mit religiösen Feierlichkeiten und Unterricht für die Kinder. Salomon Carlebach erinnert sich, wie sein Vater zu Channuka in einer Baracke Kerzen anzündete und den Menschen Mut zusprach, ihnen eindringlich auftrug, sie sollten ihre Hoffnung und ihren Glauben nicht verlieren. In der sonst so lauten und unruhigen Baracke »war plötzlich Schweigen, offenbar waren die Menschen tief beeindruckt und bewegt«.[9] Zum Jahreswechsel organisierten sie eine stimmungsvolle Feier im kleinen Kreis. Hannelore Marx fastete an Yom Kippur den ganzen Tag.[10]

Im besetzten Polen hatte sich in den größeren Ghettos wie denen in Warschau und Litzmannstadt bereits unter den einheimischen Juden ein kulturelles Leben etabliert, in das sich einige deportierte Künstler nun einbringen konnten. Die früh in den Distrikt Lublin Verschleppten bemühten sich, Unterricht für ihre Kinder zu organisieren, und wenn dies nicht gelang, versuchten sie sich anders zu behelfen, so fand eine aus Stettin nach Belzyce verschleppte Mutter für ihren Sohn und seinen Freund einen aus Krakau stammenden Lehrer, der die beiden unterrichtete.[11] Die ebenfalls aus Stettin verschleppte Cläre Silbermann gab zunächst der Tochter ihrer Wirtsleute Unterricht und baute dann eine Schule auf. Im Januar 1941 schildert sie in einem Brief, welche große Bedeutung diese für die Kinder hatte:

> »Die Märchenbuch-Ausgabe mit den Silhouetten ist so hübsch, und ich freue mich, wenn ich meinen Kindern den Sinn für Schönheit erhalten kann. Was müssen die armen Kinder hier alles mitansehen und -hören und innerlich verarbeiten. Es ist so viel … Und ich denke immer, es ist unendlich viel wichtiger, dass ich ihnen zu einem seelischen Gleichgewicht verhelfe, als dass ich mit ihnen Chemie oder Mathematik pauke. Habe ich recht?«[12]

Ende des Jahres 1941 schreibt sie: »Gestern haben meine Kinder noch ein Theaterstückchen aufgeführt und ein paar Lieder gesungen, und es war eine so gelungene Sache, dass alles ganz begeistert ist. Es macht doch sehr viel Freude, und gerade in dieser Zeit ist es richtig und gut, den Menschen einmal eine Stunde der Ablenkung zu bringen.«[13] Und im Januar 1942, wenige Wochen vor dem Beginn der »Aktion Reinhardt« in ihrer Region, heißt es in einem ihrer Briefe: »Heute habe ich mit den Kindern über Menschenliebe gesprochen, und ich glaube, sie waren ganz glücklich und sind bestimmt besser weggegangen, als sie gekommen sind. Hier in dieser Umgebung ist es ja so schwer, ihnen den Glauben an das Gute zu erhalten, aber es gelingt mir doch ganz gut.«[14] Das letzte Lebenszeichen von Cläre Silbermann, die noch im Mai 1942, inmitten der großen Mordaktionen also, vom Unterricht für die Kinder berichtet, datiert von Ende Juni 1943, gesendet aus dem Arbeitslager Trawniki.[15]

Auch in Riga hatten die Deportierten schon bald begonnen, Unterricht für die Kinder und Jugendlichen zu organisieren sowie Kindergärten für die jüngsten Ghettobewohner, deren Eltern tagsüber zur Arbeit ausrücken mussten. Für sie war es beruhigend zu wissen, dass ihre Kinder in der Obhut von Lehrern oder Erziehern waren.[16] Von Anfang an sahen sich diese allerdings mit erheblichen Problemen konfrontiert. Hilde Sherman sagt über den Zustand der neuen Schulen: »Allerdings ohne Schreibmaterial und ohne Pulte. Das Einzige, was die Kinder hatten, war Hunger. Hunger von morgens bis abends, vom Schlafengehen bis zum Aufwachen …«[17] Manche von ihnen waren bald zu schwach, die Treppen hinaufzusteigen.[18]

Die nach ihren Herkunftsorten eingeteilten Gruppen hatte jede ihre eigene Schule. Über den Unterricht schreibt Esra Jurmann: »Wir lernten Rechnen, Weltkunde, Hebräisch und die gewöhnlichen Fächer, die man in einer Volksschule lernt.« Der Unterricht fiel jedoch oft aus, da die Jugendlichen Schnee schaufeln mussten. Sie durften die Schule nur bis zum 14. Lebensjahr besuchen, danach mussten sie arbeiten.[19] Mary Korwill, eine Lehrerin der Wiener Schule, schaffte es, die Schülerinnen und Schüler trotz des Mangels an Büchern und

Schreibsachen für das Lernen zu begeistern. Diese Lehrerin fiel allerdings bald der Willkür des Ghettokommandanten zum Opfer, der sie auf dem Jüdischen Friedhof erschoss.[20] Sophie Nathan ging abends nach der Arbeit zu einem Lehrer aus dem Kölner Transport, sie studierten, umgeben von all dem Wahnsinn, Goethe.[21] In ihrem Nachlass befindet sich ein kleines Notizbuch, in dem unter anderem Gedichte von Goethe notiert sind, auch Teile aus Schillers »Wilhelm Tell«. Ob sie dieses Büchlein während ihres Unterrichts im Ghetto genutzt und dann über die gesamte weitere Odyssee bis zur Befreiung gerettet hat? Möglich ist auch, dass sie diese Gedichte nach dem Krieg nochmals aufgeschrieben hat.[22]

Die Massenmorde bedeuteten für das Schulwesen einen großen Einschnitt: Wie andernorts waren in Riga zahlreiche Kinder und Jugendliche als »arbeitsunfähig« selektiert und ermordet worden. Nun wurden Schulen zusammengelegt, die Wiener etwa mit den tschechischen Kindern vereint. Seit dem Sommer 1942 mussten Kinder schon ab zwölf Jahren arbeiten, die übrigen sollten in ein oder zwei Schulen zusammengefasst werden.[23] In Minsk waren von Anfang an zu wenige Kinder, um ein richtiges Schulwesen aufzubauen, doch gab es erstklassige Lehrer unter den Deportierten, die laut Karl Loewenstein die etwa 50 Kinder im Ghetto unterrichteten.[24]

Wichtig war es unter den gegebenen Bedingungen auch, dass die Jugendlichen praktische Dinge lernten, die es ihnen ermöglichten, einen überlebenswichtigen Arbeitsplatz zu finden, daher gab es für sie auch praktische Kurse, etwa einen Tischlerkurs. Ältere Frauen brachten jungen Mädchen das Nähen bei, sodass sie im Armeebekleidungsamt für Ausbesserungsarbeiten eingesetzt werden konnten.[25] Manche der jüngeren Ghettobewohner zeichneten sich durch großen Erfindungsgeist aus: »Gemeinsam mit einigen anderen Jungen richteten wir uns ein chemisches Versuchslaboratorium ein. Hier wurden wir von Erwachsenen unterstützt, die in einer chemischen Fabrik in Riga arbeiteten und uns Chemikalien und Ähnliches mitbrachten und uns in Chemie und Physik unterrichteten«, berichtet Esra Jurmann.[26]

Ablenkung war zentral für die Menschen im Ghetto: Manch einem gelang es, sich immer wieder Bücher zu organisieren – sie nahmen die Lesenden für einen Moment mit in eine andere Welt, gewissermaßen hinaus aus dem Ghetto: »Es war die einzige Ablenkung, Erholung und Entspannung, die es für uns gab. Ohne sie wäre man übergeschnappt«, schreibt Hilde Sherman.[27] Auch für Esra Jurmann hatten Bücher eine große Bedeutung: »In unserem Teil der Wohnung gab es viele Bücher, alle in deutscher Sprache. Ich las und las. Ich flüchtete mich über das gedruckte Wort in eine andere Welt.«[28] Dora Hansen klagt im August 1943 in ihrem Tagebuch: »Komme vor Reinemachen, Wäsche und Arbeit kaum zum Lesen, habe etwas Nettes: von Donard Estannie ›Schwester Therese‹ (von Sacre Coeur).« Auch später notiert sie immer wieder ihre jeweilige Lektüre.[29]

Manchen war Musik wichtig, es gab einige Instrumente im Ghetto, so dass die Menschen miteinander musizieren konnten. Die Wiener Gruppe improvisierte an Sonntagnachmittagen in einem Hinterhof Konzerte, bei denen Grete Picker Chansons sang. Mitunter stießen einige Berliner dazu. Offizielle Musikabende fanden statt, und es gab einige, die in einem eher privaten Rahmen gemeinsam Musik aus einem Grammophon hörten. Wenn sie zusammenkamen, erzählten sich die Menschen bisweilen auch Witze. Humor konnte helfen, die furchtbare Realität für kurze Zeit auszublenden und auch, sich davon zu distanzieren, indem man sich darüber lustig machte.[30]

Im Ghetto Riga fanden auch richtige Konzerte statt. Der Cellist Lev Aronson, der zwar in Deutschland geboren war, aber schon vor dem deutschen Überfall in Lettland gelebt hatte, erinnert sich später, dass es unter den »Reichsjuden« genug Musiker gab, um ein kleines Orchester zu füllen.[31] So gab es in den Gruppen Köln und Kassel Musiker mit Instrumenten, aus der Gruppe Wien wirkte Erich Eichenbaum mit, ein ehemaliges Mitglied der Wiener Philharmoniker, dem es gelungen war, seine Geige ins Ghetto zu bringen: »Seine Frau Gertrude war der Meinung, dass es nur diese Geige war, die ihm half, sich über Hunger und die furchtbaren Zustände hinwegzusetzen.«[32]

In Litzmannstadt hatten einige der deportierten Künstlerinnen und Künstler eine Anstellung im Kulturhaus gefunden, eine Registrierung der Musiker, Schauspieler, Sänger und Maler ergab etwa 30 Künstler. In der zweiten Novemberhälfte 1941 begannen im Kulturhaus Aufführungen, bei denen Deportierte mitwirkten. Und nicht nur im offiziellen Kulturbetrieb kamen einige der Neuankömmlinge unter: Der Straßensänger Jankel Herszkowicz ließ sich seit Ende 1941 von dem Wiener Juden Karol Rosenzweig auf der Gitarre oder der Geige begleiten. Hilda Stern Cohen wirkte an einem Literaturkreis mit.[33]

Schauspielerinnen und Schauspieler führten Theaterstücke auf, das erste, das sie in Riga darboten, war »Jeremias« von Stefan Zweig. Offenbar kam auch Ghettokommandant Krause mit Gästen von anderen Dienststellen zu diesen Aufführungen. Gertrude Schneider schreibt darüber nach dem Krieg, dass ältere Menschen häufig nicht begeistert von der Idee waren, in all dem Elend Theater zu spielen. »Aber die jungen Leute waren ruhelos und wollten etwas unternehmen, das den Alltag und die bösen Erinnerungen vertrieb.«[34]

Menschen komponierten Lieder oder kreierten neue, zu ihrer Situation passende Texte zu bekannten Melodien. Zur Melodie von »Moorsoldaten« – 1933 von Häftlingen des Konzentrationslagers Börgermoor geschrieben und durch entlassene oder verlegte Häftlinge bald bekannter geworden – sangen sie in Riga ein trauriges Lied, dessen Text Erna Valk in ihrem Bericht dokumentiert:

»Wohinaus das Auge blickt – nichts als Eis und Schnee ringsum,
Vogelsang uns nicht erquicket, Eichen stehen kahl und stumm.
Denn uns hat man verbannt in ein fremdes Land als Juden.
Morgens ziehen die Kolonnen durch den Schnee zur Arbeit hin,
Plagen sich bei russischer Kälte, nach der Heimat steht ihr Sinn.
Denn …
Auf und nieder ziehen die Posten, keiner, keiner kann hindurch,
Flucht kann nur das Leben kosten, fest umzäunt ist unsere Burg.
Denn …
Lasst das Weinen, lasst das Klagen, immer kann nicht Winter sein,
Einmal werden froh wir sagen: Heimat, Du bist wieder mein.
Dann sind wir nicht mehr verbannt in dem fremden Land als Juden.«[35]

In Minsk verfasste die aus Berlin deportierte Martha Crohn, die nur wenig später starb, zur Jahreswende 1941/42 »mit 2 anderen Damen ein sehr launiges Versspiel, das zu dritt aufgeführt [wurde] und viel Beifall fand. M. C. kostümierte sich als Mann und agierte ebenso temperamentvoll wie lieblich. Das Spiel selbst verulkte die Hausgenossen, von denen Einzelne sich [als] sehr schrullenhaft etc. erwiesen. Jene Stunden waren Höhepunkte im Leben von M. C., in denen sie über sich selbst hinauswuchs.« Wie Berthold Rudner in seinem Tagebuch vermerkt, kam auch er hier vor, und seine Freundin machte sich in liebevoller Weise über ihn lustig:

»Doch wenn Rudner kommt nachhaus,
Ist's mit unserer Ruhe aus,
Denn er flucht und wettert nur:
›I hab von dem Saustall g'nua.‹
Doch wenn ausgebullert er,
Sorgt er für uns alle sehr,
Zank und Streit hört man dann nicht,
Er lässt leuchten uns sein Licht.«[36]

Günther Katzenstein verhalf die Musik sogar zu einer Art Prominentenstatus im Sonderghetto von Minsk: »Zur Sache gehört, dass ich war ein bisschen bekannt im Ghetto, weil ich habe beide gespielt, Akkordeon und Klavier. Und zu gewissen Anlässen hat die Lagerleitung mich genommen, wenn sie gefestet [gefeiert] haben und die SS hat mich genommen, wenn sie haben dort größere Sachen gehabt, ja.«[37] Karl Loewenstein schreibt nach dem Krieg darüber, wie einige Künstler in einer ehemaligen Textilfabrik einen Raum in einen Saal verwandelten und ein Varietéprogramm aufstellten, jedoch sei dies eine einmalige Sache geblieben: »Leider hatte Dr. Frank die SS-Führer zu der Veranstaltung eingeladen. Sie amüsierten sich köstlich und … verboten am nächsten Tag alle weiteren Aufführungen.« Doch schreibt er über derartige kulturelle Bemühungen: »In Minsk hatte ich Gelegenheit, festzustellen, dass ein an sich trauriger Mensch, der in trostlosen Verhältnissen lebt, für eine lustige Veranstaltung viel aufgeschlossener sein kann als ein unter normalen Bedingungen lebender.«[38]

Was diese Aktivitäten für die Menschen bedeuteten, bringt Werner Sauer in seiner Beschreibung von Konzerten auf den Punkt: »Wir erlebten Konzerte, die uns vergessen ließen, dass wir nur jüdische Gefangene waren.«[39] Der spätere Literaturkritiker Marcel Reich-Ranicki beschreibt dieses Bemühen um ein kulturelles Leben und dessen Funktion für das Warschauer Ghetto: »Die unentwegt um ihr Leben Bangenden, die auf Abruf Vegetierenden waren auf der Suche nach Schutz und Zuflucht für eine Stunde oder zwei, auf der Suche nach dem, was man Geborgenheit nennt, vielleicht sogar nach Glück. Sicher ist: Sie waren auf eine Gegenwelt angewiesen.«[40]

Gerade auch in den furchtbarsten Phasen, während der Deportationen in die Vernichtung und der Mordaktionen in den Ghettos blieb diese Gegenwelt von großer Bedeutung, wie aus Litzmannstadt überliefert ist, wo Oskar Rosenfeld im Sommer 1942, nach der Deportation Zehntausender, immer wieder über das kulturelle Leben im Ghetto schreibt. So notiert er im Juni über seinen ersten Besuch im Kulturhaus: »Beethoven, V. Symphonie, Violinkonzert … Größter Gegensatz zum Ghetto, Wunder daher unbegreiflich. Aber Beweis, dass das metaphysische Bedürfnis der Juden im Ghetto nicht erstickt werden kann.«[41] Und über einen Konzertabend im Juli 1942 schreibt der Wiener Literat eine lange Besprechung, in der er ein weiteres zentrales Moment dieser Konzerte benennt: »Man fühlte geradezu körperlich die Vision künftiger Erlösung.«[42]

Gerda Gottschalk erinnert sich an Weihnachten 1942: »Wir hatten einen kleinen Tannenbaum erstehen können. Bei Kerzenlicht lasen wir Andersens Märchen vor. Tante Dora kam herüber, sie hatte für jeden eine Papierpuppe und einen kleinen Vers.«[43] Über dieses Weihnachtsfest ist im Tagebuch der genannten Tante, Dora Hansen, zu lesen: »24. Dezember: Schönen Heiligabend mit Freunden gefeiert bei Tannenbaum und Lichtern. Tage vorher schon Kleinigkeiten bereitet fürs Kleeblatt, Wirtin, Freunde. 25. Dezember: Schöner Gottesdienst. Festlich zu Mute.«[44] Ein Jahr später, bereits im Lager Strasdenhof, heißt es über die Feiertage im Tagebuch von Dora Hansen dann nur noch: »1. Weihnachtstag: Keine Arbeit. Fürchterliches Getobe im Block. 31. Dezember: Nur nicht denken. Gearbeitet bis 11 h.«[45]

Eine junge Hamburger Künstlerin, die ins Ghetto von Minsk verschleppt worden war, machte im Jahr 1943 den Kommandanten Adolf Rübe offensichtlich durch ihr Talent auf sich aufmerksam. Doch hatte dies fatale Folgen. Die bei Kriegsbeginn zwanzigjährige Marion Baruch war eine talentierte Pianistin und hatte in einer privaten Schule Modezeichnung studiert, bis zu ihrer Entlassung 1938 arbeitete sie als Reklame- und Dekorationszeichnerin in einem Kaufhaus in Hamburg, danach als Plakatmalerin beim Jüdischen Kulturbund. Ihr Ausreiseantrag nach Großbritannien wurde am 31. August 1939 bewilligt, doch der Krieg vereitelte das Exil. Am 8. November 1941 wurde Marion zusammen mit ihrem Vater Georg Baruch nach Minsk deportiert. Seine Spur verliert sich hier.[46]

Marion hatte zusammen mit ihrem Bruder Rolf ihrer Schwester Helga 1936 zur Hochzeit ein kleines Buch geschenkt mit ihren Zeichnungen und einem Liedtext von Rolf, in dem die Lebensgeschichte Helgas und ihre Liebesgeschichte mit ihrem Ehemann dargestellt ist. Auf einer der Seiten hatte Marion sich selbst gezeichnet und dazu ihre eigene Sehnsucht in Worte gefasst: »Gute Schwester – (es gehört sich, dass auch sie kommt aufs Papier,) denkt tief in ihrem Innern: Ach schau an, und wer küsst mir?«[47] Marion Baruch war es nicht vergönnt zu heiraten und ein Leben gemeinsam mit einem geliebten Partner zu leben. Die tragische Geschichte der jungen Künstlerin in Minsk hat Margot Aufrecht nach dem Krieg erzählt:

> »Meine Freundin, Marion Baruch, Zeichnerin von Beruf, musste im Jahr 1943 für Rübe ein Porträt anfertigen. Nach Fertigstellung des Porträts nahm Rübe sie mit in seinen Wagen zum Friedhof. Ich sah mit eigenen Augen, wie Fräulein Baruch zu R. in den Wagen steigen musste. Kurze Zeit später kam der Wagen nur mit Rübe ohne Fräulein Baruch zurück. Auch sie wurde von Rübe auf dem Friedhof erschossen. Ich erfuhr dieses später von anderen Häftlingen, die auf dem Friedhof arbeiteten und die Erschossene beerdigen mussten.«[48]

In zahlreichen Aussagen wird die Geschichte von Marion Baruch mit kleineren Abweichungen, da viele nur von ihr gehört hatten, geschildert, sie muss die Menschen im Ghetto stark erschüttert haben, es war ein Fall, »von dem das ganze Lager sprach«, so Erich Julius Flörsheimer.[49] Wie auch immer ganz genau die Vorgeschichte ausgesehen haben mag, der willkürliche Mord an der jungen Hamburger Künstlerin zeigt, wie ausgeliefert die Menschen in jedem einzelnen Augenblick ihres Lebens im Ghetto waren.

In dieser Situation brachten nicht nur die kulturellen Aktivitäten kurzzeitig Ablenkung, sondern auch der Sport, zumindest ist dies für Riga überliefert. Fußballspiele fanden hier auf dem berüchtigten Blechplatz statt, sonst ein Ort des Terrors und der Angst, da hier Selektionen stattfanden und Juden gehängt wurden. Es gab aber auch die Tage, an denen hier die Teams von Dortmund und Berlin oder der jüdische Ordnungsdienst und ein Team lettischer Juden gegeneinander Fußball spielten.[50] Auch viel später, in der sogenannten Kasernierung der Fabrik Lenta, in der die Arbeiter wie in einem Lager lebten, spielte Sport eine Rolle, wie Werner Sauer sich erinnert. Einige spielten Tischtennis, außerdem wurde auf einem Hof ein Fußballfeld angelegt. Die Tischler fertigten dafür Tore an, in der Weberei wurden Trikots hergestellt, weitere Werkstätten waren daran beteiligt, die Sportler auf Wunsch des Lagerkommandanten Fritz Scherwitz[51] entsprechend auszustatten. Jede Werkstatt hatte entweder eine eigene Mannschaft oder tat sich mit anderen zusammen, um auf sechs Spieler zu kommen – für zwei Teams von elf Spielern war das Spielfeld zu klein. »Die beste Mannschaft war die der Autowerkstätten, und die schärfste Konkurrenz war meine Maurer- und Anstreichermannschaft.« Anlässlich eines »Blitzturniers« erschien »außer sämtlichen SS-Führern, teilweise mit Gästen, die gesamte Kasernierung zu den Spielen«, und jede »Mannschaft wurde von der dazugehörigen Werkstätte angefeuert, und zwar auf das Heftigste und Stärkste«. Detailliert schildert Werner Sauer den Aufwand, den sie auf Ausstattung der Teams verwendeten:

»Der Originalität halber will ich auch unser Trikot beschreiben. Wir hatten rote Stutzen, eine schwarze Hose und ein rotes Hemd. Auf der Brust hatten wir ein Wappen, das eine Maurerkelle gekreuzt mit einem Pinsel darstellte. Ähnlich waren auch die Trikots der anderen Mannschaften. So hatten beispielsweise die Kürschner auf blauer und weißer Tracht einen roten Fuchs im Wappen. Ich entsinne mich noch, dass ich als Mannschaftsführer bei einem Spiel gegen die Tischlerei dieser Mannschaft einen mit einer rotschwarzen Schleife versehenen Mauerstein übergab und als ›Gegengeschenk‹ ein gehobeltes und politiertes Stück Holz erhielt, das eine schwarz-weiße Schleife zierte.«

Er schließt mit der Beobachtung: »Auch dieser Sport ist ein Zeichen für die Anormalität unserer derzeitigen Verhältnisse.«[52]

Wie hier schon deutlich wird, waren all diese Aktivitäten auch später in den Lagern und Kasernierungen weiterhin bedeutend. Als Gerda Gottschalk in der Nähe von Libau im Torf arbeiten musste, saßen sie nach der Arbeit im Gras vor den Baracken: »Ein junger Österreicher blies Mundharmonika, wir sangen alte, vertraute Lieder. Drei Bücher gingen von Hand zu Hand.«[53]

Mitunter verschwimmt bei diesen späteren Aktivitäten, von wem die Initiative ausging und was die jeweiligen Motivationen waren. So heißt es bei Esra Jurmann über das Lager Strasdenhof:

»Sonnabendabend hatten wir auf Befehl des Kommandanten Konzerte, auf denen die Wilnaer Mädchen Lieder aus Wilna sangen, Liebeslieder und Gedichte aufsagten. Wir hatten zwei Geigenspieler. Einer hatte wunderbarerweise seine Violine behalten und spielte für uns sehr oft Brahms' ›Ungarische Tänze‹. Dann gab es einen Kinderchor und einen Männerchor. Da war auch ich dabei. Wie sangen Lagerlieder, russische Lieder. Der Kantor Stein sang Arien aus beliebten Opern.«[54]

Vielleicht war es aber auch der Lagerälteste, von dem die Initiative ausging, laut Gerda Gottschalk unterstützte dieser die Künstler mit einer Extraportion Suppe: »Es wurde gesungen, getanzt und gespielt, die Geschehnisse im Lager wurden kritisiert und parodiert.«[55]

Noch für einen ganz späten Zeitpunkt wissen wir von derartigen kreativen Aktivitäten als Reaktion auf die Verfolgung. So wurde eine größere Gruppe von Jüdinnen und Juden von Riga nach Hamburg gebracht, wo sie nach ihrer langen Odyssee im Frühjahr 1945 im Polizeigefängnis Fuhlsbüttel eingesperrt wurden. Von dort sind Gedichte überliefert, so findet sich im Nachlass von Sophie Nathan ein längeres getipptes Manuskript auf dünnem Papier. Wann es genau entstanden ist, ist unklar, doch Emmi Nathan erinnert sich später, dass es ihnen in der Zelle langweilig war und sie daher begannen, sich Gedichte auszudenken.[56]

Zurück ins Ghetto: Wenn es irgendwie ging, feierten die Menschen ihre Geburtstage, auch um mit derartigen Gewohnheiten an vergangene, glücklichere Zeiten zu erinnern. Den 25. Geburtstag von Helga Gottschalk begingen sie im Ghetto von Riga so festlich wie möglich. Ihre Tante Dora notiert in ihr Tagebuch: »2. Februar: Helga Gottschalk 25 Jahre alt. Zur Feier Grießschokoladenpudding von meinem Grieß und Kakao.«[57] Und über ihren eigenen Geburtstag im Jahr 1943 schreibt Dora Hansen: »18. April: Freundliche Begrüßung beim Erwachen durch Hausgenossen. Kuchen aus Kartoffeln gebacken. Kaffee bei den Kindern mit Gebäck und kleinem Geburtstagstisch mit Seife und Fleisch.«[58] Der Journalist Oskar Singer widmet dem dritten Geburtstag, den er am 24. Februar 1944 in Litzmannstadt verlebte, einen eigenen Text in der Chronik des Ghettos, überschrieben: »Der Chronist hat Geburtstag.« Er beschreibt die Feier mit sieben Personen, einem »Geburtstagsessen für uns alle« an einem Tisch, der »besonders feierlich gedeckt« war. Gerührt zählt er die kleinen Geschenke auf – Zucker, Zigaretten und »vier Zündsteine für mein Feuerzeug« – und fragt sich, wie seine Liebsten diese auftreiben und bezahlen konnten.[59]

Dora Hansen war im Juni 1943 einmal auswärts zum Essen eingeladen, ihr Tagebucheintrag zeigt, wie sehr solche Ereignisse es ermöglichten, die traurige Ghettorealität für einen Moment zu vergessen: »Heute Abend Einladung bei Liesl zum Abendessen. Wirklich wie zu Hause bei gedecktem Tisch und 3 Gängen. War sehr wohltuend.«[60]

Solche sozialen Beziehungen spielten eine äußerst wichtige Rolle für die Menschen. Sie konnten praktische Erleichterungen mit sich bringen, aber auch eine große psychische Hilfe sein. Zahlreiche Menschen bemühten sich aktiv darum, mit Verwandten oder Freunden zusammenzubleiben. Besonders in der Zeit der Ghettoauflösungen wandten sie sich an die Kommandanten, um sie zu überzeugen, sie nicht oder nur zusammen mit einer anderen Person wegzuschicken. Oft waren diese Versuche erfolglos, manchmal aber glückten sie. Mitunter gelang es Einzelnen auch, die jüdischen Funktionäre zu überzeugen, sie in ein bestimmtes Kommando zu schicken oder sie mit jemandem aus einem anderen Einsatz auszutauschen. So schafften es Freunde oder Verwandte immer wieder, gemeinsam versetzt zu werden, im Raum Riga beispielweise zusammen in eine der sogenannten Kasernierungen zu gelangen. Diese Beziehungen sollten später während der Todesmärsche noch eine sehr große Rolle spielen.

Liesel Ginsburg, deren Eltern bereits nicht mehr lebten, sollte von ihrem bisherigen Rigaer in ein anderes Kommando versetzt werden, redete sich jedoch erfolgreich heraus, da sie unbedingt mit ihrem Bruder zusammenbleiben wollte. Später gelang es ihr noch einmal, durch Intervention bei einem der Wachleute zu verhindern, dass sie mit ihrem Bruder ins Konzentrationslager Kaiserwald geschickt wurde, sie durften zunächst zu Aufräumarbeiten im Ghetto bleiben.[61] Sie schreibt dieser Beziehung und überhaupt den sozialen Bindungen in dieser Zeit eine immense Bedeutung zu: »Man kann sehr viel, wenn man Menschen hat, die zu einem halten.«[62]

Arbeit und Leben

Es waren vor allem wichtige Arbeitskräfte, denen es im Laufe des furchtbaren Jahres 1942 gelang, nicht selektiert zu werden und vorerst in den Ghettos weiterleben zu dürfen. Die Menschen hatten rasch verstanden, welche zentrale Bedeutung ihre Arbeitskraft hatte, zunächst, um ihre kargen Lebensmittelrationen aufzubessern, nun jedoch auch sehr konkret als Schutz vor der Ermordung. Sie bemühten sich weiterhin um gute Stellen. Es gab erhebliche Unterschiede sowohl hinsichtlich der Arbeit als auch der Behandlung der Arbeitskräfte. Manche Kommandanten oder Vorgesetzte waren brutal und rücksichtslos, andere wiederum halfen ihren Untergebenen sogar. In Riga wurde im Laufe der Zeit, besonders aber nach der Ghettoauflösung, die sogenannte Kasernierung die vorranginge Form der Arbeitsstelle und Unterkunft. Umso wichtiger erschien es den Menschen zu erreichen, dass sie mit ihren Freundinnen und Freunden oder Verwandten gemeinsam dorthin versetzt wurden.

Das Ghetto Litzmannstadt war nach der berüchtigten »Sperre« im September 1942 im Grunde eine Art Arbeitslager geworden, etwa 90 Prozent der bis dahin Überlebenden arbeiteten in einer der Fabriken und Werkstätten oder auch in der jüdischen Verwaltung, wie Oskar Rosenfeld und Oskar Singer mit ihrer Tätigkeit im Archiv.[63]

Angesichts der Massenmorde versuchten zunehmend auch Kinder und Jugendliche, einen Arbeitsplatz zu ergattern. So begann in Riga Israel Straus, in einer Leimfabrik zu arbeiten, und bewertet dies rückblickend als eine sehr gute Entscheidung, da immer mehr Kinder im Ghetto ermordet wurden. Als die Leimfabrik im Jahr 1943 aufgelöst wurde, wechselte der inzwischen Vierzehnjährige ins Armeebekleidungsamt, in dem auch seine Mutter arbeitete, sein Vater stieß später dort zur Familie hinzu.[64] Kinder gaben sich auch als älter aus, um zu überleben, oder ihre Eltern taten dies, damit die jüngsten Ghettobewohner eine Arbeit bekamen. Michael Tauber aus Berlin, der mit seinen sieben Jahren durch eine Ausnahmeregelung die »Sperre« in Litzmannstadt im September 1942 überlebt hatte, erhielt danach von einer Ärztin eine Bescheinigung, die ihn, der älter wirkte, als er tatsächlich war, als Zehnjährigen auswies. Zudem gelang es seinem Vater, ihn als Lehrling in einer Nagelfabrik unterzubringen.[65]

Gute Arbeitskommandos konnten in der mörderischen Welt der Ghettos über Leben und Tod entscheiden. Als der Winter 1942/43 begann, erhielt Chaim Behrendt eine Stelle im Heizraum des Hauptquartiers der Organisation Todt. Dort war es warm, außerdem bekam er größere Rationen. Als das Kommando reduziert werden sollte, half ihm der deutsche Vorarbeiter, zu dem er ein gutes Verhältnis hatte, so dass er bleiben durfte.[66]

Bei anderen, wie bei Dora Hansen, wechselten die Stellen fortwährend. Immer aber war Erfindungsreichtum gefragt, um die Verpflegung zu verbessern. Dora Hansen notiert am 15. Mai 1942 in ihr Tagebuch, dass sie nun im Garten beim Lazarett arbeite, dies sei eine sehr gute Arbeitsstelle: »Herrlich, den ganzen Tag in der Sonne, im Freien trotz schwerer Arbeit. Ganz braun gebrannt. Bezahlung: 1 Scheibe Brot.«[67] Im August war sie dann in der Wehrmachtsnähstube tätig, worüber sie am 4. August schreibt: »Arbeit macht Freude«.[68] Im Jahr 1943 begann Dora Hansen, neben ihrer zugteilten Arbeit Kleidung auszubessern, um sich dadurch etwas dazuzuverdienen bzw. zusätzliche Lebensmittel als Entlohnung zu erhalten. So notiert sie am 9. Mai 1943: »Habe Aufträge für Strümpfestopfen gegen Essen.« Ende Juni schreibt sie, dass sie jede freie Minute nutzt, um Strümpfe zu stopfen, da sie dafür Lebensmittel bekommt: »Aber es macht neben der Kommandoarbeit die Nerven kaputt. Keinen Augenblick Atempause.«[69] So wichtig die zusätzliche Arbeit für sie war, da sie dadurch ihre Versorgung verbesserte, so sehr litt sie zunehmend darunter. Am 9. Juli schreibt sie darüber, dass sie sehr viel Arbeit habe und außerdem: »Habe jetzt ganz vereiterte Finger, am linken Daumen der Nagel fort. Große Schmerzen mit Blutvergiftung.« Erst einen Monat später, am 8. August 1943, heißt es in ihren Aufzeichnungen: »Sonntag. Finger heilen endlich. Möchte heute noch 10 Paar Strümpfe stopfen und liefern.«[70]

Die Arbeitskräfte wussten, dass sie nicht krank sein durften, wenn sie weiterleben wollten. Max Sommerfeld wäre in Minsk fast umgekommen, weil er sich bei seiner Arbeit im Sägewerk Triwitsch verletzte und vom Ghettokommandanten Rübe entdeckt wurde:

> »Eines Tages verunglückte ich und zog mir eine Rückenverletzung zu. Ich hatte solche Schmerzen, dass ich gezwungen war, im Bett zu bleiben. Plötzlich kam eine Frau zu mir und sagte: ›Max stehe schnell auf, der Rübe geht um.‹ Ich stand sofort auf, als im selben Moment Rübe mit einem Lagerleiter hereinkam. Ich war allein im Zimmer. Auf die Frage von Rübe, warum ich hier sei, erklärte ich, was mir passiert sei und warum ich nun hier war. Darauf sagte er zu seinem Adjutanten: ›Kommt auch mit auf die Liste!‹ Dann ging er mit seinem Adjutanten hinaus. Ich lief Rübe nach, weil ich glaubte, ich könne noch etwas tun, denn ich wusste genau, was das heißen soll. Ich ging zurück und schrieb nun meiner Schwester einen Zettel, den ich ihr unter das Kopfkissen legte, und wollte mich erhängen, um diesem Transport zu entgehen.«

Er hatte jedoch Glück im Unglück, er bat einen Lastwagenfahrer auf der Straße, seinem Chef, dem Leiter des Sägewerks, zu berichten, was passiert war. Dieser ging daraufhin tatsächlich zu Rübe und sagte ihm, er brauche diesen Arbeiter. Wenig später kam sein Chef heraus und »sagte zu mir: ›Steig ein!‹, und ich fuhr mit ihm fort.«[71]

Die große Bedeutung der jeweiligen Vorgesetzten bestätigt auch Günther Katzenstein, der immer wieder Hilfe bekam: »Also, es kam drauf an, welchen Kolonnenführer man hatte, welcher war tätig als Aufseher und so weiter, ja. Ich hatte gewissermaßen Glück gehabt, paar Mal, dass ich traf Düsseldorfer Soldaten und die frugen mir immer ›Warum bist du hier?‹, bis ich das erzählte, wer ich bin, ja, haben die mir geholfen.«[72] Die Vorgesetzten konnten den Menschen dazu verhelfen, in einer etwas sichereren Position zu bleiben, wobei manchmal auch Bestechungsgelder der Grund für diese Hilfe waren, wie etwa Kurt Kallmann aus der KfZ-Werkstatt in der Fabrik Lenta bezeugt, der nach eigener Aussage von seinem Leiter »protegiert« wurde und »es ganz gut bei ihm« hatte. Zwar wurde sein Kommando im Laufe der Zeit immer weiter reduziert, doch hatten sich manche die Möglichkeit erkauft, dazubleiben: »In Lenta befanden sich nicht nur Fachleute, sondern auch andere, die von den Fachleuten mit durchgeschleppt wurden. Sie hatten sich auf Grund ihrer Vermögensverhältnisse diese Position gesichert. Bestechung der SS dürfte dabei eine Rolle gespielt haben.«[73]

Protektion durch Wachleute und Aufseher musste in vielen Fällen durch dramatische Entscheidungen erkauft werden, da diese Männer ihre Machtposition häufig ausnutzten und junge Frauen bevorzugten, die ihnen als Dank für die Arbeitsstelle oder den Aufschub einer Überstellung in ein Lager sexuell gefügig sein mussten. Sex war in den Ghettos ebenso eine Handelsware, die das Überleben ermöglichen konnte, wie Wertgegenstände oder Lebensmittel. Wie Jeanette Wolff schildert, mussten »schöne, junge Jüdinnen (…) der SS die rassereine Verbindung ersetzen. Überall gingen die Kommandanten ihren Mannschaften mit ›gutem Beispiel‹ voran. – Die SS-Liebchen wurden des öfteren ausgewechselt, manchmal bekamen sie nachdem ein gutes Arbeitskommando, manchmal auch wurden sie auf Nimmerwiedersehen in irgendein Kasernierungslager geschickt.«[74] Derartige Beziehungen konnten für die Jüdinnen tödlich enden, so ist etwa aus Minsk ein Fall aus dem Sommer 1943 überliefert, in dem eine Arbeiterin des Luftwaffenheims abgeholt und erschossen wurde, »da diese angeblich mit dem Leiter des Luftwaffenheimes intime Beziehungen pflegte«.[75]

Letztlich konnten die Menschen im Ghetto nie wirklich wissen, welche Entscheidungen sie retten könnten, da alles sofort in das Gegenteil umschwenken konnte: Brachte eine sexuelle Beziehung mit einem einflussreichen Deutschen vielleicht eine vorübergehende Sicherheit durch einen guten Arbeitsplatz und bessere Verpflegung, konnte genau dies zugleich den sicheren Tod bedeuten, wenn der »falsche«, einflussreichere deutsche Machthaber davon erfuhr. Käte Leschnitzer, die im April 1942 aus Breslau nach Izbica verschleppt worden war, rettete es das Leben, dass der »volksdeutsche« Bürgermeister Johann Schultz Gefallen an ihr gefunden hatte. Er nutzte die verzweifelte Lage der verfolgten Frauen aus und betrieb ein Bordell in der Kleinstadt, auch veranstaltete er Feierlichkeiten bei sich zu Hause, bei denen Jüdinnen zum Sex gezwungen wurden. Im Fall von Käte Leschnitzer sorgte dieser Verbrecher allerdings dafür, dass sie im September 1942 eine Stelle in einem Fotogeschäft im nahe gelegenen Krasnystaw erhielt, wo sie bis zum Spätherbst 1943 blieb. Danach gab sie sich als Volksdeutsche aus und überlebte.[76]

Manche Arbeitsplätze hatten erhebliche Vorteile, so waren diejenigen außerhalb des Ghettos ein wichtiger Nachrichtenaustauschplatz. Fanny Englard traf während ihrer Arbeit in der Gummifabrik Meteor auf der Toilette mit Nicht-Juden zusammen. Von ihnen hörte sie Neuigkeiten über den Frontverlauf, was, als die Rote Armee immer näher kam, ihre Hoffnung darauf nährte, dass sie vielleicht überleben könnte. Solche Hoffnung war wichtig, um durchzuhalten.[77] Je nach Stellung am jeweiligen Arbeitsplatz konnten die Menschen mitunter sogar die grausame Realität vergessen, in der sie gefangen waren. Werner Sauer arbeitete wie schon erwähnt in der Fabrik Lenta. Eine Kolonne aus dem Ghetto musste die Maschinen abbauen und die Räume freimachen, hier entstanden verschiedene Werkstätten. Er war Stubenältester und hatte daher eine Wohnung und sogar ein Grammophon, »und manche fröhliche Stunde wurde dort verbracht«.[78]

Nach zahlreichen verschiedenen Einsatzorten kam auch Gerda Gottschalk zur Lenta. Zuvor war sie Anfang 1943 im Heeresverpflegungsmagazin, danach kurz in einer Schneiderwerkstatt, dann in der Marineverpflegung. Im Anschluss daran war sie im Heereskraftfahrpark eingesetzt, schließlich kam sie zur Arbeit im Torf in Skrunda (Skrunden), unweit Libau.[79] Sie und ihre Schwester Helga wurden durch Vermittlung von zwei jüdischen Polizisten vom Arbeitseinsatz des Ghettos zurückbeordert und kamen wenig später zur Lenta: »Unsere beiden Freunde waren schon dort und hatten uns angefordert.« Dort arbeiteten sie in den Schneidereien, es war »das beste Kommando, das wir je hatten«.[80] Die Lenta sollte vor allem in der Zeit der Ghettoauflösung und der Existenz des Konzentrationslagers Riga für viele eine Art Zufluchtsort werden.

Für Gerda Gottschalk hieß es allerdings bald darauf wieder Abschied nehmen von diesem guten Kommando, das sich durch eine leichte und saubere Arbeit, gute Verpflegung, Betten und sogar einen

Duschraum auszeichnete. Sie musste zurück ins Ghetto und danach ins Konzentrationslager Kaiserwald, da sie keine Fachkraft war. »Der Abschied von Helga war schwer. Sie wollte mit mir gehen, aber ich meinte, dieses Opfer nicht annehmen zu können.«[81]

Fluchtversuche und Widerstand

»Wohin konnten wir gehen ohne Geld oder Schmuck, um uns durchzubringen, und ohne die Landessprache zu sprechen?«[82] Diese Frage stellt Hannelore Marx in ihren Erinnerungen, als sie berichtet, wie sie über eine mögliche Flucht aus Riga nachdachte. Wie gesagt war es für die deportierten Jüdinnen und Juden wegen fehlender Kontakte und Sprachkenntnisse sehr schwierig, zu flüchten und unterzutauchen. Fred Leser erinnert sich, dass man Jungfernhof theoretisch hätte verlassen können, es gab keinen Zaun. Doch wurden diejenigen, die es versuchten, sofort aufgegriffen und gehängt. Die Neuankömmlinge sprachen nur Deutsch, sie waren anders gekleidet als die Letten und fielen daher sofort auf: »Wir konnten nirgendwo hin.«[83] Aus Litzmannstadt war eine Flucht so gut wie unmöglich, da das Ghetto strenger von der Außenwelt abgeriegelt war als die anderen. Doch es gab auch andere Wege, sich den Zielen der Nazis zu widersetzen. Die Ghettos und allgemein die Verfolgung waren darauf angelegt, die jüdische Bevölkerung physisch zu vernichten und zuvor auch seelisch zu brechen. In dieser Welt sind die bisher geschilderten Versuche, sich ein Leben zu organisieren, alles daranzusetzen zu überleben und sich eine Gegenwelt zu schaffen, die in Verbindung stand mit Humanität und dem Leben vor der Deportation, als eine Form des Widerstehens, mindestens aber der Selbstbehauptung zu sehen. Doch trotz der beschriebenen Umstände versuchten manche zu entkommen, und einigen wenigen gelang dies auch.

Noch bevor die systematische Vernichtung in den Lagern und Ghettos begann, waren einige der Deportierten geflohen und in ihre Heimat zurückgelangt. Etwa 200 der im Frühjahr 1941 in den Distrikt

Lublin Verschleppten waren »unerlaubt« nach Wien zurückgekehrt, davon etwa 100 aus Opole. Sie erklärten in Wien, »lieber in Schutzhaft zu gehen als in einem Ghetto zu sein«.[84] Doch half ihnen dieser mutige Schritt nicht: Sie wurden am 15., 16. und 17. November 1941 vom Nordbahnhof zurück nach Opole deportiert.[85]

Artur Czuczka verwarf die Möglichkeit der Flucht für sich: »Ich selbst werde es wahrscheinlich nicht tun, erstens geht es mir mit dem Gehen schlecht, zweitens braucht man dazu Geld & drittens was soll ich denn dort, wen habe ich dort, was habe ich dort, von was soll ich dort leben? An eine Ausreise wird für mich wohl so bald nicht zu denken sein & daher ist mein Dortsein eigentlich zwecklos.«[86] Einen Monat später schreibt er noch einmal über die mögliche Flucht: Zu den bereits geschilderten Gründen seien nun zwei hinzugekommen, und zwar die Kennzeichnungspflicht im Reich, zudem hätten sich die Verhältnisse bei ihnen, da so viele geflohen seien, sehr verschärft: »Wir, die wir noch hier sind, haben den Abgegangenen wegen seit ein paar Tagen sehr zu leiden, müssen uns täglich 7 h früh melden und wurde alles sehr stark verschärft. Das Risiko einer solchen Sache ist jetzt bedeutend größer & direkt lebensgefährlich geworden.«[87] Artur Czuczka konnte nicht entkommen, seine Spur verliert sich mit dem Beginn des Massenmords im besetzten Polen.

Von diesem Zeitpunkt an scheint es ein allgemeines Muster gewesen zu sein, dass nur wenige Deportierte versuchten unterzutauchen. Aus Belzyce etwa ist überliefert, dass zwar große Teile der lokalen jüdischen Bevölkerung sich den Morden im Versteck zu entziehen suchten. Die deutschen Jüdinnen und Juden hätten dies jedoch kaum getan, sie »waren leider immer die Ersten, die sich meldeten, wenn die Deutschen Selektionen durchführten«, so berichtet Manfred Heymann, einer der wenigen Überlebenden aus Stettin. Sein Bruder Eugen konnte dagegen zweimal entkommen, einmal, nachdem er nach Majdanek gebracht worden war, ein zweites Mal flüchtete er nach einer Selektion vom Lastwagen. Ein drittes Mal entkam er nicht, er starb, nachdem er im Frühjahr 1945 im KZ Flossenbürg von Manfred getrennt worden war.[88]

Viele Menschen ließen sich durch angedrohte und durchgeführte Kollektivstrafen von Fluchtplänen abbringen. Aus Riga und Umgebung heißt es immer wieder, dass nach Fluchtversuchen Geiseln genommen und erschossen wurden, wenn Geflüchtete nicht gefasst werden konnten oder sich freiwillig stellten. Siegfried Ziering bringt die schwierige Lage kurz nach dem Krieg in einem Brief an seinen Vater auf den Punkt: »Rückte einer aus, so wurden 10 Geiseln genommen, und wohin im fremden Land?«[89] Immer wieder brachten die deutschen Verantwortlichen die Juden in die unerträgliche Situation, dass sie selbst die zu erschießenden Opfer aussuchen sollten. Doch zeigen diese Fälle auch, dass trotz der enormen Gefahren in Minsk wie in Riga, und hier sowohl im Ghetto als auch in den Lagern Jungfernhof und Salaspils, durchaus Fluchtversuche stattfanden.[90]

Ein großes moralisches Dilemma im Fall von Fluchtabsichten war das ungewisse Schicksal von Angehörigen, die niemand allein zurücklassen wollte. So ließ Werner Sauer seine Fluchtpläne immer wieder fallen: »Ich wollte schließlich nicht der Mörder meiner Eltern sein.« Sein Kollege, mit dem er über die Flucht sprach, wollte das Risiko nicht eingehen, mit fünf Leuten zu flüchten, darunter zwei ältere und drei, die kein Lettisch konnten. Der Kollege entkam später allein.[91] Walter Krämer erinnert sich an dieses Dilemma für seine Zeit im Lager Strasdenhof: »Eines Mittags war Appell. In einer Stunde ist alles abmarschbereit. Einige meiner Kameraden waren verschwunden. Ich sollte mit verschwinden, aber ich hatte zu viel Angst, da doch das Leben meiner Schwester und 6 Kameraden auf dem Spiel stand.«[92] Gerhard Hoffmann hatte mehrfach die Gelegenheit, zu den Partisanen in der Gegend von Minsk zu entkommen, so wie dies vor allem russische Jüdinnen und Juden machten: »Musste aber darauf verzichten, denn ich war der Haupternährer der Familie (von Mutti und Walter) und hätte diese nicht mitnehmen können.«[93]

Allen Widrigkeiten zum Trotz gab es dramatische Fluchten. Edith Meyer war im Dezember 1941 aus Düsseldorf nach Riga deportiert worden. Vermutlich hatte sie ihrem Verlobten Heinrich Heinen in einem von ihrer Arbeitsstelle aus geschmuggelten Brief mitgeteilt, wo sie war. Jedenfalls reiste er ihr im Frühjahr 1942 hinterher. Es ist nicht mehr zu rekonstruieren, wie genau, doch es gelang ihm tatsächlich, sie Ende April 1942 im Ghetto zu finden, ihr zur Flucht zu verhelfen und mit ihr nach Deutschland zurückzukehren, zunächst bis Königsberg in einem Lkw der Organisation Todt, von dort weiter mit dem Zug. Beim Versuch, in die Schweiz zu entkommen, wurden die beiden allerdings verhaftet. Heinen wurde nach einem Fluchtversuch aus dem Gefängnis in Hohenems gestellt und erschossen, Edith Meyer nach einer Inhaftierung im Polizeigefängnis Innsbruck im Oktober 1942 nach Auschwitz deportiert. Ihr weiteres Schicksal ist unbekannt, man muss aber davon ausgehen, dass sie dort ermordet wurde.[94]

Glücklicher endete die Flucht von Robert Eisenstädt aus Hanau, der im Mai 1942 aus Kassel nach Majdanek verschleppt worden war und dem im Juli der Ausbruch gelang. Zwar wurde er gefasst, doch glaubten die deutschen Polizisten ihm, dass er von einem Arbeitertransport aus Minsk ins Deutsche Reich stammte und, so sein eigener Bericht, »verloren gegangen sei«. Mit der Bahn erreichte er Frankfurt, wo er seine Verlobte traf und untertauchte, später flohen die beiden gemeinsam in die Schweiz.[95]

Erfolgreich war auch die Flucht von Manfred Alexander, der mit seinen Eltern aus Berlin nach Minsk verschleppt worden war. Ihm gelang es bereits im Januar 1942, aus dem Ghetto zu entkommen, und nicht nur das: Er kehrte nach Berlin zurück und gelangte von dort auf abenteuerliche Art und Weise gemeinsam mit seiner Freundin und deren Mutter ebenfalls in die Schweiz. Kurz nach seiner Ankunft in Minsk war Manfred Alexander zum Arbeitseinsatz eingeteilt worden und musste die im Krieg zerstörten Bahngleise reparieren. Sein Vorgesetzter Arnold Ortmann vom Eisenbahnbaustab in Minsk freundete sich mit ihm an und unterstützte ihn mit Lebensmitteln. Er warnte ihn, die Menschen im Ghetto würden ermordet, und er solle versuchen, sich zu retten. Es war eine furchtbare Entscheidung für den Zweiundzwanzigjährigen, doch er folgte dem Rat und ließ seine Eltern zurück. Sein Chef ging ein großes Risiko ein und half ihm, die riskante Flucht umzusetzen, indem er ihm seine Waffe und die Armbinde gab, die ihn als Mitarbeiter des Eisenbahnbaustabs auswies. (Diese für ihn so wichtige Armbinde nahm Manfred Alexander danach überall mit, noch Jahrzehnte später zeigte er sie in einem Interview.) In einem Lazarettzug versteckte er sich in einem mit Kohlen beladenen Waggon. Später ging er in die Waggons mit den Verwundeten und mischte sich unter sie, wechselte jedoch häufig die Waggons, um kein Misstrauen zu wecken, da er nicht verletzt war. In Warschau verhaftete ihn allerdings die Gestapo. Wieder gelang ihm die Flucht, er kehrte zum Bahnhof zurück, gab an, seine Papiere seien zerstört worden, und stieg in den Zug nach Berlin. Unterwegs gab es eine Kontrolle, und wieder hatte er Glück: Der Zugführer warnte ihn rechtzeitig, so dass er sich in der Toilette verstecken konnte. Später in der Schweiz erfuhr er, dass sein Vater im Ghetto an einem Herzinfarkt gestorben, seine Mutter am Zaun erschossen worden war.[96]

Ein anderer Fall einer geglückten Flucht sorgte im deutschen Sonderghetto in Minsk offenbar für einiges Aufsehen, wohl auch, weil er mit einer Liebesgeschichte verbunden war, und zwar zwischen der deutschen Jüdin Ilse Stein und dem Wehrmachtsoffizier Willi Schulz. Diese Geschichte machte die Runde im deutschen Ghetto, Günther Katzenstein erinnert sich Jahre später in einem Interview an »die große Sache dort«.[97]

Leopold und Hilda Stein waren mit ihren Töchtern Lilly, Ilse und Lisa aus Frankfurt nach Minsk deportiert worden. Die Mutter starb dort an Typhus.[98] Ilse Stein leitete eine Arbeitsgruppe im Luftgaukommando, das wiederum Schulz unterstand. Mehrere Arbeitskolonnen waren dort tätig, so war Chaim Behrendt aus Berlin dort im sogenannten Kommando Hochhaus eingesetzt, in einem alten Regierungsgebäude. Er verliert kein gutes Wort über seinen Vorgesetzten Schulz, dieser sei ein Sadist und Antisemit gewesen.[99] Nach einer gewissen Zeit begann Schulz jedenfalls, Ilse Stein und ihre Familie zu unterstützen, er setzte Ilse als Hausmädchen und Schreibkraft ein, ließ sogar ein Foto von sich und Ilse machen. Offensichtlich hatte er sich in die junge Frau verliebt.[100]

Sie flüchteten zu einem Zeitpunkt, als immer mehr Jüdinnen und Juden in und bei Minsk ermordet wurden, sodass Schulz' Sorgen um Ilse Stein immer größer wurden. Auch er selbst war gefährdet, er sollte an die Front versetzt werden. Über eine russische Freundin von Ilse, die im selben Kommando arbeitete, nahmen sie Kontakt mit den Partisanen auf. Anders als in anderen Ghettos, in denen Widerstandsaktivisten einen bewaffneten Aufstand zu organisieren versuchten, war die Taktik in Minsk eher die, möglichst vielen Jüdinnen und Juden die Flucht in die Wälder zu ermöglichen, was wie erwähnt vor allem Einheimischen gelang.[101]

Der Bruder von Berny Lane, Helmut Levi, war vor der Deportation gemeinsam mit Ilse Stein zur Schule gegangen. Lane erinnert sich Jahre später, der Wehrmachtsangehörige, der sich in die junge Frau verliebt hatte, habe eines Morgen einige Frauen abgeholt, er habe in Kontrollen darauf bestanden, dass er sie für wichtige Arbeiten brauche, und sei mit ihnen zu russischen Partisanen in die Wälder gefahren.[102] In der Tat hatte Schulz offenbar trotz der damit verbundenen Schwierigkeiten einen Lastwagen organisiert, um damit angeblich Arbeitskräfte zu ihrem Einsatz zu fahren. Die dramatische Flucht gelang. Allerdings wurde Ilse bald darauf von ihren Schwestern und später auch von Willi Schulz, den sie bei den Partisanen geheiratet hatte und von dem sie ein Kind bekam, getrennt. Schulz starb Ende 1944 in einem sowjetischen Lager. Ilse Stein wurde mit ihrem Kind, das bald darauf starb, nach Sibirien deportiert. Mit ihrem zweiten Ehemann zog sie nach Rostow am Don. Viele Jahre später fand sie heraus, dass auch ihre jüngere Schwester Lisa überlebt hatte. Die Spur der dritten Schwester, Lilly, verliert sich bald nach der Trennung.[103]

Auch in diesem Fall gab es offenbar eine furchtbare Kollektivstrafe als Reaktion auf die Flucht. Einige Überlebende bezeugen, dass Ilse Steins gesamtes Arbeitskommando erschossen wurde. Auch Ilse Steins Vater wurde erschossen, vermutlich ebenfalls als Vergeltungsmaßnahme für ihre Flucht.[104] Günther Katzenstein verlor im Zuge dieser Racheaktion seine Frau. Wie er später berichtet, wurden die Opfer nach Maly Trostenez gebracht, »und dort weiß ich nur eine Sache, dass ich bekam zurück einen Teddymantel, den meine Frau gehabt hat, und der Teddymantel war durchbohrt von Kugeln. Der Mann, der den zurückbrachte, war ein jüdischer Polizist, welcher mit dort war, und wahrscheinlich hatte meine Frau gebeten, ich sollte ihn zurückbekommen.«[105]

Es gibt weitere Geschichten über Kontakte deutschsprachiger Jüdinnen und Juden zum lokalen Widerstand. Curt Parker, damals noch Kurt Anspacher, beschreibt nach dem Krieg, dass sein Cousin mit zwei einheimischen Jüdinnen aus dem Ghetto geflohen und, nach allem, was er wisse, zu den Partisanen gelangt sei. Jedoch hat er nie wieder etwas von ihm gehört.[106] Der aus Brünn nach Minsk verschleppte Franz Spitzer kam über eine befreundete weißrussische Jüdin in Kontakt mit der Widerstandsbewegung. Zwar wurde ihm nicht die Flucht ermöglicht, doch erschien er den Partisaninnen und Partisanen aufgrund seiner Deutschkenntnisse und seiner Arbeit in einer Fabrik für Wehrmachtsuniformen anders nützlicher: Er schmuggelte Uniformen.[107]

Alfred Seiler gelang Ende Juni 1944 gemeinsam mit seiner Familie die Flucht aus Maly Trostenez, nachdem sie erkannt hatten, dass ihnen dort definitiv der Tod bevorstehen würde, sie also nichts mehr zu verlieren hatten. Sie sahen an dem betreffenden Tag keine SS-Männer als Wache an den Türmen und nutzten die Gelegenheit. Sie schlugen sich in Richtung Wald durch, da sie wussten, dass die Deutschen wegen der Partisanenangriffe nicht mehr in die Wälder gingen. Dort erhielten sie Hilfe von Einheimischen, die ihnen bald darauf sagten, dass die Rote Armee da sei. Sie wurden ins Dorf eingeladen und fühlten sich wieder wie Menschen, schreibt er. Da die Gesamtsituation jedoch noch sehr unsicher war, gingen sie zunächst nach Minsk, von dort aus Sorge vor deutschen Gegenangriffen weiter nach Osten. Sie erreichten Moskau, wo sie verhört wurden und ihnen ihre Geschichte nicht geglaubt wurde. Es gebe zu viele deutsche Spione, die zur Tarnung ein »J« in den Pass gestempelt hätten: Für die sowjetische Regierung galten sie als feindliche Ausländer und wurden mit dem Zug in den Ural verschleppt. Wieder waren sie in einem Lager inhaftiert, diesmal im Gulag, in Karaganda in Kasachstan, bis zwölf von ihnen im Dezember 1947 nach Hause fahren durften. Am 4. Dezember bestiegen sie einen Zug, und am 21. Februar 1948 erreichte die Familie Wien.[108]

In Maly Trostenez entschlossen sich während der chaotischen Phase im Sommer 1944 einige derer, die bis dahin überlebt hatten, zur Flucht. In einem Bericht, der vermutlich von Alfred Seilers Vater Wolf stammt, schildert dieser, dass die Menschen sahen, was vor sich ging, und um die Massaker wussten. Ihnen wurde zusehends klar, dass sie das Lager nicht lebend verlassen würden. Und doch: »Wir erkannten bald die Aussichtslosigkeit unserer Flucht, da ringsherum immer mehr Wehrmachtstruppen einquartiert wurden.« Wolf Seiler beschreibt das Chaos und die Ungewissheit in dieser Zeit, während die Front immer näher rückte, und dann, am 29. Juni: »Um 10 Uhr morgens begann das erste Haus von Klein Trostenez zu brennen.«[109] In dieser Zeit entschlossen sich zwei weitere deutsche Juden zur Flucht: Theodor Döllefeld und Ludwig Guttmann hatten bereits einen außergewöhnlichen Weg hinter sich: Sie waren aus Kassel bzw. Nürnberg nach Riga deportiert worden und kamen dort ins das berüchtigte Lager Salaspils, dann nach Jungfernhof. Der für den Bau von Salaspils verantwortliche SS-Mann Gerhard Maywald wurde im Mai 1942 als Lagerkommandant nach Maly Trostenez versetzt, und er suchte Döllefeld und Guttmann aufgrund ihrer landwirtschaftlichen Kenntnisse dafür aus, ihn zu begleiten, wie Theodor Döllefeld später aussagt: »Es hieß, es sollten sich Fachkräfte melden für den Aufbau eines Guts nach deutscher Art bei Minsk.« Nach ihrer Flucht erlebten sie ein ähnliches Schicksal wie die Seilers, man hielt sie für deutsche Spione, sie kamen zunächst in ein Gefängnis, dann in mehrere sowjetische Lager, und erst Mitte der 1950er Jahre kehrten sie nach Deutschland zurück.[110]

Nur wenig später konnte einer der nach Riga Verschleppten ebenfalls entkommen. Siegfried Weinberg war seit März 1943 in der Fabrik Lenta in Riga beschäftigt, wo er in der Autowerkstatt des SD arbeitete. Ihm gelang mit einigen Kameraden im Sommer 1944 die Flucht. Vermutlich war ein entscheidender Faktor, dass Siegfried Weinbergs Kameraden Einheimische waren, die über die entsprechenden Kontakte verfügten: »Mit 6 anderen lettischen Juden, mit denen ich zusammen arbeitete, unternahmen wir am 13. Juli 1944 die Flucht, nachdem man uns am vorhergehenden Tage einen Schnitt durch das Haar und unsere Arrestantenkleidung auf der Brust und auf dem Rücken mit einem Kreuz versehen hatte, sowie je links und rechts an der Hose einen Längsstreifen.« Dennoch: »Die Flucht glückte, und wir versteckten uns bei einem bekannten Letten im Keller. Mit der Befreiung von Riga durch die ›Rote Armee‹ wurden auch wir glücklich befreit.«[111]

In Gesprächen lernten die deutschsprachigen Juden und Jüdinnen schon früh, dass es für die Einheimischen neben den praktischen Vorteilen, dass sie in ihrem eigenen Land waren und die Sprache beherrschten, noch einen weiteren, allerdings tragischen Grund gab, aus dem es ihnen leichter fiel, sich zu widersetzen: Sie mussten keine Rücksicht mehr auf Familienangehörige nehmen, denn diese waren in den meisten Fällen bereits ermordet worden. Sie hatten schlichtweg nichts mehr zu verlieren.[112]

Und so war es auch im lettischen Teil des Ghettos in Riga, wo ein bewaffneter Aufstand vorbereitet wurde. Vor allem jüngere lettische Juden hatten versucht, von verschiedenen Arbeitskommandos Waffen ins »Kleine Ghetto« zu schmuggeln. Sie standen in Kontakt mit Partisanen und geflohenen sowjetischen Kriegsgefangenen; lettische jüdische Polizisten, die sogenannten Ordnungsdienstmänner, waren ebenfalls Teil dieses Netzwerks. Der lettische Jude Alexander Bergmann beschreibt, wie ein anderer auf ihn zukam und ihn bat, Einzelteile eines Gewehrs ins Ghetto zu bringen. Sie hatten Warnsignale verabredet für den Fall, dass es am Ghettotor Kontrollen gab.[113] Zwar kursierten Gerüchte über Verräter unter den deutschen Juden, etwa den stellvertretenden Leiter der deutsch-jüdischen Polizei, Rudolf

Haar, aber tatsächlich hatte die militärische Abwehr schon früh einen V-Mann in die Widerstandsgruppe eingeschleust. Dies war die Quelle, aus der die deutsche Polizei von den Plänen erfuhr, so dass der versuchte Aufstand am 28. Oktober blutig niedergeschlagen wurde. Unmittelbar darauf ließ Kommandant Krause am 31. Oktober 1942 das Ghetto nach Waffen durchsuchen und die lettischen Ghettopolizisten sowie weitere Männer auf dem Blechplatz erschießen. Dies lief jedoch nicht so glatt, wie von deutscher Seite geplant. Als die auf dem Platz versammelten OD-Männer begriffen, was vor sich ging, rannten sie auseinander, Chaos brach aus, ein SS-Mann erlag einer verirrten Kugel.[114]

Dass die Aktivitäten der Gruppe nicht geheim geblieben waren, hatte vermutlich nicht nur an dem V-Mann gelegen. Laut Alexander Bergmann berichtete ihm eine Wiener Jüdin aus seiner Arbeitskolonne, ihre Freundin sei mit einem lettischen Ghettopolizisten befreundet, und weiter: »Sie habe gehört, dass die lettischen Juden sich nicht abschlachten lassen, sondern ihr Leben mit der Waffe in der Hand teuer verkaufen würden.« Mehrere deutschsprachige Freundinnen lettischer OD-Männer wurden später dafür verantwortlich gemacht, dass die Widerstandspläne aufflogen, was das komplizierte Verhältnis zwischen einheimischen und deportierten Jüdinnen und Juden nicht gerade einfacher machte.[115]

Frieda Marx, die Sekretärin des Ghettokommandanten, sagte später aus, dass Krause ihr, dem deutschen Judenratsvorsitzenden Max Leiser und dem OD-Mann Rudolf Haar bereits einige Tage zuvor gesagt habe, dass die lettischen Ordnungsdienstmänner erschossen würden: »Er machte mir Verschwiegenheit zur Pflicht und drohte uns für den Bruch unserer Schweigepflicht den Gang zum Friedhof an. Auch musste ich für Krause einen Bericht schreiben, in dem erwähnt wurde, dass Waffen gefunden wurden. Die Ordnungsleute wurden beschuldigt, von dem Vorhandensein der Waffen gewusst zu haben.« Sie hörte dann die Schüsse und musste dies später noch dokumentieren: »Schließlich diktierte Krause mir ein Todesurteil. In diesem Urteil wurden, wenn ich recht erinnere, die 30 bis 40 Ordnungsleute namentlich aufgeführt, es wurde ferner eine Zahl von 100 lettischen Juden angegeben. Ich weiß noch, dass ich die Karteikarten der lettischen Polizisten mit Todesvermerk versah.«[116] Nun war der deutsch-jüdische Ordnungsdienst auch für das lettische Ghetto zuständig. Vermutlich hatte Krause Leiser und Haar vorher eingeweiht, um sicherzustellen, dass weiterhin ein Ordnungsdienst bereitstand, der das Ghetto intern verwaltete und für Ruhe und Ordnung sorgte. Diese Einheit wurde bereits am Vorabend des Massakers an den lettisch-jüdischen Polizisten formiert. Alfred Ehrlich war einer der neuen deutsch-jüdischen OD-Männer, der nun im lettischen Teil des Ghettos Dienst tun musste.[117]

Als die Menschen an jenem 31. Oktober 1942 abends von der Arbeit kamen, erfuhren sie, dass die lettischen OD-Männer erschossen worden waren. Ein Plakat informierte sie über den offiziellen Grund: Die Polizisten hätten von einer geplanten Flucht von Juden gewusst und diese nicht verhindert.[118]

Ruth Foster berichtet in einem Interview über die »Blechplatz-Aktion«. Sie sagt über die lettischen Ordnungsdienstmänner, sie seien »phantastische junge Männer« gewesen, und weint bei diesen Worten, viele Jahre nach den Ereignissen.[119] Auch Emmi Nathan erinnert sich, wie sie an diesem Abend ins Ghetto zurückkehrten »und erfuhren, dass 39 unserer wunderbaren, jungen jüdischen Polizisten erschossen worden waren. Sie hatten versucht, einige Waffen zu beschaffen in der Hoffnung, unsere Freiheit zu erreichen. Sie wurden erwischt. Das war eine sehr traurige Zeit.«[120] Ähnlich Edith Blau, die diese jungen Männer wie andere auch die »Elite des Ghettos« nennt und schreibt, sie seien erschossen worden, »weil sie uns retten wollten«. Weiter heißt es in ihrem im Mai 1945 verfassten Bericht: »Sie waren herrliche Menschen. Klug, aber unerfahren.«[121] Dieser Mord an den lettischen Juden hat auch das deutsche Ghetto erschüttert, und in der Trauer mancher Überlebender wird deutlich, wie anerkannt diese lettischen jüdischen Polizisten unter vielen Deportierten waren und dass inzwischen Freundschaften zwischen Mitgliedern der verschiedenen Gruppen entstanden waren.

9

GHETTOAUFLÖSUNGEN UND WEITERE »AKTIONEN« 1943 / 44

Die Ghettos sollten nicht mehr lange bestehen, die Schilderungen der Auflösungen nehmen breiten Raum in den Berichten der Überlebenden ein. So beschreibt Siegfried Weinberg den 2. November 1943 in Riga: »Sämtliche arbeitsunfähigen Männer und Frauen, Frauen mit Kindern wurden auf Lastkraftwagen geschleppt, abtransportiert und vernichtet. Furchtbare Schreckensszenen spielten sich an diesem Tage ab. Frauen wurden von ihren Männern, Kinder von ihren Vätern mit brutaler Gewalt losgerissen, losgeschlagen, verschleppt und vernichtet.«[1] Edith Blau fasst den furchtbaren Tag knapp zusammen: »Man löste das Ghetto auf, indem man sämtliche Kinder und Alte um die Ecke brachte, und wir wurden gemustert, für arbeitsfähig erklärt und zogen am 6. November 43 aus dem Ghetto zu einer Wehrmachtseinheit, wo wir in der Stadt (1000 Juden) kaserniert wurden. Auch dort wieder Aktionen, schlecht aussehende Männer und Frauen, Kinder bis 15 Jahre verschwanden.«[2]

Es war eine kurze und ohnehin nur relative Atempause nach den Massenmorden im Jahr 1942, das Leben der Menschen war trotzdem weiterhin permanent bedroht. Die Überlebenden der jeweiligen »Aktionen« zogen täglich in Kolonnen zu ihren verschiedenen Arbeitsstätten, bis zur Auflösung der Ghettos im September / Oktober 1943 in Minsk und November 1943 in Riga. In Litzmannstadt waren die Arbeitskräfte weiterhin ausschließlich innerhalb des Ghettos eingesetzt, hier fanden im Juni 1944 erneut Deportationen nach Kulmhof statt, die endgültige Auflösung erfolgte erst im August 1944. Sicher waren die Arbeitskräfte allerdings nie. Immer wieder fanden Selektionen statt, wurden noch bestehende Familien auseinandergerissen, Menschen in Bikernieki bei Riga oder in Maly Trostenez bei Minsk ermordet. Zudem fielen zahlreiche Menschen vollkommen erschöpft den Lebensbedingungen zum Opfer. Als Heinrich Himmler am 21. Juni 1943 die Auflösung der Ghettos im »Ostland« und die Verschleppung »arbeitsfähiger« Juden in Konzentrationslager befahl, sprach er das endgültige Todesurteil über die meisten von ihnen.[3]

September und Oktober 1943: Auflösung des Ghettos in Minsk

In Minsk lebten mehr als der Hälfte der deutschsprachigen Jüdinnen und Juden nach den Massenmorden vom Juli 1942 nicht mehr. Nach mehreren kleineren »Aktionen« im Laufe des Jahres 1943 erfolgte im September dieses Jahres die Auflösung des Sonderghettos, im Zuge derer die meisten von ihnen entweder ermordet oder in verschiedene Arbeits- und auch Vernichtungslager im besetzten Polen verschleppt wurden. Kurzfristig wurden die weißrussischen Juden im deutschen Ghetto interniert, bevor es dann im Oktober endgültig aufgelöst wurde.[4] Anfang September brachte die Sicherheitspolizei Teile der Bevölkerung des »Sonderghettos« in das SS-Sammellager in der Schirokaja-Straße. Zu dieser Gruppe jüngerer Männer gehörten auch Heinz Rosenberg, Arthur Menke und Chaim Behrendt.[5] Rosenberg erinnert sich, wie sie in das »Konzentrationslager von Minsk«, wie er und andere das Sammellager bezeichneten, gebracht wurden: »Wir sahen uns um. Es gab da andere Gefangene, Russen, Juden und sonstige, aber niemand arbeitete. Wir verstanden die Situation nicht.« Sie erfuhren von Mithäftlingen von der vollständigen Ausrottung anderer Gemeinden und lernten über das Lager, in dem sie sich nun befanden, dass die Gefangenen dort gesammelt wurden, »und wenn die Quote erfüllt war, wurden sie zu einem anderen Lager gebracht«. Die deutschen Wachleute täuschten die noch im Ghetto verbliebenen Juden auf perfide Weise: Rosenberg und andere in die Schirokaja-Straße abtransportierte Gefangene durften an ihre Lieben schreiben, und diese durften sogar Antworten schicken. Daher brach im Ghetto keine Panik aus, als nach und nach auch die zunächst zurückgebliebenen Menschen ins Sammellager gebracht wurden; sie hatten ja von dort Lebenszeichen bekommen. Erika, die Heinz Rosenberg 1942 im Ghetto von Minsk geheiratet hatte, hatte sich aufgrund seiner Briefe ebenfalls für das Lager gemeldet. Er erinnert sich: »Erika und ich versuchten, uns in eine bessere Zukunft hineinzuträumen, wir lebten buchstäblich von Stunde zu Stunde.« Am 14. September 1943 aber wurde Heinz Rosenberg von seiner Frau getrennt. Er musste mit anderen Männern einen Lastwagen besteigen: »Noch einmal sahen wir uns nach unseren Frauen um, sie weinten – wir sahen sie nie wieder. Die Lastwagen fuhren an …«[6]

Es waren 300 aus dem Deutschen Reich deportierte junge Männer und 480 weitere aus dem Arbeitslager Maly Trostinez, die von den Lastwagen nach Majdanek gebracht wurden, auch Chaim Behrendt war unter ihnen. Die übrigen Jüdinnen und Juden im Minsker Sammellager wurden entweder erschossen oder in Gaswagen erstickt. Weitere Transporte in das besetzte Polen, unter anderem nach Sobibor und Auschwitz, folgten. Am 21. und 23. Oktober 1943 räumten Mitglieder der Sicherheitspolizei das Ghetto endgültig und erschossen vermutlich etwa 1000 Menschen auf dem Jüdischen Friedhof.[7]

Alfred Krohn entging während der »Aktion« nur knapp dem Tod: »Nachdem ich mich zwei Tage versteckt hatte und die Erschießungen eingestellt wurden, mussten die Überlebenden die Leichen auf Handkarren fortschaffen.«[8] Ein Sonderkommando war gezwungen, auf besonders furchtbare Weise die Spuren der Massenmorde zu verwischen, wie vermutlich Wolf Seiler aus Maly Trostenez berichtet: »Nachdem nun das Ghetto zerstört, teilweise verbrannt und die Menschen ermordet waren, ließ sich nun das Sonderkommando 1005 mit SS-Hauptscharführer Rübe in unserem Lager nieder. Tag für Tag fuhr dieses Sonderkommando in den Wald von ›Gut 16‹ zu seiner ›Arbeit‹: Dort wurden die Gruben geöffnet, die Leichen herausgezerrt, Holz herangeschleppt, und nun konnte man zwei Monate lang Tag und Nacht das Feuer sehen.« Diejenigen, die hier helfen mussten, wurden danach immer sofort erschossen. Furchtbar war es, wenn neue Opfer herangekarrt wurden: »Aber bald kamen keine Kastenwagen mehr, und man brachte die Männer, Frauen und Kinder in offenen Lkws.« Sie wurden »kaltblütig« erschossen.[9]

Außer den Arbeitskräften in Maly Trostenez waren nach der Auflösung des Ghettos einige wenige Juden in einer Radiofabrik untergebracht, so etwa Arthur Menke und Hans Meinhardt. Letzterer beschreibt in einem Interview, dass er mit seinen Freunden Erich Floss und Erwin Marcus sowohl in dieser Fabrik als auch später unter anderem in Budzyn im besetzten Polen stets zusammenblieb.[10] Günther Katzenstein war hier als Radiotechniker eingesetzt. »Wir waren damals schon kaserniert worden, man hatte das Ghetto schon zerstört, praktisch. Und ich habe gesessen dort, in der Fabrik, weil ich hatte ja keinen mehr gehabt, meine Eltern waren tot, meine Frau war tot, es gab schon keinen mehr dort. So, da haben wir dort gearbeitet in der Radiofabrik und auf diese Art und Weise haben wir überlebt die Vernichtung des Ghettos.« Er gelangte später nach Bergen-Belsen.[11]

2. November 1943: Ghettoauflösung in Riga

Die Ghettoauflösung in Riga ist erheblich besser dokumentiert als diejenige in Minsk. Zahlreiche Überlebende beschreiben diesen dramatischen Tag. »Am 2. November 1943 war das Ghetto bereit für den letzten Akt«, so formuliert es die Überlebende und Historikerin Gertrude Schneider.[12] Es spielten sich ähnlich furchtbare Szenen ab wie bei den Transporten in die Vernichtungslager zuvor, und auch hier räumte die Sicherheitspolizei das Ghetto, indem sie Kinder, Alte und Kranke zusammentrieb, während die anderen Jüdinnen und Juden auf ihren außerhalb gelegenen Arbeitsstellen waren. Sie kamen abends zurück in das nahezu leere und zudem verwüstete Ghetto und begriffen, dass ihre Kinder, ihre Freunde und Verwandten nicht mehr da waren. Sie alle waren nach Auschwitz deportiert worden. »Es haben sich herzzerreißende Szenen abspielt«, schreiben Elly und Ruth Eichenwald nach dem Krieg in einem Brief.[13]

Karl Schneider aus Köln arbeitete an diesem Tag außerhalb und erfuhr zufällig, dass im Ghetto etwas nicht stimmte. Da seine Familie dort war, wollte er zu ihnen. Er konnte sich nur bis auf etwa 100 Meter nähern. Das Eintreffen bewaffneter SS-Männer, die das Ghetto umstellten, machte es ihm unmöglich, hineinzugelangen. Seine Frau und seine Kinder sah er nie wieder.[14] Alfred Ehrlichs Sohn Gideon war im Ghetto auf die Welt gekommen, der Vater hatte ihn das erste Mal nach seiner Rückkehr aus dem Lager Salaspils gesehen. Nun war auch der zweieinhalbjährige Junge, zusammen mit seiner Mutter, Ehrlichs Ehefrau, unter denen, die auf die Lastwagen verladen wurden. Ehrlich schildert den Abend des 2. November: »In meiner Wohnung war ich ganz allein und fühlte mich so einsam wie nie zuvor.« Ein Freund lud ihn wenig später ein, zu ihm und seiner Mutter zu ziehen, die sich rührend um ihn kümmerte: »Aber den Verlust meiner Frau und meines Kindes konnte sie natürlich nicht ersetzen.«[15]

Die Geschehnisse im Ghetto selbst schildert Jeanette Wolff. Sie erinnert sich an den Befehl aus der Kommandantur, alle Kinder bis zu zwölf Jahren hätten am Morgen auf dem Blechplatz anzutreten und dabei warme Kleidung und eine Decke mitzubringen. »Ein panischer Schrecken erfasste die Mütter. Alles hatten sie geduldig ertragen, Hunger, Kälte und Schläge. Die Männer waren ihnen zum Teil ermordet worden, zum Teil gestorben oder verschleppt, ältere Kinder in andere Lager verschleppt, und nun sollten sie auch noch die kleinen hergeben. Manche sind damals am Rande des Wahnsinns gewesen.« Die SS durchsuchte das Ghetto, holte die Kranken und Schwachen, das Lazarett wurde aufgelöst: »Schrecken erfasste das ganze Ghetto. Die Schreie der Frauen und Kinder klangen schauerlich, dazwischen das Brüllen und Schlagen der SS. Es war furchtbar!« Nur etwa 1200 Menschen, vor allem »Facharbeiter«, blieben zurück: »Als wir, ein trauriges Häuflein, in unsere Wohnungen zurückgingen, hatten deutsche und lettische SS dieselben vollständig durchwühlt und zum Teil sogar ausgeplündert. Totenstill war das Ghetto geworden, jegliches Kinderlachen war verstummt.«[16]

Liesel Ginsburg, deren Vater bereits im Juni 1942 gestorben war, verlor an diesem Tag ihre Mutter: »Ein ganz schlimmes Datum, ein ganz schrecklicher Tag.« Sie erinnert sich, wie den ganzen Tag über die Lastwagen mit den Menschen weggefuhren. Auch sie stand auf einem solchen Wagen, bereit zum Abtransport in den Tod, doch der Kommandant holte sie vom Lkw, ein jüdischer Polizist dazu ihren Bruder, da sie jung und fit genug zum Arbeiten waren. Nun stand ihre Mutter allein auf dem Wagen und wurde fortgebracht.[17] Ruth Foster, die während der »Aktion« im Krankenhaus war, erinnert sich, wie sie voller Sorge um ihre Mutter war, die im Ghetto arbeitete; doch sie hatte sich im Keller versteckt und so retten können.[18]

Siegfried Ziering schildert kurz nach dem Krieg in einem Brief an seinen Vater die tragische Geschichte einer Familie. Die Mutter versteckte ihren sechsjährigen Sohn, machte sich aber um den älteren Sohn keine Sorgen, doch: »Die Frau und der ältere Junge kamen weg, der 6jährige blieb.«[19] Sofie Leston beschreibt die unheimliche Atmosphäre bei der Rückkehr in Richtung Ghetto, wo nicht wie sonst Licht hinter den Fenstern zu sehen, sondern alles dunkel war. Während sonst die Kinder ihren Eltern abends immer entgegengekommen waren, herrschte an diesem Tag »Grabesstille«:

> »Nachdem ich den Eingang durchlaufen hatte und mich den Wohnungen näherte, hörte ich Frauen schreien. Die eine jammerte in banger Sorge nach ihren Kindern, die andere suchte tränenden Auges ihre Mutter. Aufgeregt rannte ich in meine Wohnung. Der erste Eindruck, der sich meinen Augen bot, war niederschmetternd. Die SS hatte die Möbel demoliert und die Kleider durchwühlt. Alles lag wirr durcheinander. Hans konnte ich nicht auffinden. Ich erkundigte mich bei den Leuten, die in den Nachbarhäusern wohnten. Ich fragte hier und dort nach dem Schicksal meines Kindes. Nirgends erfuhr ich das Geringste. Der Junge konnte also nur mit dem Transport fortgekommen sein und war auch fortgekommen.«

Ähnliche furchtbare Erfahrungen machten fast alle Arbeitskräfte, die an diesem Abend ins Ghetto zurückkehrten.[20]

Die allermeisten Menschen, die aus Riga nach Auschwitz verschleppt wurden, konnten dies nicht mehr bezeugen, da kaum jemand überlebte. Hermann Heymann ist eine der ganz wenigen Ausnahmen. Er setzte an diesem 2. November alles daran, mit seiner Familie zusammenzubleiben. Es gelang ihm tatsächlich, auch für den Transportzug eingeteilt zu werden, der angeblich nach Danzig fahren sollte. Doch erreichte der Zug ein anderes, schreckliches Ziel: »In Auschwitz wurde ich sofort von meiner Familie getrennt. Ich kam als Handwerker in eine Flakgeschützwerkstatt, wo ich ca. 1 ½ Jahre arbeitete. Aus dem Rigaer-Transport wurden etwa 150 Männer für solche Arbeiten ausgesondert. Ich glaube, dass aber außer mir keiner zurückgekommen ist. Meine Familie sah ich nicht wieder.«[21]

Auch Albert Kimmenstiel aus Nürnberg hat Auschwitz überlebt. Als sein taubstummer Bruder am 2. November auf einen Lastwagen steigen sollte, trat er vor, hatte er doch seiner Mutter zugesagt, auf ihn aufzupassen. Er ging also mit auf diese ungewisse Reise und erinnert sich an die Zugfahrt: »Elternlose Kinder weinten Tag und Nacht.« Als der Zug irgendwann stehen blieb, wussten sie zunächst nicht, wo sie waren. Auch die beiden Brüder waren nach Auschwitz gekommen. Hier sollten sich ihre Wege bald trennen.[22]

Konzentrations- und Arbeitslager

Mit seinem Befehl zur Auflösung der Ghettos vom 21. Juni 1943 ordnete Himmler auch die Errichtung eines Konzentrationslagers in Riga an. Mit dem Aufbau dieses Lagers in Kaiserwald, dem Villenviertel Mežaparks, hatten aus Sachsenhausen und Buchenwald überstellte Häftlinge bereits im März begonnen, erste Jüdinnen und Juden kamen im Sommer dauerhaft ins Lager. Da dieses nicht über ausreichend Kapazitäten verfügte und zahlreiche Dienststellen ihre Arbeiterinnen und Arbeiter nicht aufgeben wollten, hatte sich die endgültige Auflösung des Ghettos bis November gezogen. Kurz danach, am 6. November 1943, wurden die letzten Ghettobewohner in das KZ Riga-Kaiserwald verbracht.[23]

Für bis zu 2000 Häftlinge war das Lager konzipiert, doch es wurden weit mehr Jüdinnen und Juden hierher gebracht. Für viele war es ein Durchgangslager, in dem sie registriert und dann in andere Lager bzw. in die sogenannten Kasernierungen ihrer Betriebe weitergeschickt wurden. Diejenigen, die in Kaiserwald blieben, waren nun KZ-Häftlinge: Familien, die im Ghetto noch hatten zusammenleben können, wurden getrennt, da die Männer und Frauen in unterschiedlichen Bereichen des Lagers untergebracht waren. Siegfried Ziering schildert in einem Brief an seinen Vater kurz nach Kriegsende, was ihm und den anderen Häftlingen dort widerfuhr: »Anfang August bekamen wir alle Zivilkleidung abgenommen und Zebrakleidung. Auch wurden allen Männern und Frauen Glatzen geschoren. Ich bekam insgesamt 4 Mal das Haar ab. Wenn ich jetzt Mutti vor mir sitzen und lesen sehe und mir vorstelle, vor einem Jahr ohne Haar und in gestreifter Kleidung? Waren wir damals Menschen? Nein, Juden?«[24]

Die Funktionshäftlinge, die Kapos, waren häufig nichtjüdische Häftlinge, die zuvor im Reichsgebiet in Konzentrationslagern gewesen waren und Berichten zufolge die jüdischen Mitgefangenen sadistisch quälten, sei es aus antisemitischen Beweggründen oder einfach aus Lust an der plötzlich vorhandenen Macht. Käte Frieß charakterisiert das Lager: »Ich glaube, dieser Kaiserwald kann Bergen-Belsen fast die Hand reichen. Was Menschen Grausames ersinnen konnten, gab es dort.«[25]

Wie Jeanette Wolff kurz nach dem Krieg beschreibt, war es nahezu alltäglich, dass Häftlinge erschossen, erhängt oder erschlagen wurden, »aber gegen Ende des Jahres 1943 tauchte eine neue Todesart auf, die ein besonders findiger Sadist ausgeklügelt hatte, das Ertränken von Häftlingen in der Latrine, eine der schrecklichsten Quälereien, die nur als Ausgeburt einer Höllenfantasie bezeichnet werden kann. Die ausführenden Organe waren die Schwerverbrecher und kriminellen Zuhälter aus deutschen und lettischen Zuchthäusern.«[26]

17. Schläge in Kaiserwald, Zeichnung von Bernd Haase

Besonders der Kapo Xaver Abel, von vielen Häftlingen nur »X« oder »Mr. X« genannt, tat sich zahlreichen Berichten zufolge durch ungeheure Brutalität hervor. Er soll auch den vormaligen stellvertretenden Leiter der deutsch-jüdischen Polizei im Ghetto, Rudolf Haar, am Silvesterabend 1943 in einer Latrine ertränkt haben.[27] Werner Georg Netler hatte Glück im Unglück: »X, dessen richtiger Name Xaver Abel ist, hatte Sympathien für mich und behandelte mich anständig, während er andere manchmal grausam verprügelte.«[28] Bernd Haase hat kurz nach dem Krieg gezeichnet, wie er in Kaiserwald geprügelt wurde.

Da Männer und Frauen im KZ getrennt untergebracht waren, versuchten Paare, Verwandte oder Freunde, sich abends am Zaun zumindest aus der Entfernung zu sehen. So auch Hannelore Marx und ihr Vater: »Es war sehr deprimierend, mit jemanden über einen Stacheldrahtzaun hinweg zu sprechen, und es gab eigentlich auch nichts zu bereden. Jeder versuchte, seine Gefühle und seine Angst vor dem anderen zu verbergen.« Doch auch ihr Vater wurde bald in den Tod geschickt. Er kam abends nicht mehr zum Zaun, und Freunde berichteten ihr später, dass er abtransportiert worden sei.[29] Die so wichtigen Begegnungen am Zaun beschreibt auch Erna Valk nach dem Krieg: »Jeden Abend vor dem Schlafengehen traf ich am Draht noch meinen Mann. Wir machten uns gegenseitig Mut und waren froh, uns am anderen Morgen in der Marschkolonne wiederzusehen; denn in einer Nacht konnte vieles geschehen.« Es gelang den beiden immer wieder, sich gegenseitig mit Lebensmitteln zu unterstützen, wenn der jeweils andere krank war.[30]

Viele in Kaiserwald registrierte Arbeiter und Arbeiterinnen waren in Außenlagern kaserniert, unter anderem im Armeebekleidungsamt 701 Mühlgraben und den SD-Werkstätten Lenta, in denen die Bedingungen meist erheblich besser waren als im Stammlager.[31] Freunde und Verwandte bemühten sich darum, zusammenzubleiben und zu verhindern, dass jemand von ihnen in das gefürchtete Lager Kaiserwald kam. Thea Nathan erklärte ihr Überleben später vor allem auch damit, dass sie mit ihren Töchtern zusammenbleiben konnte: »Es ist ein großes Wunder Gottes, dass ich mit meinen Kindern durchgekommen bin, u. verschiedene Male hat auch mein Leben an einem seidenen Faden gehangen. Wir haben bei der Wehrmacht gearbeitet u. ich hatte das Glück, dass die Soldaten meine Mädels bei mir ließen u. wir nicht getrennt wurden.«[32] Ihre Tochter Sophie betont in einem Interview, dass dies die ganze Zeit über das große Ziel gewesen sei: alles zu versuchen, um zusammenzubleiben. Einmal sollte sie selbst für das Konzentrationslager Kaiserwald selektiert werden, ihre Mutter kannte den betreffenden Wachmann, sprach ihn an und erreichte, dass sie zusammenbleiben durften.[33]

Gerda Gottschalk erhielt über einen Bekannten zwei Injektionen, von denen sie Fieber bekam, sie hatte gehört, dass Kranke nicht nach Kaiserwald geschickt wurden. Tatsächlich entging sie dem KZ, und als wenig später einige ihrer Bekannten in das Lager Strasdenhof geschickt wurden, gelang es ihrem Freund Ernst Ilberg, sie dem Transport anzuschließen, indem er sie als seine Braut und gelernte Kürschnerin ausgab.[34] In Strasdenhof mussten die Neuankömmlinge, wie Esra Jurmann beschreibt, ihre restliche Habe abgeben und wurden dann auf vier Fabrikhallen, die sie jeweils »Block« nannten, verteilt. Beim Morgenappell nach der Ankunft sah Esra die Häftlinge, die schon länger im Lager waren und zerlumpt und abgemagert aussahen. Die bange Frage ging ihm durch den Kopf: »Wie lange würde es dauern, bis wir so aussahen wie sie? Das übliche Gefühl der Panik überkam mich.«[35] Die ganze Zeit über hatten sie Hunger:

> »Unsere Rationen waren zwei Kellen heißes Wasser, Suppe genannt, mittags und abends eine Scheibe Brot, ungefähr 2–3 cm dick, eine Kelle ›Kaffee‹ und alle drei Tage ungefähr 30 g Pferdetalg, je ein Stück von der Größe einer Streichholzschachtel. Hungerödeme, geschwollene Beine und Füße, Furunkulose und dann die barmherzige Lungenentzündung oder Ruhr, die den Tod herbeiführt, waren die Folgen dieser Ernährung. Man dachte nur an Essen.«

Im Frühjahr 1944 meldete er sich gemeinsam mit Ernst Ilberg aus Leipzig freiwillig, für die SS einen Gemüsegarten anzulegen. Zwar tauschten sie dadurch die warme Halle gegen eine Arbeit im Freien ein, doch der große Vorteil waren Extra-Rationen. Er hatte Glück, sie begannen bald, in der Nähe des Seeufers das Land zu bebauen: »Wenn ich dort arbeitete, dann war ich fast ein freier Mensch. Denn dort gab es nichts, was mich daran erinnerte, dass ich ein Gefangener war.« Manchmal kühlte er sich im See ab, die Wache schaute dann weg und tat so, als würde sie dies nicht bemerken. So verbesserte sich seine Lage im Sommer 1944. Er verfügte über zusätzliche Lebensmittel aus dem Garten, so dass seine Mutter, sein Bruder und er ausreichend zu essen hatten. Er erinnert sich an seine damaligen widersprüchlichen Gefühle:

> »Wenn man von einem Tag in den anderen hineinlebte und nicht an die Zukunft dachte, wenn man ein Kind war, konnte man zufrieden sein. Ich war mehr als das, ich war glücklich. Es erscheint mir jetzt, viele Jahre später, dass ich wirklich glücklich war während der nicht allzu vielen Sommertage. Aber so war es für mich damals. Es klingt widersprüchlich. Ich war schließlich in einem Konzentrationslager.«[36]

Die meisten anderen machten schlimme Erfahrungen in Strasdenhof. Dora Hansen dokumentiert dies in ihrem Tagebuch:

»31. Oktober: Aufgepackt zur Kasernierung nach Strasdenhof. Stehen, aufgeladen auf Autos, durch Riga-Vorstadt hinaus an die Jugla. Dort ein Fabrikgebäude mit Mauern, an der einen Seite Wasser, an der anderen schöner Blick auf Wiese und Wald. K. Z.! Schlafsaal mit 500 Frauen!!! Arbeitssaal unter dem Dach. Aber Heizung.

15. November: Nun schon 3 Wochen in diesem Elend. Hunger und Grauen vor Menschen-Bestien. Wenn nur bald die Erlösung käme. Ich bin bereit für jede Form. Der Unterscharführer beim Appell mit dem Gummiknüppel über meinen Kopf. Nasenbluten. Nasenbein angebrochen, aber keine Schmerzen.

28. November: 4 Wochen KZ! Sagt alles.«

Am 20. Februar 1944 schreibt sie noch in ihr Tagebuch: »Hoffe noch einmal, es besser zu haben. Seit 4 Tagen Winterkälte, trotzdem heute die warme Sonntagsdouche. Heute abend wieder ein bisschen ins Kabarett. Dann denkt man mal nicht trotz des grässlichen Lärms und Gedränges.« Im Juli 1944 wurde Dora Hansen auf einem Lastwagen weggebracht und ermordet.[37]

»Aktionen« gegen die letzten Kinder 1944

Die wenigen Kinder, die die Ghettoauflösung überlebt hatten, ermordeten die deutschen Verantwortlichen mit ihren lokalen Helfern im Frühjahr und Frühsommer 1944. Aus der Kasernierung ABA (Armeebekleidungsamt) Mühlgraben ist für die erste Phase eine gewisse Ruhe dokumentiert, vor allem, da immer noch viele Familien zusammen waren. Doch am 22. April 1944 erfolgte der große Schock, die Kinder, die doch für alle die letzte große Hoffnung gewesen waren, wurden aus der ABA und anderen Kasernierungen abgeholt.[38]

Emmi Nathan erinnert sich: »Es war Herz zerreißend.«[39] Die Menschen hatten bereits zu viel erlebt, um darauf zu hoffen, dass ihre Kinder dies überleben würden, und so beschreibt Siegfried Ziering einen dramatischen Fall, der sich an diesem 22. April zutrug: »Herr Bierdorf aus der Obersten-Gasse vergiftete sein Kind, ehe er es auslieferte. Er wurde erschossen.«[40] Herbert Bierhoff war gemeinsam mit seiner Frau Ruth und seiner Tochter Ellen aus Kassel nach Riga deportiert worden. Die furchtbare Entscheidung des Vaters, die Ziering hier schildert, hat ihn zeit seines Lebens nicht mehr losgelassen, so dass er noch als Siebzigjähriger darüber ein Theaterstück geschrieben hat.[41]

Herbert Schulz erläutert nach dem Krieg seine Mitwirkung an der Erstellung einer Liste, die dann zur Deportation von Kindern aus dem Kasernierungslager ABA 701 im April 1944 diente. Der vormalige Ghettokommandant Eduard Roschmann habe »von mir eine Liste von allen Kindern verlangt, die unter 12 Jahren seien. Auf eine Rückfrage an ihn erklärte er mir, dass die Kinder noch nicht in die Verpflegungsliste aufgenommen wären, und sie müssten statistisch erfasst werden.« Er war misstrauisch: »Auf Grund dieses Vorkommnisses konnte ich mir denken, dass eine besondere Aktion wieder bevorstand, was auch tatsächlich eintraf. Am 22. April 1944 sind dann alle Kinder unter 10, und einer über 10 Jahren geholt und verschleppt worden, und hat man nie mehr von ihnen gehört. Dazu gehören auch meine eigenen 2 Kinder.«[42] Hier wird sehr deutlich, in welch tragischen Situationen sich die Menschen mitunter befanden. In diesem Fall musste ein jüdischer Funktionär eigenhändig eine Liste erstellen, die dann der Deportation auch der eigenen Kinder in den Tod diente.

Inge Rothschild verlor an diesem Tag ebenfalls ein Familienmitglied. Ein OD-Mann holte sie von der Arbeit ab: »Meine Eltern, die auf dem Kommando Mühlgraben waren, kamen mir entgegen und weinten. Mein Bruder war fortgeschafft worden. Durch geschicktes Fragen hatte man von ihm herausbekommen, dass er erst 9 Jahre alt war. Dass er arbeitete, wurde nicht berücksichtigt. Ein Mann, zu dem mich mein Vater später schickte, erzählte, dass mein Bruder mit vielen anderen Kindern nach Auschwitz transportiert worden wäre.«[43]

Ähnliche Dramen spielten sich in Strasdenhof ab und hinterließen die Übriggebliebenen hoffnungslos, wie Gerda Gottschalk schildert: »Die unschuldigen Kinder waren uns vorangegangen, ein paar Wochen, Monate vielleicht. – Dann würden wir auf dem gleichen Weg sein, dem letzten.«[44]

Aus dem Heereskraftpark berichten Bernard und Bonka Stein. Er erinnert sich, wie das Lager von der SS umstellt wurde: »Alle Kinder wurden eingesammelt und wurden auf Lastwagen verladen und fortgebracht. Unbeschreibbare Szenen spielten sich hierbei ab, doch unbarmherzig schlug die SS auf die Eltern ein, die ihre Kinder nicht hergeben wollten.«[45] Der Bericht seiner Frau wirkt wie atemlos niedergeschrieben. Sie stellt die Verbindung all dieser furchtbaren Ereignisse mit ihrem eigenen Schicksal her:

> »Im April oder Mai 1944 wurden die Kinder von den Müttern bis 14 Jahre restlos weggeholt und vergast, dann kamen alte und kranke Menschen weg und zuletzt, als der Russe immer näher kam, das war im Jahre 1944 im Juli, wurden wir in ein anderes Lager in der Nähe gebracht, da bekamen wir Zebrakleider an, wurden von den Männern getrennt, Bernard blieb einige Wochen in Riga im K.Z. Kaiserwald und wir dachten, wir würden erschossen, sind aber auf ein Schiff gebracht worden, welches uns bis Danzig gebracht hat und dann ging es in das in der Nähe liegende K.Z. Lager Stutthof, dort waren über 80 000 Häftlinge und es gab nur Appells und Schläge.«[46]

Im Konzentrationslager Kaiserwald hatten die Zurückgebliebenen bald traurige Gewissheit über das Schicksal der Kinder, da ihre Kleider zurückkamen.[47] Walter Krämer erinnert sich, dass sie alle wussten, was mit ihnen passierte, »und wollten es doch nicht wissen, denn in der Not klammert sich der Mensch an einen Strohhalm«.[48] Erna Valk erinnert sich an die grausamen Entscheidungen und Dilemmas der Häftlinge: »Die Eltern erfanden die unmöglichsten Verstecke. Otto Schönewald aus Schiefbahn b/Krefeld vergrub sein 4-jähriges

18. Die »Aktion« der SS gegen die letzten Kinder in einem Außenlager von Kaiserwald, Zeichnung von Bernd Haase

Söhnchen in die Erde, aber, nachdem für das Kind 10 Juden erschossen werden sollten, holte er es aus dem Versteck hervor und ging mit Frau und Kind in den Tod.« Der Viehhändler Otto Schönewald, seine Frau Klara und deren Sohn Bruno waren im selben Transport wie Erna Valk aus Krefeld nach Riga verschleppt worden.[49] Auch diese grausame »Aktion« gegen die letzten noch lebenden Kinder in Kaiserwald und den Außenlagern hat Bernd Haase unmittelbar nach dem Krieg in einer Zeichnung dokumentiert.

Kurz darauf ging die SS auch gegen die wenigen noch lebenden älteren Häftlinge vor. Hermann Neudorf war bis zum Sommer 1944 mit seiner Mutter zusammengeblieben, doch nun selektierte der Standortarzt Eduard Krebsbach sie im Lager Kaiserwald. Unmittelbar nach dem Krieg beschreibt Neudorf diesen furchtbaren Tag. Die alten und kranken Häftlinge, die offensichtlich zum Tode verurteilt waren, mussten nach rechts in eine Baracke gehen. Nachdem er diese Auswahl unter den Männern getroffen hatte, ging Krebsbach zu den

Frauen, die »Selektierten« mussten danach in einer streng bewachten Kolonne ebenfalls zur Baracke marschieren:

»Der unglückliche Zug kam an mir vorbei, es war dunkel, und ich sah, ich traute meinen Augen kaum, meine lb. Mutter unter ihnen. Ich ging wie im Fieber. Ich glaube, ich habe die ganze Nacht geschrien. Ich weiß es nicht mehr. Im Morgengrauen versuchte ich, an diese Todesbaracke heranzukommen, aber die SS-Posten, die das Gebäude umstellt hatten, trieben mich mit Schlägen zurück. Von weitem blieb ich stehen und starrte auf die Fenster. Und wirklich, Mutter hatte mich gesehen. Sie fragt mich: ›Wohin fahren wir?‹ Ich antwortete nur: ›Wir sehen uns bald wieder.‹ Worauf sie antwortend fragt: ›Im Himmel?‹ In dem Moment traf mich ein Kolbenschlag eines Wachpostens, und ich stürzte davon. Ich habe sie nie mehr wieder gesehen.«[50]

In dieser Zeit wurde auch die Mutter von Claus Becher, der bereits seinen Vater und zwei Brüder verloren hatte, zur Ermordung ausgesucht. Der junge Mann war verzweifelt: »Jetzt hatte ich keine Familienangehörigen mehr. Ich war achtzehn und der Einzige, der übrig geblieben war. Ich hatte niemanden, mit dem ich weinen konnte.«[51]

Viele Menschen verloren, nachdem man ihnen ihre Liebsten genommen hatte, den Mut. Gerda Gottschalk schreibt über das Leben im Lager Strasdenhof nach der »Kinderaktion« im Frühjahr 1944:

»Eintönig und grau verging die Zeit. Dumpfe Traurigkeit drang in alle Poren des Lebens. Nirgendwo ein Halt, der Kraft hätte vermitteln können. Die Sorge um die verelendeten, in Lumpen gehüllten Gebeine und der erniedrigende kleinkrämerische Kampf um die tägliche Selbsterhaltung entwürdigten und zogen uns alle herab. Was konnte man in diesen Augen lesen? Fieberhafte tierische Gier – matte Traurigkeit – leidenschaftliches Fragen – dumpfes Gequältsein – unermessliche Sehnsucht – Schatten waren wir, keine Menschen mehr.«

Sie konnte nicht einmal mehr weinen.[52]

Sommer 1944: Auflösung des Ghettos in Litzmannstadt

In diesem Sommer 1944 lösten die deutschen Verantwortlichen schließlich auch das Ghetto in Litzmannstadt auf. Bereits im Juni 1943 hatte Heinrich Himmler zwar die Umwandlung des Ghettos in ein Konzentrationslager angeordnet, doch das war folgenlos geblieben. Diskussionen um eine solche Umwandlung fanden immer wieder statt, im Frühjahr 1944 verabredete Gauleiter Arthur Greiser mit Himmler, dass das Ghetto zunächst verkleinert, dann liquidiert werden solle. Im Juni und Juli 1944 erfolgten wieder Deportationen in die Vernichtungsstätte Kulmhof, im August 1944 kam die endgültige Auflösung.[53] Bereits im Juni sorgte die Wiederaufnahme der Transporte aus dem Ghetto für große Aufregung unter der Bevölkerung. Die Menschen wussten inzwischen, dass dies vermutlich nichts Gutes bedeutete, und versuchten daher, diesem Schicksal zu entgehen. Gerüchte über vermeintliche Deportationsziele kursierten. Diejenigen, denen es nicht gelang, von der »Aussiedlung« befreit zu werden, versuchten zuvor noch, ihre letzte Habe zu verkaufen, auf dem Hof der »Zentralen Einkaufstelle« des Ghettos türmte sich der Hausrat. Der aus Prag ins Ghetto deportierte Archivmitarbeiter Peter Wertheimer schreibt Ende Juni 1944 in der Tageschronik, dass die Menschen, die hier ihre letzte Habe verkauften, nicht wissen konnten, was sie nun erwartete, aber: »Was sie verloren haben, wissen sie: Hier liegt es aufgetürmt eines am andern, das letzte des Armen, das ihnen sicher war: das eigene Bett. So gewinnt das Aussehen des Hofes der Zentraleinkaufstelle in diesen sorgenvollen Tagen geradezu symbolische Bedeutung.«[54] Offenbar waren unter den nun zur Deportation in den Tod Bestimmten auch viele deutschsprachige Jüdinnen und Juden, wie ein Beitrag von Oskar Rosenfeld für die Tageschronik deutlich macht:

»Heute schreiben wir Sonntag, den 25. Juni. Ein Sonntag mit Sonne und Wolkentreiben, mit Windstille und Sturm und Regentropfen.

Die Gassen, die zum Zentralgefängnis führen, sind belebter als sonst. Menschen verschiedener Altersklassen und beiderlei Geschlechts, Grauhaarige und Kinder, schleppen Koffer und Rucksäcke und enggepresste Bündeln auf den Schultern. An den Koffern ist oft ein deutscher Name und eine deutsche Stadt zu lesen. Sie gehören Juden, welche im Herbst 1941 in Litzmannstadt-Ghetto eingesiedelt wurden und jetzt den Ausreisebefehl erhalten haben.«

Er beschreibt, was diese neuerlichen Deportationen für die Menschen bedeuten:

»Alle wissen, dass es um eine ernste Sache geht, dass die Existenz des Ghettos in Gefahr ist. Niemand kann die Berechtigung solch einer Befürchtung bestreiten. Diejenigen, welche mit allerlei Argumenten beweisen wollen, dass sogar ›diese Aussiedlung‹ den Kern des Ghettos nicht anrühren wird, finden kein Gehör. Denn fast alle Ghettobewohner sind betroffen. Jeder verliert einen Verwandten, einen Freund, einen Stubengenossen, einen Arbeitskollegen.«[55]

Auch in Litzmannstadt täuschten die deutschen Verantwortlichen die im Ghetto verbliebene Bevölkerung mit Postkarten, die von bei der letzten »Aktion« Deportierten angeblich aus Leipzig verschickt worden waren. Diesen Karten, die das Ghetto Ende Juli erreichten, war zu entnehmen, dass die Betroffenen zur Arbeit ins Deutsche Reich gefahren waren und es ihnen gut ging. In Wahrheit waren diese Menschen längst tot.[56]

Schon kurz zuvor, am 15. Juli, waren die Transporte nach Kulmhof gestoppt worden. Hoffnung keimte in den Menschen, wussten sie doch von der näher rückenden Roten Armee. Doch würden die Befreier rechtzeitig da sein? Konnten sie so lange noch durchhalten? In den letzten von ihm überlieferten privaten Aufzeichnungen schreibt Oskar Rosenfeld am 28. Juli 1944: »Man steht vor Weltuntergang oder Erlösung. Die Brust wagt bereits freier zu atmen.«[57] Am 30. Juli 1944 lesen wir in der allerletzten Tageschronik unter »Tagesnachrichten«:

»Auch der heutige Tag verlief sehr ruhig. Der Präses hielt verschiedene Beratungen ab. Alles in allem aber herrscht im Ghetto Ruhe und Ordnung. Die Hohensteinerstraße hat ihr Antlitz verändert. Der Verkehr ist außerordentlich lebhaft. Man merkt, dass der Krieg allmählich auch an Litzmannstadt heranrückt. Neugierig schaut der Ghettomensch den durcheilenden Kraftwagen der verschiedenen Waffengattungen nach. Das Wichtigste aber ist für ihn doch noch immer: ›Was gibt es zum Essen?‹ «[58]

Zwei Tage später, am 1. August, setzten der Leiter der deutschen Ghettoverwaltung Biebow und der Oberbürgermeister von Litzmannstadt Bradfisch den Judenältesten von der Wiederaufnahme der Deportationen, angeblich zur Arbeit ins Reich, in Kenntnis. Täglich sollten 5000 Juden die Stadt verlassen, zusammen mit den Maschinen und Waren aus den Fabriken. Da viele Menschen versuchten, sich zu verstecken, und sich nicht zum Transport meldeten, führten die deutschen Kräfte bald mit Hilfe jüdischer Polizisten ähnlich brutale Razzien durch wie während der »Sperre« im September 1942. Nun durchkämmten sie Viertel für Viertel, Straße für Straße, Wohnung für Wohnung. Ruth Alton beschreibt kurz nach dem Krieg, wie sie und ihre Familie sich in diesen Momenten immer auf dem Dachboden ihres Hauses versteckten: »Wir lagen platt auf der Erde, unter all dem alten Gerümpel versteckt, und durften uns nicht rühren. Wie klopften unsere Herzen, wenn wir Schritte näherkommen hörten, um dann, wenn sie sich entfernten, wieder aufzuatmen. Wenn wir oft schon glaubten, dass es nun für heute überstanden wäre, begann eine neue Streife.« Von Tag zu Tag wurden ihre Nerven angespannter angesichts der furchtbaren Menschenjagden, und schließlich fanden sie, ihr Mann und ihr Sohn sich in der Fabrik ihres Mannes ein, um dort zusammen mit der Belegschaft auf die »Aussiedlung« zu warten. Sie hielten es einfach nicht mehr aus.[59]

Im Ghettogebiet von Litzmannstadt verblieb noch ein »Aufräumkommando«, das zurückgelassene Gegenstände sortierte und gut erhaltenes für die Verschickung nach Deutschland vorbereitete, ei-

19. Oskar Singer vor der Deportation in das Ghetto Litzmannstadt

nige Wenige überlebten zudem im Versteck. Sämtliche Transporte in diesem August 1944 gingen nach Auschwitz-Birkenau. Einige neu Ankommende wurden zum Arbeitseinsatz ausgesucht und in andere Lager weitergeschickt, die meisten wurden, wie dies schon nach der Auflösung des Ghettos in Riga im November 1943 der Fall gewesen war, unmittelbar nach ihrer Ankunft ermordet. Oskar Rosenfelds Spuren verlieren sich in dem Moment, als er das Ghetto verließ. Es ist wahrscheinlich, dass der über sechzigjährige geschwächte Mann zu den sofort in den Gaskammern Ermordeten gehörte.

Oskar Singer war mit seiner Familie und seiner Sekretärin Cecilie Landau in einem der ersten Züge nach Auschwitz gekommen, und sie alle wurden noch ins Lager aufgenommen. Singers Sohn Ervin verbrachte zwei Tage und zwei Nächte mit ihm zusammen in einer Baracke, dann wurde er in ein Außenlager weiter verschleppt.[60] Ruth Alton bekam mit ihrer Familie am 29. August den Befehl, aufzubrechen. Anderthalb Tage später kamen sie in Auschwitz an. Sie schildert die demütigende Prozedur der Aufnahme ins Lager, wie ihr die Haare geschert wurden und sie alte zerlumpte Kleidung zugeteilt bekam und fasst diese Erfahrung ähnlich wie die neuen Häftlinge in Riga-Kaiserwald zusammen: »Jetzt waren wir Konzentrationslagerhäftlinge.«[61] Sie traf danach noch einmal mit ihrem Sohn und ihrem Mann zusammen, doch am selben Abend folgte die Trennung. Sie schildert diese so unfassbar schmerzlichen Momente:

> »Ulli presste meine Hände so stark, dass ich nur mit Mühe einen Aufschrei unterdrücken konnte. Er schaute mich an mit Augen, die vor Schmerz brannten; aber er sprach kein Wort. Auch ich war eines Wortes nicht mächtig. Eine winzige Sekunde schmiegte ich meine Wange in seine Handfläche, dann wurden wir auseinandergejagt. Das war der Abschied von meinem Mann. Der Abschied nach einer mehr als zehnjährigen Ehe. Der Abschied für immer. Der Abschied von dem liebsten Menschen, den ich neben meinem Kind auf der Welt hatte.«

Sie sah ihren Sohn noch einmal, da der Kapo in ihrer Baracke Mitgefühl zeigte und ihn nachts zu ihr brachte. Ruth Alton, damals noch Tauber, verschleppten die Nationalsozialisten nach wenigen Tagen in Auschwitz in das Konzentrationslager Stutthof, in das ja zur selben Zeit zahlreiche der im Winter 1941/42 nach Riga deportierten Jüdinnen und Juden verbracht wurden. Dort sollte sie ihren Mann und ihren Sohn noch einmal wiedersehen.[62]

10

»ES HAT KEINEN SINN, SONDERN IST … WAHNSINN!«[1] WEGE DURCH DAS NATIONALSOZIALISTISCHE LAGERSYSTEM

»Man hatte ja so viele Methoden, die Menschen umzubringen, und es lässt sich nicht in Worte kleiden, was wir alles erlebten und sahen. Die Zeit in Riga war noch die beste Zeit, und wir betrachteten diese als unsere zweite Heimat. Was hernach kam, KZ Stutthof war alles noch viel fürchterlicher und dass es überhaupt Menschen gibt, die dies alles überstehen konnten und zu denen wir irrtümlich gehören, wird uns immer unbegreiflicher.« So beschreibt Lore Israel nach dem Krieg den weiteren Leidensweg einiger Deportierter.[2] Auch Gerhard Hoffmann, der zuvor im Ghetto in Minsk leben musste, wo er zwar wie bereits beschrieben die Möglichkeit gehabt hätte, zu den Partisanen zu fliehen, aber seine Familie nicht zurücklassen wollte, bezeugt, dass die Zeit im Ghetto relativ gesehen noch die harmloseste gewesen war: »Nun folgte eine Zeit, lieber Herbert, die noch weit schlimmer war als unser Ghettoleben. Wir wurden von einem Lager ins andere gestoßen. Arbeitslager – K.Z., K.Z. – Arbeitslager. Hunger, Krankheit, Seuchen, Schläge Erschießungen, Vergasungen und andere Brutalitäten.«[3]

Mit dem Herannahen der Roten Armee begann die SS, wie teilweise schon geschildert, einerseits die Spuren ihrer Verbrechen zu verwischen, indem Häftlinge die Leichen in den Massengräbern der letzten Jahre verbrennen mussten,[4] andererseits die noch lebenden Jüdinnen und Juden zu verlegen. Wieder waren die Transporte – ob in Zügen, auf Schiffen oder zu Fuß – furchtbar, erinnern die Menschen sich an Tage schlimmsten Leids, während derer immer mehr ihrer Schicksalsgenossen verstarben. Manche Verwandte und Freunde, die es bis zu diesem späten Zeitpunkt geschafft hatten, zusammenzubleiben, wurden nun schließlich doch getrennt. Diejenigen, die ganz bis zum Ende durchhielten, mussten auf der wahnsinnigen Odyssee dieser letzten Monate schier unglaubliche Kräfte mobilisieren. Auch hier waren soziale Kontakte ein zentraler Faktor, Menschen, die ihnen im entscheidenden Moment Mut zusprachen oder sie stützten, wenn sie auf einem der Märsche nicht mehr weiterkonnten – und immer wieder Zufall oder Glück.

Da einige Lager als späte Sammelpunkte fungierten, kreuzten sich mitunter die Wege der aus verschiedenen Ghettos weiter Verschleppten, so kamen Menschen aus den Ghettos Litzmannstadt und Riga nach Stutthof, aus diesen beiden und aus Minsk gelangten Deportierte nach Auschwitz, und viele Überlebende machten am Ende ihres Leidensweges Station in Lagern oder Gefängnissen im Deutschen Reich, das ihnen einmal Heimat gewesen war. Gemeinsam ist den meisten Berichten, dass die Erfahrungen von Gewalt und Elend von Ort zu Ort als immer schlimmer erinnert wurden. Zahlreiche Menschen verstarben auf diesen letzten Etappen, gingen elend in einem der Lager zugrunde oder wurden von Wachleuten auf irrsinnigen Märschen quer durch den deutschen Machtbereich erschossen, da sie einfach nicht mehr weitergehen konnten.[5] Zu überleben wurde zu einem Wettlauf gegen die Zeit.

Aus Minsk in das besetzte Polen und zurück ins Reich

Im Zuge der Ghetto-Auflösung waren, wie beschrieben, vor allem junge Männer im SS-Arbeitslager Minsk konzentriert und von dort in Arbeits- und Vernichtungslager im besetzten Polen verschleppt worden. Nach dem Abtransport aus Minsk folgte häufig eine wahre Irrfahrt durch verschiedene Lager: Erna Steiniger beispielsweise, eine der ganz wenigen überlebenden Frauen, überstand nach Minsk und Maly Trostenez unter anderem Majdanek, Trawniki, Plaszow, Auschwitz und Ravensbrück, bevor sie im Lager Neustadt-Glewe befreit wurde.[6]

Gerhard Hoffmann aus Hamburg, dessen Eltern und Bruder bereits ermordet worden waren, kam noch in diverse Lager, so Majdanek, Budzyn und Flossenbürg, und wurde am Ende auf einen der berüchtigten Todesmärsche geschickt, bevor er in Oberbayern von den Amerikanern befreit wurde. Viele seiner Mithäftlinge starben auf diesen letzten Stationen. Über sich selbst schreibt er: »Ich war verhungert, verkommen, verlaust und bin nur noch auf allen Vieren gekrochen.«[7]

Diese Odyssee über das Arbeitslager Budzyn im besetzen Polen mussten auch ein aus Frankfurt Deportierter und Chaim Behrendt durchleben. Die dreitägige Zugfahrt bis Lublin erinnert an die Fahrt in den Osten Jahre zuvor: »In geschlossenen Waggons hatten wir keine Möglichkeit, unsere Notdurft zu erledigen, Wasser gab es nicht. Die Waggons waren überfüllt.« Nach einem brutalen Empfang, dem Raub ihrer letzten Habe und einer Selektion in Majdanek kamen sie weiter nach Budzyn, wieder in einem überfüllten Zug. Die ohnehin völlig entkräfteten Menschen wurden angesichts der schlechten Luft ohnmächtig, jedoch: »Wer zu Boden fiel, war verloren. Er wurde dann zertreten.«[8]

Für die Ankömmlinge wiederholte sich eine Erfahrung, die sie zu Beginn ihrer Leidenszeit im »Osten« schon einmal hatten machen müssen: Sie kamen in eine brutale und fremde Welt, verstanden die Sprache der anderen nicht, mussten sich neu zurechtfinden. Die polnischen Juden im Lager sprachen Polnisch und Jiddisch.[9] Sie arbeiteten in den Heinkel-Flugzeugwerken. Ein Überlebender erinnert sich: »Da waren die deutschen Meister genauso roh und unmenschlich wie die SS. Wir Wehrlosen wurden von ihnen nach Strich und Faden mit Gummiknüppeln misshandelt. Pferdeställe mit Zementboden dienten uns als Lager.« Er, der ursprünglich mit seiner Frau und seinem Kind aus Frankfurt deportiert worden war und als Einziger überlebte, gelangte schließlich über Stationen in Mielec und Wielicka nach wiederum schrecklicher Zugfahrt nach Mauthausen: »Bei der Ankunft in Mauthausen, wir nannten es spontan Mordhausen, waren bereits 3 große Lastautos da, für die unterwegs verstorbenen deutschen und polnischen Juden. Alle waren wir schwach und hinfällig und mussten eine lange Spalierreihe von SS-Helden passieren, die uns mit Gummiknüppeln und Gewehrkolbenschlägen bearbeiteten.« Sie mussten im berüchtigten Steinbruch arbeiten, kamen nachts kaum zur Ruhe, da die Baracke so überfüllt war, dass sich jeder Häftling zwischen die gespreizten Beine eines anderen setzen musste, wobei sich je vier Männer ein Bett von 90 Zentimetern Breite teilten. Nach einem Vierteljahr gelangte er nach Linz zur Arbeit in den Hermann-Göring-Werken, wo ihn die Wachen mehrfach derart verprügelten, dass er, als er seine Erinnerungen nach dem Krieg aufschrieb, nur noch drei Zähne hatte.[10]

Seit der Ankunft in Budzyn teilten die aus Minsk kommenden deutschen Juden ihr Schicksal mit den wenigen Überlebenden, die schon Anfang 1940 in den Osten des besetzten Polens deportiert worden waren. Als die deutschen Verantwortlichen Ende 1942 einige wenige Ghettos im Distrikt Lublin noch bestehen ließen, um die dezimerte jüdische Bevölkerung dort zu konzentrieren – und auch, um untergetauchte Jüdinnen und Juden aus ihren Verstecken und aus den Wäldern zu locken –, waren von den in diese Gegend Deportierten kaum noch Menschen am Leben. Manfred Heymann und seine Familie lebten seit ihrer Deportation im Februar 1940 von Stettin nach Belzyce dort. Im Frühjahr 1943 kamen von dort knapp 500 Menschen nach Budzyn ins Arbeitslager, die übrigen wurden erschossen. Manfred Heymann erinnert sich daran, dass der verantwortliche SS-Mann vor allem deutsche Juden und einige Jüdinnen für Budzyn auswählte. Den weiteren Weg durch die Lager teilten sie mit einigen der Minsker Häftlinge. Ende 1943 kam die Hälfte der Belegschaft nach Mielec, darunter auch Familie Heymann. 1944 verschleppten die Nationalsozialisten sie zunächst nach Wieliczka und von dort weiter nach Flossenbürg. Hier starb Manfreds Vater Ende 1944. Seine Mutter war nicht mit nach Flossenbürg deportiert worden, sondern zunächst im besetzten Polen geblieben, und kam schließlich nach Bergen-Belsen. Sie überlebte, gelangte nach Schweden, litt aber an schwerer Tuberkulose, an der sie schließlich 1947 starb. Im Januar kam Manfreds Bruder Eugen in ein anderes Lager, seine Spur verliert sich hier. Kurz vor der Befreiung musste Manfred mit seinen Mitgefangenen Richtung Dachau losmarschieren, unterwegs wurden sie von den Amerikanern befreit.[11]

Dies war auch der erzwungene Weg der Freunde Chaim Behrendt und Gerhard Hoffmann. Über Mielec, Wieliczka und Flossenbürg wurden sie in dessen Außenlager Hersbruck bei Nürnberg und später wieder zurück nach Flossenbürg verschleppt. An die Zeit in Hersbruck erinnert sich Gerhard Hoffmann: »Stundenlange Zählappelle, auch bei Nacht, und andere Schikanen waren an der Tagesordnung. Wir sollten ja nicht leben. Wir sollten eben krepieren. Auch diese Zeiten habe ich überstanden. Natürlich wird man seelisch und körperlich ewig unter den Folgen dieser grausamen Qualen zu leiden haben.«

Noch im April 1945 wurden sie auf einen weiteren Transport geschickt: »Wir hofften zu der Zeit schon auf die langersehnte und uns fast schon unfassbare Befreiung. Deshalb war es ein großer Schreck, als es jetzt, kurz vor Schluss, alle Juden antreten hieß. Wir rechneten natürlich mit dem Schlimmsten. Wollten sie uns jetzt noch ins Gas schicken?« Am dritten Tag mussten sie aus dem Zug aussteigen und zu Fuß weitermarschieren. Wer nicht mehr weiterlaufen konnte, den erschossen die Wachleute, so Hoffmann: »Es hörte schon nicht mehr auf zu knallen. Die Straßen waren links und rechts der Fahrbahn besät mit Toten.« Sie mussten übermenschliche Energie aufbringen, nicht zu fallen, immer weiter zu marschieren, ihr Transport wurde kleiner und kleiner: »Wir hatten kaum die Kraft, die Beine vorzusetzen. 3 Tage nichts, rein gar nichts zu essen. Aber ein starker Wille war in uns. Wir wollten, wir mussten leben. Wir wollten noch unsere gemordeten Brüder rächen.« Dann nahmen, es war Ende April 1945, die Wachleute plötzlich ihr Gepäck und rannten weg. Sie waren frei.[12]

In dieser Gruppe deutscher Juden, die von Minsk nach Budzyn bis nach Flossenbürg gelangte, war auch Siegfried Grünebaum, der zunächst noch mit seinem Vater zusammen war. Dieser starb jedoch in Budzyn an Erschöpfung.[13] Sehr spät auf dieser Irrfahrt durch die deutschen Lager, in Flossenbürg, starb auch der Vater von Franz Spitzer. Er wurde immer schwächer, konnte oder wollte nichts mehr essen, sein Sohn beschreibt diese Entwicklung, »es gab einen Moment, wo der Lebenswille nicht mehr da ist«. Er meldete sich am nächsten Tag zu dem Kommando, das die Toten zu den Krematorien trug, um seinen Vater noch einmal zu sehen. Er fand Trost in dem Gedanken, dass er im Unterschied zu so vielen anderen wenigstens wusste, »wie und wo« sein Vater gestorben war.[14]

Berny Lane, damals Werner Levi, kam zusammen mit seinem Bruder in den Transport nach Majdanek, er hatte sich als Maler ausgegeben, sein Bruder als Klempner. Von ihm wurde er allerdings in Majdanek getrennt. Er hat ihn nie wiedergesehen. Werner selbst gelangte nach Budzyn, von dort nach Reichshof (Rzeszow), wo er für Daimler Benz und Messerschmidt arbeiten musste. Nach kurzer Gefangenschaft im Lager Plaszow gelangte er, wie ja auch andere, die vorher in Minsk gewesen waren, nach Wielieczka und danach gemeinsam mit den anderen nach Flossenbürg. Er wurde mit anderen aus der Minsker Gruppe nach Colmar verschleppt, wo er wiederum für Daimler Benz tätig sein musste, kam dann ins KZ Sachsenhausen, von dort nach Braunschweig zu den Hermann-Göring-Werken. Seine weiteren Leidensstationen waren Neuengamme und am Ende Bergen-Belsen. Dies war für ihn der schlimmste Ort. Er erinnert sich, dass sie in Minsk vor Hunger Gras gekocht hatten, aber in Bergen-Belsen sei es noch übler gewesen, dort habe es sogar Kannibalismus gegeben. Nach der Befreiung durch die Briten traf er im Krankenhaus seinen Vater Hermann Levi wieder.[15] Gary Philipp hatte nahezu den identischen Leidensweg wie Berny Lane, jedoch gelangte er von Neuengamme nach Flensburg und wurde von dort, wie eine Gruppe aus Riga, vom Roten Kreuz nach Schweden gebracht.[16]

Auch in die Vernichtungsstätte Sobibor kamen Transporte aus Minsk. Kurt Ticho erinnert sich an weitere Juden, die dort noch eine Zeit lang lebten: Es gab auch ein in einer Baracke improvisiertes Maleratelier, darin arbeiteten drei Maler, einer war Alfred Friedberg aus Frankfurt am Main, der Stillleben malte, ein niederländischer Maler und der Professor der Wiener Akademie Fritz Schwarz-Waldegg, der mit einem Transport aus Minsk gekommen war.[17]

Auschwitz

Albert Kimmenstiel war im Zuge der Ghettoauflösung in Riga nach Auschwitz gekommen, da er alles daran gesetzt hatte, mit seinem Bruder zusammenzubleiben. Er beschreibt die Ankunft:

> »Ein SS-Arzt kam und suchte junge arbeitsfähige Männer heraus. 119 Leute wurden ausgesucht, der Transport war 2200 Menschen stark. Wo wir uns befanden, wussten wir immer noch nicht. Die Lkws kamen und holten die anderen Menschen ab. Unter den Ausgesuchten waren mein Bruder und ich, das Aussuchen ging nur nach dem Aussehen der einzelnen Personen. Wir marschierten ins Lager ›Birkenau‹ ein. Sofort ging es in die bekannte Entlausung. Alles ausziehen, das waren die ersten Worte, die man uns zurief. Dann wurden uns die laufenden Nummern in den Unterarm eintätowiert, nachdem wurden uns die Köpfe kahl geschoren, und wir wurden unter die kalte Brause gestellt, von dort nackend über den Hof springen, um die Kleider zu empfangen, die es aber erst spät abends gab.«[18]

Während einer Untersuchung beim Appell hatte er furchtbare Angst um seinen Bruder, der Arzt merkte aber offenbar nicht, dass dieser taubstumm war. Sie kamen zunächst ins Stammlager, von dort nach Monowitz. Der Marsch zur Arbeit und wieder zurück ins Lager war für seinen Bruder schwer, da dies im Takt der Kapelle geschehen musste. Ständig erhielt er Prügel, da er dies nicht konnte. Auch den Brüdern war es nicht vergönnt, zusammenzubleiben. Als er eines Abends von der Arbeit kam, erzählten ihm Freunde, dass alle Taubstummen nach Birkenau gekommen waren: »Der Schmerz war unbeschreiblich, den letzten Angehörigen, den ich im Lager hatte, zu verlieren.« Im Januar begann sein Todesmarsch, in Gleiwitz verlud man die Häftlinge in offene Güterwagen, sie kamen nach Mauthausen. Das Lager war aber so überfüllt, dass sie gar nicht erst aufgenommen wurden. Der Zug rollte weiter in Richtung Berlin. »Unterwegs hatten wir schon so viele Tote, dass wir uns keinen anderen Rat wussten, als die Toten aus dem Waggon zu werfen. Als das von der SS bemerkt wurde, kam ein Oberführer und besichtigte jeden Wagen. Von wem er dachte, dass er nicht mehr lange leben würde, der wurde von dem Waggon geholt und auf der nächsten Station erschossen.«

Ihre nächste Station war das Konzentrationslager Sachsenhausen. Ihm gelang es, sich zu den Fachkräften zu stellen, die in einer Flugzeugfabrik arbeiten sollten. Als im April 1945 das Lager evakuiert wurden, musste Albert Kimmenstiel mit seinen Leidensgenossen wiederum losmarschieren. Es war eiskalt, die Menschen schliefen in nasser Kleidung draußen und hungerten. Immer mehr von ihnen starben: »Wir mussten an den Leichen vorbeimarschieren, da alle Straßen in Richtung Mecklenburg von Flüchtlingen, zurückflutenden Einheiten der Wehrmacht und vor allem von den 80 000 Häftlingen, die von Sachsenhausen und Oranienburg in Marsch gesetzt wurden, besetzt waren.« So verzweifelt waren sie, dass sie sich nicht beherrschen konnten, als sie tote Pferde am Straßenrand sahen: Sie schnitten sich Fleischstücke heraus. Die Lage wurde immer chaotischer, sie irrten, so erinnert er sich, irgendwann in der Nähe von Schwerin herum, wollten fliehen, wurden gefasst, von überallher waren Schüssen zu hören. Mitten in der Nacht, vermutlich gerade noch rechtzeitig für den jungen Mann, trafen sie auf amerikanische Soldaten. Sie weinten vor Freude und Erleichterung.[19]

Nach Auschwitz kamen nach der Auflösung des Ghettos Litzmannstadt im Sommer 1944 auch die bis dahin noch lebenden Jüdinnen und Juden. Die meisten schickten die Verantwortlichen an der Rampe direkt in die Gaskammern, doch einige wenige ließen sie noch weiterleben. Günter Richard Wolff aus Düsseldorf erinnert sich in einem Interview viele Jahre später an die Fahrt in den Viehwaggons ohne Nahrung und Wasser, während derer »die Menschen verrückt wurden«. Als sie endlich aussteigen durften, waren dort Hunde und Geschrei: »Raus, raus, raus!« Lärm und Schläge. Sie hatten Angst, furchtbare Angst. Was war das für ein Ort? Sein Vater starb nach einigen Tagen. Der Junge verstand innerhalb kürzester Zeit, dass er nun, wo er ganz allein war, weg musste von diesem Lager, ja, dies auch konnte: »Jetzt konnte ich weg! Ich hatte furchtbare Schuldgefühle. Ich war so froh. So froh. Und nun wurde ich aktiv, ich musste einfach hier herauskommen. Hierbleiben hieß, darauf zu warten, abgeschlachtet zu werden.«

Als ein Transport zusammengestellt wurde, der ihm gut erschien, schmuggelte er sich in die Reihe der Ausgesuchten. Dadurch war ein Häftling überzählig, und nachdem die Wachleute wieder und wieder gezählt hatten, suchten sie einen heraus, der doch in Auschwitz bleiben musste, der von seinen Verwandten getrennt wurde, die verzweifelt schrien, dass sie zusammenbleiben wollten: »Und ich stand da, wissen Sie, und ich wusste, warum sie einen zu viel hatten. Aber wer weiß? Ich meine, das war wie Würfeln, du wusstest nicht, wo du hinkamst oder was du tatest.« Er gelangte in ein Außenlager und später dann auf einen der Todesmärsche, auf dem so viele von denen, die bis zu diesem späten Zeitpunkt durchgehalten hatten, »fielen wie die Fliegen und jeder, der sich hinsetzte, erschossen wurde«.

Dann ging die Odyssee in offenen Zügen weiter, er fand in dem Gedicht »Hoffnung« des Lyrikers Emanuel Geibel, das er aus der Schulzeit kannte, eine unerwartete Quelle der Kraft: »Und dräut der Winter noch so sehr / mit trotzigem Gebärden / und schmeißt er Eis und Schnee umher / es muss doch Frühling werden.« Die Verse gaben ihm während der Zugfahrt Zuversicht und hielten ihn aufrecht. Irgendwann kamen er und seine Leidensgenossen nach Buchenwald, von dort später über Tröglitz nach Theresienstadt, wo er befreit wurde.[20]

Oskar Singers Sohn Ervin wurde nach zwei Tagen in ein Außenlager selektiert. Er überlebte, sein Vater nicht: Oskar Singer starb Ende 1944 im Dachauer Außenlager Kaufering. Seine Tochter Ilse und Cecilie Landau waren an der Seite seiner Frau Margarethe, als diese wenige Tage nach der Befreiung in Bergen-Belsen an Typhus starb.[21]

Eine Gruppe von nicht sofort ermordeten aus Litzmannstadt Verschleppten kam in diesem Sommer 1944 aus Auschwitz in das völlig überfüllte Konzentrationslager Stutthof bei Danzig, so Ruth Alton, damals Tauber, und auch, getrennt von ihr, ihr Mann und ihr Sohn Michael. Lisa Herzog aus Köln wurde am 13. August mit ihrem Mann, einem Prager Anwalt, den sie im Januar 1944 im Ghetto geheiratet hatte, nach Auschwitz deportiert. Sie wurden bei der Selektion getrennt. Sie überlebte noch mehrere Konzentrationslager und machte sich im Mai 1945 auf den Weg nach Prag, um ihren Mann zu suchen. Dort schreibt sie am Schluss ihrer kurzen Erinnerungen: »Jetzt sitze ich in Prag, darf meinen Schnabel nicht aufmachen, da man hier totgeschlagen wird, wenn man Deutsch spricht. Mein Mann ist nicht mehr zurückgekommen. Wohin mit mir weiß ich noch nicht, aber hierbleiben ist ein Ding der Unmöglichkeit. Man darf aber nicht mehr den Mut sinken lassen. Habe ich es bis hierher durchgehalten, muss ich jetzt auch noch weiter aushalten. Einmal wird doch auch für mich der Krieg aufhören!«[22]

Aus Riga über Libau nach Hamburg und Kiel

Etwa 200 Häftlinge, die im Lager Mühlgraben bei Riga zu Aufräumarbeiten geblieben waren, wurden von dort im Oktober 1944 nach Libau geschickt, wo sie im Hafen arbeiten mussten. Kurz vor Weihnachten 1944 kamen 13 der Häftlinge bei einem Fliegerangriff ums Leben. Thea Nathan, die eine Verletzung am Bein hatte, war angeboten worden, sich vorn am Bunker hinzusetzen, da es nur dort Sitzmöglichkeiten gab. Sie lehnte dies jedoch ab, da sie bei ihren Töchtern bleiben wollte. Wenig später traf die Bombe die Personen, die am Eingang des Bunkers saßen.[23] Auch Siegfried Ziering war mit seiner Mutter und seinem Bruder in der Libauer Gruppe. In seinem Brief wird sehr deutlich, wie gefährdet ihr Überleben stets war: »Was wir da an Angriffen russischer Flieger mitmachten, werde ich nie vergessen. Zweimal wurde die Unterkunft getroffen. In einen Splittergraben, wo ich und Hermann uns befanden, ging ein Volltreffer,

13 jüdische Tote, 2 Schwerverletzte, und wir leben. Ein andersmal war Hermann in einem Splittergraben, wo ein Volltreffer hineinging.«[24]

Die noch Lebenden wurden im Februar 1945 mit einem Schiff nach Hamburg gebracht und im Polizeigefängnis Fuhlsbüttel inhaftiert. Dort nahmen ihnen die Wachen ihre allerletzte Habe, Papiere und Adressen ab, die sie irgendwie bis hierher hatten retten können, so beschreibt Thea Nathan: »Wie wir ins Gefängnis kamen hat man uns nur noch das gelassen, was wir am Körper hatten u. das waren Sträflingskleider. Dazu hatte man uns auch noch im Juli 44 die Köpfe ganz kahl geschoren, wir waren ein wundervoller Anblick.«[25] Sie waren, nun getrennt von den Männern der Gruppe, gezwungen, in den Zellen des Gefängnisses, häufig bei schlimmen Luftangriffen, auszuharren und darauf zu warten, was weiter mit ihnen passieren würde.[26]

Eine Gruppe Männer kam von Hamburg-Fuhlsbüttel nach Bergen-Belsen. Als diese ausgesucht wurden, hatten Siegfried und Hermann Ziering offenbar Glück, ihr Nachname rettete sie: »Es wurden 56 Männer nach Bergen-Belsen verschickt, und man ging nach dem A. B. C. Dadurch wurden noch viele Familien zerrissen, die Frauen sind hier und die Männer?«[27] Alfred Ehrlich war unter den Ausgesuchten, war in dem Moment aber froh darüber, da er auf baldige Befreiung hoffte.[28]

Die Übrigen mussten sich gemeinsam mit anderen Häftlingen, insgesamt 800 waren es, am 12. April 1945 auf einen Todesmarsch nach Kiel aufmachen, wo sie schlimme Tage im »Arbeitserziehungslager Nordmark« verlebten.[29] Auch auf diesem Todesmarsch fielen zahlreiche Menschen, so kurz vor dem Kriegsende, den Bedingungen zum Opfer oder wurden von den Wachleuten erschossen, weil sie nicht mehr weiterkonnten. Käte Frieß beschreibt etwas später in diesem Jahr den grausamen Marsch und macht auch deutlich, wie wichtig es war, nicht auf sich allein gestellt zu sein: »Mitten auf der Straße konnte ich nicht mehr weiter, setzte mich an einen Straßengraben und zog mit einem mutigen Ruck meinen Schuh vom Fuß. Er schmerzte wahnsinnig, und mein Strumpf war eine blutige, rote

Masse. Ich weiß heute wirklich noch nicht, wie ich diesen Weg bis Kiel mit meinen blutigen Füßen geschafft habe. Ich hängte mich an die Arme meiner Freundinnen, die selbst hinkten und wundgelaufene Füße hatten.« Sie war immer wieder kurz davor, den sie begleitenden SS-Mann zu bitten: »Schießen Sie mich nieder. Ich kann nicht mehr.«[30] Doch sie gelangte nach Kiel, wie viele andere auch. Johanna Rosenthal beschreibt in einem Brief kurz nach dem Krieg ihren Zustand:

> »Nach 4 Tagen kamen wir mehr tot als lebendig in dieser grausamen Hölle an. Ohne sich zu erholen, gings anderen Tages schon zur schweren Steinarbeit. Zwei Stunden hin und ebenso zwei Stunden zurück. Gottlob dauerte diese Qual nur 14 Tage. Am 1. Mai 1945 wurden wir nämlich durch das Rote Kreuz befreit. Keine 14 Tage hätte es noch dauern dürfen, so war es um uns geschehen.«[31]

Ähnlich beschreiben dies die anderen aus dieser Gruppe: Es hätte nicht mehr lange dauern dürfen. Thea Nathan schreibt in einem Brief im Jahr 1947 über ihre letzte Leidensstation in Kiel: »Dort kamen wir in ein Arbeitserziehungslager, eine Hölle, es lässt sich nicht beschreiben. Wenn von dort nicht bald die Befreiung gekommen wäre, hätte ich es nicht mehr erlebt.«[32] Doch war es zuvor immer wieder Thea Nathan gewesen, die die anderen dazu brachte, durchzuhalten, nicht auf den letzten Metern noch aufzugeben. Ihre Tochter Sophie sagt nach dem Krieg, dass die ältere Generation, dass ihre Mutter viel stärker gewesen sei als sie selbst, ihnen immer wieder gesagt habe, dass sie weitermachen, dass sie leben müssten. So war es auch auf dem Todesmarsch von Hamburg nach Kiel: Die Jüngeren wollten aufgeben, sagten, dass sie nicht mehr konnten, die Älteren brachten sie dazu, durchzuhalten.[33]

In der Nacht vor der Befreiung sollten sie ihre Häftlingskleidung ausziehen, überzeugt, dass dies das Ende sei, dass sie nun ermordet würden. Dasselbe dachten sie auch noch, als am 1. Mai die Busse des Roten Kreuzes vorfuhren, sie wollten daher gar nicht einsteigen. Doch die Busse brachten sie nach Schweden. In die Freiheit.[34]

Bergen-Belsen

Einer der wenigen Überlebenden aus der Gruppe Männer, die von Hamburg-Fuhlsbüttel aus im Frühjahr 1945 noch nach Bergen-Belsen verschleppt wurden, war Alfred Ehrlich. Er erinnert sich später: »All das Schlimme, was ich in den letzten zwei Jahren erlebt hatte, wurde von den in diesem Lager üblichen Grausamkeiten und Unmenschlichkeiten bei weitem übertroffen.« Die Bedingungen verschlimmerten sich im Laufe der Zeit durch die Überfüllung des Lagers, in das die Verantwortlichen in dieser letzten Kriegsphase aus allen Teilen ihres Machtbereiches Menschen brachten, die sie dann vor sich hinvegetieren ließen. Auch mehrere seiner Kameraden starben. Die Übriggebliebenen mussten kurz vor der Befreiung immer wieder Leichen zu Massengräbern schleppen.[35]

Nach Bergen-Belsen gelangten auch anfangs nach Minsk Deportierte, Günther Katzenstein und, wie er später erfuhr, auch Margot Aufrecht. Der bei seiner Arbeitsstelle in Minsk für ihn und seine Gruppe zuständige Hauptmann brachte sie nach seiner Wahrnehmung eher gezwungenermaßen in dieses furchtbare Lager:

> »Er hat uns nach Bergen-Belsen bringen müssen. Wenn die Russen rein kamen ins Ghetto, sind wir raus. Wir waren eine Kolonne von acht Juden, die auf einem Eisenbahnzug gearbeitet haben, und der Zug entfernte sich von Minsk, und wir waren mit dort. Und wir sollten zu Blaupunkt nach Berlin. Aber Berlin war schon zertrümmert, war alles … und so hatte der Mann keine andere Möglichkeit, als uns in Bergen-Belsen zu überweisen. Er wusste ja nicht, was Bergen-Belsen war.«

Nach dem Krieg war Katzenstein in Kontakt mit Margot Aufrecht, die ihm erzählte, dass dieser Hauptmann sie später aus Bergen-Belsen gerettet habe, als sie krank war, was im Lager einem Todesurteil gleichgekommen wäre. Er fasst die Situation in diesem Lager in einem Satz zusammen: »Bergen-Belsen, das war ein trauriges Kapitel.« Bis zu seiner Ankunft dort war er noch in verhältnismäßig guter Verfassung gewesen, dies änderte sich jedoch rasch: »Dort teilte ich meine Pritsche mit einem russischen Kriegsgefangenen, welcher hatte Läuse und Tuberkulose. Und ich bekam es von ihm. So, wie die Engländer mich befreiten, hab ich nicht mehr gewogen [wie] 25 Kilogramm.« Er erinnerte sich nach dem Krieg an nahezu nichts mehr aus dem Lager. Jahre später traf er in Israel einen Kameraden aus dieser Zeit, der ihm berichtete, dass er noch nach der Ankunft der Engländer in einer furchtbaren Verfassung gewesen sei.[36]

Kein Wunder: Die letzten Tage vor der Befreiung glichen einem Inferno, wie Alfred Ehrlich beschreibt: »Überall lagen verwesende Leichen, alles war dreckig und stank.« Er schildert Szenen in seinem Bericht, die alles übertrafen, was er zuvor erlebt hatte, unter anderem Fälle von Kannibalismus unter den vor Hunger und Durst und angesichts dieser Bedingungen wahnsinnig gewordenen Häftlingen. Dann endlich kamen die Briten. Drei seiner Kameraden, die aus Hamburg mit ihm nach Bergen-Belsen gekommen waren, starben noch nach der Befreiung.[37]

Stutthof: »Hinter uns schloss sich das Tor einer Hölle«[38]

Für den größten Teil der noch in Riga verbliebenen Jüdinnen und Juden führte der weitere Leidensweg im Sommer 1944 mit dem Schiff nach Danzig und von dort in das Konzentrationslager Stutthof. Einige schöpften nach der Ankunft kurz Hoffnung, waren sie doch wieder im Deutschen Reich und glaubten an eine Besserung ihrer Lage, doch sollten sie bitter enttäuscht werden.[39] Stutthof war, wie zahlreiche Überlebende bezeugen, »die Hölle«. Schreckliche hygienische Bedingungen rafften die ohnehin geschwächten Menschen dahin, die Wachleute ermordeten kranke und schwache Häftlinge entweder oder überließen sie in Todeszonen sich selbst zum Sterben. Da das Lager in diesem Herbst 1944 vollkommen überfüllt war, ließ Kommandant Paul Werner Hoppe Häftlinge mit Transporten in verschiedene Konzentrationslager im Reichsgebiet schicken. Andere wiederum kamen zur Zwangsarbeit in Außenlager von Stutthof.[40]

Bereits die Fahrt mit dem Schiff übertraf, so erinnern sich nach dem Krieg einige, das meiste des bisher Erlebten. Edith Blau schildert dies im Mai 1945: »4000 Menschen bei glühendster Hitze, halbnackend, ohne Wasser, auf die Toilette zu kommen war nicht möglich, und wenn nur mit Schlägen, wenn man in 2 Minuten nicht fertig war.«[41] Auch Werner Sauer erinnert sich an die grauenhafte Schiffsfahrt, während der sie sich nicht hinlegen konnten, da es zu voll war. Volle Eimer dienten als Toiletten, liefen über und ergossen bei der schlingernden Fahrt ihren ekeligen Inhalt in den gesamten Raum. Wenn es Trinkwasser gab, spielten sich tumultartige Szenen ab: Die Menschen waren unter diesen Bedingungen »schlimmer als Tiere«.[42] Als sie endlich in Danzig ankamen, war Edith Blau, die doch hier aufgewachsen war, erschüttert: »Meine Heimat! Und so sah ich sie wieder!«[43]

Der Transport wurde immer ärger. Von Danzig aus ging es in kleinen Kähnen weiter:

> »Diese Fahrt war unmenschlich! 500 Frauen tief in der Ladeluke. Ohne Luft, ohne Wasser und nichts zu essen! Die Panik wuchs von Minute zu Minute. Ohnmächtige Frauen, Kranke, Geschrei und Gestank (man verrichtete seine Notdurft, wo man saß! Es war die Hölle!! Die Frauen begannen sich zu schlagen, ungarisch, polnisch, jüdisch wurde geschrien, und oben stand ein S/S Weib und schrie: na, ir Saubande, wollt ihr ruhig sein oder nicht?‹ Man wuselte im Wasser. Der Mensch wurde zum tiefsten Tier, Frauen waren keine Frauen, Bestien mit glühenden Augen.«[44]

Sofie Leston schildert diesen letzten Teil der Fahrt ähnlich, sie sei fast verdurstet und zwischendurch ohnmächtig geworden, am Ende tranken die Menschen Meerwasser in ihrer Verzweiflung: »In qualvoller Enge eingepfercht, stets leidend unter Durst und Hitze fuhren wir die Nacht hindurch. Sie war eine der übelsten und schlimmsten

Nächte meiner Verschleppung nach dem Osten.«[45] Dann erreichen sie ihr Ziel, endlich, mögen einige gedacht haben, doch dies vermutlich nur kurz. Edith Blau schreibt:

»Endlich, kurz bevor die letzte Kraft schwindet, legt das Boot an, man klettert an Deck, möchte einmal tief Luft holen, aber schon ein Stockhieb! SS, wo man hinsieht, diese verbissene, verfluchte Bande. Wir sehen noch einmal einige unserer Männer, man nickt mit Blicken, die sagen, sei tapfer, ich kann nicht mehr bei dir sein und da sieht man wie sie geschlagen werden, mit Fußtritten bearbeitet, bis wir alle vom Kahn sind. In 5-er-Reihen aufgestellt geht es mit starker Bewachung durch das Dorf Stutthof. Die Bevölkerung sieht uns teilweise entsetzt an! Wie müssen wir auch aussehen! Wir schleppen uns, haben alle nur einen Gedanken, Wasser, Wasser. Keiner spricht mehr! Was kommt nun? Wir wissen nichts und ahnen alles. Das ist der Tod! Nicht der schnell erlösende, sondern der quälende, langsame, der uns jeden Tag ein Stückchen sterben lassen wird, und wir gehen zu 5. hinein in das K. Z. Stutthof.«[46]

Als sie in das Lager marschierten, bemerkte Sofie Leston gleich links neben dem Eingangstor Stapel von Schuhen. Sie erfuhren später, dass es die Schuhe ermordeter Häftlinge waren.[47]

Auch aus dem besetzten Estland kamen in diesem Sommer 1944 Häftlinge nach Stutthof. Helga Verleger, die im September 1942 aus Berlin dorthin deportiert worden war und eine der wenigen war, die nicht unmittelbar nach der Ankunft ermordet wurden, war inzwischen im Barackenlager Ereda, wo sie unter furchtbaren Bedingungen lebte und die Wachposten ständig Mithäftlinge ermordeten. Als sich im Sommer 1944 die Rote Armee näherte, setzte sich ihre Odyssee fort: Im Juli 1944 wurden sie in Viehwagen nach Reval zum Hafen gebracht, dort waren die eigentlich für sie bestimmten Schiffe inzwischen von der Wehrmacht beschlagnahmt worden. Daher fuhren sie weiter, unterwegs wurden ihnen Häftlinge aus einem anderen Lager angeschlossen. Nach drei Wochen ging es, wiederum in Viehwagen, zurück nach Reval, von dort per Schiff nach

Danzig, wo sie, wie die Häftlinge, die aus anderen Orten dort ankamen, in kleine Frachtkähne umstiegen, in denen sie nach Stutthof fuhren.[48]

Da die deutschen Besatzer in diesem Sommer 1944 aus zahlreichen anderen Lagern Häftlinge hierher verschleppten, war Stutthof völlig überfüllt. Viele der neu Angekommenen konnten nur im Sitzen schlafen. Auch verfügten sie nicht über ausreichend Essgeschirr, sie bekamen zu zweit eine Schüssel Suppe, die sie ohne Besteck teilen und so schnell wie möglich leeren mussten, da die nächsten schon auf die Schale warteten. Immer wieder suchten die Wachleute in Appellen ältere Frauen aus, angeblich zum Kartoffelschälen, doch sie kehrten nicht zurück, auch Kinder und krank oder schwach aussehende Frauen traf es.[49]

Günter Wallhausen erinnert sich: »Dieses KZ war das grausamste, unmenschlichste, was ich bisher gesehen und erlebt habe.«[50] Elly und Ruth Eichenwald schildern ihre Zeit in Stutthof: »Dort wurde nicht gearbeitet, wir wurden nur gequält, es war einfach die Hölle. Wir waren alle so verlaust.«[51] Außerdem konnten die Menschen häufig nicht richtig einschätzen, was ihre Überlebenschancen vergrößern würde, so erinnert sich Bonka Stein: Bei Appellen wusste sie nie, wo sie sich hinstellen sollte, bei den Jungen bestand die Gefahr, dass man zu alt wirkte, bei den Alten, dass man gleich weggeschickt wurde. Sie hatte ständig Angst, musste Schläge und Gewalt ertragen. Trotz allem: »Das war eine Zeit, wo ich mir oft einen schnellen Tod gewünscht habe, dann aber, wenn die Gefahr nahe war, so hat man um das bisschen Leben gekämpft bis zur Verzweiflung.«[52]

Sofie Leston beschreibt, dass manche sich, um jünger auszusehen, vor den Appellen die Wangen rot färbten, andere bedeckten ihre grauen Haare mit Kopftüchern: »Wir hofften durch diese angewendeten Tricks der Ausmusterung für die Gaskammern zu entgehen.« Sie meldete sich am zweiten Abend für eine Stelle in der Schreibstube. Ihre Aufgabe war es, eine Kartothek von 60 000 Häftlingen aufzustellen, immer wieder stand in der Spalte für Bemerkungen: »tot«.[53]

Werner Sauer erfuhr bald nach der Ankunft einiges von einem politischen Häftling, unter anderem, dass sie auf keinen Fall krank werden durften, da sie sonst »in den Kamin wandern«. Es gelang ihm, durch einen Kölner Kapo, der für die Verpflegung im Frauenlager zuständig war, Nachrichten und Möhren zu seiner Mutter schmuggeln zu lassen. Er sah sie nicht mehr wieder, nachdem er das Lager nach einem Monat verlassen hatte.[54]

Es gab Sterbezonen im Lager, in denen manche Häftlinge sich selbst überlassen waren bzw. in den Tod selektiert wurden, wie dies auch Inge Rothschild schildert, mit nun zwölf Jahren wohl eine der jüngsten Überlebenden der nach Riga deportierten deutschen Jüdinnen: »Im Laufe der Zeit wurden wir in eine andere Abteilung des Lagers verlegt. Wie wir bald feststellten, war dieses das Vernichtungslager. Hier wurde kein Zählappell mehr durchgeführt, und wir mussten auf bloßer Erde eng zusammen gedrückt hausen. Es gab keine Waschgelegenheit, und wir waren in wenigen Tagen vollkommen verlaust.« Zwei SS-Männer gingen jeden Tag umher, suchten die Schwächsten aus »und brachten sie zu ›sitzender Arbeit‹, das heißt: zum Verbrennungsofen«. Ihre Mutter gab ihr die knappen Rationen und aß selbst nichts mehr, sie kam nach einiger Zeit ins »Spital«. Hier gab es keinen Arzt oder eine wie auch immer geartete Versorgung, es war nur ein besonderer Raum. Wenig später, am 15. Februar 1945, starb ihre Mutter.[55] Auch Ingeborg Gerson-Grin war zeitweise in dieser Zone des Lagers und erinnert sich kurz nach dem Krieg mit Schrecken daran, dort »uralte Menschen« gesehen und Bekannte wiedergetroffen zu haben, »die ich kaum erkannte, so wenig menschenähnlich waren sie geworden«.[56]

Die allermeisten merkten unmittelbar nach ihrer Ankunft, dass sie aus diesem Lager, wenn sie weiterleben wollten, so schnell wie möglich herauskommen mussten. Gemeinsam mit Freunden oder Verwandten meldeten sie sich, sobald sie erfuhren, dass ein Arbeitstransport zusammengestellt wurde. Egal wohin, nur raus aus diesem Lager, das doch ganz offensichtlich den Tod der darin Eingeschlossenen unausweichlich machte. Ihre Ahnung sollte sich als richtig erweisen, wie Helga Verleger schildert: »Tatsache ist, dass wir niemals wieder einem Menschen begegneten, der in Stutthof zurückblieb.«[57]

Hannelore Marx beschloss gemeinsam mit Freundinnen, dass sie versuchen wollten, einem Arbeitskommando zugeteilt zu werden: »Lieber wollten wir die härteste Arbeit verrichten, als hier zu warten, bis wir zum Krematorium gebracht wurden.« Sie waren dabei, als die SS-Wachleute 500 Frauen zur Arbeit auswählten.[58] Eine Kameradin von Gerda Gottschalk erfuhr, dass es einen Sonderappell geben sollte, bei dem Frauen zur Verschickung in die Landwirtschaft zu Bauern ausgesucht würden. Sie fanden heraus, wo dieser stattfand, und stellten sich mit etwa 300 Frauen auf, da auch sie unbedingt aus Stutthof herauskommen wollten. Sie log, sie könne Kühe melken, und durfte heraustreten, ihrer Freundin gelang dies ebenfalls.[59]

Trude Friedrich, deren Vater bald nach der Ankunft in Riga ermordet worden war, verlor in Stutthof auch ihre Mutter. Doch dann traf sie dort ihre Schwester wieder, von der sie zuvor getrennt gewesen war: »Ist das nicht Schicksal?« Als bei einer Selektion zur Arbeit ihre Schwester ausgewählt wurde und sie nicht, gelang es ihnen dennoch, zusammenzubleiben. Eine der 500 ausgesuchten Frauen fiel nachts krank aus, und ihre Schwester erreichte bei den zuständigen Wachen, dass sie als Ersatz zumindest angeschaut wurde. Am nächsten Morgen stand Trude beim Appell, als ihre Schwester mit zwei SS-Männern kam, die entschieden, dass sie mitdurfte. Von da an blieben die beiden Schwestern bis zur Befreiung zusammen.[60]

Auch Liesel Ginsburg verabredete nach der Ankunft in Stutthof mit Freundinnen, dass sie unbedingt versuchen wollten, zusammenzubleiben und in ein Außenkommando zu kommen. Nach einer knappen Woche gelang es ihnen, in einer Gruppe von 500 Frauen nach Sophienwalde zum Straßenbau zu kommen.[61] Dorthin gelangte auch Fanny Englard, damals noch Fanny Dominik, die mit ihrer Cousine nach Stutthof gekommen war und dort nicht einmal mehr in einer Baracke unterkam. Sie schliefen draußen gemeinsam mit ungarischen Jüdinnen aus Auschwitz. Jahre später vergleicht sie sich und die anderen mit Affen im Zoo, die sich gegenseitig nach Ungeziefer absuchen, betont jedoch: »Obwohl in so einer schweren Lage, hatte man immer noch das Bedürfnis, als Mensch zu wirken.«[62]

Gertrude Schneider blieb zweimal zurück, als es anderen – zunächst ihrer Mutter und ihrer Schwester, dann zwei Freundinnen – gelungen war, zur Arbeit außerhalb des Lagers ausgesucht zu werden. Sie war verzweifelt: »Innerhalb von zwei Wochen hatte ich meine Familie verloren – und das in einem Vernichtungslager, wo Alleinsein tödlich war.« Doch dann gelang ihrer Mutter das schier Unglaubliche: Im Außenarbeitslager Bruss in Sophienwalde verunglückte eine Dachdeckerin, und ihre Mutter erzählte dem Kommandanten, ihre Tochter habe in Riga und dann in Kaiserwald Dachdeckerin gelernt. Sie gab ihm ihre Häftlingsnummer, und er forderte sie tatsächlich an. Ein SS-Mann brachte sie mit dem Zug nach Sophienwalde. Irgendwie schaffte es die junge Frau, diese Tätigkeit auch tatsächlich zu verrichten.[63] Als Bonka Stein zur Arbeit außerhalb von Stutthof ausgesucht und nach Sophienwalde geschickt wurde, war auch sie »selig, dass ich aus dieser Hölle rausgekommen bin«.[64]

Sofie Leston gelangte nach Thorn, nachdem sie sich bemüht hatte, dem Lager zu entkommen: »Da ich es nicht mehr mitansehen konnte, wie Menschen für den Tod ausgesucht wurden, meldete ich mich freiwillig zum Arbeitseinsatz.«[65] Dorthin kamen weitere Frauen, die aus Riga nach Stutthof verschleppt worden waren. Manchmal blieben Abteilungen, die vor dem Transport nach Stutthof zusammengearbeitet hatten, bei Weitertransporten zusammen, wie dies Elly und Ruth Eichenwald in einem Brief schildern: »Eines Tages wurde unsere Abteilung, die wir in Riga Kabel ausbesserten, aufgerufen. Wir waren G[ott] s[ei] D[ank] dabei u. wurden nach Thorn geschickt. Aber das Fortkommen war nicht so leicht, wir mussten alle vorm Arzt u. ich war nur noch ein Skelett u. auf ein Haar nach wäre ich festgehalten worden. Wieder wie ein Wunder kam ich heraus.« Und auch sie bestätigen: »Wer in Stutthof blieb, lebt nicht mehr.«[66]

Ruth Alton, die aus Auschwitz nach Stutthof verschleppt worden war, gelangte auf einen Weitertransport mit der ehemaligen Metallabteilung aus dem Ghetto Litzmannstadt. Dieser Transport unterschied sich von den meisten anderen hier geschilderten, da Familien, die in Auschwitz und Stutthof getrennt waren, nun teilweise gemeinsam deportiert wurden bzw. nach der Fahrt in Dresden wieder zusammenkamen. Ruth Alton hatte in Stutthof ihren Mann und ihren Sohn, von denen sie in Auschwitz getrennt worden war, zu ihrer großen Erleichterung wiedergesehen und konnte zumindest aus der Ferne, durch den Zaun, der das Männer- vom Frauenlager trennte, Kontakt halten. Als sie mit den anderen Frauen aus dem Ghetto Litzmannstadt zur Arbeit nach Dresden gebracht wurde, ging sie davon aus, dort ihren Mann und ihren Sohn wiederzusehen, da doch offenbar die gesamte ehemalige Abteilung verschickt worden war und nun in einer ehemaligen Zigarettenfabrik untergebracht wurde. Doch erfuhr sie in Dresden das Schlimmste: Ihr Mann war kurz zuvor gestorben, ihr Sohn dem Transport daher gar nicht mehr angeschlossen worden.[67]

Während die meisten weiblichen Gefangenen nach Sophienwald, Thorn oder nach Bromberg kamen, blieben viele männliche Häftlinge in Danzig und gelangten in das Lager Burggraben, um in der Schichau-Werft zu arbeiten.

Esra Jurmann sah unmittelbar nach der Ankunft in Stutthof beim ersten Appell Häftlinge einen offenen Karren ziehen, auf dem die ausgemergelten Körper sterbender Männer lagen. Er erkannte, dass er hier rauskommen musste, und zwar so schnell wie möglich. Mit der Hilfe eines polnischen Kapos kam er vier Wochen nach der Ankunft zusammen mit seinem Bruder Manfred nach Burggraben in der Nähe von Danzig.[68] Dorthin gelangten neben vielen anderen auch Fred Leser, Bernard Stein, Richard Fleischer und Walter Krämer, der dort, als er krank wurde, vom Arzt ermahnt wurde, er solle sich zusammenreißen, er wolle doch nicht ins Krematorium.[69] Werner Sauer berichtet nach dem Krieg, dass sie im Lager Burggraben viele Bekannte wiedertrafen, die Häftlinge stammten größtenteils aus dem gleichen Transport, mit dem auch sie Riga verlassen hatten. Sie nannten Burggraben aus offenbar guten Gründen unter sich immer nur »Be-graben«: Es herrschten Wassermangel, Läuse, Typhus.[70]

Besondere Arbeitsplätze waren Bauernhöfe in der näheren Umgebung. Edith Blau war es gelungen, eine solche Stelle zu bekommen, gemeinsam mit ihrer Mutter Meta und vier anderen Frauen, die sie schon aus Riga kannten. Sie waren erleichtert: »Man lacht schon wieder und kann es gar nicht fassen, dass man, wenn auch für kurze Zeit, aus dieser Mördergrube herauskommt.« Zwar war ihre Arbeit zuerst sehr schwer, doch lernten sie schnell, zudem bekamen sie gutes Essen. Edith konnte Kontakt zu ihrem ehemaligen Kindermädchen Lene in Danzig aufnehmen, die es wagte, sie zu besuchen, und sie völlig neu einkleidete sowie ihr Essen brachte. Die Freude war jedoch nur von kurzer Dauer, denn diese kurze Begegnung mit der Welt, die sie vor den Ghetto- und Lagererfahrungen gekannt hatte, machte ihr ihre eigene furchtbare Situation allzu sehr bewusst: »Der Abschied war schrecklich. Sie ging zurück in ihr Leben und wir, nachdem wir ihr alles genau erzählt hatten, sollten in das K.Z. zurück. Der Tag rückte immer näher.« Ihre Bekannte nahm einen Brief von Edith mit und schickte ihn an deren Onkel und Tante in Minden. Dieses außergewöhnliche Zeugnis ist erhalten geblieben, ein Brief, geschrieben in einer nur kurzen Auszeit vom Kampf ums Überleben im Konzentrationslager, ein Brief, in dem die Verfasserin ausführlich berichtet, wie es ihnen zuletzt ergangen ist – zugleich war sie voll banger Ungewissheit, was die allernächste Zukunft bringen würde, ob sie und ihre Mutter überleben würden. Es half alles nichts, sie packten, nahmen ihre neuen Schätze mit, um sie im Lager gegen Brot zu tauschen, und mussten zurück nach Stutthof. Immerhin fühlten sich inzwischen gesund und stark.[71]

Auch Gerda Gottschalk kam auf einen Bauernhof, wo es ihr bald besser ging. Dic Bäuerin war freundlich, päppelte sie mit Schmalzbroten auf, interessierte sich für ihr Schicksal. Auch ihr gelang es nun, Briefe zu schmuggeln, sie erhielt Pakete mit Wäsche und Kleidern und sogar Nachricht von ihrer Mutter. Im Unterschied zu Edith

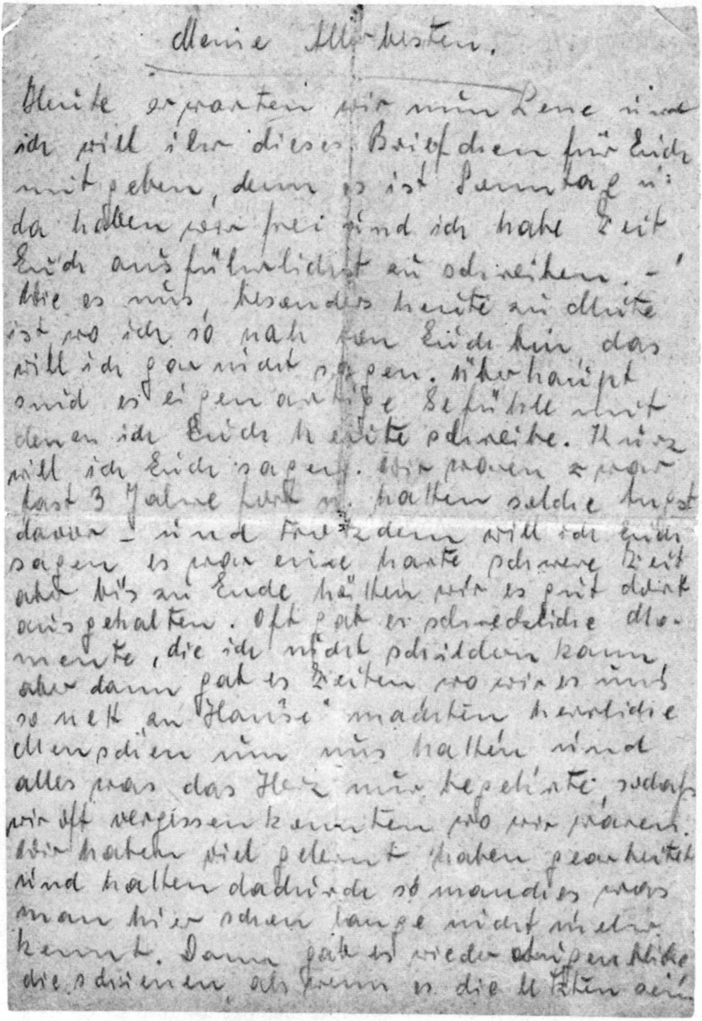

Meine Allerliebsten.
Heute erwarten wir nun Lene und ich will ihr diesen Brief dann für Euch mitgeben, denn es ist Sonntag u. da haben wir frei und ich habe Zeit Euch ausführlichst zu schreiben. – Wie es uns, besonders heute zu Mute ist wo ich so nah bei Euch bin das will ich garnicht sagen. Überhaupt sind es eigenartige Gefühle mit denen ich Euch heute schreibe. Kurz will ich Euch sagen. Wir waren zusammen fast 3 Jahre fort u. hatten solche Angst davor – und trotzdem will ich Euch sagen es war eine harte schwere Zeit aber bis zu Ende hätten wir es gut durch ausgehalten. Oft gab es schreckliche Momente, die ich nicht schildern kann, aber dann gab es Zeiten wo wir es uns so nett zu Hause machten herrliche Menschen um uns hatten und alles was das Herz nur begehrte, sodass wir oft vergessen konnten wo wir waren. Wir hatten viel gelernt haben gearbeitet und hatten dadurch so manches was man hier schon lange nicht mehr kennt. Dann gab es wieder schöne Stunden die schienen, als wenn es die [illegible]

20. Edith Blaus von einem Bauernhof geschmuggelter Brief an ihre Verwandten in Minden

Blau musste Gerda Gottschalk nicht wieder zurück nach Stutthof, ihr Schicksal nahm eine abenteuerliche Wendung: Ein Vorkriegsbekannter, ein Priester aus Leipzig, schickte einen Freund zu ihr, der sie bei ihrer Flucht unterstützen sollte. Auch die Bäuerin half ihnen, und so kamen sie in einem Zug nach Danzig. Ihre Freundin Ellen zog mit falschen Papieren weiter, sie selbst blieb in Danzig versteckt bei der befreundeten Familie. Sie gab sich bald als Flüchtling aus, erhielt Lebensmittelmarken und arbeitete in einem Lazarett. Kurz vor Kriegsende gelangte sie mit einem Lazarettschiff nach Dänemark.[72]

Edith Blau hingegen war in Stutthof schon bald wieder verzweifelt. Viele ihrer Bekannten waren inzwischen ermordet worden. Am Zaun zum Männerlager erfuhr sie, dass ihr Freund aus Riga zwei Wochen vor ihrer Rückkehr zur Arbeit nach Magdeburg geschickt worden war. Auch sie setzte nun alles daran, das Konzentrationslager zu verlassen: »Endlich gehen wieder Arbeitstransporte, man sortiert, Schläge von allen Seiten, alles will nur raus, und wenn es die schwerste Arbeit ist.« Es gelang ihr, dass sie und ihre Mutter zusammen für einen der nächsten Transporte ausgesucht wurden, auch weil sie nachgeholfen hatte: »Mutti male ich an, damit sie jünger aussieht.« Mit einem Schiff kamen sie nach Elbing und waren dort in der Nähe bei einer Baufirma der Organisation Todt eingesetzt. Ihre Hoffnung auf ein Überleben wurde zum Wettlauf gegen die Zeit: »Die Körper magern ab, man siecht langsam dahin, die Kräfte schwinden merklich, und wir wissen, dass wir es nicht mehr lange aushalten.« Dies ging nicht nur ihr und ihrer Mutter so: »Viele haben Erfrierungen, Löcher in den Füßen, Ekzeme am ganzen Körper von der Unterernährung. Ein Haufen von 996 Frauen, inzwischen zu Skeletten abgemagert, so erwarten wir das Ende.«[73] Ähnlich dramatisch waren die letzten Wochen für die meisten der Männer, Frauen und Jugendlichen, die bis zu dieser Jahreswende 1944/45 durchgehalten hatten, sie waren am Ende ihrer Kräfte und zudem der Willkür der Wachleute ausgesetzt.

Die Männer, die im Lager Burggraben in der Werft hatten schuften müssen, wurden Ende Januar 1945 weitergetrieben. Werner Sauer beschreibt den Todesmarsch: »Wir sahen aus wie eine Kollektion wandelnder Lumpen.«[74] Manche waren so entkräftet, dass sie nur bis zum Lager Rieben kamen. Auch Bernd Haase war in dieser Gruppe. Er erinnert sich nach dem Krieg, dass in diesen allerletzten Tagen die

»Menschen wie die Fliegen starben«. Sie mussten sie in Gruben werfen: »Ich hatte keine Gefühle mehr, als ich das tat. Ich war zu abgestumpft.«[75] Nicht jeder schaffte es überhaupt bis in das nächste Lager, wer zu schwach war, wurde unterwegs erschossen. Walter Krämer hätte es fast nicht mehr erreicht:

> »Auch ich war schon ziemlich am Ende meiner Kräfte und konnte auch nicht mehr so mit. Da packt mich Günther am Arm und sagt, wir müssen aushalten, denke an Reni und reiß dich zusammen. Sei stark und halte aus und lass' dich nicht jetzt noch in letzter Stund' abknallen wie einen Hund. Mit letzter Kraft folgte ich Günther, denn er war ein Kamerad, wie man keinen so leicht findet. Wir verstanden uns besser als zwei Brüder.«

Sie kamen nach Rieben, wo die Gefangenen bereits seit Tagen nichts mehr zu essen bekommen hatten. Es war überfüllt, viele waren an Typhus erkrankt, sie hatten schrecklichen Hunger. Walter Krämer litt an Fleckfieber: »Ich hatte schon vollständig mit meinem Leben abgeschlossen, als ich plötzlich abends, es war 11 Uhr, den Jubelruf eines Kameraden vernahm: ›Russische Panzer!‹ Wir wollten es nicht glauben, nein, wir konnten es nicht glauben, noch in letzter Minute befreit zu werden. Es war unfassbar für uns.« Es war höchste Zeit, er wog noch 30 Kilogramm.[76]

Herbert Simons war krank, als die letzten Häftlinge aus Burggraben vertrieben wurden, er versteckte sich und überlebte so, bis die Rote Armee ankam.[77] Andere trieben die SS-Männer zum Lager Lauenburg und von dort aus weiter, mit immer mehr Todesopfern, wie Richard Fleischer beschreibt:

> »Wir konnten nicht mehr, links und rechts im Straßengraben blieben die Menschen liegen, wir, die schon 3 Jahre lang nur immer wieder uns retteten, weil wir die stärksten waren. Immer aufgepeitscht von Stockschlägen der SS, links und rechts knallte es, die wirklich nicht mehr konnten, bekamen den Gnadenschuss ins Genick. Es konnte uns, die schon so viel Elend und Blut kalten Mutes gesehen hatten, die Tränen in die Augen treiben. Auf Glatteis, mehr schlitternd als

gehend, in Holzschuhen das schwere Gepäck der SS schleppend, schlichen wir weiter.«

Er wog bei der Befreiung noch 32 Kilogramm.[78]

Esra Jurmann wurde in den letzten Tagen im Außenlager Burggraben von seinem Bruder getrennt, der schon losmarschieren musste, während er selbst, da er in der Küche arbeitete, noch bleiben musste: »Ich sehe Manfred noch immer vor mir, wie er in der Außenreihe stand von denen, die zum Abmarsch bereit waren. Da standen sie alle bereits in einer Kolonne, bereit zum Abmarsch und zitterten in der Kälte des frühen Morgen.« Noch hofften die Brüder, schon bald wieder vereint zu sein: »›Wir sehen uns heute Abend.‹ ›Ja! Bis heute Abend‹, sagte er. Und das waren die letzten Worte, die wir miteinander gewechselt haben, denn nachmittags kam der Befehl, dass wir dableiben sollten. Auch ich musste bleiben.« Er sah seinen Bruder nie wieder. Er selbst versteckte sich ganz am Ende in einem Kartoffelkeller. Von dort hörte er am nächsten Morgen Schreie, dass die Russen da seien.[79]

Ilse Polak marschierte, als sie Sophienwalde im März 1945 verlassen mussten, mit mehreren jungen Frauen Arm in Arm, da sie sich gegenseitig stützen wollten.[80] Hannelore Marx arbeitete in Sophienwalde immer noch mit der Gruppe von Freundinnen zusammen, mit der sie in Riga bei der Kasernierung Meteor zusammengewesen war. Kurz bevor das Lager evakuiert wurde, hatte sie sich am Knöchel verletzt, sie marschierte trotzdem mit, da sie auf keinen Fall zurückbleiben wollte. Während des Marsches entwickelt sich eine Eiterbeule an ihrem verletzten Knöchel: »Der Schmerz war unbeschreiblich, trotzdem führte ich an der einen Hand eine Freundin, die zu schwach war, alleine zu gehen, und an der anderen eine Kusine mit erfrorenen Füßen.« Trotz der Schwäche und der Schmerzen achteten sie darauf, nicht zurückzufallen: »Meine Freundinnen und ich marschierten immer an der Spitze des Zuges, denn wir wollten nicht mit ansehen, was sich an seinem Ende abspielte.« Sie versucht Jahre später zu ergründen, woher sie in diesen Momenten die Kraft nahm:

»Ich kann es heute nicht mehr erklären, aber von meinem ersten Tag an in Gefangenschaft hatte ich das Gefühl, dass ich durchhalten und die Hoffnung bewahren musste. Ich wollte überleben, um der Welt mitzuteilen, was die Nazis uns angetan hatten. Meine Energie und mein Optimismus hielten mich am Leben und gaben mir die innere Stärke, weiterzumachen, egal wie schwer die Last zu tragen war. Deshalb marschierte ich trotz meiner Schmerzen und mit den zwei schwachen Mädchen an meiner Seite weiter.«

Als sie einmal in einer Scheune übernachteten, hörten sie Schüsse. Sie dachten, dass sie nun im letzten Moment noch ermordet würden, doch waren es russische Soldaten: »Wir waren sehr aufgewühlt und konnten gar nicht so schnell begreifen, dass wir endlich frei waren.«[81]

Auch Liesel Ginsburg, Gertrude Schneider und Bonka Stein mussten sich in Sophienwalde, wieder streng bewacht, in Marsch setzen, überlebten die Strapazen jedoch und wurden um den 10. März 1945 von der Roten Armee befreit.[82]

Bonka Stein verlor auf dem Todesmarsch den Lebensmut, als sie auf andere Häftlinge trafen, von denen einer ihr berichtete, ihr Mann sei auf dem Marsch krank geworden und erschossen worden. Trotzdem stellte sie sich am 9. März wieder zum Abmarsch auf und marschierte die ganze Nacht bei furchtbarem Schneegestöber und Regen immer weiter, »bis wir morgens gegen 10 Uhr in Chinow bei Lauenburg / Pommern in einer Scheune angelangt sind«. Dort schlossen die Wachen sie ein, sie gingen davon aus, dass sie nun erschossen würden, hörten wenig später auch Schüsse, sahen dann aber durch Ritzen im Holz sowjetische Panzer. Sie erinnert sich später an diesen Moment: »Ich musste mit dem Schreiben aufhören, so sehr hat mich die Erinnerung an diesen Moment angegriffen. Nun, die Freude könnt Ihr Euch vorstellen, so schwach wir sind, stürmen wir das Scheunentor, fallen uns gegenseitig in die Arme.«[83]

Jeanette Wolff und Sofie Leston fanden sich beide im Januar 1945 im Waldlager Korben bei Thorn, als dort der Marsch weiter ins Reichsgebiet begann. Sie liefen durch Bromberg, immer wieder erschossen die Wachmänner Frauen, die hinfielen oder nicht mehr mitkamen. Sie konnten kaum mehr weiter, nahmen Schnee vom Straßenrand gegen den Durst. Irgendwann verließen die Wachen sie, offensichtlich besorgt um ihr eigenes Leben. Wie Sofie Leston sich erinnert, brach »unbeschreiblicher Jubel« aus, als russische Soldaten sie erreichten.[84] Ähnliches beschreiben diejenigen, die im Januar 1945 direkt aus Bromberg losgehen mussten, wie etwa Helga Verleger und Erna Valk. Hier wie auf den anderen irrsinnigen Märschen quer durch den deutschen Machtbereich erschossen Wachleute ständig die schwachen Menschen, und Erna Valk überlebte nur, weil eine Freundin ihr half:

> »Jeden Augenblick knallte es. Die liebsten Kameradinnen sind so von uns gegangen. Es waren kolossale Strapazen, 150 km. Abends kamen wir nassgeschwitzt in kalte Scheunen – keine Verpflegung. Wir lebten schon tagelang nur von Schnee. Unsere Füße waren wund. Auch ich war am Ende meiner Kräfte. Eine Kameradin, Bella Hirschfeld aus Berlin, hat mir das Leben gerettet. Ich durfte mich an ihren Arm hängen, und sie hat mich mitgeschleift.«[85]

Einige der geschwächten Männer und Frauen konnten in diesem Chaos trotz allem auf teils abenteuerliche Weise fliehen. War der erste Schritt, von der Marschkolonne zu entkommen, gelungen, gaben sie sich zumeist als deutsche Flüchtlinge aus, was plausibel erschien in diesen chaotischen Tagen, in denen tatsächlich überall Flüchtlingstrecks unterwegs waren und heimatlose Menschen nahezu kreuz und quer durch Gebiete zogen, denen sich die Rote Armee unaufhaltsam näherte.

Werner Sauer beschloss gemeinsam mit einem Kameraden, die Flucht zu wagen, da ihnen klar war, dass sie früher oder später alle ermordet werden sollten. Er dachte, er habe den Wachposten getäuscht, erfuhr aber ein Jahr später von einem Kameraden, dass der Posten sich zu ihm umgedreht und gesagt habe, dass die beiden flohen, er ihnen aber viel Glück wünsche. Im Wald wechselten sie die Kleidung, die sie zuvor organisiert hatten, gegen ihre Häftlingskleidung aus. Sie schlossen sich einem Flüchtlingstreck an, sagten, sie hätten ihren Treck und ihre Gruppe verloren und seien daher ohne Verpflegung unterwegs. Zwar wurden sie angehalten und kamen in ein Gefängnis, wurden jedoch nicht als Juden enttarnt. Sie gaben sich nun als deutsche Häftlinge aus und wurden ausgerechnet in die Nähe von Lauenburg gebracht, wo SS-Personal und einige wenige Häftlinge aus Stutthof untergebracht waren. Von einem erneuten Marsch konnten sie wieder entkommen und wurden bald danach von der Roten Armee befreit.[86]

Helga Verleger und drei weitere Frauen schlugen sich, nachdem sie nachts entkommen waren, bis zum Kriegsende als deutsche Flüchtlinge durch.[87] Ähnlich Erna Valk, die ebenfalls gemeinsam mit drei anderen Frauen die Flucht wagte, als sie wieder einmal in einem kleinen Ort übernachteten, diesmal in einer ehemaligen Ziegelei: »Wir humpelten in unsere Freiheit hinein.« In Dramburg in Pommern gaben sie sich als »›Flüchtlinge vom Osteinsatz‹« aus und »erhielten Geld, Lebensmittelkarten, den für uns so wichtigen Flüchtlingsausweis und eine 1.a-Unterkunft im Hause eines großen Parteibonzen, der schon vor den Russen geflüchtet war und dessen Keller sich bogen von den besten Sachen. Wir kamen uns am Abend dieses Tages vor wie verzaubert. Gebadet, mit schöner, sauberer Wäsche und Kleidung von der Frau Doktor saßen wir in einem schönen, warmen Zimmer, tranken guten Sekt und hörten die englischen Nachrichten.« Sie setzten nach drei Wochen ihre Flucht fort und gelangten tatsächlich in die von den Amerikanern befreite Zone. Sie schreibt: »Was für einen Menschen Freiheit bedeutet, kann nur der ermessen, der so gequält worden ist wie wir.«[88]

Ruth Alton, die ebenfalls in Stutthof gewesen war, musste am Ende des Krieges länger auf die Befreiung warten, da sie mit einem Transport nach Dresden und damit weiter nach Westen gekommen war. Außerdem sollte sie nach verschiedenen weiteren Stationen am Ende nach Dachau gebracht werden, was jedoch zerstörte Gleise verhinderten. Sie mussten zu Fuß weiter, dabei wagte sie die Flucht und schlug sich gemeinsam mit einer Kameradin in den Wald. Sie erinnert sich später an ihre Verzweiflung, als sie da draußen irgendwo standen und nicht mehr weiterwussten: »Zwei Menschen allein auf der Welt. Zwei Menschen, die zu niemand, und nirgendwo hingehören.« Sie gaben sich als nichtjüdische deutsche Flüchtlinge aus, bis sie endlich auf US-Soldaten trafen.[89]

Edith Blau schildert im Mai 1945 ihre dramatische Flucht. Ihre Mutter, eine Freundin und sie selbst warfen sich während des Todesmarsches in einen Graben am Wegesrand und rannten von dort in eine Scheune, wo sie auf einen französischen Kriegsgefangenen trafen, der ihnen half: »Wir zittern vor Aufregung und wissen selbst nicht, wie es so einfach geklappt hat. Wir denken nichts, fühlen nichts. Wir liegen wie tot. Wir hören Stimmen, der Bauer, in dessen Scheune wir liegen, fährt ab mit dem Franzosen. Das Haus ist leer!« Sie warteten die Nacht ab, schlichen sich morgens ins Haus, wo sie Lebensmittel und Kleidung fanden. Einige Male wurden sie fast entdeckt, doch als es ruhiger auf den Straßen wurde, zogen sie ins Haus. Als deutsche Soldaten ins Haus kamen, gaben sie sich als Polinnen aus, deren Herr, der Bauer, geflohen sei und sie zurückgelassen habe.

Später kamen Mitglieder der Marine, die den Befehl hatten, sie aus der Kampfzone zu holen. Sie schlossen sich bald zurückziehenden Soldaten an und gaben sich als deutsche Flüchtlinge aus. Inzwischen war es März 1945, sie kamen nur sechs Kilometer von Stutthof entfernt erneut bei einem Bauern unter: »In unserer Gegenwart unterhält man sich von der Räumung des K. Z. Stutthof. Wir stehen daneben, das Herz schlägt wie wild, aber keiner weiß ja, wie es in uns aussieht.« Nun trennte sich ihre Freundin von ihnen, Edith und ihre Mutter schlossen sich den Deutschen auf ihrem weiteren Rückzug an. Mit einem Schiff gelangten sie nach Hela, von dort weiter Richtung Swinemünde: »Wir sind wie im Traum. Müssen wir auch noch das Elend der deutschen Flüchtlinge erleben, bis wir frei werden? Ist es denn noch nicht genug? Aber wir nehmen es auf uns und glauben. Auf der Fahrt nach Swinemünde Funksprüche, die uns nach Bornholm leiten, da die anderen Städte nicht mehr angelaufen werden können.« Sie kamen in ein ehemaliges Altersheim, wo sie unter anderem in der Küche für deutsche Offiziere arbeiteten, »und denken nur immer: wenn ihr es wüsstet!«

> »Die letzten Tage spürt man, Russen oder Engländer werden erwartet. Die Offiziere verschwinden täglich. Soldaten haben keine Lust mehr! Da endlich am 9. Mai 1945 landen die Russen. Die Aufregung ist groß. Die Soldaten sind froh, dass es am Ende ist, haben aber Angst vor der Gefangenschaft. Wir erleben noch vorher 2 starke Bombenangriffe und haben verdammtes Glück. Da ist für uns der große Moment da. Wir packen unsere Sachen und sagen zum 1. Mal der russischen Behörde, dass wir Juden sind. Was nun wird, bleibt abzuwarten. Wir leben und sind frei und können es selbst nicht fassen!«[90]

Gerhard Hoffmann, der in der Nähe von Flossenbürg befreit wurde, beschreibt diesen Moment in einem Brief kurz nach dem Krieg:

> »Einer schaute dem anderen wie irre in die Augen. Wir konnten es nicht fassen. (…) Wir, die wir schon unzählige Male mit dem Leben abgeschlossen hatten, die selber nie geglaubt hatten, dies wirklich einmal zu überleben, wir waren plötzlich allein unter uns in einem Wald. Freie Menschen, keine SS-Posten, kein Stacheldraht, kein Krematorium. Freiheit. Es dauerte eine gewisse Zeit, bis uns dies alles zum Bewusstsein kam. Ewige Knechtschaft, jahrelange Unterdrückung und auf einmal FREI!!!«[91]

11

EPILOG

»Was eigentlich mein glücklichster Augenblick sein sollte, verkehrte sich ins Gegenteil. Dreieinhalb Jahre lang war uns gesagt worden, was wir zu tun hatten, und jetzt, da ich endlich frei war, wusste ich nicht, was ich mit meiner Freiheit anfangen sollte. Ich fühlte mich ganz allein auf dieser Welt, wie ein einzelnes Blatt im Wind. Es war jenseits meiner Vorstellungskraft, dass ich als einzige Überlebende meiner Familie gerettet war. Ich fühlte mich vollkommen verloren. Mein übermächtiger Wille und all meine Energie fielen von mit ab, und jetzt war ich zum Tod bereit. Ich hatte einen totalen Zusammenbruch und konnte nicht aufhören zu weinen. Ich fragte mich, warum ich das alles überlebt hatte und wofür? Was würde ich nun tun, wohin würde ich gehen? Der Boden war mir unter den Füßen weggezogen worden.«[1]

So beschreibt Hannelore Marx den eigentlich doch so ersehnten Moment der Befreiung. Zwar konnten sie es alle kaum fassen, und von denen, die dazu noch die Kraft hatten, gab es Jubel und Freudentränen beim Herannahen der alliierten Armeen. Esra Jurmann erinnert sich an seine Emotionen in diesem Augenblick: »Diesen Moment hatte ich seit dreieinhalb Jahren erwartet. Jetzt war ich frei. Der Albdruck war vorüber. Ich warf mich auf das Stroh in meiner Ecke und heulte stundenlang.« Er musste in einem Lazarett erst einmal gesund gepflegt werden, dann schlug er sich in Richtung Westen durch, ihm gelang es bereits im August 1945, nach England auszureisen und wenig später seinen Vater zu finden, der dorthin im August 1939 emigriert war und wegen des Kriegsbeginns die Familie nicht mehr nachholen konnte.[2]

Viele Überlebende machten ähnliche Erfahrungen wie Hannelore

Marx. Sie wussten häufig nicht, wohin sie sich wenden sollten, ob sie noch Verwandte hatten, irgendwo. Oder sie wussten bereits, dass all ihre Liebsten nicht mehr lebten, dass sie vollkommen allein waren, allein und heimatlos. Sie waren zutiefst erschöpft, abgemagert, krank. Manche starben kurz nach der Befreiung, an Krankheiten wie Typhus oder weil ihre geschwächten Körper das Essen, das sie nun bekamen, nicht mehr vertrugen. Bonka Stein beschreibt diese erste Phase:

> »Die Freude ist allgemein groß, man merkt nicht, wie krank man ist, schleppt sich herum, aber das Resultat der Leidensjahre bleibt nicht aus, man sackt in sich zusammen, bleibt liegen, kann sich nicht mehr bewegen, es sind schon Tote um einen herum, selbst brennt man vor Fieber, Schreie nach Wasser, Russen kommen, geben einen Schnaps, das tut gut, aber die meisten gehen doch zu Grunde, man sieht und denkt, bald ist man auch so weit.«[3]

Alfred Ehrlich, der in Bergen-Belsen befreit wurde, erinnert sich:

> »Ich hatte zwar den jahrelangen Schrecken überlebt, aber nun, an dem so lange ersehnten Tag meiner Entlassung und endgültigen Freiheit wurde mir mein jämmerlicher Gesundheitszustand intensiv bewusst. Ich war bis auf 39 Kilo abgemagert und so schwach, dass ich nur mühsam einen Fuß vor den anderen setzen konnte. Trotz meines elenden Zustandes gab mir der Gedanke an die Zeit, die nun vor mir lag, Kraft, Freude und Hoffnung. Während der langen Lagerzeit, wo ich so viel Elend und Schrecken erlebt und so oft den Tod vor Augen gehabt hatte, hatte ich die Hoffnung auf Befreiung nie aufgegeben; und nun war es so weit!«[4]

Margot Aufrecht, die aus Berlin nach Minsk verschleppt und in Bergen-Belsen befreit worden war, schreibt am 20. September 1945 an eine Schulfreundin, immer noch aus Belsen: »Die erste Zeit der Befreiung war mir das Leben fast unerträglich, ich habe alles, alles, was ich besessen habe, im Lager verloren.«[5]

Viele der Deportierten mussten sich erst einmal aus dem nun sowjetisch besetzten Teil Europas in ihre alte Heimat durchschlagen, was gar nicht so einfach war, ohne Papiere und Geld. Sie waren mit Misstrauen konfrontiert, manche hielten sie für deutsche Täter, glaubten ihnen nicht, dass sie Verfolgte gewesen waren. Ihre Reise war mitunter gefährlich, einige der gerade erst befreiten Frauen mussten fürchten, von sowjetischen Soldaten vergewaltigt zu werden. Zudem war die Fahrt durch die von Nachkriegswirren geprägten Räume häufig chaotisch und zog sich über eine längere Zeit hin. Trotzdem versuchten viele von ihnen, sich in ihre Heimatorte durchzuschlagen, war dies doch ihr einziger Anhaltspunkt, um womöglich noch Verwandte und Freunde wiederzufinden, falls diese überlebt hatten. Die Ungewissheit nagte an ihnen. Denen wiederum, die bereits die traurige Gewissheit hatten, als Einzige überlebt zu haben, stellte sich erst recht die Frage, wohin sie nun gehen, was sie mit ihrem zerstörten Leben anfangen sollten, wie und wo für sie ein Neuanfang möglich wäre.

In ersten Briefen an Verwandte im Ausland schildern viele der Überlebenden schon 1945 ihre leidvollen Erfahrungen in den letzten Jahren. Indem sie ihre Erlebnisse aufschreiben, versuchen sie vielleicht auch selbst zu begreifen, was ihnen widerfahren war. Manche beginnen ausführliche Berichte, schreiben sich etwas von der Seele, versuchen das Unbegreifliche in Worte zu fassen und damit ihre Gefühle und Gedanken ein wenig zu sortieren. Sie dokumentieren ihr Schicksal, die Schicksale ihrer Liebsten und die nationalsozialistischen Verbrechen.

Zum Zeitpunkt, da sie ihre ersten Berichte niederschreiben, bangen einige noch um ihre Verwandten, hoffen auf ein Wiedersehen. Walter Krämer kehrte nach Hause zurück, obwohl seine Mutter in Auschwitz und sein Vater in Buchenwald ermordet worden waren. Er hoffte, dass seine Schwester bald eintreffen würde.[6]

Erna Valk, die am 30. Juni 1945 in ihre Heimatstadt Goch am Niederrhein zurückkehrte, traf dort nach einigen Tagen tatsächlich ihren Mann Walter wieder, der aus Stutthof nach Buchenwald gekommen war. Als sie, vermutlich noch 1945, ihren Erlebnisbericht aufzeichnete, hatte sie immer noch nichts Genaues über ihre Tochter

Leni in Erfahrungen bringen können, die sie 1938 in die Obhut von Verwandten in den Niederlanden gegeben hatten. Später dann die traurige Gewissheit: Die Zehnjährige war 1943 mit ihrem Onkel und ihrer Tante über Westerbork nach Sobibor deportiert und dort ermordet worden.[7]

Der Vater von Gertrude Schneider war kurz nach der Ankunft der Familie in Stutthof nach Buchenwald verschleppt worden. Kurz bevor die Kolonne das Lager verließ, gelang es ihm, über einen Mitgefangenen einen Gruß an die Familie zu schmuggeln: »Behütet einander. Kopf hoch, nicht aufgeben, es dauert nicht mehr lange. Wir treffen uns in Wien.« Als Gertrude nach Kriegsende in der Hoffnung, ihren Vater wiederzutreffen, nach Wien zurückkehrte, erfuhr sie von seinem Tod: Mit dem Zug wurden die Häftlinge in den letzten Kriegstagen in Richtung Bayern verbracht, doch der Waggon, in dem der Vater sich befand, blieb auf einem Nebengleis in Weimar stehen. Als die Amerikaner diesen Waggon zwei Tage später öffneten, war er tot, sein Körper war noch warm. Einer der Überlebenden aus diesem Waggon erzählte ihnen davon, als er im August 1945 nach Wien zurückkehrte.[8]

Bernd Haase erinnert sich später, wie er, als er wieder zu Kräften gekommen war, beschloss, nach Hause zu gehen, obwohl »nach Hause« für ihn seltsam, nicht treffend klang. Er hatte keine Heimat mehr. Doch er war überzeugt, dass seine Familie dorthin zurückkehren würde, hätte sie überlebt. Seine Mutter und seine Schwester hatte er zuletzt kurz durch den Zaun in Stutthof gesehen. Am 11. August 1945 kam er in Gelsenkirchen an: »Ich war zu Hause – oder wenigstens dort, wo alles begann.« Es gelang ihm, seine rechtzeitig in die USA emigrierte Halbschwester ausfindig zu machen. Alle anderen waren tot: Sein vor Kriegsbeginn nach Belgien geflohener Vater war später in Auschwitz ermordet worden, und auch auf seine Mutter und seine Schwester Ingrid wartete er vergeblich. Er wusste nicht, ob sie in Stutthof ermordet, an den Bedingungen dort gestorben oder auf einem Todesmarsch umgekommen waren. Sie kamen einfach nicht zurück.[9]

Ähnlich das Schicksal von Werner Sauer, der nach einiger Zeit und manchen Problemen, da er als vermeintlicher deutscher Spion in sowjetische Gefangenschaft geriet, nach Bromberg kam. Dort traf er zahlreiche deutsche Jüdinnen, die meist noch die KZ-Kleidung trugen, um nicht in noch größere Schwierigkeiten zu geraten. Sie galten den anderen stets zuerst als Deutsche, auch den Soldaten, die sie vergewaltigten. In Bromberg und auf seinen weiteren Stationen fragte er nach seinen Eltern. Nach einiger Zeit traf er einen jungen Mann, der mit seinem Vater zusammen im Lager Rieben gewesen war. Er berichtete ihm, dass sein Vater zu fliehen versucht hatte, aber entdeckt worden war und später krank wurde und starb. Wenig später erfuhr er von einer Bekannten aus Riga, dass seine Mutter in Stutthof wegen einer geringfügigen Erkrankung in die Krankenstube verlegt war und dort für einen Krankentransport ausgesucht und »verbrannt [worden war]. Somit wusste ich, dass ich nun keine Eltern mehr habe, an denen ich sehr gehangen hatte. Ich kann nur sagen, dass ich die besten Eltern hatte, die man sich denken kann und die ich nur jedem Menschen wünsche. Der Verlust der Eltern war für mich ein harter Schlag, den ich bis heute noch nicht überwunden habe.«[10]

In Bromberg, nun wieder Bydgoszcz, war auch Sofie Leston. Sie kam bei einer polnischen Familie unter und nahm vorübergehend eine Hausmeisterstelle an. Dann passierte das Unvermutete, doch so Erhoffte: »Am 19. Mai traf ich in Bromberg meinen lieben Werner wieder, nachdem wir uns fast 2 Jahre nicht gesehen hatten und nicht voneinander wussten, ob wir noch am Leben waren.«[11]

Ruth Alton, die unter anderem das Ghetto in Litzmannstadt sowie Auschwitz und Stutthof überlebt hatte, war nach dem Kriegsende »körperlich und seelisch tief erschöpft«. Sie trauerte um ihren geliebten Mann und war in Sorge um ihren Sohn Michael, den sie in Stutthof das letzte Mal gesehen hatte. Doch hatte der Junge tatsächlich überlebt. Als vermeintliches Waisenkind wurde er nach Łódź in ein jüdisches Waisenhaus gebracht. Seine Mutter, die die Hoffnung nicht aufgab, reiste von einem Lager mit sogenannten Displaced Persons zum anderen, suchte nach ihrem Sohn. Im Juni 1946 erfuhr sie dann tatsächlich, wo er war. Sie bekam kein Visum für Polen, doch durfte er schließlich ausreisen. Im November 1946 konnte Ruth Alton ihren Sohn wieder in ihre Arme schließen.[12]

Die Gruppe Überlebender von anfangs nach Riga Deportierten, die nach dem Polizeigefängnis Hamburg-Fuhlsbüttel und dem Lager in Kiel mit Bussen des Roten Kreuzes Anfang Mai 1945 gerettet worden war, war nun im Flüchtlingslager Holsbybrunn in Schweden, wo sie sich erholen konnten. Johanna Rosenthal, Siegfried Ziering, Käte Frieß, Hilde Sherman, Leonhard Zimmak sowie Thea, Sophie und Emmi Nathan gehörten zu ihnen. Ebenso Heinz Samuel und Ruth Gompertz, die im Ghetto von Riga geheiratet hatten und die Ehe nun in Schweden gemeinsam mit drei anderen Paaren aus dem Ghetto offiziell schlossen.[13]

Käte Frieß begann in Holsbybrunn im Juni 1945 ihren langen Erinnerungsbericht aufzuschreiben, anfangs noch voller Hoffnung, ihren Mann wiederzusehen, von dem sie nach der Ankunft im Polizeigefängnis Hamburg-Fuhlsbüttel getrennt worden war, nachdem sie es zuvor die ganze Zeit über im Ghetto und in den Lagern geschafft hatten, zusammenzubleiben. Eine Woche lang tippte sie täglich mehrere Seiten mit der Schreibmaschine, dann schrieb sie eine ganze Woche nichts. Am 1. Juli setzte sie den Bericht fort. Sie hatte in den Tagen dazwischen vom Tod ihres Mannes in Bergen-Belsen erfahren. Sie, die in den letzten Jahren so viel Schlimmes durchleben musste, schreibt:

> »Heute habe ich mich wieder entschlossen, an die Maschine zu gehen, und es ist mir, als sei inzwischen eine Ewigkeit vergangen. Eine grausame Ewigkeit, und ich bin eine ganz andere, die jetzt ihr Leben weitererzählt. Gori ist tot! Mein Gori lebt nicht mehr! Ich möchte es in alle Welt hinausschreien, und kann und kann es nicht fassen. Gori, mein Geliebter, wie konntest Du mich jetzt so grausam verlassen, jetzt, wo alles so schön hätte sein können. Ich fass mich an den Kopf und krieg es nicht klein … Ich weine bitterlich, und dann wieder starre ich vor mich hin und rufe Deinen Namen.«[14]

Eine Vertraute von Käte Frieß in dieser Zeit in Holsbybrunn, die später auch den Bericht dem Archiv der Wiener Library in London übergab, war Elsa Meyring, die im Februar 1940 mit ihrem Mann aus Stettin in den Distrikt Lublin verschleppt worden war. Ihr war es gelungen, nachdem ihr Mann in Lublin gestorben war, das besetzte Polen wieder zu verlassen und nach Schweden zu emigrieren, wo sie in der Flüchtlingshilfe arbeitete und nun also Jahre später auf andere »nach Osten« Deportierte stieß und ihnen helfen konnte.[15]

Bonka Stein war lange krank, sie kam zunächst im Mai 1945 in ein Sanatorium in Lauenburg, bevor sie sich Anfang Juni mit zwei anderen Häftlingen auf den Heimweg machte. Sie erreichte am 27. Juli 1945 Hannover, doch wusste dort niemand etwas über ihren Mann. Dann geschah das nahezu Unglaubliche: »Während ich ganz deprimiert da sitze in Gedanken, dass er doch die Freiheit nicht erlebt hat, trotz seines ewigen Optimismus, mache ich eine Drehung und traue meinen Augen nicht, mein Mann steht vor mir. Ich schreie, mein Mann, drehe mich zur Wand und heule wie ein Schlosshund.« Ohne voneinander zu wissen, waren sie am selben Tag in Hannover angekommen.[16] Er erinnert sich an das Wiedersehen, nachdem er »nach langer Irrfahrt« in Hannover angekommen war: »Es war ihr schon erzählt, dass ich umgekommen sei. Umso größer war unsere gegenseitige Freude.«[17]

Edith Blau saß nach der Befreiung in Dänemark wie versteinert, sie konnte nichts mehr tun und sprach nicht mehr. Sie und ihre Mutter kamen bei einem dänischen Arzt unter, der sie untersuchte. Sie litt unter Depressionen, Jahre später erinnert sie sich daran, dass sie sich ihre Befreiung so großartig vorgestellt hatte, doch nun hatte sie den Eindruck, es interessierte niemanden, was passiert war. Der dänische Arzt gab ihr einen dicken Block und sagte ihr, sie solle es aufschreiben, wenn sie nicht reden wolle. So kam es, dass sie ihre Geschichte innerhalb von zwei Tagen und einer Nacht aufgeschrieben hat. Dies ist die Geschichte hinter dem eindrucksvollen Bericht, der in diesem Buch eine solch große Rolle gespielt hat. Danach, so sagt sie später in einem Interview, habe sie sich wie eine neue Person gefühlt und nie wieder aufgehört, davon zu erzählen.[18]

Auch Jeanette Wolff begann bald mit der Niederschrift eines ersten Berichts. Sie blieb noch bis Ende 1945 in Polen, »doch die Sehnsucht nach den Angehörigen und das Heimweh trieben uns zurück. Am 2. Januar trafen wir in Berlin ein; hier begann ich gleich mit meinen Aufzeichnungen, um dem deutschen Volk einen kleinen Aufklärungsbeitrag zu geben.«[19] Hilde Sherman schreibt am Ende ihres Berichts: »Mein Schicksal ist nur eines von Abertausenden. Jeder Einzelne von uns Überlebenden könnte ein Buch schreiben. Jedes wäre anders und doch ähnlich.«[20]

Raul Hilberg hat einmal geschrieben, dass jede Stadt »ihre eigene Deportationsgeschichte« habe.[21] Es geht noch viel weiter: Jede und jeder Deportierte hat ihre und seine eigene Geschichte. Nur die wenigsten überlebten und konnten nach der Befreiung darüber berichten. Und doch sind erstaunlich viele Zeugnisse überliefert, die die individuelle Verfolgungs- und Deportationsgeschichte einzelner Menschen dokumentieren. Aus ihrer Heimat verschleppt in die Fremde, lebten und litten sie unter furchtbaren Bedingungen, ob in Riga, Minsk, Litzmannstadt, Warschau oder anderen Orten im »Osten«, sie erlebten den Tod von Verwandten, Freunden und Freundinnen, ihr eigenes Leben war stets bedroht. Nach jahrelangem Überlebenskampf zerrten ihre Peiniger sie weiter, viele von ihnen durch mehrere Lager. Sie machten ähnliche Erfahrungen, auch wenn sie an unterschiedliche Orte verschleppt worden waren.

Die persönlichen Berichte, die dieser Arbeit zugrunde liegen, zeigen, wie ihre Verfasserinnen und Verfasser sich von heute auf morgen in einer ihnen vollkommen fremden Welt wiederfanden, die von Gewalt, Brutalität, Hunger und der permanenten Angst und steten Bedrohung durch den Tod geprägt war. Sie bezeugen auch die Versuche der Menschen, all dem etwas entgegenzusetzen, ihr Leben zu organisieren und Mittel und Wege zu finden, ihre verzweifelte Lage zu verbessern, ihr Schicksal zu beeinflussen, Versuche der geistigen Selbstbehauptung in einer mörderischen Welt. Die Berichte zeigen,

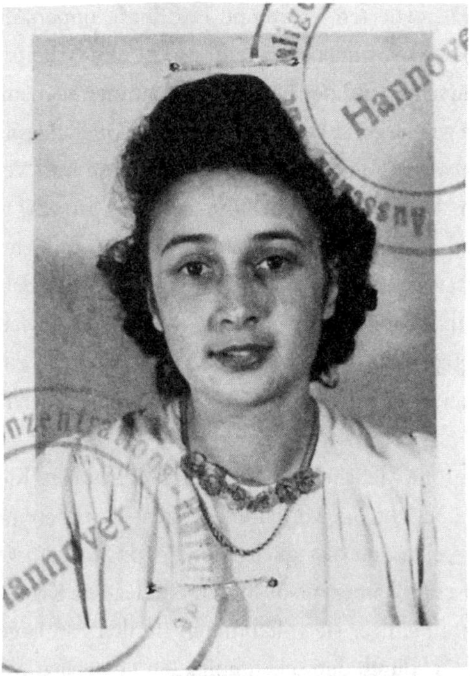

21. Edith Blau nach der Befreiung

wie wichtig soziale Kontakte, die gegenseitige Hilfe von Freunden und Verwandten, der Zuspruch in schwierigen Situationen sein konnten. Diese Netzwerke haben eine große Bedeutung in den Überlebensgeschichten und werden oftmals als wichtiger Faktor für das Überleben benannt. Den vielleicht entscheidenden Punkt für diejenigen, die noch lange mit jemandem zusammen waren, benennt Edith Brandon, damals Edith Blau, Jahre nach dem Krieg: »Meine Mutter und ich waren abwechselnd mutig.«[22]

Gerade im Hinblick auf soziale Beziehungen zeigen die Quellen auch, dass die Verfolgten aktiv handelten und keineswegs passiv alles hinnahmen. Sie versuchten immer wieder aktiv, vor allem in späten Phasen, Einfluss zu nehmen, damit sie mit ihnen nahestehenden Menschen zusammenzublieben, wohl wissend, dass dies ihr Überleben wahrscheinlicher machte. Und so gab es, vor allem unter den nach Riga Deportierten, Paare und Häftlingsgruppen, die über verschiedene Kasernierungen, Konzentrations- und Arbeitslager bis hin zu Todesmärschen und der Befreiung zusammenblieben.

Die hier wiedergegebenen persönlichen Quellen führen außerdem sehr klar vor Augen, was es hieß, Freunde und Verwandte zu verlieren, in Ungewissheit über ihr Schicksal zu sein oder gerade im Gegenteil genau zu wissen, was die Liebsten erwartete oder was ihnen angetan worden war. So beschreiben die Überlebenden eindringlich furchtbare »Aktionen« in den Ghettos und schildern, wie an solchen Tagen die Menschen am Abend ins Ghetto zurückkamen und verzweifelt feststellten, dass ihre Kinder oder Eltern nicht mehr da waren.

Die übergroße Mehrheit der Deportierten hat allen Kämpfen zum Trotz nicht überlebt. Sie wurden im »Osten« erschossen, vergast, erhängt oder fielen den unsäglichen Bedingungen zum Opfer. Zahlreiche Menschen kamen noch in den allerletzten Kriegswochen zu Tode, als ihre Peiniger sie vollkommen sinnlos von Lager zu Lager, von Ort zu Ort durch den schrumpfenden deutschen Machtbereich trieben und diejenigen, die zu schwach waren, erschossen. Insofern konnte in diesem Buch nur ein kleiner Teil der »nach Osten« deportierten deutschsprachigen Jüdinnen und Juden überhaupt zu Wort kommen. Aber immerhin war dies möglich, sind ihre Stimmen überliefert. Nach der Befreiung, die für viele überhaupt keine Befreiung war, da sie sich nicht frei fühlten, da sie krank und elend waren, ihre Liebsten verloren hatten, allein dastanden und nicht wussten wohin – nach dieser »Befreiung« also schrieben viele von ihnen auf, was ihnen widerfahren war, wie sie dies alles erlebt und erfahren und wie sie reagiert hatten. Und auch viele Jahre später berichteten sie, schriftlich oder in Video- und Audio-Aufzeichnungen, die an verschiedenen Orten der Welt archiviert wurden. Ihre Stimmen sind in diesem Buch versammelt, in der Hoffnung, dass sich viele Nachgeborene für ihre Geschichten interessieren.

DANK

Schon lange denke ich über die Geschichte der deportierten Jüdinnen und Juden nach und wollte sie erforschen und schreiben. Dass ich dies nun wirklich tun konnte, verdanke ich vor allem der Einladung, als »J. B. and Maurice C. Shapiro Senior Scholar-in-Residence« am Jack, Joseph and Morton Mandel Center for Advanced Holocaust Studies, United States Holocaust Memorial Museum (USHMM) in Washington zu forschen. Diese Einladung war für mich der Anstoß, dieses Projekt endlich zu beginnen. Neun Monate lang durfte ich mich im Jahr 2022 dort ganz auf meine Recherchen für dieses Buch konzentrieren, habe außerdem großartige Hilfe bei der Suche nach Quellen und Geschichten, aber auch in Fragen der inhaltlichen Ausrichtung meiner Arbeit bekommen. Die Zeit mit den Kolleginnen und Kollegen dort, vor allem auch mit den anderen Fellows, war fruchtbar und ganz wunderbar. Sehr besonders war es für mich, dass ich mein Projekt direkt zu Beginn meiner Zeit in der Gruppe der Holocaust Survivors am USHMM vorstellen und mit ihnen diskutieren durfte.

Vor und nach meinem Aufenthalt in Washington hatte ich am Zentrum für Holocaust-Studien am Institut für Zeitgeschichte in München genau das richtige Umfeld, dieses Projekt durchzuführen.

Zahlreiche Kolleginnen und Kollegen haben mich unterstützt, mir wertvolle Hinweise gegeben, inhaltliche Fragen mit mir diskutiert und mich durch ihr Interesse immer wieder bestärkt, auch in Kolloquien und durch Einladungen zu Vorträgen, andere haben mir Quellen überlassen. Und auch nette Gesprächsrunden bei einem Glas Wein waren unbezahlbar. Ich danke neben so vielen anderen Natalia Aleksiun, Elizabeth Anthony, Frank Bajohr, Giles Bennett, Frank Bösch, Angela Borgstedt, Suzanne Brown-Fleming, Liviu Carare,

Winson Chu, Ron Coleman, Alfred Eckert, Steve Feldman, Gaëlle Fisher, Philipp Gassert, Simon Goldberg, Sarah Grandtke, Patricia Heberer Rice, Lisa-Marie Hoffner, Jonathan Huener, Johannes Hürter, Franziska Jahn, Rosa de Jong, Emil Kerenji, Peter Klein, Jan Lambertz, Lisa Leff, Ilya Lensky, Daan de Leeuw, Megan Lewis, Jürgen Matthäus, Beate Meyer, Samuel Miner, Thomas Muggenthaler, Günther Opitz, Andrea Petö, Yuliya von Saal, Helena Sadílková, Daniel Schlögl, Susanna Schraffstetter, Vincent Slatt, Martina Steber, Alan Steinweis, Maximilian Strnad, Peter Tuteur, Anna Ullrich, Elliott Wren und Kim Wünschmann.

Verschiedene Archive und Institutionen haben mir unkompliziert Quellen und Printmaterialien zur Verfügung gestellt, stellvertretend seien hier die Mahn- und Gedenkstätte Düsseldorf, das NS-Dokumentationszentrum Köln, die Jacob Pins Gesellschaft, die Gedenkstätte Ahlem, das Holocaust Museum Melbourne genannt.

Besonders wichtig und bewegend war es für mich, dass ein Überlebender des Ghettos in Riga und mehrere Nachkommen Überlebender bereit waren, persönliche Dokumente und Geschichten mit mir zu teilen. Manche von ihnen konnte ich persönlich treffen, durfte bei ihnen zu Gast sein. Das hat mir unendlich viel bedeutet. Ich danke Gabriela Alisa-Winter, Martha Birmaher, George Czuczka, Bernd Haase, Yonit Hoffman, George Nathan (und seiner Frau Barbara für ihre Gastfreundschaft), Arnim Schulz, Debbie Ziering, Fred Zimmak.

Renate Löw hat früh Teile des Manuskripts gelesen und korrigiert, Markus Roth und Sascha Feuchert haben das gesamte Buch gelesen, korrigiert und mir zahlreiche wertvolle Hinweise gegeben. Es ist ganz wunderbar, so gute Kollegen zu haben.

Tanja Hommen vom S. Fischer Verlag hat das Buch nicht nur betreut, sondern es sich zur Herzensangelegenheit gemacht und mich damit bestärkt, sie hat durch ihr umsichtiges Lektorat und zahlreiche Gespräche das Manuskript zu einem besseren Buch gemacht.

Last, but not least, danke ich von Herzen Renate und Konrad Löw sowie Pascal Trees für ihre Unterstützung, Geduld und ihren unendlichen Zuspruch.

ANMERKUNGEN

1. Über dieses Buch

1 Bericht Edith Blau, 11.5.1945: USHMM, 1996.A.0070.1*5 Edith Brandon Papers, Bl. 28.
2 Tagebuch Bernd Haase, 1945: Privatbesitz Bernd Haase, Bl. 1.
3 Singer, Eilschritt, S. 81.
4 Diesen Deportationen und den Reaktionen der Menschen darauf habe ich mich an anderer Stelle gewidmet, siehe Löw, Hilferufe und umfassend zum Forschungsstand das Jahrbuch des DÖW 2020: Schindler (Hg.), Nisko 1939. Siehe außerdem Moser, Nisko sowie die Online-Quellenedition unter https://nisko-transports.ehri-project.eu/ [12.7.2023].
5 Behrend-Rosenfeld / Luckner (Hg.), Lebenszeichen; Löw, Deportationen; Manoschek, Februar / März 1941.
6 Siehe zu dieser zentralen Phase Pohl, Verbrechen, S. 134–203, die Einleitung in VEJ 3, S. 56–64 mit Forschungsstand; Browning, Entfesselung, S. 360–535; Kundrus, Krieg, S. 198–221.
7 Siehe dazu: Adler, Mensch; Gottwald / Schulle, »Judendeportationen«; Kundrus / Meyer (Hg.), Deportation sowie die einzelnen Aufsätze in diesem Band, hier zur deutschen Politik vor allem Gruner, Kollektivausweisung; Roth, Verfolgung, S. 220–240, für Deportationen in das Baltikum besonders umfassend Scheffler, Buch mit detaillierten Aufsätzen zu einzelnen Deportationen und Namenslisten, außerdem zahlreiche Lokalstudien zu Deportationen.
8 Dieser Begriff, den Dan Diner für Auschwitz geprägt hat, ist hier sehr treffend: Diner, Zivilisationsbruch.
9 Kaete S.J., Meinem Gori gewidmet, Juni / Juli 1945: WL, P.III.h. No. 208, Abdruck in: Sandow (Hg.), Aufzeichnungen, S. 62.
10 Relevant für dieses Projekt waren besonders die Bände VEJ 3, 4, 6, 7, 8, 9, 10 und 16. Siehe auch Friedländer, Jahre.
11 Kaplan, Mut. Siehe auch Zimmermann, Deutsche, S. 137–164.

2. »Ich weiß nicht, was vor mir liegt, vielleicht ist das gut so«. Vor der Abfahrt des Zuges

1 Ernst Ludwig Oswalt, Meinen Freunden zum Abschied, 9.6.1942: Faksimile in Drummer, Zeuginnen, S. 114 f.
2 Postkarte und Brief Edith Blau, undat.: USHMM, RG-10.250*2 Edith Brandon Papers; VHA #709 Edith Brandon, 17.1.1995, Segment #9.
3 Siehe die Dokumente in: VHM, Richmond, RG-83 Teller Family Papers, fol. 3. Der Reisebericht des Kapitäns der Orinoco ist auszugsweise abgedruckt in Nothdurft, Flüchtlingsschiffe, S. 385 ff.
4 N.N., Evakuierung der Juden aus Stettin, September 1941: WL, P.III.c. No. 622, Bl. 2. Laut Arthur Abrahamsohn, Der Untergang der jüdischen Gemeinde Stettin: WL, P.III.h. No. 22, Bl. 5 ff., der diesen Bericht auch zitiert, handelt es sich beim Verfasser um Walter Glaser. Siehe auch VEJ 3/52.
5 Elsa Meyring, Arbeit als Jüdin 1933–1940 [1942]: WL, P.III.h. No.101, Bl. 6.
6 Für manche Städte sind die Vorbereitungen und die Durchführung der Deportationen sowie die lokalen Zuständigkeiten und Verantwortlichkeiten sehr genau erforscht. Siehe etwa die Arbeiten von Monica Kingreen für Hessen, außerdem: Schupetta/Genger, Organisation; Berschel, Bürokratie; Jah, Deportation; Dinkelaker, Sammellager; Strnad, Deportationen; Meyer, Deportation; Hartmann, Bezirksstelle.
7 Interview mit Martha Mosse, August 1958: WL, P.III c. No 962, Bl. 3 f. Siehe Meyer, Gratwanderung, S. 123–187; Adler, Mensch, S. 354–372; zudem für Wien Rabinovici, Instanzen, S. 223–242; für Frankfurt Kingreen, Großmarkthalle, S. 162; für Berlin Jah, Deportation, S. 110–128; für München Strnad, Deportationen; für Hamburg Meyer, Deportation und Apel (Hg.), Tod; für Bielefeld Hartmann, Bezirksstelle sowie für Nürnberg Eckert, Deportation, S. 347 f.
8 Siehe beispielsweise für Würzburg: VEJ 6/44, S. 208 f. oder das Faksimile der Benachrichtigung der Jüdischen Kultusvereinigung Düsseldorf vom 10.10.1941, in: Schupetta/Genger, Organisation, S. 65. Siehe auch Friedländer, Jahre, S. 335 f. Diese Vorbereitungen sind in den jeweiligen Lokalstudien detailliert beschrieben.
9 Zit. nach Kingreen, Großmarkthalle, S. 155, dort auch weitere Selbstzeugnisse; Katz, Deportationen, S. 507 f.
10 Hecht/Raggam-Blesch, Weg, S. 43 f.; Seiler, Hitler's death camps, S. 59 und Erlebnisse und Erfahrungen der Frau L. Picker unter nationalsozialistischer Herrschaft, 17.8.1955: WL, P.III.h. No. 128, Bl. 2.
11 Abdruck in: Heß/Nichtweiss/Zahedi (Red.), Juden-Deportationen, 56 f.
12 Ebd., S. 11–15 und 56 f.
13 VEJ 6/32, S. 176–179, hier S. 178.
14 VHA #31653 Trude Friedrich, 3.6.1997, Segment #15; Rosenberg, Jahre, S. 14.

15 Rosenberg, Jahre, S. 15; Bericht Ruth Alton: USHMM, RG-14.118M: Landesarchiv Berlin, B Rep 058 Nr. 41, Reel 8, Bl. 4 f., Abdruck in: Alton, Deportiert, S. 5.
16 Jaschek / Yashek, Geschichte, S. 25.
17 VEJ 6 / 30, S. 170 f.
18 VHA #9538 Ruth Foster, 13. 2. 1996, Segment #32.
19 Sherman, Mädchenjahre, S. 28.
20 Marx, Riga, S. 45; Brief Richard Fleischer, 7. 11. 1945, Bl. 2: YVA, O.33 / 8721. Siehe Rueß, Deportationen, S. 19 – 28.
21 Marx, Riga, S. 45. Zu diesen Abschieden siehe auch Berendt-Baram, Sun, S. 3.
22 Bericht Siegfried Weinberg, 9. 11. 1944: 1. 2. 7.4 / 821738010 / ITS Digital Archive, USHMM.
23 Elsa Meyring, Arbeit als Jüdin 1933 – 1940 [1942]: WL, P.III.h. No.101, Bl. 7.
24 Brief Johanna Rosenthal, 26. 6. 1945: WL, P.III.h. No. 283, Bl. 1; Berendt-Baram, Sun, S. 3.
25 Brief Gerhard Hoffmann, 11. 10. 1945: AGFL, 2015. 0123, Bl. 1; Rosenberg, Jahre, S. 15.
26 VEJ 6 / 43. Dies wurde am 3. Dezember noch so präzisiert, dass das Gesetz auch für nach Litzmannstadt, das ja in das Reich eingegliedert worden war, Deportierte gültig war; Barkai, Boykott, S. 193.
27 VEJ 6, Einleitung, S. 34. Siehe VEJ 1 / 123.
28 Lange, Junge, S. 46; Adler, Mensch, S. 489 – 644; Bajohr, »Arisierung«; Buchholz, Versteigerung; Kuller, Verwertung.
29 Postkarte Marianne Ziegler, 9. 11. 1941: USHMM, Acc.1995. 76. 5. 1: Baruch papers.
30 USHMM, 1995. 76. 1. und 1995. 76. 2: Baruch papers. Siehe die von Myriam Raboldt verfassten Biografien in Reuss / Schneider, Berlin, S. 215 – 220.
31 Brief Fanni und Jakob Liebschütz, Karsamstag [23. 4. 1942]: USHMM, RG-02.212: Toward the abyss.
32 USHMM, RG-02.212: Toward the abyss.
33 Schwinger, Kitzingen, S. 428 f.
34 Abdruck in: Schwinger, Kitzingen, S. 429 – 431.
35 Zit. nach Drummer, Zeuginnen, S. 91.
36 Faksimile in Stadtarchiv München (Hg.), Deportation, Dok. 9, o. S.
37 VEJ 634, S. 182.
38 Dieckmann, Besatzungspolitik, Bd. 2, S. 959 – 967.
39 USHMM, RG-10.249: Frieda and Max Reinach diary, Abdruck in: VEJ 6 / 178, S. 493 f.
40 Zu den Bemühungen, Artur Czuczka die Ausreise in die USA zu ermöglichen, siehe die Korrespondenz in USHMM, 2002.296: American Friends Service Committee Refugee Assistance Case Files, File 16: Artur Czuczka.

41 Brief Artur Czuczka, 13. 2. 1941: USHMM, 2015.174.1*2 Czuczka family correspondence.
42 Brief Artur Czuczka, 14. 2. 1941: Ebd.
43 Karten Wilhelm und Johanna Schischa, 24. 2. 1941 und undat.: USHMM, 2003.454.1*1 Schischa family papers; Abdruck: Schischa, Briefe, S. 15 und S. 18.
44 Margolius Kovály, Jüdin, S. 8; Bericht Lisa Herzog [1945 / 46]: YIVO, RG 294.1 / 544, Bl. 1; Feuchert / Leibfried / Riecke (Hg.), Chronik, Bd. 5, S. 20 – 23. Zum Wissensstand später Deportierter etwa VHA #21541 Liesel Ginsburg, 10. 11. 1996, Segment #30.
45 Zit. nach Reuss / Schneider (Hg.), Berlin – Minsk, S. 265; VHA #48006 Fred (Manfred) Alexander, 23. 11. 1998, Segment #33.
46 Zit. nach Unschuld, Ärztin, S. 188.
47 Loewenstein, Minsk, S. 13 f. An diese Stempel erinnern sich auch andere, siehe etwa Bericht Chaim (Heinz) Behrendt, Februar 1961: RG-14.118M Landesarchiv Berlin, Reel 9, B Rep. 058 Nr. 47, Bl. 128; Alton, Deportiert, S. 6; Herbert Mai, Meine Erlebnisse in den 4 Jahren Verbannung, 2. 3. 1946: MEL, D (III) 2953 / PL 7048, Bl. 2.
48 Gottschalk, Weg, S. 20.
49 Erna Steiniger, geb. Herschkowicz, Schicksal des ersten Brünner Transportes im Jahr 1941, undat.: YVA, O.33 / 9767, Bl. 1; VHA #21541 Liesel Ginsburg, 10. 11. 1996, Segment #40; Aussage Edith Sophia Marx, geb. Wolff, 15. 7. 1969: USHMM, RG.14.101M: Records of the Central Office of the Judicial Authorities of the Federal States for the Investigation of National Socialist Crimes (B 162), Reel 188, B162 / 3070, Bl. 1550; Lebenstein, Gazebo, S. 58; Jaschek / Yashek, Geschichte, S. 25; Horndach, Landsberg, S. 32; Seiffert, Sehnder Jüdin, S. 49; Helmut Goldschmidt, in: Becker-Jákli, Köln, S. 125 – 154, hier S. 137; VHA #3066 Berny Lane, 5. 6. 1995, Segment #24; Englard, Waisenhaus, S. 33.
50 [Wolf Seiler], Trostenez, undat.: YVA, O.33 / 3489 [DÖW 854], Bl. 1; Henry L. Robertson [Heinz Rosenberg] testimony, 7. 4. 1986: Fortunoff Video Archive, EAD ID: mssa.hvt.0688, 00:25:40.
51 Katz, Erinnerungen, S. 22 f.
52 Horndach / Gröne, Spuren, S. 31.
53 Winter, Ghetto, S. 21 [Englisch].
54 Zit. nach Kingreen, Verschleppung, S. 73.
55 Siehe dazu Behrend-Rosenfeld / Luckner, Lebenszeichen.
56 VHA #21541 Liesel Ginsburg, 10. 11. 1996, Segment #41; Steinert / Genger, Monate, S. 103 – 113.
57 Samter, Worte, S. 80. Siehe auch Kaplan: Mut, S. 263; Kosmala: Ahnen, S. 142 – 146.
58 Cohn, Recht, Bd. 2, S. 990 f. Siehe auch VEJ 6 / 8, S. 123 f.
59 Klemperer, Zeugnis, Bd. 2, S. 9 [Hervorhebung im Original]. Eine

gute Woche später wurde Paul Kreidl selbst deportiert, siehe ebd., S. 13 f.

60 Kingreen, Frankfurt, S. 339; Schupetta / Genger, Organisation, S. 64; Dinkelaker, S. 56 f.

61 VEJ 6 / 10, S. 125.

62 Siehe etwa Kosmala, Ahnen; dies., Überlebensstrategien, Lutjens, Untertauchen; Schrafstetter, Flucht; Dinkelaker, Sammellager, S. 143 ff.

63 VHA #21541 Liesel Ginsburg, 10. 11. 1996, Segment #41. Siehe die Beispiele bei Kwiet, Refuge; Kaplan, Mut, S. 255 – 262; Kosmala, Ahnen, S. 138 – 142.

64 VEJ 6 / 147, S. 418 f., hier S. 419.

65 [Elisabeth Block], Erinnerungszeichen, S. 256.

66 Ebd., S. 257.

67 Seiler, Hitler's death camps, S. 59 [Englisch].

68 VEJ 6 / 64, S. 252 ff.; [Erich Langer], Abschiedsbrief, S. 29.

69 Ebd., S. 31.

70 Informationen von Angela Genger zu [Erich Langer], Abschiedsbrief, S. 32.

71 Jurmann, Kind, S. 31.

72 Interview mit Julius Günther Katzenstein, 6. 11. 1998, Transkript: MuG, GED-31-001-100.119, Bl. 17. Weitere Beispiele in Hecker, Juden, S. 826; Weidemann, Leben, S. 48.

73 Erna Valk, Meine Erlebnisse in der Zeit vom 10. Dezember 1941 bis 30. Juni 1945 [1945]: WL, P.III.h. No. 367. Bl. 1, Abdruck in: Löw, »Hölle«, S. 186.

74 Interview mit Gary R. (Günter Richard) Wolff, 1. 3. 2001, Transkript: MuG, GED-31 – 001.100.279, Bl. 10 [Englisch].

75 Ginsburg-Frenkel, Bericht, S. 362.

76 Brief Richard Fleischer, 7. 11. 1945: YVA, O.33 / 8721, Bl. 2.

77 Bericht Käte Frieß, Juni / Juli 1945, in: Sandow (Hg.), Aufzeichnungen, S. 24.

78 Zit. nach Kingreen, Verschleppung, S. 72.

79 Brief Johanna Rosenthal, 26. 6. 1945: WL, P.III.h. No. 283, Bl. 1.

80 Oppenheimer, Tagebuch, S. 12.

81 Abrahamsohn, Lebensstationen, S. 22.

82 Alfred Dube, And where was god? [ca. 1960]: USHMM, RG-02*127, Bl. 11 ff., Zitat Bl. 13 [Englisch]; Bericht David Friedmann, undat.: LBI, ME 159, Bl. 2.

83 Seiler, Hitler's death camps, S. 59; Alton, Deportiert, S. 7.

84 VEJ 6 / 94; Schwinger, Kitzingen, S. 442 – 449.

85 Berthold Rudner, Aufzeichnungen aus dem Ghetto Minsk: VfZArch, ED 424; teilweise Abdruck: VEJ 6 / 80, S. 189 – 295, hier S. 289. Das Tagebuch von Rudner ist in Auszügen auch ediert in: [Rudner], Aufzeichnungen.

86 Kalwo, Evakuiert, o. S.

87 Winter, Ghetto, S. 21.

88 VHA #21541 Liesel Ginsburg, 10.11.1996, Segmente #36 und #37; Bericht Erna Valk [1945], in: Löw, »Hölle«, S. 186–196, hier S. 186.

89 Interview mit Julius Günther Katzenstein, 6.11.1998, Transkript: MuG, GED-31-001-100.119, Bl. 17; Interview mit Chaim (Werner) Rübsteck, 20.4.1996, Transkript: MuG, GED-31-001-100.217, Bl. 12. Zu den Bedingungen am Schlachthof auch Materne, Deportation, S. 11 f.; Schupetta / Genger, Organisation, S. 81 f.

90 N. N., Frau und einziges Kind in Minsk ermordet, undat.: WL, P.III.h. No. 1127, Bl. 1. Laut Hillenbrand, Amulett könnte es sich beim Verfasser um Emil Heilbronn handeln.

91 Sherman, Mädchenjahre, S. 30.

92 Jüdisches Museum Frankfurt (Hg.), Deportationen, S. 184; Schafranek, Interview, S. 139. Insgesamt zur Situation im Sammellager in Frankfurt siehe Drummer, Zeuginnen.

93 Interview von Philipp Dinkelaker mit einer Überlebenden aus Berlin, zit. nach Dinkelaker, Sammellager, S. 80. Siehe auch Claus Becher, Mein Name ist Claus. Eine autobiographische Chronik, undat.: SA Hannover, Kps 5597, Bl. 4; Straus / Stadtler, Altenlotheim, S. 123; VEJ 6 / 80, S. 189–295, hier S. 289; Alton, Deportiert, S. 6; Sherman, Mädchenjahre, S. 30; Alfred Ehrlich, 12 nazistische Schreckensjahre, 1948 / 1979 / bearb. 1997: Privatbesitz Arnim Schulz, Bl. 2

94 Sofie Leston, Erlebnisbericht meiner Deportierung nach dem Osten, 10.12.1945: LAV NRW Ger.Rep.267, Nr. 2260, Bl. 1979; [Albert] Reinhold [Kimmenstiel], Bericht über meine Leidenszeit als »Häftling«, 11.11.1945: WL, P.III.h. No. 285, Bl. 1; Berendt-Baram, Sun, S. 3; Oppenheimer, Tagebuch, S. 12; Loewenstein, Minsk, S. 14.

95 Bericht Bernard Stein, undat.: YVA, O.33 / 89, Bl. 1. Siehe auch den Bericht seiner Frau: Bericht Bonka Stein [1946]: YVA, O.33 / 2297, Bl. 1. Diese Körbe voller Wertgegenstände sind auch für das Sammellager in der Synagoge in der Berliner Levetzkowstraße bezeugt, siehe Dinkelaker, Sammellager, S. 78.

96 Ogrodek, Einer von vielen, Bl. 2.

97 Interview mit Gary R. (Günter Richard) Wolff, 1.3.2001: MuG, GED-31–001.100.279, Transkript, Bl. 10.

98 Interview mit Chaim (Werner) Rübsteck, 20.4.1996: MuG, GED-31-001-100.217, Transkript, Bl. 12.

99 Bericht Hans Baermann, 11.4.1945: USHMM, RG-14.101: Records of the Central Office of the Judicial Authorities of the Federal States for the Investigation of National Socialist Crimes (B 162), Reel 390, B162 / 3087, Bl. 562; Bericht Lisa Herzog [1945 / 1946]: YIVO, RG 294.1 / 544, Bl. 1. Zur Lage in den Kölner Messehallen Corbach, Deportationen, S. 26–55 und S. 83–112.

100 Bericht Inge Rothschild, 15.1.1946: AŻIH, 301 / 1507, Bl. 1.

101 Bericht Lore M., in: Becker-Jáckli (Hg.), Köln, S. 97–124, hier S. 112.
102 Marx, Riga, S. 47.
103 Der Film kann eingesehen werden unter https://archivo711.hypotheses.org/4203 [27.7.2023].
104 Siehe die Überlegungen von Günter Riederer dazu: ebd. sowie Ebbrecht, Archivbilder; ders., Filme.
105 Die im Sammellager entstandende Fotoserie kann eingesehen werden unter http://www.zeichen-der-erinnerung.org/riga-01-12-1941/ [27.7.2023].
106 Das Projekt #LastSeen erfasst Fotografien, die im Zusammenhang mit den Deportationen entstanden sind, stellt sie online zur Verfügung und entwickelt pädagogische Materialien: https://www.lastseen.org/ [27.7.1023]. Siehe Kreutzmüller, Panorama sowie die Fotografien der Deportationen aus Würzburg in Schultheis / Wahler, Bilder.
107 Oppenheimer, Tagebuch, S. 12.
108 Kingreen, Verschleppung, S. 73.
109 Bericht Chaim (Heinz) Behrendt, Februar 1961: USHMM, RG-14.118M Landesarchiv Berlin, Reel 9, B Rep. 058 Nr. 47, Bl. 128.
110 Loewenstein, Minsk, S. 13.
111 Weltlinger, Erlebnisbericht, S. 24.
112 Wolff, Sadismus, S. 6.
113 Frau L. Picker blieb eine Woche in der Sammelstelle: Erlebnisse und Erfahrungen der Frau L. Picker unter nationalsozialistischer Herrschaft, 17.8.1955: WL, P.III.h. No. 128, Bl. 2, Karl Engel über drei Wochen: Karl Engel, Meine Leiden und Erlebnisse in den Arbeitslagern u. K.Z.s von 18. Dez. 41 bis zu meiner Befreiung durch die Russen gegen Mitte März in der Nähe von Lauenburg, undat.: YVA, O.33 / 13, Bl. 1.
114 Kalwo, Evakuiert, o. S.; Lappin-Eppel, Alltag, 89 f.; Hecht / Raggam-Blesch, Weg, S. 51–59.
115 Briefe Artur Czuczka, 12. / 13. 2. 1941: USHMM, 2015.174.1*2 Czuczka family correspondence.
116 Lappin-Eppel, Alltag, S. 91 f.
117 Seiler, Hitler's death camps, S. 62 [Englisch].
118 Rockenbauer, Briefe, S. 113.
119 Zum Schicksal von Ruta Rockenbauer siehe Lappin-Eppel, Spurensuche.
120 Siehe dazu Strnad, Zwischenstation, von dem ich auch den Begriff entlehnt habe.
121 Brief Edith Herz, 15.7.1942: MHM, Reg.No. 1726-4, Bl. 1 und Bl. 3. Zu diesem Transport siehe Fings / Matuszewski, Grundlagenforschung.
122 Kalwo, Evakuiert, o. S.
123 Sofie Leston, Erlebnisbericht meiner Deportierung nach dem Osten, 10.12.1945: LAV NRW Ger.Rep.267, Nr. 2260, Bl. 1980.
124 Wolff, Sadismus, S. 6.

125 Straus / Stadtler, Altenlotheim, S. 123.
126 Jurmann, Kind, S. 32. Siehe auch Kaplan, Mut, S. 268.
127 Stern Cohen, Zunge, S. 17.
128 VEJ 6 / 60, S. 244–246, Zitat S. 245.
129 Erna Steiniger, geb. Herschkowicz, Schicksal des ersten Brünner Transportes im Jahr 1941, undat.: YVA, O.33 / 9767, Bl. 1.

3. Im Zug: »Es war eine Fahrt ins Ungewisse, ins Verderben«

1 Alfred Ehrlich, 12 nazistische Schreckensjahre, 1948 / 1979 / bearb. 1997: Privatbesitz Arnim Schulz, Bl. 3.
2 Bernd Haase, Tagebuch [1945]: Privatarchiv Bernd Haase, Bl. 4.
3 N. N., Tagebuch: USHMM, RG 26.014 (LCSAV R-1390), Reel 65, fol.68, Bl. 22 f., Abdruck: VEJ 7 / 215, S. 580 f.
4 Elsa Meyring, Arbeit als Jüdin 1933–1940 [1942]: WL, P.III.h. No.101, Bl. 7–9. Siehe auch N. N., Evakuierung der Juden aus Stettin, September 1941: WL, P.III.c. No. 622, Bl. 2 f.
5 Zu diesen furchtbaren Fahrten aus den Ghettos in die Vernichtung siehe Gigliotti, Train Journey, die eindringlich darauf hinweist, welche körperlichen und seelischen Leiden die Fahrten für die in den Zügen Eingeschlossenen bedeutet haben.
6 Gottwaldt, Logistik, S. 270.
7 VHA #9538 Ruth Foster, 13. 2. 1996, Segmente #36-#38. Siehe auch Hecht / Raggam-Blesch, Weg, S. 69.
8 Karl Engel, Meine Leiden und Erlebnisse in den Arbeitslagern u. K. Z. s von 18. Dez. 41 bis zu meiner Befreiung durch die Russen gegen Mitte März in der Nähe von Lauenburg, undat.: YVA, O.33 / 13, Bl. 1.
9 N. N., Frau und einziges Kind in Minsk ermordet, undat.: WL, P.III.h. No. 1127, Bl. 1. So auch Berthold Rudner: VEJ 6 / 80, S. 189–295, hier S. 290 f.; Claus Becher, Mein Name ist Claus. Eine autobiographische Chronik, undat.: SA Hannover, Kps 5597, Bl. 4; Marx, Riga, S. 47.
10 Englard, Waisenhaus, S. 35 f.
11 Marx, Riga, S. 47; Interview with Gary H. Philipp, 8. 10. 2015: USHMM, RG-50.030. 0841, Transkript, S. 27 f.; Interview mit Julius Günther Katzenstein, 6. 11. 1998, Transkript: MuG, GED-31-001-100.119, Bl. 18.
12 Brief Richard Fleischer, 7. 11. 1945: YVA, O.33 / 8721, Bl. 2; VHA #3066 Berny Lane, 5. 6. 1995, Segment #25.
13 Bericht Chaim (Heinz) Behrendt, Februar 1961: USHMM, RG-14.118M Landesarchiv Berlin, Reel 9, B Rep. 058 Nr. 47, Bl. 128. Siehe auch Bericht Robert Eisenstädt in Kingreen, Verschleppung, S. 73 f.
14 VEJ 6 / 80, S. 189–295, hier S. 290 f.
15 Ebd.

16 Bericht Emmi Nathan Loewenstein, undat.: Privatbesitz George Nathan, Bl. 3.
17 Bericht Käte Frieß, Juni / Juli 1945, in: Sandow (Hg.), Aufzeichnungen, S. 25.
18 [Wolf Seiler], Trostenez (undat.): YVA, O.33 / 3489 [DÖW 854], Bl. 1.
19 Wolff, Sadismus, S. 7. Siehe auch Karl Engel, Meine Leiden und Erlebnisse in den Arbeitsagern u. K. Z. s von 18. Dez. 41 bis zu meiner Befreiung durch die Russen gegen Mitte März in der Nähe von Lauenburg, undat.: YVA, O.33 / 13, Bl. 1.
20 Bericht Erna Valk [1945], in: Löw, »Hölle«, S. 186–196, hier S. 186 f.
21 N. N., Evakuierung der Juden aus Stettin, September 1941: WL, P.III.c. No. 622, Bl. 2 f.
22 Jurmann, Kind, S. 33; Gottschalk, Weg, S. 22; N. N., Evakuierung der Juden aus Stettin: WL, P.III.c. No. 622 September 1941, Bl. 2 f.
23 Ogrodek, Einer von vielen, Bl. 3.
24 Rosenfeld, Welt, Heft A, 17. Februar 1942, S. 45.
25 Karl Engel, Meine Leiden und Erlebnisse in den Arbeitslagern u. K. Z. s von 18. Dez. 41 bis zu meiner Befreiung durch die Russen gegen Mitte März in der Nähe von Lauenburg, undat.: YVA, O.33 / 13, Bl. 1; Aussage Edith Sophia Marx, geb. Wolff, 15. 7. 1969: USHMM, RG.14.101M: Records of the Central Office of the Judicial Authorities of the Federal States for the Investigation of National Socialist Crimes (B 162), Reel 188, B162 / 3070, Bl. 1550.
26 Sofie Leston, Erlebnisbericht meiner Deportierung nach dem Osten, 10. 12. 1945: LAV NRW Ger.Rep.267, Nr. 2260, Bl. 1982; Brief Johanna Rosenthal, 2. 9. 1945: WL, Wiener Library, P.III.h. No. 538. Bl. 2, Abdruck in: Löw, »Hölle«, S. 199–207, hier S. 201; Abrahamsohn, Lebensstationen, S. 22 f.; Ginsburg-Frenkel, Bericht, S. 363; Hecht / Raggam-Blesch, Weg, S. 69.
27 Sherman, Mädchenjahre, S. 31; Oral History Interview with Sophie Nathan, undat.: USHMM, RG-50.323.0007, Min. 20; Bericht Emmi Nathan Loewenstein, undat.: Privatbesitz George Nathan, Bl. 2. So auch Marx, Riga, S. 47 über die Fahrt aus Stuttgart und Käte Frieß für die Fahrt aus Nürnberg, in: Sandow (Hg.), Aufzeichnungen, S. 25.
28 Wolff, Sadismus, S. 7.
29 Erich Prinz, Schicksal des Transports Bk, undat.: YVA, O.33 / 9767, Bl 1.
30 So etwa Interview mit Julius Günther Katzenstein, 6. 11. 1998, Transkript: MuG, GED-31-001-100.119, Bl. 17.
31 VEJ 6 / 80, S. 189–295, hier S. 290 f.
32 Loewenstein, Minsk, S. 14 f., Zitat S. 15.
33 Bericht Chaim (Heinz) Behrendt, Februar 1961: USHMM, RG-14.118M, Reel 9, B Rep. 058 Nr. 47, Bl. 130.
34 Oppenheimer, Tagebuch, S. 14; Oral History Interview with Grete Zetley

(geb. Hammerschlag), 19. 1. 198: Dallas Holocaust and Human Rights Museum, 206.191, Min. 19:33.

35 Bericht Bernard Stein (undat.): YVA, O.33 / 89, Bl. 1; Bericht Bonka Stein [1946]: YVA, O.33 / 2297, Bl. 1; Bericht Chaim (Heinz) Behrendt, Februar 1961: USHMM, RG-14.118M Landesarchiv Berlin, Reel 9, B Rep. 058 Nr. 47, Bl. 130; Bericht Robert Eisenstädt, Abdruck in: Kingreen, Verschleppung, S. 73 f.

36 VHA #21541 Liesel Ginsburg, 10. 11. 1996, Segmente #38-#39.

37 Seiler, Hitler's death camps, S. 63 [Englisch].

38 Sofie Leston, Erlebnisbericht meiner Deportierung nach dem Osten, 10. 12. 1945: LAV NRW Ger.Rep.267, Nr. 2260, Bl. 1980 – 1981.

39 Bericht Werner Sauer, 1948: YVA, O33 / 4126, Bl. 9 f.

40 Englard, Waisenhaus, S. 35 f.

41 Feuchert / Leibfried / Riecke (Hg.), Chronik, Bd. 5, S. 9 – 19, hier S. 9.

42 Oppenheimer / Grötecke, Tagebuch, o. S.; Menczel, Rhein, S. 24; Oppenheimer, Tagebuch, S. 14; Erlebnisse und Erfahrungen der Frau L. Picker unter nationalsozialistischer Herrschaft, 17. 8. 1955: WL, P.III.h. No. 128, Bl. 2; Markiewicz-Simon, S. 18.

43 Bericht Robert Eisenstädt, zit. nach Kingreen, Verschleppung, S. 73 f.

44 Postkarte Oscar Hoffmann, 21. 7. 1942 [Poststempel Bromberg, 21. 7. 1942]: NS-Dokumentationszentrum Köln, Bestand Nr. 170: Sammlung Erwin und Nanny Bernauer, N 272,348.

45 Auch Goldberg, Poetry, S. 66, weist darauf hin, dass die Menschen in den Deportationszügen versuchten, ihr Zeitgefühl nicht zu verlieren.

46 Postkarte Rosa und Erich [Falkenstein], undat. [Poststempel Thorn 24. 7. 1942]: NS-Dokumentationszentrum Köln, Bestand Nr. 170: Sammlung Erwin und Nanny Bernauer, N 272,346.

47 Postkarten Edith Blau, 14. 12. 1941 und undat.: USHMM, RG-10.250*2 Edith Brandon Papers; VHA #709 Edith Brandon, 17. 1. 1995, Segment #9; siehe auch Goldberg, Poetry.

48 Jurmann, Kind, S. 33.

49 Bericht Helga Verleger, 27. 2. 1950: WL, P.II+I.h. No. 1009, Bl. 1.

4. »Keine einzige Menschenseele mehr«. Massenmorde an den Zielorten

1 Sherman, Mädchenjahre, S. 36.

2 VEJ 7 / 215, S. 580 f., Zitat S. 581.

3 Brief Elkahan Elkes, 19. 10. 1943, zit. nach Dieckmann, Besatzungspolitik, Bd. 2, S. 959.

4 Brief Rosa Siemon, 10. 12. 1958, zit. nach ebd., S. 961.

5 Angrick / Klein, »Endlösung« S. 126 – 184; Scheffler, Schicksal, S. 4 f.; Rentrop, Tatorte, S. 141; Bert Hoppe, Einleitung, in VEJ 7, S. 56 f.; Gerlach,

Morde, S. 624 f. Siehe auch VEJ 7/256, S. 666–673; Guy, Innocence, S. 57–72; Kacel, Hell, S. 41–53.

6 Michelson, Rumbula, S. 52–65. Siehe auch den Bericht von Carolina Taitz, die im letzten Moment ausgesucht wurde, um als Schneiderin zu arbeiten, in: RG-05.004.01 Carolina Taitz papers relating to the Rīga ghetto, Bl. 84; Friedländer, Jahre, S. 389 ff.

7 Zit. nach Angrick/Klein, »Endlösung«, S. 161.

8 Ebd., S. 160–167.

9 Bergmann, Aufzeichnungen, S. 44–46.

10 Sherman, Mädchenjahre, S. 36.

11 Vgl. etwa Silberklang, Gates; Libionka, Ermordung; Hänschen, Transitghetto.

12 Postkarte Oscar Hoffmann, 24.7.1942 [Poststempel Hannover 28.7.1942]: NS-Dokumentationszentrum Köln, Bestand Nr. 170: Sammlung Erwin und Nanny Bernauer, N 272,347.

13 Rentrop, Tatorte, S. 204 f.

5. »Wir sind weit, sehr weit von unserer gewesenen Heimat«. Die Ankunft an den Zielorten

1 Karte Wilhelm Schischa, 3.3.1941, in: Schischa, Briefe, S. 21.

2 Tagebuch Bernd Haase [1945]: Privatbesitz Bernd Haase, Bl. 5 f.

3 Rosenfeld, Heft A, 17.2.1942, S. 46 [Auslassungen im Original].

4 Alton, Deportiert, S. 7.

5 Leon Freier, Meine Evakuierung im Januar 1942, undat.: WL, P.III.h. No. 1006i, Bl. 1.

6 Bericht Bernard Stein, undat.: YVA, O.33/89, Bl. 2; Brief Johanna Rosenthal, 26.6.1945: WL, P.III.h. No. 283, Bl. 1; Bericht Werner Sauer, 1948: YVA, O.33/4126, Bl. 13; Karl Engel, Meine Leiden und Erlebnisse in den Arbeitslagern u. K.Z.s von 18. Dez. 41 bis zu meiner Befreiung durch die Russen gegen Mitte März in der Nähe von Lauenburg, undat.: YVA, O.33/13, Bl. 1; Englard, Waisenhaus, S. 36.

7 Brief Richard Fleischer, 7.11.1945: YVA, O.33/8721, Bl. 2 f.; VHA #9538 Ruth Foster, 13.2.1996, Segmente #38-#40; Englard, Waisenhaus, S. 36; Interview mit Chaim (Werner) Rübsteck, 20.4.1996, Transkript: MuG, GED-31-001-100.217, Bl. 12.

8 Nussenbaum, Geschichte, S. 45.

9 Sofie Leston, Erlebnisbericht meiner Deportierung nach dem Osten, 10.12.1945: LAV NRW Ger.Rep.267, Nr. 2260, Bl. 1982.

10 Bericht Edith Blau, 11.5.1945: USHMM, RG-10.250*5 Edith Brandon Papers, Bl. 35.

11 Erlebnisse und Erfahrungen der Frau L. Picker unter nationalsozialisti-

scher Herrschaft, 17.8.1955: WL, P.III.h. No. 128, Bl. 2; Wolff, Sadismus, S. 8.

12 Brief Gerhard Hoffmann, 11.10.1945: AGFL, 2015.0123, Bl. 1; Interview mit Julius Günther Katzenstein, 6.11.1998, Transkript: MuG, GED-31-001-100.119, Bl. 17.

13 VHA #48006 Fred (Manfred) Alexander, 23.11.1998, Segment #37. Vgl. auch Bericht Chaim (Heinz) Behrendt, Februar 1961: USHMM, RG-14.118M Landesarchiv Berlin, Reel 9, B Rep. 058 Nr. 47, Bl. 130.

14 Erna Steiniger, geb. Herschkowicz, Schicksal des ersten Brünner Transportes im Jahr 1941, undat.: YVA, O.33/9767, Bl. 1.

15 Straus/Stadtler, Altenlotheim, S. 124.

16 Wolff, Sadismus, S. 8.

17 Max Bunzl, Vernichtungslager Salaspils bei Riga, 31.8.1948: WL, P.III.h. No. 1023, Bl. 5.

18 Brief Johanna Rosenthal, 26.6.1945: WL, P.III.h. No. 283, Bl. 2.

19 Oppenheimer, Tagebuch, S. 18.

20 Oral History Interview with Grete Zetley (geb. Hammerschlag), 19.1.1998: Dallas Holocaust and Human Rights Museum, 206.191, Min. 23:12–23:53 [Englisch].

21 Englard, Waisenhaus, S. 36 f; Aussage Hans Werner Loszynski, 20.10.1949: IfZArch, Gh02.05-1-39; Brief Leonhard Zimmak, 9.7.1946: Privatbesitz Fred Zimmak; Aussage Else Lüders geb. Bloch, 1.11.1949: IfZArch, Gh02.05-1-52; Aussage Carola Israel, 19.10.1949: IfZArch, Gh02.05-1-35.

22 Max Bunzl, Vernichtungslager Salaspils bei Riga, 31.8.1948: WL, P.III.h. No. 1023, Bl. 5; WL, P.III.h. (Ghetto Riga) No. 1018, Bl. 1; WL, P.III.h. No. 1010/a, Bl. 1.

23 Bericht Herbert Schultz, 22.8.1947: WL, P.III.h. No. 1030/g, Bl. 1; Bericht Karl Schneider, Februar 1948: WL, P.III.h. No. 1030/f.

24 Kuwałek, Durchgangsghettos, 210 f.; Hänschen, Transitghetto, S. 25–29, S. 259 und S. 333; Hindls, Bericht, S. 12 f.

25 Seiler, Hitler's death camps, S. 66.

26 Siehe Kap. 4, S. 68 ff.; Baumschlaeger, Minsk, S. 115.

27 Siehe für die gesamte Passage inkl. des längeren Zitats: Prinz, Schicksal des Transports Bk, undat.: YVA, O.33/9767, Bl. 1 f.

28 Gottwaldt/Schulle, »Judendeportationen«, S. 250–259.

29 Aussage Herbert Kurt Kallmann, undat.: IfZArch, Gh02.05-1-70–71. Siehe auch Aussage Ivan Brager, 1.11.1949: IfZArch, Gh02.05-1-49; Bericht Helga Verleger, 27.2.1950: WL, P.III.h. No. 1009, Bl. 1.

30 Sofie Leston, Erlebnisbericht meiner Deportierung nach dem Osten, 10.12.1945: LAV NRW Ger.Rep.267, Nr. 2260, Bl. 1982.

31 Brief Johanna Rosenthal, 2.9.1945, in Löw, »Hölle«, S. 199–207, hier S. 201.

32 Schneider, Reise, S. 91.

33 Sherman, Mädchenjahre, S. 45.

34 Rosenfeld, Heft A, 17. 2. 1942, S. 46. [Auslassungen im Original.]; Alton, Deportiert, S. 7; Hilde Cohen testimony, 5. 7. 1983: Fortunoff Video Archive, EAD ID: mssa.hvt.0196, Part 2, 14:00.

35 Bericht Käte Frieß, Juni / Juli 1945, in: Sandow (Hg.), Aufzeichnungen, S. 26.; VHA #9538 Ruth Foster, 13. 2. 1996, Segmente #38-#40; VHA #21541 Liesel Ginsburg, 10. 11. 1996, Segmente #43-#44; Alfred Ehrlich, 12 nazistische Schreckensjahre, 1948 / 1979 / bearb. 1997: Privatbesitz Arnim Schulz, Bl. 3.

36 Brief Siegfried Ziering, 25. 6. 1945: USHMM, 2013.300.1 Sigi Ziering memoir, Bl. 1, Abdruck in: Löw, »Hölle«, S. 173–180, hier S. 173. Es gibt auch ein Interview mit ihm: Sigi Ziering testimony, 5. 4. 1990: Fortunoff Video Archive, EAD ID: mssa.hvt.1317.

37 Bericht Edith Blau, 11. 5. 1945: USHMM, RG-10.250*5 Edith Brandon Papers, Bl. 35. Zu diesen Briefwechseln siehe Haas, Ghetto.

38 Erlebnisse und Erfahrungen der Frau L. Picker unter nationalsozialistischer Herrschaft, 17. 8. 1955: WL, P.III.h. (Riga) No. 128, Bl. 2.

39 Gottschalk, Weg, S. 22 ff., Zitat S. 23.

40 Sherman, Mädchenjahre, S. 33.

41 Jurmann, Kind, S. 34.

42 VHA #9538 Ruth Foster, 13. 2. 1996, Segment #59 [Englisch].

43 Bericht Lucie Levi, 6. 8. 1948: WL, P.III.h. No. 1021, Bl. 1; [Albert] Reinhold [Kimmenstiel], Bericht über meine Leidenszeit als »Häftling«, 11. 11. 1945: WL, P.III.h. No. 285, Bl. 1; Aussage Mascha Katz, geb. Chabas, 11. 12. 1951: IfZArch, Gh02.05-1-202–203.

44 Englard, Waisenhaus, S. 37.

45 Sofie Leston, Erlebnisbericht meiner Deportierung nach dem Osten, 10. 12. 1945: LAV NRW Ger.Rep.267, Nr. 2260, Bl. 1983.

46 Bericht Chaim (Heinz) Behrendt, Februar 1961: USHMM, RG-14.118M Landesarchiv Berlin, Reel 9, B Rep. 058 Nr. 47, Bl. 130.

47 VEJ 6 / 80, S. 189–295, hier S. S. 291.

48 Brief Artur Czuczka, 18. 2. 1941: USHMM, 2015.174.1*2 Czuczka family correspondence.

49 Karte Lotte und Markus Mahler, 18. 2. 1941: YVA, O.33 / 2910, Bl. 1.

50 Brief Wilhelm Schischa, 1. 3. 1941, in: Schischa, Briefe, S. 19 f.

51 Karte Hermann und Celine Mandelbaum, 9. 4. 1941: USHMM, 2016.265.1: Herman and Celine Mandelbaum correspondence.

52 Alfred Dube, And where was god? [ca. 1960]: USHMM, RG-02*127, Bl. 14; Bericht Flora Herzberger, Juni 1945: USHMM, RG-02.162, Bl. 1; Eichengreen, Asche, S. 44 f.

53 Feuchert / Leibfried / Riecke, Chronik, Bd. 5, S. 9–19, hier S. 12 f.

54 Löw, Juden, S. 241–244; Rosenfeld, Welt, Heft A, 17. 2.1942, S. 47; Bericht Lisa Herzog [1945 / 1946]: YIVO, RG 294.1 / 544, Bl. 2; Bericht David Friedmann, undat.: LBI, Memoir Collection, ME 159, MM 26, Bl. 4; Singer,

Problem, 18.6.1942–19.6.1942, S. 192 ff.; Eichengreen, Asche, S. 45; Stern Cohen, Ghetto, S. 20 ff.; Bericht Flora Herzberger, Juni 1945: USHMM, RG-02.162, Bl. 1.

55 Feuchert / Leibfried / Riecke, Chronik, Bd. 5, S. 9–19, hier S. 14 f.

56 Alton, Deportiert, S. 7.

57 Hindls, Bericht, S. 14.

58 Postkarte Jacob und Fanni Liebschütz, 13.4.1942: USHMM, RG-02.212: Toward the abyss.

59 Kuwałek, Durchgangsghettos, S. 215.

60 Behrend-Rosenfeld / Luckner, Lebenszeichen, S. 75.

61 Karte Liesa und Ludwig Tuteur, 28.4.1942: Privatarchiv Peter Tuteur.

62 Bericht Käte Frieß, Juni / Juli 1945, in: Sandow (Hg.), Aufzeichnungen, S. 27 f.

63 Karl Engel, Meine Leiden und Erlebnisse in den Arbeitslagern u. K. Z. s von 18. Dez. 41 bis zu meiner Befreiung durch die Russen gegen Mitte März in der Nähe von Lauenburg, undat.: YVA, O.33 / 13, Bl. 1.

64 Marx, Riga, S. 48.

65 Siehe Kap. 2, S. 15 f.

66 Rosenberg, Jahre, S. 20.

67 Brief Horst Philipp, 5.9.1947: GLA Karlsruhe, 465h Nr. 10379, Bl. 309.

68 Brief Gerhard Hoffmann, 11.10.1945: AGFL, 2015.0123, Bl. 1.

69 VHA #3066 Berny Lane, 5.6.1995, Segment #34-#35; Aussage Herbert Herz, undat.: GLA Karlsruhe, 465h Nr. 10384, Bl. 200.

70 Erna Steiniger, geb. Herschkowicz, Schicksal des ersten Brünner Transportes im Jahr 1941, undat.: YVA, O.33 / 9767, Bl. 1.

71 Loewenstein, Minsk, S. 18; Berendt-Baram, Sun, S. 6.

72 Interview with Gary H. Philipp, 8.10.2015: USHMM, RG-50.030.0841, Transkript, S. 31.

73 VEJ 6 / 80, S. 289–295, hier S. 291.

74 VHA #16399 Arthur Menke, 19.6.1996, Segment #17.

75 N. N., Frau und einziges Kind in Minsk ermordet, undat.: WL, P.III.h. No. 1127, Bl. 1.

76 VHA #16026 Eric Floss, 6.6.1996, Segment #16 [Englisch].

77 Aussage Frieda Marx, 29.10.1968: USHMM, RG-14.101M: Records of the Central Office of the Judicial Authorities of the Federal States for the Investigation of National Socialist Crimes (B 162), Reel 388: B162 / 3067, Bl. 1106; Aussage Jakob Marx, 16.11.1967: ebd., Reel 2423, B162 / 19227, Bl. 706.

78 Menczel, Rhein, S. 26; Schneider, Reise, S. 65 f.; Polak, Lives, S. 30.

79 Bericht Inge Rothschild, 15.1.1946: AŻIH, 301 / 1507, Bl. 1; Bericht Hans Baermann, 11.4.1945: USHMM, RG-14.101M: Records of the Central Office of the Judicial Authorities of the Federal States for the Investigation of National Socialist Crimes (B 162), Reel 390, B162 / 3087, Bl. 562; Kurt Servos testimony, 14.5.1993: Fortunoff Video Archive, EAD ID: mssa.hvt.2013, 00:08:13.

80 Brief Siegfried Ziering, 25.6.1945, in: Löw, »Hölle«, S. 173–180, hier S. S. 173; Hermann Ziering, Lebenslauf: Manhattan College, The Herman and Lea Ziering Archive Collection; VHA #9538 Ruth Foster, 13.2.1996, Segment #45–#46; VHA #21541 Liesel Ginsburg, Segmente #46–#48; Bericht Erna Valk [1945], in: Löw, »Hölle«, S. 186–196, hier S. 187; Bericht Bonka Stein [1946]: YVA, O.33/2297, Bl. 1; Sofie Leston, Erlebnisbericht meiner Deportierung nach dem Osten, 10.12.1945: LAV NRW Ger. Rep.267, Nr. 2260, Bl. 1983–1984; Oral History Interview with Sophie Nathan, undat.: USHMM, RG-50.323.0007, Min. 22; Bericht Emmi Nathan Loewenstein, undat.: Privatbesitz George Nathan, Bl. 2; Brief Johanna Rosenthal, 26.6.1945: WL, P.III.h. No. 283, Bl. 1; Bericht Herbert Simons, 14.7.1945: YVA, O.15/2431, Bl. 1; Walter Krämer, Mein Leben [1945]: YVA, O.33/1679, Bl. 5 f.; Bericht Bernard Stein, undat.: YVA, O.33/89, Bl. 2; Oppenheimer, Tagebuch, S. 15; Erlebnisse und Erfahrungen der Frau L. Picker unter nationalsozialistischer Herrschaft, 17.8.1955: WL, P.III.h. No. 128, Bl. 3; Wolff, Sadismus, S. 8 f.; Alfred Ehrlich, 12 nazistische Schreckensjahre, 1948/1979/bearb. 1997: Privatbesitz Arnim Schulz, Bl. 3.

81 Jurmann, Kind, S. 35.

82 Schneider, Reise, S. 86 f.

83 Gottschalk, Weg, S. 24 ff., Zitat S. 26.

84 Straus/Stadtler, Altenlotheim, S. 129 f.; Brief Gustav Uhlmann [Oktober 1945], Kopie: Privatbesitz Fritz Ostkämper.

85 Bericht Edith Blau, 11.5.1945: USHMM, RG-10.250*5 Edith Brandon Papers, Bl. 35 f.; VHA #709 Edith Brandon, 17.1.1995, Segment #10.

6. »Wir waren Überlebenskünstler, das war unglaublich«. Versuche, das Leben neu zu organisieren

1 VHA #21541 Liesel Ginsburg, 10.11.1996, Segment #83.

2 Brief Wilhelm Schischa, 1.3.1941, in: Schischa, Briefe, S. 20.

3 Brief Artur Czuczka, 18.2.1941: USHMM, 2015.174.1*2 Czuczka family correspondence.

4 Bericht Erna Valk [1945], in: Löw, »Hölle«, S. 186–196, hier S. 187.

5 VEJ 6/80, S. 289–295, hier S. 291.

6 Jurmann, Kind, S. 35.

7 Bericht Edith Blau, 11.5.1945: USHMM, RG-10.250*5 Edith Brandon Papers, Bl. 37.

8 Bericht von Ernst Krombach, zit. nach Hänschen, Transitghetto, S. 534–544, hier S. 536.

9 Karte Wilhelm und Johanna Schischa, 14.3.1941, in: Schischa, Briefe, S. 26.

10 Brief Artur Czuczka, 11.5.1941: USHMM, 2015.174.1*2 Czuczka family correspondence; Brief Markus Mahler: YVA, 0.33/2910, Bl. 26 f.

11 Brief Wilhelm und Johanna Schischa, 13.5.1941, in: Schischa, Briefe, S. 65.
12 Brief Artur Czuczka, 21.5.1941: USHMM, 2015.174.1*2 Czuczka family correspondence.
13 Brief Philipp Rühl vom 14.4.1942: StA Nürnberg, E 1/1491 Nr. 1.
14 Kuwałek, Durchgangsghettos, S. 202; Blatt, Schatten, S. 15–20.
15 Brief Horst Philipp, 5.9.1947: GLA Karlsruhe, 465h Nr. 10379, Bl. 309.
16 Brief Wilhelm Schischa, 18.3.1941, in: Schischa, Briefe, S. 29 f.
17 Karte Wilhelm Schischa, 21.3.1941, in: ebd., S. 31.
18 Karte Wilhelm und Johanna Schischa, 27.3.1941, in: ebd., S. 37.
19 Singer: Problem, 25.6.1942, S. 201; Löw, Juden, S. 247.
20 Postkarte Grete Feldsberg, 4.12.1941: YVA O.30/106.
21 O[skar] R[osenfeld]: Gästeheim, in: Bopp u.a. (Hg.), Enzyklopädie, S. 73.
22 Vgl. die Gesuche an die Abteilung für Eingesiedelte in: APŁ 278/1215. Teilweise wurde auf das Gesuch nur gestempelt, dass der Betreffende »ausgesiedelt« wurde.
23 Rosenfeld, Heft C, 31.5.1942, S. 93; Stern Cohen, Ghetto, S. 31.
24 Bericht Inge Rothschild, 15.1.1946: AŻIH, 301/1507, Bl. 1.
25 Bericht Bernard Stein, undat.: YVA, O.33/89, Bl. 4.
26 Hermann Neudorf, Das war Riga [1945]: USHMM, Acc.Nr. 1994.83.2 Hermann Heudorf papers, Series 1, fol. 6, Bl. 2.
27 Loewenstein, Minsk, S. 21.
28 Brief Wilhelm und Johanna Schischa, 13.3.1941, in: Schischa, Briefe, S. 24.
29 Sherman, Mädchenjahre, S. 40.
30 Brief Markus Mahler, 2.5.1941: YVA, o.33/2910, Bl. 29; Karte Wilhelm und Johanna Schischa, 21.3.1941, in: Schischa, Briefe, S. 32.
31 Loewenstein, Minsk, S. 20.
32 Oral History Interview with Lore Price (geb. Sass), 17.11.1985: Dallas Holocaust and Human Rights Museum, 2016.145, Min. 06:03; Sherman, Mädchenjahre, S. 37.
33 Schieb, Nachricht, S. 181.
34 Behrendt-Baram, Sun, S. 11.
35 Brief Gerhard Hoffmann, 11.10.1945: AGFL, 2015.0123, Bl. 1 f.
36 Loewenstein, Minsk. S. 21 f.
37 VEJ 6/80, S. 189–295, hier S. 292.
38 Ebd., S. 292.
39 Loewenstein, Minsk, S. 40.
40 Brief Wilhelm und Johanna Schischa, 15.5.1941, in: Schischa, Briefe, S. 67.
41 Loewenstein, Minsk, S. 21.
42 Winter, Ghetto, S. 36 [Englisch].
43 VHA #21541 Liesel Ginsburg, 10.11.1996, Segmente #81- #83.
44 Alton, Deportiert, S. 10.
45 Ebd., S. 19 f.
46 Oppenheimer, Tagebuch, S. 15.

47 Interview mit Chaim (Werner) Rübsteck, 20.4.1996, Transkript: MuG, GED-31-001-100.217, Bl. 17; Rosenberg, Jahre, S. 33.
48 WL, P.III.h No. 290. Zu den wahrscheinlichen Verfasserinnen siehe Gedenkbuch NS-Dokumentationszentrum Köln: https://museenkoeln.de/NS-Dokumentationszentrum/default.aspx?s=1211 [17.7.2023].
49 Zit. nach Schmidt, Riga, S. 135.
50 Karte Wilhelm und Johanna Schischa, 14.4.1941, in: Schischa, Briefe, S. 53.
51 Alton, Deportiert, S. 12 f.
52 Brief Johanna Rosenthal, 26.6.1945: WL, P.III.h. No. 283, Bl. 2; Bericht Ernst Ilberg, undat.: MEL, III / 1891, Bl. 2.
53 VHA #9538 Ruth Foster, 13.2.1996, Segment #48.
54 Hindls, Bericht, S. 22. Für Riga siehe Bericht Werner Sauer, 1948: YVA, O.33 / 4126, Bl.52.
55 Gottschalk, Weg, S. 43.
56 Tagebuch Dora Hansen, Abdruck in: Gottschalk, Weg, S. 133.
57 So eine Essaysammlung von Oskar Singer aus dem Jahr 1942: Singer, Problem.
58 Brief Ernst Krombach, 28.4.1942, zit. nach Hänschen, Transitghetto, S. 412.
59 Brief Martha und Max Bauchwitz, 27.2.1940, in: Behrend-Rosenfeld / Luckner, Lebenszeichen, S. 32.
60 Brief Wilhelm und Johanna Schischa, 23.3.1941, in: Schischa, Briefe, S. 34.
61 Brief Wilhelm und Johanna Schischa, 25.5.1941, in: ebd. S. 71.
62 Brief Wilhelm und Johanna Schischa, 18.7.1941, in: ebd. S. 97 f.
63 Brief Artur Czuczka, 2.3.1941: USHMM, 2015.174.1*2 Czuczka family correspondence.
64 Brief Artur Czuczka, 20.5.1941: ebd.
65 Brief Cläre und Erich Silbermann, 10.3.1940, in: Behrend-Rosenfeld / Luckner, Lebenszeichen, S. 109. Siehe auch Brief Martha und Max Bauchwitz, 6.3.1940, in: ebd., S. 33
66 Brief Lotte und Markus Mahler, 7.4.1941: YVA, O.33 / 2910, Bl. 19.
67 Sierakowiak, Aufzeichnungen, 14.10.1941, S. 107.
68 Winter, Ghetto, S. 45. Siehe auch Zimmermann, Deutsche, S. 138–144.
69 Pulaver, Geto, S. 52 [Jiddisch]. Siehe für Riga Bericht Isaac Berner, 18.4.1957: YVA, O.33 / 15, Bl. 3 sowie Reichelt, Gesellschaften und für Minsk Gerbovitskiy, I Was Left on my Own, S. 67.
70 Feuchert / Leibfried / Riecke (Hg.), Chronik, Bd. 2, S. 160.
71 Raisa Gitlina (Epshteyn), Minsk; siehe auch Bericht Isaac Berner, 18.4.1957: YVA, O.33 / 15, Bl. 3 für Riga.
72 Interview mit Gary R. (Günter Richard) Wolff, 1.3.2001, Transkript: MuG, GED-31–001.100.279, Bl. 12 und 16.
73 Bergmann, Aufzeichnungen, S. 51.
74 AŻIH, ARG I 445 / 18 [Jiddisch], Abdruck auf Polnisch in Nalewajko-Kulikov, Pisma, S. 359.

75 Lewin, Cup [Englisch], S. 85.
76 Ebd., S. 103.
77 AŻIH, ARG I 445/18 [Jiddisch], Abdruck auf Polnisch in Nalewajko-Kulikov, Pisma, S. 359.
78 Singer, Problem, 16.6.1942, S. 188 f.
79 Hauser, Sterben, 16.7.1942, o. S.
80 Bericht Lisa Herzog [1945/1946]: YIVO, RG 294.1/544, Bl. 2. Zu diesen gegenseitigen Wahrnehmungen in Litzmannstadt siehe Löw, Juden, S. 233–241, zu Riga Reichelt, Gesellschaften.
81 Brief Martha Bauchwitz, 8.4.1940, in: Behrend-Rosenfeld/Luckner, Lebenszeichen, S. 34.
82 Feuchert/Leibfried/Riecke (Hsrg.), Chronik, Bd. 5, S. 20–23, hier S. 21 [Auslassung im Original]; Singer, Problem, 15.6.1942, S. 186.
83 VHA #31653 Trude Friedrich, 3.6.1997, Segment #33.
84 Seiler, Hitler's death camps, S. 73.
85 Greifer, Erzählung, S. 90 f.
86 Loewenstein, Minsk, S. 18.
87 VHA #9538 Ruth Foster, 13.2.1996, Segment #50; Winter, Ghetto, S. 26.
88 Kacel, Hell, S. 54 [Englisch].
89 Short Live Story of Minsk Ghetto Survivor Matus Stolov, 1.6.2007: Illinois Holocaust Museum and Education Center, Chicago, S. 7 f. [Englisch].
90 Raisa Gitlina (Epshteyn), Minsk.
91 Smolar, Minsk Ghetto, S. 49; Bericht Hersh Smolar, 1972: YVA, O.3/3605. Siehe Cholavsky, German Jews, S. 237.
92 Aussage Margot Aufrecht, undat.: GLA Karlsruhe, 465h Nr. 10384, Bl. 109.
93 Singer, Problem, 23.6.1942, S. 197 f. Vgl. auch Stern Cohen, Ghetto, S. 36.
94 AZIH, ARG I 445/18 [Jiddisch], Abdruck auf Polnisch in: Nalewajko-Kulikov, Pisma, S. 359.
95 Singer, Problem, 25.6.1942, S. 202.
96 Sierakowiak, Aufzeichnungen, 20.10.1941, S. 110; Bericht Liza Taflowicz, undat.: AŻIH, 302/124, Bl. 21 f.
97 Kaplan, Buch, S. 309.
98 Levenstein, Bericht, S. 31; N. N., Bericht über Lettland, Oktober 1942: YVA, P.12/54, Bl. 6; Bergmann, Aufzeichnungen, S. 51.
99 Raedler, »Es fällt mir nicht leicht«, S. 57; Aslezova, Childhood, S. 32; Cholavsky, German Jews, S. 237.
100 Rubinchik, Ghetto, S. 151; Cholavsky, German Jews, S. 236.
101 Krawtschinkij, Zeitzeuge, S. 16 f.
102 Srebnik, Memories, S. 172.
103 Bergmann, Aufzeichnungen, S. 52.
104 Bericht Edith Blau, 11.5.1945: USHMM, RG-10.250*5 Edith Brandon Papers, Bl. 36; Winter, Ghetto, S. 25.
105 Sherman, Mädchenjahre, S. 38 ff., Zitat S. 39 f.

106 Schneider, Reise, S. 119.
107 Kacel, Hell, S. S. 56.
108 Sherman, Mädchenjahre, S. 63; VHA #21541 Liesel Ginsburg, 10. 11. 1996, Segmente #142-#143; Winter, Ghetto, S. 42; Schneider, Reise, S. 126 f.
109 Bericht Edith Blau, 11. 5. 1945: USHMM, RG-10.250*5 Edith Brandon Papers, Bl. 39.
110 Kacel, Hell, S. 71 ff.
111 VHA #39610 Fred Leser, 12. 3. 1998, Segmente #55-#56.
112 So bezeichnete Rosenfeld in seinem Tagebuch die deutschen Täter.
113 Rosenfeld, Welt, Heft Nr. 11, [1942], S. 194.
114 Eichengreen, Rumkowski, S. 16.
115 Stern Cohen, Ghetto, S. 25; Rosenfeld, Welt, Heft A [1942], S. 54; Singer, Problem, 26. 6. 1942, S. 203.
116 Rosenfeld, Welt, Heft A, 17. 2. 1942, S. 47.
117 Ebd., S. 54.
118 Jurmann, Kind, S. 39 f.
119 Wolff, Sadismus, S. 12 f.; Brief Siegfried Ziering, 25. 6. 1945, in: Löw, »Hölle«, S. 173 – 180, hier S. 174; Sherman, Mädchenjahre, S. 40; Winter, Ghetto, S. 34.
120 Bericht Erna Valk [1945], in: Löw, »Hölle«, S. 186 – 196, hier S. 187; Bericht Ernst Ilberg, undat.,: MEL, III / 1891, Bl. 2.
121 Bericht Siegfried Weinberg, 9. 11. 1944:1. 2. 7.4 / 821738011 / ITS Digital Archive, USHMM.
122 Sofie Leston, Erlebnisbericht meiner Deportierung nach dem Osten, 10. 12. 1945: LAV NRW Ger.Rep.267, Nr. 2260, Bl. 1984 – 1985; Bericht Bernard Stein, undat.: YVA, O.33 / 89, Bl. 3.
123 Loewenstein, Minsk, S. 22.
124 Brief Gerhard Hoffmann, 11. 10. 1945: AGFL, 2015. 0123, Bl. 2 [Hervorhebung im Original]; Aussage Werner Blumert, undat.: GLA Karlsruhe, 465h Nr. 10384, Bl. 156a.
125 Tagebuch Dora Hansen, Abdruck in: Gottschalk, Weg, S. 128.
126 Chirurg, Bridge, S. 75 [Englisch]; Löw, Juden, S. 252.
127 Karte Wilhelm Schischa, 18. 3. 1941, in: Schischa, Briefe, S. 29.
128 Brief Artur Czuczka, 22. 8. 1941: USHMM, 2015.174.1*2 Czuczka family correspondence.
129 Brief Artur Czuczka, 8. 9. 1941: ebd.
130 Brief Margarethe Braun Mittler, 30. 11. 1941: USHMM, 2007.337. 1 Gertrude Laufer Collection.
131 Loewenstein, Minsk, S. 21 f.
132 N. N., Frau und einziges Kind in Minsk ermordet, undat.: WL, P.III.h. No. 1127, Bl. 2.
133 Brief Thea Nathan, 22. 5. 1947: Privatbesitz George Nathan, Bl. 1.
134 [Rudner], Aufzeichnungen, S. 397. Siehe auch Berendt-Baram, Sun, S. 8.

135 Jurmann, Kind, S. 35 f.
136 Bericht Lucie Levi, 6. 8. 1948: WL, P.III.h. No. 1021, Bl. 1.
137 Brief Leonhard Zimmak, 9. 7. 1946: Privatbesitz Fred Zimmak.
138 VHA #39610 Fred Leser, 12. 3. 1998, Segment #33.
139 [Albert] Reinhold [Kimmenstiel], Bericht über meine Leidenszeit als »Häftling«, 11. 11. 1945: WL, P.III.h. No. 285, Bl. 1.
140 Bericht Lucie Levi, 6. 8. 1948: WL, P.III.h. No. 1021, Bl. 2.
141 Brief Erich Wassermann, undat.: YVA, O.75 / 3467; Aussage Else Lüders geb. Bloch: IfZArch, 1. 11. 1949, Gh02.05-1-52; Aussage Hans Werner Loszynski, 20. 10. 1949: IfZArch, Gh02.05-1-39.
142 Bericht Sofi Billig, undat.: WL, P.III.h. No. 1021 / a, Bl. 1.
143 Bericht Lucie Levi, 6. 8. 1948: WL, P.III.h. No. 1021, Bl. 1.
144 Marx, Riga, S. 51.
145 Brief Siegfried Ziering, 25. 6. 1945, in: Löw, »Hölle«, S. 173–180, hier S. S. 173.
146 Bericht Siegfried Weinberg, 9. 11. 1944:1. 2. 7.4 / 821738013–82173815 / ITS Digital Archive, USHMM.
147 Max Bunzl, Vernichtungslager Salaspils bei Riga, 31. 8. 1948: WL, P.III.h. No. 1023, Bl. 1; Leon Freier, Meine Evakuierung im Januar 1942, undat.: WL, P.III.h. No. 1006i, Bl. 1 f.; Bericht Bernard Stein, undat.: YVA, O.33 / 89, Bl. 4–6; Karl Engel, Meine Leiden und Erlebnisse in den Arbeitslagern u. K. Z. s von 18. Dez. 41 bis zu meiner Befreiung durch die Russen gegen Mitte März in der Nähe von Lauenburg, undat.: YVA, O.33 / 13, Bl. 1; Aussage Hellmut Pins, undat.: IfZArch, Gh02.05-1-92.
148 Alfred Ehrlich, 12 nazistische Schreckensjahre, 1948 / 1979 / bearb. 1997: Privatbesitz Arnim Schulz, Bl. 5.
149 N. N., Auszug aus einem Brief, undat.: WL, P.III.h. No 287, Bl. 1.
150 Bericht Egon Klein, 30. 11. 1948: WL, P.III. i. No. 1028 / b, Bl. 1 f.; Bericht Hans Baermann, 11. 4. 1945: USHMM, RG-14.101M: Records of the Central Office of the Judicial Authorities of the Federal States for the Investigation of National Socialist Crimes (B 162), Reel 390, B162 / 3087, Bl. 562 f.
151 Eidesstattliche Erklärung Alfred Winter, 15. 10. 1947: IfZArch, NO-5448, Bl. 1 und 6.
152 Sherman, Mädchenjahre, S. 58.
153 Bericht Erna Valk [1945], in: Löw, »Hölle«, S. 186–196, hier S. 187; Brief Siegfried Ziering, 25. 6. 1945, in: ebd., S. 173–180, hier S. 174.
154 VHA #21541 Liesel Ginsburg, 10. 11. 1996, Segmente #67-#68.
155 Jurmann, Kind, S. 45.
156 Englard, Waisenhaus, S. 41.
157 Marx, Riga, S. 52.
158 Englard, Waisenhaus, S. 38–41.
159 Brief Artur Czuczka, 2. 3. 1941: USHMM, 2015.174.1*2 Czuczka family correspondence.

160 Brief Lotte und Markus Mahler, 4.3.1941: YVA, O.33/2910, Bl. 6.
161 Sherman, Mädchenjahre, S. 37.
162 Stern Cohen, Ghetto, S. 26.
163 Rosenfeld, Welt, Heft A, [1942], S. 52 f. [Hervorhebung im Original].
164 Singer, Problem, S. 194.
165 Loewenstein, Minsk, S. 21.
166 Alton, Deportiert, S. 20.
167 Interview mit Gary R. (Günter Richard) Wolff, 1.3.2001: MuG, GED-31–001.100.279, Transkript, Bl. 16 [Englisch, mit Ausnahme der Zitate der Eltern, diese im Original Deutsch].
168 Siehe etwa Schieb, Nachricht; Oral History Interview with Lore Price (geb. Sass), 17.11.1985: Dallas Holocaust and Human Rights Museum, 2016.145, Min. 19:50.
169 APŁ, 278/2316–2323; Zawilski, Materialien, S. 109.
170 George Czuczka im Gespräch mit Andrea Löw, Washington, D.C., 17.6.2022. Siehe insgesamt zu diesen Sendungen und den damit verbundenen Problemen Lambertz/Lánicék (Hg.), Parcels.
171 Brief Artur Czuczka, 18.2.1941, Zusatz 19.2.1941: USHMM, 2015.174.1*2 Czuczka family correspondence.
172 Brief Markus und Lotte Mahler, 4.3.1941, YVA, o.33/2910, Bl. 3.
173 Brief Artur Czuczka, 2.3.1941: USHMM, 2015.174.1*2 Czuczka family correspondence.
174 Brief Artur Czuczka, 9.6.1941, Zusatz 11.6.1941: ebd.
175 Brief Artur Czuczka, 25.5.1941: ebd.
176 Brief Artur Czuczka, 9.6.1941: ebd.
177 Brief Artur Czuczka, 7.8.1941: ebd.
178 Briefe Markus und Eva Mahler: YVA o.33/2910, Foto Bl. 21a.; Bakondy, Montagen, S. 153–160; Loewy, Photographs.
179 N.N., Evakuierung der Juden aus Stettin, September 1941: WL, P.III.c.No. 622, Bl. 3.
180 Brief Anny Kulka an das »Comittee Hilfeleistung für die kriegsbetroffene jüdische Bevölkerung«, 1.11.1941 und dessen Antwortschreiben, 4.12.1941: USHMM, RG-68.045M: The World Jewish Congress Geneva Office records, Reel 13, C3/111, Bl. 187 f. Siehe auch Lepper, RELICO.
181 Steinert, Post.
182 Alton, Deportiert, S. 11.
183 Postkarte Aenne Katz, 12.11.1941: YVA, O.75/436, Bl. 1 f. [Hervorhebung im Original].
184 Postkarte Aenne Katz, 5.12.1941: ebd. Bl. 3 f.
185 Postkarte Aenne Katz, 11.5.1944: ebd., Bl. 5 f.
186 Siehe zur Lebensgeschichte der Familie und diesen Postkarten Kess, Lebenszeichen.
187 Postkarten Grete Feldsberg: YVA O.30/106. Grete Feldsberg wurde im

Sommer 1944 nach Auschwitz deportiert. Sie hat überlebt. Siehe https://www.eternalechoes.org/at/testimonies/grete-stern [14.1.2023]. Siehe auch das Oral Testimony auf der Seite.

188 Faksimile: https://hannoverscher-bahnhof.gedenkstaetten-hamburg.de/de/susanne-zirker-an-eva-buchard [11.7.2022].

189 VHA #39610 Fred Leser, 12.3.1998, Segment #58.

190 Marx, Riga, S. 56.

191 Report on the experiences in Poland of Manfred Heymann, 1940–1945, 20.9.1955: WL, P III h. No. 146, Bl. 1f.

192 Mehrere Schreiben in AŻIH, 211/762. Zum Schicksal von Leopold Vulkan und seiner Familie siehe Offenberger, Jews, S. 217.

193 Brief Artur Czuczka, 18.2.1941: USHMM, 2015.174.1*2 Czuczka family correspondence.

194 Brief Artur Czuczka, 12./13.6.1941: ebd.

195 Brief Artur Czuczka, 8.9.1941: ebd.

196 Brief Wilhelm und Johanna Schischa, 3.7.1941, in: Schischa, Briefe, S. 89.

197 Brief Wilhelm und Johanna Schischa, 6.7.1941, in: ebd., S. 91.

198 Brief Wilhelm und Johanna Schischa, 23.3.1941, in: ebd., S. 34.

199 Brief Wilhelm und Johanna Schischa, 15.5.1941, in: ebd., S. 67.

200 Siehe mehrere Schreiben in AŻIH, 211/143; 211/786; 211/787; 211/788; Hänschen, Transitghetto, S. 392.

201 Hindls, Bericht, S. 25.

202 Czerniaków, Warschauer Getto, S. 240.

203 VEJ 4/65, S. 256–259.

204 Bericht Werner Sauer, 1948: YVA, O.33/4126, Bl. 28; Cholavsky, German Jews, S. 230; Klein, Ghettos.

205 Materne, Deportation, S. 11; Bericht Edith Blau, 11.5.1945: USHMM, RG-10.250*5 Edith Brandon Papers, Bl. 37; VHA #21541 Liesel Ginsburg, 10.11.1996, Segment #49; Sherman, Mädchenjahre, S. 35; Winter, Ghetto, S. 23.

206 Schneider, Reise, S. 85.

207 Brief Lore Israel, 9.7.1946: WL, P.III.h. No. 162, Bl. 2.

208 Winter, Ghetto, S. 25 [Englisch]; Bericht Ernst Ilberg, undat.: MEL, III/1891, Bl. 2.

209 Bericht Werner Sauer, 1948: YVA, O.33/4126, Bl. 28.

210 Obenaus, SA-Mann; Kreter, Judenältester; Bericht Ernst Ilberg, undat.: MEL, III/1891, Bl. 3.

211 Gottschalk, Weg, S. 33f.

212 Bericht Bernard Stein, undat.: YVA, O.33/89, Bl. 2f.

213 Schneider, Reise, S. 98; Aussage Frieda Marx [1950]: IfZArch, Gh02.05-1-138.

214 Schneider, Reise, S. 103.

215 Journalbuch der Gruppe Dortmund; Lettisches Historisches Hauptarchiv

Riga (LUVA), P132 Materialien der Außerordentlichen Kommission – Bezirk Lettland). Ich danke Peter Klein sehr herzlich für eine Kopie.

216 Loewenstein, Minsk, S. 32.

217 Ebd., S. 19.

218 Aussage Martin Stock, undat.: GLA Karlsruhe, 465h Nr. 10384, Bl. 123; Behrendt-Baram, Sun, S. 9; Cholavsky, German Jews, S. 230.

219 Brief Gerhard Hoffmann, 11. 10. 1945: AGFL, 2015. 0123, Bl. 2.

220 VHA #48006 Fred (Manfred) Alexander, 23. 11. 1998, Segment 45 [Englisch].

221 Löw, Juden, S. 247 f.; Steinert / Genger, Monate, S. 93–98.

222 Alton, Deportiert, S. 8.

223 Feuchert / Leibfried / Riecke (Hg.), Chronik, Bd. 5, S. 20; Barkai, Juden, S. 240 und S. 247 ff.; Kingreen, Lebenszeichen, S. 87 f.; Löw, Juden, S. 250 f.

224 VEJ 4 / 65, S. 256–259.

225 Aussage Herbert Schultz, 12. 10. 1941: StA Hamburg, 213–12_0042–002, Bl. 736; Sherman, Mädchenjahre, S. 41.

226 Hermann Neudorf, Das war Riga [1945]: USHMM, Acc.Nr. 1994. 83. 2 Hermann Heudorf papers, Series 1, fol. 6, Bl. 2.

227 Loewenstein, Minsk, S. 30 ff.

228 Bericht Käte Frieß, Juni / Juli 1945, in: Sandow (Hg.), Aufzeichnungen, S. 54; Bericht Erna Valk [1945], in: Löw, »Hölle«, S. 186–196, hier S. 187 f.; Brief Siegfried Ziering, 25. 6. 1945, in: ebd., S. 173–180, hier S. 174; VHA #39610 Fred Leser, 12. 3. 1998, Segment #42; Oral History Interview with Sophie Nathan, undat.: USHMM, RG-50.323.0007, Min. 25; Oppenheimer, Tagebuch, S. 17; Sofie Leston: Erlebnisbericht meiner Deportierung nach dem Osten, 10. 12. 1945: LAV NRW Ger.Rep.267, Nr. 2260, Bl. 1985; Brief Leonhard Zimmak, 10. 7. 1946: Privatbesitz Fred Zimmak; Bericht Bernard Stein, undat.: YVA, O.33 / 89, Bl. 3; Bericht Werner Sauer, 1948: YVA, O.33 / 4126, Bl. 43–46.

229 Brief Johanna Rosenthal, 2. 9. 1945, in: Löw, »Hölle«, S. 199–207, hier S. 202.

230 Hermann Neudorf, Das war Riga [1945]: USHMM, Acc.Nr. 1994. 83. 2 Hermann Heudorf papers, Series 1, fol. 6, Bl. 3; Bericht Egon Klein, 30. 11. 1948: WL, P.III. i. No. 1028 / b, Bl. 1; Walter Krämer, Mein Leben [1945]: YVA, O.33 / 1679, Bl. 7; Bericht Esra Jurmann, 23. 2. 1955: WL, P.III.h. No. 34, Bl. 2; Bericht Edith Blau, 11. 5. 1945: USHMM, RG-10.250*5 Edith Brandon Papers, Bl. 38; Abrahamsohn, Lebensstationen, S. 29; Jurmann, Kind, S. 45.

231 Hermann Neudorf, Das war Riga [1945]: USHMM, Acc.Nr. 1994. 83. 2 Hermann Heudorf papers, Series 1, fol. 6, Bl. 3.

232 VHA #9538 Ruth Foster,13. 2. 1996, Segmente #61-#62 [Englisch].

233 Ebd., Segmente #66 und #67.

234 Claus Becher, Mein Name ist Claus. Eine autobiographische Chronik, undat.: SA Hannover, Kps 5597, Bl. 8.

235 Oppenheimer, Tagebuch, S. 28; Bericht Bonka Stein [1946]: YVA, O.33 / 2297, Bl. 2. Ebenso im Lager Salspils, siehe [Albert] Reinhold [Kimmenstiel], Bericht über meine Leidenszeit als »Häftling«, WL, 11. 11. 1945: WL, P.III.h. No. 285, Bl. 2; Aussage Hellmut Pins, undat.: IfZArch, Gh02.05-1--92-93.
236 Loewenstein, Minsk, S. 35.
237 Brief Werner Blumert, 9. 8. 1947: GLA Karlsruhe, 465h Nr. 10379, Bl. 293; Brief Horst Philipp, 5. 9. 1947: GLA Karlsruhe, 465h Nr. 10379, Bl. 309; Brief Edgar Cohn-Schyberg, 27. 9. 1947: GLA Karlsruhe, 465h Nr. 10377, Bl. 367.
238 N. N., Frau und einziges Kind in Minsk ermordet, undat.: WL, P.III.h. No. 1127, Bl. 1; Loewenstein, Minsk, S. 22.
239 Erna Steiniger, geb. Herschkowicz, Schicksal des ersten Brünner Transportes im Jahr 1941, undat.: YVA, O.33 / 9767, Bl. 1.
240 Löw, Spurensuche, S. 96.
241 Rentrop, Minsker Ghetto, S. 77; dies., Tatorte, S. 129; Klein, Jüdinnen, S. 137.
242 Stern Cohen, Ghetto, S. 30, S. 34 und S. 56; Löw, Juden, S. 158.
243 Löw, Juden, S. 252 f.; Barkai, Juden, S. 243 ff.
244 Singer, Problem, 18. 6. 1942, S. 191.
245 Tagebuch Szmul Rozensztajn, 7. 11. 1941: AŻIH, 301 / 115, Bl. 133–139 [Jiddisch]; Barkai, Juden, S. 243 f.
246 O[skar] R[osenfeld], Caspari Wilhelm, Professor, in: Bopp u. a. (Hg.), Enzyklopädie, S. 52.
247 Ders., Ditz, Hugo, Dr. Prof., in: ebd., S. 59.
248 Feuchert, Oskar Rosenfeld, S. 245 und S. 253; ders., Oskar Singer, S. 23.
249 Bericht Lisa Herzog [1945 / 1946]: YIVO, RG 294.1 / 544, Bl. 2 f.; Steinert / Genger, Regeln, S. 98; Löw, Juden, S. 256 f.
250 Alfred Dube, And where was god? [ca. 1960]: USHMM, RG-02*127, Bl. 16; Rosenfeld, Welt, Heft A [1942], S. 59.
251 Löw, Juden, S. 245 ff.
252 Brief Artur Czuczka, 2. 3. 1941: USHMM, 2015.174.1*2. Czuczka family correspondence.
253 Brief Artur Czuczka, 11. 5. 1941: ebd.
254 Bericht Edith Blau, 11. 5. 1945: USHMM, RG-10.250*5 Edith Brandon Papers, Bl. 37; Schneider, Reise, S. 84.
255 Claus Becher, Mein Name ist Claus. Eine autobiographische Chronik, undat.: SA Hannover, Kps 5597, Bl. 5.
256 Interview mit Chaim (Werner) Rübsteck, 20. 4. 1996, Transkript: MuG, GED-31-001-100.217, Bl. 40.
257 Bericht Emmi Nathan Loewenstein, undat.: Privatbesitz George Nathan, Bl. 2 [Englisch].
258 Gottschalk, Weg, S. 41.
259 Klein, Jüdinnen, S. 137; Angrick / Klein, »Endlösung«, S. 323–337.

260 Brief Johanna Rosenthal, 2.9.1945, in: Löw, »Hölle«, S. 199–207, hier S. 201f.; Sofie Leston, Erlebnisbericht meiner Deportierung nach dem Osten, 10.12.1945: LAV NRW Ger.Rep.267, Nr. 2260, Bl. 1985.
261 Erlebnisse und Erfahrungen der Frau L. Picker unter nationalsozialistischer Herrschaft, 17.8.1955: WL, P.III.h. No. 128, Bl. 3; Brief Elly und Ruth Eichenwald [1946]: YVA, O.75/3531, Bl. 2.
262 Schieb, Nachricht, S. 183; Bericht Erna Valk [1945], in: Löw, »Hölle«, S. 186–196, hier S. 188.
263 Gottschalk, Weg, S. 28ff., Zitat S. 30.
264 Brief Richard Fleischer, 7.11.1945: YVA, O.33/8721, Bl. 3.
265 Tagebuch Dora Hansen, Abdruck in: Gottschalk, Weg, S. 129f., Zitat 130.
266 Loewenstein, Minsk, S. 32.
267 VHA #3066 Berny Lane, 5.6.1995, Segmente #39-#42.
268 Brief Gerhard Hoffmann, 11.10.1945: AGFL, 2015.0123, Bl. 1.
269 Erna Steiniger, geb. Herschkowicz, Schicksal des ersten Brünner Transportes im Jahr 1941, undat.: YVA, O.33/9767, Bl. 1.
270 Brief Gerhard Hoffmann, 11.10.1945: AGFL, 2015.0123, Bl. 2f.
271 VHA #709 Edith Brandon, 17.1.1995, Segment #13.
272 Gottschalk, Weg, S. 40.
273 Oppenheimer, Tagebuch, S. 18; Wolff, Sadismus, S. 14.
274 Brief Johanna Rosenthal, 26.6.1945: WL, P.III.h. No. 283, Bl. 2.
275 Schieb, Nachricht, S. 182; Sofie Leston, Erlebnisbericht meiner Deportierung nach dem Osten, 10.12.1945: LAV NRW Ger.Rep.267, Nr. 2260, Bl. 1987
276 Tagebuch Dora Hansen, Abdruck in: Gottschalk, Weg, S. 129f.
277 Gottschalk, Weg, S. 44–49.
278 Aussage Wolf Hirsch, 7.10.1965: USHMM, RG-14.101M: Records of the Central Office of the Judicial Authorities of the Federal States for the Investigation of National Socialist Crimes (B 162), Reel 390, B162/3087, Bl. 735.
279 VHA #3066 Berny Lane, 5.6.1995, Segmente #51-#53 [Englisch].
280 Behrendt-Baram, Sun, S. 16. Siehe auch Rentrop, Tatorte, S. 131f.
281 Marx, Riga, S. 49. Zu Arbeiten im Jungfernhof siehe auch Aussage Edith Steinmetz, undat.: IfZArch, Gh02.05-1-179; VHA #39610 Fred Leser, 12.3.1998, Segment #45.
282 Aussage Julius Ceslanski, 15.11.1949: IfZArch, Gh02.05-1-54.
283 Aussage Else Lüders geb. Bloch, 1.11.1949: IfZArch, Gh02.05-1-52.
284 Bericht Lucie Levi, 6.8.1948: WL, P.III.h. No. 1021, Bl. 1.
285 Rosenfeld, Welt, Heft 22, undat., S. 124 [Auslassungen im Original]; Singer, Problem, 16.6.1942, S. 189.
286 Aussage Max Sommerfeld, undat.: GLA Karlsruhe, 465h Nr. 10384, Bl. 134.
287 Bericht Herbert Simons, 14.7.1945: YVA, O.15/2431, Bl. 2f., Zitat Bl. 2.
288 Aussage Rudolf Stern, undat.: USHMM, RG-14.101M: Records of the

Central Office of the Judicial Authorities of the Federal States for the Investigation of National Socialist Crimes (B 162), Reel 218: B 162 / 1561, Bl. 1696 f.

289 Walter Krämer, Mein Leben [1945]: YVA, O.33 / 1679, Bl. 7.

290 Aussage Rudolf Stern, undat.: USHMM, RG-14.101M: Records of the Central Office of the Judicial Authorities of the Federal States for the Investigation of National Socialist Crimes (B 162), Reel 218: B 162 / 1561, Bl. 1696 f.

291 Bericht Erna Valk [1945], in: Löw, »Hölle«, S. 186–196, hier S. 189; Sofie Leston, Erlebnisbericht meiner Deportierung nach dem Osten, 10. 12. 1945: LAV NRW Ger.Rep.267, Nr. 2260, Bl. 1985.

292 Wolff, Sadismus, S. 15 und S. 18.

293 Aussage Hermann Heymann, 29. 3. 1950: IfZArch, Gh02.05-1-144–146; Aussage Frieda Marx [1950]: IfZArch, Gh02.05-1-141.

294 Aussage Ernest Metzger, 5. 5. 1971: StA Hamburg, 213–12_0042–001, Bl. 447.

295 Polak, Lives, S. 30 f.

296 Elsa Meyring, Aus dem Leben einer deutschen Nichtarierin im zwanzigsten Jahrhundert, 1942: WL, P.I.a No. 292, Bl. 27–30, Zitat S. 28.

297 N. N., Evakuierung der Juden aus Stettin, September 1941: WL, P.III.c. No. 622, Bl. 3.

298 Hindls, Bericht, S. 18; Brief Martha Bauchwitz, 4. 4. 1942, in: Behrend-Rosenfeld / Luckner, Lebenszeichen, S. 78; Hänschen, Transitghetto, S. 400; Löw, Spurensuche, S. 94 f.

299 Löw, Juden, S. 248 ff.; Barkai, Juden, S. 242.

300 Winter, Ghetto, S. 31; Schneider, Reise, S. 68; Schmalhausen, Leben.

301 Bericht Werner Sauer, 1948: YVA, O.33 / 4126, Bl. 28.

302 Sofie Leston, Erlebnisbericht meiner Deportierung nach dem Osten, 10. 12. 1945: LAV NRW Ger.Rep.267, Nr. 2260, Bl. 1984.

303 Bericht Bonka Stein [1946]: YVA, O.33 / 2297, Bl. 1.

304 Siehe etwa Winter, Ghetto, S. 31; Sherman, Mädchenjahre, S. 79.

305 Bericht Edith Blau, 11. 5. 1945: USHMM, RG-10.250*5 Edith Brandon Papers, Bl. 38; Oral History Interview with Sophie Nathan, undat.: USHMM, RG-50.323.0007, Min. 29; Winter, Ghetto, S. 36.

306 VHA #9538 Ruth Foster, 13. 2. 1996, Segment #68.

307 Winter, Ghetto, S. 31 f; VHA #9538 Ruth Foster, 13. 2. 1996, Segment #63.

308 Berlit-Jackstien, Deportation, S. 249 f.

309 Aussage Edith Sophia Marx, geb. Wolff, 15. 7. 1969: USHMM, RG.14.101M: Records of the Central Office of the Judicial Authorities of the Federal States for the Investigation of National Socialist Crimes (B 162), Reel 188, B162 / 3070, Bl. 1550.

310 Bericht Inge Rothschild, 15. 1. 1946: AŻIH, 301 / 1507, Bl. 1.

311 Loewenstein, Minsk, S. 35–39; Behrendt-Baram, Sun, S. 8.

312 Nini Ungar, Menschenjagd, August 1946: LBI, ME 1250, Bl. 1.
313 VHA #9538 Ruth Foster, 13.2.1996, Segment #63; Schneider, Reise, S. 99; Sonneberg, Story, S. 6.

7. »Tote auf Abruf«. Gewalt und »Aktionen« im Jahr 1942

1 Sherman, Mädchenjahre, S. 51.
2 Bericht Werner Sauer, 1948: YVA, O.33/4126, Bl. 19.
3 Sherman, Mädchenjahre, S. 51. Siehe auch Eckert, Deportation, S. 352.
4 Oral History Interview with Sophie Nathan, undat.: USHMM, RG-50.323.0007, Min. 29.
5 VEJ 6/60, S. 244 ff., hier S. 246.
6 VHA #34302 Franz Spitzer, 16.7.1997, Segment #76.
7 Brief Gerhard Hoffmann, 11.10.1945: AGFL, 2015.0123, Bl. 2 f.; Erna Steiniger, geb. Herschkowicz, Schicksal des ersten Brünner Transportes im Jahr 1941, undat.: YVA, O.33/9767, Bl. 1.; Hecker, Juden, S. 830 f.
8 Zit. nach Rentrop-Koch, »Sonderghettos«, S. 101.
9 Loewenstein, Minsk, S. 50 f.
10 Aussage Martin Stock, undat.: GLA Karlsruhe, 465h Nr. 10384, Bl. 123.
11 Sherman, Mädchenjahre, S. 60; Bericht Werner Sauer, 1948: YVA, O.33/4126, Bl. 34 ff.
12 Aussage Hilde Shermann, 20.5.1969: USHMM, RG-14.101M: Records of the Central Office of the Judicial Authorities of the Federal States for the Investigation of National Socialist Crimes (B 162), Reel 388, B162/3070, Bl. 1508.
13 Brief Helmut Sander, 15.7.1949: WL, P.III.h. No. 1006e, Bl. 1; Karl Engel, Meine Leiden und Erlebnisse in den Arbeitslagern u. K.Z.s von 18. Dez. 41 bis zu meiner Befreiung durch die Russen gegen Mitte März in der Nähe von Lauenburg, undat.: YVA, O.33/13, Bl. 2; Bericht Egon Klein, 30.11.1948: WL, P.III.i. No. 1028/b, Bl. 1; Leon Freier, Meine Evakuierung im Januar 1942, undat.: WL, P.III.h. No. 1006i, Bl. 2.
14 Bericht Lucie Levi, 6.8.1948: WL, P.III.h. No. 1021, Bl. 1; Bericht Hans Loszynski, 19.4.1949: WL, P.III.h. No. 1021/d.
15 Hindls, Bericht, S. 18.
16 Wolff, Sadismus, S. 15; Aussage Perla Margot Nick, geb. Kogan, 6.12.1949: IfZArch, Gh02.05-1-62.
17 Aussage Frieda Marx [1950]: IfZArch, Gh02.05-1-139.
18 Walter Krämer, Mein Leben [1945]: YVA, O.33/1679, Bl. 8.
19 Aussage Hilde Shermann, 20.5.1969: USHMM, RG-14.101M: Records of the Central Office of the Judicial Authorities of the Federal States for the Investigation of National Socialist Crimes (B 162), Reel 388, B162/3070, Bl. 1510 ff.

20 Abrahamsohn, Lebensstationen, S. 29.
21 Bericht Siegfried Weinberg, 9.11.1944:1.2.7.4/821738012/ITS Digital Archive, USHMM; WL, P.III.h. (Ghetto Riga) No. 1018, Bl. 1; Bericht Esra Jurmann, 23.2.1955: WL, P.III.h. No. 34, Bl. 1.
22 N.N., Frau und einziges Kind in Minsk ermordet, undat.: WL, P.III.h. No. 1127, Bl. 2; Aussage Alfred Krohn, undat.: GLA Karlsruhe, 465h Nr. 10384, Bl. 145; Aussage Erich Julius Flörsheimer, 22.4.1947: GLA Karlsruhe, 465h Nr. 10377, Bl. 81 f.; Interview with Gary H. Philipp, 8.10.2015: USHMM, RG-50.030.0841, Transkript, S. 33.
23 Brief Arthur Schwarz, 27.7.1957: WL, P.III.h. No. 732, Bl. 1.
24 Aussage Erich Julius Flörsheimer, 22.4.1947: GLA Karlsruhe, 465h Nr. 10377, Bl. 82; Aussage Max Sommerfeld, 28.5.1947: GLA Karlsruhe, 465h Nr. 10377, Bl. 119; Aussage Max Sommerfeld, undat.: GLA Karlsruhe, 465h Nr. 10384, Bl. 135; Aussage Margot Aufrecht, 16.7.1947: GLA Karlsruhe, 465h Nr. 10377, Bl. 230–232.
25 Aussage Erwin Marcus, 30.12.1946: GLA Karlsruhe, 465h Nr. 10377, Bl. 26.
26 Loewenstein, Minsk, S. 23 f.
27 Feuchert/Leibfried/Riecke (Hg.), Chronik, Bd. 2, Februar 1942, S. 55 f.; Rosenfeld, Welt, Heft B, 21.2.1942, S. 61 f., Heft C, 20.2.1942, S. 111 f.; Bericht David Friedmann, undat.: LBI, Memoir Collection, ME 159, MM 26, Teil II, Bl. 2; Alfred Dube, And where was god? [ca. 1960]: USHMM, RG-02*127, Bl. 26 f.; Stern Cohen, Ghetto, S. 49 ff.
28 Wolff, Sadismus, S. 10.
29 Aussage Jeanette Wolff, 8.12.1949: IfZArch, Gh02.05-1-75/76.
30 Bericht Bonka Stein [1946]: YVA, O.33/2297, Bl. 2; Leon Freier, Meine Evakuierung im Januar 1942, undat.: WL, P.III.h. No. 1006i, Bl. 1.
31 Bericht Chaim (Heinz) Behrendt, Februar 1961: USHMM, RG-14.118M Landesarchiv Berlin, Reel 9, B Rep. 058 Nr. 47, Bl. 133; Loewenstein, Minsk, 31.
32 Loewenstein, Minsk, 31.
33 Aussage Richard Frank, undat.: GLA Karlsruhe, 465h Nr. 10379, Bl. 275.
34 Aussage Werner Blumert, undat.: GLA Karlsruhe, 465h Nr. 10384, Bl. 156a.
35 VHA #9538 Ruth Foster, 13.2.1996, Segmente #55-#57.
36 Bericht Bernard Stein, undat.: YVA, O.33/89, Bl. 4.
37 Brief Johanna Rosenthal, 2.9.1945, in: Löw, »Hölle«, S. 199–207, hier S. 202.
38 Aussage Herbert Schultz, August 1958: WL, P.III.i. (Latvia) No. 1032a, Bl. 1; Aussage Herbert Schultz, 12.10.1971: StA Hamburg, 213–12_0042–002, Bl. 737.
39 VHA #9538 Ruth Foster, 13.2.1996, Segmente #55-#57; VHA #21541 Liesel Ginsburg, 8.7.1997, Segment #66.
40 Max Schloss, »Dünamünde« (From my Diary), undat. [1942]: WL, P.III.h. No. 920 [Englisch].

41 VHA #21541 Liesel Ginsburg, 10.11.1996, Segment #66; Brief Elly und Ruth Eichenwald [1946]: YVA, O.75 / 3531, Bl. 2.
42 Wolff, Sadismus, S. 10.
43 Aussage Jeanette Wolff, 8.12.1949: IfZArch, Gh02.05-1-75 / 76.
44 Sherman, Mädchenjahre, S. 48–50, Zitat S. 50.
45 Schneider, Reise, S. 104–106, Zitat S. 104 f.
46 Aussage Harry Kahn, 29.6.1950: IfZArch, Gh02.05-1-188; Brief Erich Wassermann, undat.: YVA, O.75 / 3467.
47 Aussage Hans Werner Loszynski, 20.10.1949: IfZArch, Gh02.05-1-39–40.
48 Marx, Riga, S. 52 f., Zitate S. 53.
49 [Albert] Reinhold [Kimmenstiel], Bericht über meine Leidenszeit als »Häftling«, 11.11.1945: WL, P.III.h. No. 285, Bl. 3; Aussage Albert Kimmelstiel, 19.4.1977: StA Hamburg, 213–12_0042–003, Bl. 519.
50 Brief Leonhard Zimmak, 10.7.1946: Privatbesitz Fred Zimmak.
51 Aussage Julius Ceslanski, 15.11.1949: IfZArch, Gh02.05-1-56; Bericht Lucie Levi, 6.8.1948: WL, P.III.h. No. 1021, Bl. 2; Aussage Carola Israel, 19.10.1949: IfZArch, Gh02.05-1-36; Aussage Lothar Geissenberger, 21.4.1977: StA Hamburg, 213–12_0042–003, Bl. 526.
52 Diese Information stammt von einem Brief von Berta Ohme an die Tochter der Schischas, ihrer Nichte Lilli, vom 5.11.1945. Die Karte selbst ist nicht überliefert; Schischa, Briefe, S. 160.
53 Lehnstaedt, Kern; Libionka, Ermordung, S. 113–223; Hänschen, Transitghetto, S. 191; Silberklang, Gate, S. 316–331; Löw, Spurensuche, S. 97–99.
54 Behrend-Rosenfeld / Luckner (Hg.), Lebenszeichen, S. 75 und S. 78.
55 Report on the experiences in Poland of Manfred Heymann, 1940–1945, 20.9.1955: WL, P III h. No. 146, Bl. 3.
56 Bericht Kurt Ticho, 29.7.1946: USHMM, RG-68.112M: Selected records from the Ghetto Fighters' House (Beit Lohamei Haghetaot), Reel 43, File 2387, Bl. 1 f. und Bl. 8.
57 Zit. nach Muggenthaler, Schicksal.
58 Bericht Ernst Krombach, zit. nach Hänschen, Transitghetto, S. 534–544, hier S. 538.
59 Zu dieser Entscheidung siehe Alberti, Verfolgung, S. 442–445 und Klein, »Gettoverwaltung Litzmannstadt«, S. 446–453. Zum Ablauf der nächsten Tage Löw, Juden, S. 273–282.
60 Singer, Eilschritt, 29.4.1942, S. 31.
61 Feuchert / Leibfried / Riecke (Hg.), Chronik, Bd. 2, S. 135 f. und S. 142 f.; Rosenfeld, Welt, Heft E, Mai 1942, S. 131.
62 Singer, Eilschritt, 4.5.1942, S. 40 f.; Feuchert / Leibfried / Riecke (Hg.), Chronik, Bd. 2, S. 166 f.
63 Rosenfeld, Welt, Heft B, 4.5.1942, S. 72 [Auslassungen im Original].
64 Alton, Deportiert, S. 14.
65 Rosenfeld, Welt, Heft B, 4.5.1942, S. 72.

66 Eichengreen, Asche, S. 51.
67 Feuchert / Leibfried / Riecke (Hg.), Chronik, Bd. 2, S. 166 f.; Singer, Eilschritt, 13. 5. 1942, S. 45.
68 Singer, Eilschritt, 13. 5. 1942, S. 44.
69 Ebd.; Feuchert / Leibfried / Riecke (Hg.), Chronik, S. 182 f.
70 Löw, Juden, S. 281.
71 Robert Levi war vermutlich der Einzige aus dem Hannoveraner Transport, der zu den etwa 160 in das Arbeitslager Treblinka I deportierten deutschen Juden gehörte, der überlebte; Hartmann, Lebensweg.
72 Engelking / Leociak, Warsaw Ghetto, S. 703–730; Roth / Löw, Warschauer Getto, S. 158–171; Libionka, Ermordung, S. 167–175.
73 AŻIH, ARG II 265 / 2 [Jiddisch], Abdruck in polnischer Übersetzung in: Nalewajko-Kulikov, Pisma, S. 398.
74 Adler, Theresienstadt, S. 138 f.
75 Erna Steiniger, geb. Herschkowicz, Schicksal des ersten Brünner Transportes im Jahr 1941, undat.: YVA, O.33 / 9767, Bl. 1.
76 Brief Gerhard Hoffmann, 11. 10. 1945: AGFL, 2015. 0123, Bl. 3.
77 Aussage Heinz Menkel, 17. 9. 1947: GLA Karlsruhe, 465h Nr. 10379, Bl. 335; Brief Heinz Menkel, 6. 8. 1947: GLA Karlsruhe, 465h Nr. 10379, Bl. 273 f.; N. N., Frau und einziges Kind in Minsk ermordet, undat.: WL, P.III.h. No. 1127, Bl. 2; Brief Horst Philipp, 5. 9. 1947: GLA Karlsruhe, 465h Nr. 10379, Bl. 309 f.
78 Aussage Martin Spanier, undat.: GLA Karlsruhe, 465h Nr. 10384, Bl. 181; VHA #6424 Curt Parker, 6. 11. 1995, Segment #4; Aussage Richard Frank, undat.: GLA Karlsruhe, 465h Nr. 10379, Bl. 275.
79 Aussage Margot Aufrecht, 16. 7. 1947: GLA Karlsruhe, 465h Nr. 10377, Bl. 230–232 und GLA Karlsruhe, 465h Nr. 10384, Bl. 109; Behrendt-Baram, Sun, S. 17; Brief Arthur Schwarz, 27. 7. 1957: WL, P.III.h. No. 732, Bl. 1 f.
80 Brief Gerhard Hoffmann, 11. 10. 1945: AGFL, 2015. 0123, Bl. 3 f. Siehe dazu auch den Bericht seines Freundes Behrendt-Baram, Sun, S. 17.
81 Rosenfeld, Welt, Heft E, 2. 9. 1942, S. 146 [Hervorhebung im Original]; Bericht Flora Herzberger, Juni 1945: USHMM, RG-02.162, Bl. 2.
82 Die entsprechende Anordnung ist als Faksimile gedruckt in VEJ 10 / 144.
83 Zur »Sperre« siehe ausführlich Löw, Juden, S. 292–308. Für eindringliche Einblicke aus Sicht eines polnischen Juden siehe Zelkowicz, Tagen.
84 Die Rede ist in deutscher Übersetzung abgedruckt in VEJ 10 / 143, S. 439–441, Zitat S. 440.
85 Singer, Eilschritt, 16. 9. 1942, S. 134–136; VEJ 10 / 149, S. 455–460.
86 Rosenfeld, Welt, Heft E, 4. 9. 1942, S. 148 f.; Bericht Flora Herzberger, Juni 1945: USHMM, RG-02.162, Bl. 2.
87 Hauser, Sterben, 4. 9. 1942, o. S., auch VEJ 10 / 145, S. 443 f.
88 Alton, Deportiert, S. 25; Eichengreen, Rumkowski, S. 51 ff.
89 Alton, Deportiert, S. 26–35.

90 Hauser, Sterben, 5.9.1942, o.S., auch VEJ 10/145, S. 443 f.
91 Rosenfeld, Welt, Heft E, 5.9.1942, S. 149 [Auslassungen im Original].
92 Alton, Deportiert, S. 32.
93 Eichengreen, Asche, S. 62.
94 Interview mit Gary R. (Günter Richard) Wolff, 1.3.2001: MuG, GED-31-001.100.279, Transkript, Bl. 15.
95 Rosenfeld, Welt, Heft E, 6.9.1942, S. 149.
96 Ebd., 7.9.1942, S. 150 [Hervorhebungen im Original].
97 Ebd., 9.9.1942, S. 151.
98 Ebd., 17.9.1942, S. 156; Singer, Eilschritt, 16.9.1942, S. 134. Siehe dazu Löw, »Wanderung ins Ungewisse?«
99 Rosenfeld, Welt, Heft 11, Herbst 1942, S. 195.

8. Weiterleben: »Eine gewisse Normalität setzte ein«

1 Schneider, Reise, S. 119.
2 Oppenheimer, Tagebuch, S. 18.
3 Bericht Edith Blau, 11.5.1945: USHMM, RG-10.250*5 Edith Brandon Papers, Bl. 39.
4 Aussage Hans Werner Loszynski, 20.10.1949: IfZArch, Gh02.05-1-41; Aussage Carola Israel, 19.10.1949: IfZArch, Gh02.05-1-35; Schneider, Reise, S. 119.
5 Rosenfeld, Welt, Heft G, 24.11.1942, S. 174 [Einschub im Original].
6 Tagebuch Dora Hansen, Abdruck in: Gottschalk, Weg, S. 132.
7 Schneider, Reise, S. 85.
8 Winter, Ghetto, S. 26; VHA #48006 Fred (Manfred) Alexander, 23.11.1998, Segment #46.
9 VHA #30594 Salomon Carlebach, 8.7.1997, Segmente #141-#145, Zitat #144 [Englisch]; Gillis-Carlebach, Leben; Arntz, Leben.
10 Marx, Riga, S. 57.
11 Report on the experiences in Poland of Manfred Heymann, 1940–1945, 20.9.1955: WL, P.III.h. No. 146, Bl. 2.
12 Brief Cläre Silbermann, 19.1.1941, in: Behrend-Rosenfeld/Luckner, Lebenszeichen, S. 115.
13 Brief Cläre Silbermann, 17.12.1941, in: ebd., S. 125.
14 Brief Cläre Silbermann, 18.1.1942, in: ebd., S. 126.
15 Brief Cläre Silbermann, 25.6.1943, in: ebd., S. 131.
16 Sofie Leston, Erlebnisbericht meiner Deportierung nach dem Osten, 10.12.1945: LAV NRW Ger.Rep.267, Nr. 2260, Bl. 1986; Winter, Ghetto, S. 33; Oppenheimer, Tagebuch, S. 18; Englard, Waisenhaus, S. 51.
17 Sherman, Mädchenjahre, S. 51.
18 Brief Elly und Ruth Eichenwald [1946]: YVA, O.75/3531, Bl. 1 f.

19 Jurmann, Kind, S. 41.
20 Schneider, Reise, S. 111 f.
21 Oral History Interview with Sophie Nathan, undat.: USHMM, RG-50.323.0007, Min. 27.
22 Das Notizbuch befindet sich im Besitz ihres Sohnes George Nathan.
23 Schneider, Reise, S. 116.
24 Loewenstein, Minsk, S. 42.
25 Schneider, Reise, S. 117 f.
26 Jurmann, Kind, S. 42.
27 Sherman, Mädchenjahre, S. 95.
28 Jurmann, Kind, S. 42.
29 Tagebuch Dora Hansen, Abdruck in: Gottschalk, Weg, S. 135 f.
30 Oral History Interview with Sophie Nathan, undat.: USHMM, RG-50.323.0007, Min. 55.; Schneider, Reise, S. 122 f.
31 Brent, Cellos, S. 121. Siehe auch Oral History Interview with Lev Aronson, 26. 4. 1986: Dallas Holocaust and Human Rights Museum, 2016. 42.
32 Schneider, Reise, S. 124.
33 Löw, Juden, S. 257 f.
34 Schneider, Reise, S. 124; Sofie Leston, Erlebnisbericht meiner Deportierung nach dem Osten, 10. 12. 1945: LAV NRW Ger.Rep.267, Nr. 2260, Bl. 1986.
35 Bericht Erna Valk [1945], in: Löw, »Hölle«, S. 186–196, hier S. 188 f.; Schneider, Reise, S. 125.
36 VEJ 6 / 80, S. 189–295, hier S. 292.
37 Interview mit Julius Günther Katzenstein, 6. 11. 1998, Transkript: MuG, GED-31-001-100.119, Bl. 10.
38 Loewenstein, Minsk, S. 42 f.
39 Bericht Werner Sauer, 1948: YVA, O.33 / 4126, Bl. 106.
40 Reich-Ranicki, Leben, S. 228.
41 Rosenfeld, Welt, Heft D, 9. 6. 1942, S. 97.
42 Rosenfeld, Heft Nr. 12, YVA 06 / 105, 2. 7. 1942, Bl. 237. Siehe dazu Löw, Juden, S. 428–436.
43 Gottschalk, Weg, S. 52.
44 Tagebuch Dora Hansen, Abdruck in: Gottschalk, Weg, S. 132.
45 Ebd., S. 138.
46 Oren, Lebensweg.
47 Geschichtswerkstatt Elmsbüttel / Galerie Morgenland (Hg.), Marions Buch, S. 34.
48 Aussage Margot Aufrecht, undat.: GLA Karlsruhe, 465h Nr. 10377, Bl. 232.
49 Aussage Erich Julius Flörsheimer, 22. 4. 1947: GLA Karlsruhe, 465h Nr. 10377, Bl. 81; Aussage Alfred Krohn, 2. 6. 1947: GLA Karlsruhe, 465h Nr. 10377, Bl. 120; Aussage Hermann Hauptmann, 17. 7. 1947: GLA Karlsruhe, 465h Nr. 10377, Bl. 229; Aussage Hermann Hauptmann, undat.:

GLA Karlsruhe, 465h Nr. 10384, Bl. 141; Aussage Fritz [Friedrich] Strauss, undat.: GLA Karlsruhe, 465h Nr. 10384, Bl. 127; Aussage Martin Stock, 4.6.1947: GLA Karlsruhe, 465h Nr. 10372, Bl. 117; Brief Edgar Cohn-Schyberg, 27.9.1947: GLA Karlsruhe, 465h Nr. 10377, Bl. 368; Rosenberg, Jahre, S. 43.

50 Brief Siegfried Ziering, 25.6.1945, in: Löw, »Hölle«, S. 173–180, hier S. 174; Sofie Leston, Erlebnisbericht meiner Deportierung nach dem Osten, 10.12.1945: LAV NRW Ger.Rep.267, Nr. 2260, Bl. 1986; Bericht Käte Frieß, Juni / Juli 1945, in: Sandow (Hg.), Aufzeichnungen, S. 72; Katz, Erinnerungen, S. 116; Schneider, Reise, S. 125; Nussenbaum, Geschichte, S. 61; VHA #39610 Fred Leser, 12.3.1998, Segment #58; Winter, Ghetto, S. 42.

51 Zu ihm siehe Kugler, Scherwitz.

52 Bericht Werner Sauer, 1948: YVA, O.33 / 4126, Bl. 104 f.

53 Gottschalk, Weg, S. 57.

54 Jurmann, Kind, S. 58.

55 Gottschalk, Weg, S. 74.

56 Bericht Emmi Nathan Loewenstein, undat.: Privatbesitz George Nathan, Bl. 4 f.

57 Tagebuch Dora Hansen, Abdruck in: Gottschalk, Weg, S. 128.

58 Ebd., S. 133.

59 Feuchert / Leibfried / Riecke (Hg.), Chronik, Bd. 4, S. 159 f.

60 Tagebuch Dora Hansen, Abdruck in: Gottschalk, Weg, S. 135.

61 VHA #21541 Liesel Ginsburg, 10.11.1996, Segmente #92-#99.

62 Ebd., Segment #144; Sherman, Mädchenjahre, S. 93 f.; Bericht Lore M., in: Becker-Jáckli (Hg.), Köln, S. 97–124, hier S. 116; Völker, Bert Strauß, S. 211 ff.

63 Löw, Juden, S. 309 f.

64 Straus / Stadtler, Altenlotheim, S. 134 f.

65 Alton, Deportiert, S. 40.

66 Behrendt-Baram, Sun, S. 20.

67 Tagebuch Dora Hansen, Abdruck in: Gottschalk, Weg, S. 129.

68 Ebd., S. 131.

69 Ebd., S. 134.

70 Ebd., S. 135.

71 Aussage Max Sommerfeld, undat.: GLA Karlsruhe, 465h Nr. 10384, Bl. 134 f.; Siehe auch Epsztein, Motherhood, S. 103–115.

72 Interview mit Julius Günther Katzenstein, 6.11.1998, Transkript: MuG, GED-31-001-100.119, Bl. 18 f.

73 Aussage Herbert Kurt Kallmann, undat.: IfZArch, Gh02.05-1-71–72.

74 Wolff, Sadismus, S. 15.

75 Aussage Alfred Krohn, 2.6.1947: GLA Karlsruhe, 465h Nr. 10377, Bl. 120.

76 Bericht Käte Leschnitzer, 18.9.1945: AŻIH, 301 / 1303, Abdruck in: Hänschen, Transitghetto, S. 531 ff.; siehe dazu ebd., S. 131–136.

77 Englard, Waisenhaus, S. 61 f.
78 Bericht Werner Sauer, 1948: YVA, O.33 / 4126, Bl. 74–82.
79 Gottschalk, Weg, S. 54 ff.
80 Ebd., S. 59.
81 Ebd., S. 61.
82 Marx, Riga, S. 58.
83 VHA #39610 Fred Leser, 12. 3. 1998, Segmente #40-#41, Zitat #41 [Englisch]; Gottschalk, Weg, S. 92 f.
84 Schreiben Zentralstelle für jüdische Auswanderung, Wien, an Chef des Distrikts in Lublin, 18. 9. 1941: GFH, File 1288.
85 Hecht / Raggam-Blesch, Weg, S. 73 f.
86 Brief Artur Czuczka, 25. 7. 1941: USHMM, 2015.174.1*2 Czuczka family correspondence.
87 Brief Artur Czuczka, 24. 9. 1941: ebd.
88 Report on the experiences in Poland of Manfred Heymann, 1940–1945, 20. 9. 1955: WL, P.III.h. No. 146, Bl. 3 [Englisch].
89 Brief Siegfried Ziering, 25. 6. 1945, in: Löw, »Hölle«, S. 173–180, hier S. 175; Erlebnisse und Erfahrungen der Frau L. Picker unter nationalsozialistischer Herrschaft, 17. 8. 1955: WL, P.III.h. No. 128, Bl. 4.
90 Leon Freier, Meine Evakuierung im Januar 1942, undat.: WL, P.III.h. No. 1006i, Bl. 2.; Brief Alex Salm, 18. 5. 1949: WL, P.III.h. No. 1006 l, Bl. 1 f.; Aussage Richard Frank, undat.: GLA Karlsruhe, 465h Nr. 10384, Bl. 176; Schneider, Reise, S. 134; Loewenstein, Minsk, S. 25 ff.; Behrendt-Baram, Sun, S. 10.
91 Bericht Werner Sauer, 1948: YVA, O.33 / 4126, Bl. 94.
92 Walter Krämer, Mein Leben [1945]: YVA, O.33 / 1679, Bl. 13.
93 Brief Gerhard Hoffmann, 11. 10. 1945: AGFL, 2015. 0123, Bl. 6.
94 VEJ 6 / 154, S. 436 f. Siehe dazu Dürr, Mut, besonders S. 59–74 über die Flucht aus Riga und die damit verbundenen ungeklärten Fragen; auch Berschel, Bürokratie, S. 415–422; Klein, Jüdinnen, S. 144 f.
95 Kosmala, Flucht; Kingreen, Verschleppung.
96 VHA #48006 Fred (Manfred) Alexander, 23. 11. 1998, Segmente #47–#98. Siehe die von Anja Reuss verfasste Biographie, in: Reuss / Schneider, Berlin-Minsk, S. 85–99.
97 Interview mit Julius Günther Katzenstein, 6. 11. 1998, Transkript: MuG, GED-31-001-100.119, Bl. 9.
98 Jüdisches Museum Frankfurt (Hg.), Deportation, S. 208. Dort auch die Geschichte der Familie und der Flucht mit Fotos, S. 215–222.
99 Behrendt-Baram, Sun, S. 12.
100 Winter, Liebe.
101 Ebd., S. 90 f.
102 VHA #3066 Berny Lane, 5. 6. 1995, Segmente #59-#63.
103 Winter, Liebe, S. 93–143.

104 Aussage Herbert Herz, undat.: GLA Karlsruhe, 465h Nr. 10384, Bl. 201; Aussage Werner Blumert, 16.9.1947: GLA Karlsruhe, 465h Nr. 10379, Bl. 323RS; Behrendt-Baram, Sun, S. 18.
105 Interview mit Julius Günther Katzenstein, 6.11.1998, Transkript: MuG, GED-31-001-100.119, Bl. 9.
106 VHA #6424 Curt Parker, 6.11.1995, Segment #5 und #25.
107 VHA #34302 Franz Spitzer, 16.7.1997, Segmente #81-#82 und #125-#142.
108 Seiler, Hitler's death camps, S. 82–119.
109 [Wolf Seiler], Trostenez, undat.: YVA, O.33/3489 [DÖW 854], Bl. 9f.
110 Aussage Theodor Doellfeld, 3.7.1971: StA Hamburg, 213–12_0042–0014, Bl. 434; Aussage Ludwig Gutmann, 13.10.1971: StA Hamburg, 213–12_0042–002, Bl. 747f.; Erna Steiniger, geb. Herschkowicz, Schicksal des ersten Brünner Transportes im Jahr 1941, undat.: YVA, O.33/9767, Bl. 3; Nuhn, Abschied.
111 Bericht Siegfried Weinberg, 9.11.1944:1.2.7.4/821738016/ITS Digital Archive, USHMM.
112 Winter, Ghetto, S. 44f.; Sherman, Mädchenjahre, S. 79; Schneider, Reise, S. 134–138.
113 Bergmann, Aufzeichnungen, S. 70.
114 Angrick/Klein, »Endlösung«, S. 361–377; Klein, Jüdinnen, S. 146.
115 Bergmann, Aufzeichnungen, S. 72; Angrick/Klein, »Endlösung«, S. 274.
116 Aussage Frieda Marx [1950]: IfZArch, Gh02.05-1-140.
117 Angrick/Klein, »Endlösung«, S. 370f.; Alfred Ehrlich, 12 nazistische Schreckensjahre, 1948/1979/bearb. 1997: Privatbesitz Arnim Schulz, Bl. 14–17.
118 Bergmann, Aufzeichnungen, S. 73; Bericht Esra Jurmann, 23.2.1955: WL, P.III.h. No. 34, Bl. 2; Schneider, Reise, S. 135–138.
119 VHA #9538 Ruth Foster, 13.2.1996, Segment #69 [Englisch].
120 Bericht Emmi Nathan Loewenstein, undat.: Privatbesitz George Nathan, Bl. 3 [Englisch].
121 Bericht Edith Blau, 11.5.1945: USHMM, RG-10.250*5 Edith Brandon Papers, Bl. 29f.; Bericht Werner Sauer, 1948: YVA, O.33/4126, Bl. 69–71; Winter, Ghetto, S. 42ff.; Jurmann, Kind, S. 46f.

9. Ghettoauflösungen und weitere »Aktionen« 1943/44

1 Bericht Siegfried Weinberg, 9.11.1944:1.2.7.4/821738013/ITS Digital Archive, USHMM.
2 Bericht Edith Blau, 11.5.1945: USHMM, RG-10.250*5 Edith Brandon Papers, Bl. 40.
3 Rentrop, Tatorte, S. 151.
4 Gerlach, Morde, S. 740f. und S. 755.

5 Rentrop, Tatorte, S. 151; N. N., Frau und einziges Kind in Minsk ermordet, undat.: WL, P.III.h. No. 1127, Bl. 3.

6 Rosenberg, Jahre, S. 69–73, Zitate S. 69 f.; zu den Briefen auch Rentrop, Tatorte, S. 151.

7 Bericht Chaim (Heinz) Behrendt, Februar 1961: USHMM, RG-14.118M Landesarchiv Berlin, Reel 9, B Rep. 058 Nr. 47, Bl. 148 f.; Aussage Herbert Herz, undat.: GLA Karlsruhe, 465h Nr. 10377, Bl. 72 f.; Rentrop, Tatorte, S. 151 f.

8 Aussage Alfred Krohn, 2. 6. 1947: GLA Karlsruhe, 465h Nr. 10377, Bl. 120.

9 [Wolf Seiler], Trostenez, undat.: YVA, O.33 / 3489 [DÖW 854 / Hervorhebung im Original], Bl. 7 ff. Siehe zu dieser Aktion, in der die Spuren der Verbrechen verwischt werden sollten, Angrick, »Aktion 1005«.

10 VHA #17039 Hans Meinhardt, 8. 7. 1996, Segmente #75-#84; VHA #16399 Arthur Menke, 19. 6. 1996, Segment #25; Rentrop, »Sonderghettos«, S. 198 f. Siehe zur Werkstatt der Telefunken in Minsk Irmer, Zwangsarbeit, S. 57–76.

11 Interview mit Julius Günther Katzenstein, 6. 11. 1998, Transkript: MuG, GED-31-001-100.119, Bl. 11; Aussage Herbert Herz, undat.: GLA Karlsruhe, 465h Nr. 10377, Bl. 72 f.

12 Schneider, Reise, S. 168.

13 Brief Elly und Ruth Eichenwald [1946]: YVA, O.75 / 3531, Bl. 2 f.; Aussage Perla Margot Nick, geb. Kogan, 6. 12. 1949: IfZArch, Gh02.05-1-63–64; Ogrodek, Einer von vielen, Bl. 8.

14 Karl Schneider, Testimony against Max Gymnich, Februar 1948: WL, P.III.h. No. 1030 / t, Bl. 2.

15 Alfred Ehrlich, 12 nazistische Schreckensjahre, 1948 / 1979 / bearb. 1997: Privatbesitz Arnim Schulz, Bl. 17.

16 Wolff, Sadismus, S. 32 f. Siehe auch den literarisierten Bericht von Anni Reiser: WL, P.III.h. No. 290, Abdruck in: Löw, »Hölle«, S. 196–198.

17 VHA #21541 Liesel Ginsburg, 10. 11. 1996, Segmente #52-#52.

18 VHA #9538 Ruth Foster, 13. 2. 1996, Segmente #75-#76.

19 Brief Siegfried Ziering, 25. 6. 1945, in: Löw, »Hölle«, S. 173–180, hier S. 176.

20 Sofie Leston, Erlebnisbericht meiner Deportierung nach dem Osten, 10. 12. 1945: LAV NRW Ger.Rep.267, Nr. 2260, Bl. 1991–1992; Brief Therese Steinhard, 26. 3. 1946: YVA, O.75 / 2010, Bl. 1; Bericht Erna Valk [1945], in: Löw, »Hölle«, S. 186–196, hier S. 189.

21 Aussage Hermann Heymann, 29. 3. 1950: IfZArch, Gh02.05-1-145–146.

22 [Albert] Reinhold [Kimmenstiel]: Bericht über meine Leidenszeit als »Häftling«, 11. 11. 1945: WL, P.III.h. No. 285, Bl. 4.

23 Scheffler, Überblick, S. 37–40; Bericht Käte Frieß, Juni / Juli 1945, in: Sandow (Hg.), Aufzeichnungen, S. 90; siehe Jahn, KZ Riga-Kaiserwald.

24 Brief Siegfried Ziering, 25. 6. 1945, in: Löw, »Hölle«, S. 173–180, hier S. 176 f.

25 Bericht Käte Frieß, Juni / Juli 1945, in: Sandow (Hg.), Aufzeichnungen, S. 82.

26 Wolff, Sadismus, S. 27; Brief Johanna Rosenthal, 26. 6. 1945: WL, P.III.h. No. 283, Bl. 2; Bericht Erna Valk [1945], in: Löw, »Hölle«, S. 186–196, hier S. 190; Schneider, Reise, S. 151–159. Siehe auch den Bericht von Günter Wallhausen, in Hartmann, Jugend, S. 39.

27 Bericht Bedrich Suess, 9. 8. 1948: WL, P.III. i. No. 1020 b, Bl. 3.; Winter, Ghetto, S. 78 f.; Bericht Egon Klein, 30. 11. 1948: WL, P.III. i. No. 1028 / b, Bl. 2 f.

28 Aussage Werner Georg Netler, undat.: IfZArch, Gh02.05-1-69.

29 Marx, Riga, S. 66 f.

30 Bericht Erna Valk [1945], in: Löw, »Hölle«, S. 186–196, hier S. 190 f. Siehe zur Bedeutung der sozialen Bindungen in Kaiserwald Jahn, KZ Riga-Kaiserwald, S. 338 f.

31 Brief Johanna Rosenthal, 2. 9. 1945, in: Löw, »Hölle«, S. 199–207, hier S. 204; Erklärung Erwin Sekules, 17. 8. 1947: WL, P.III.h. No. 1034, Bl. 2–4; Scheffler, Überblick, S. 37–43; Jahn, KZ Riga-Kaiserwald, S. 148–406, zum Lageralltag S. 296–341; eine Übersicht über die Außenlager S. 344–347.

32 Brief Thea Nathan, 11. 3. 1949: Privatbesitz George Nathan, Bl. 1.

33 Oral History Interview with Sophie Nathan, undat.: USHMM, RG-50.323.0007, Min. 49 f. Siehe auch Bericht Emmi Nathan Loewenstein, undat.: Privatbesitz George Nathan, Bl. 4.

34 Gottschalk, Weg, S. 62 f., Zitat S. 63.

35 Jurmann, Kind, S. 49 f., Zitat S. 50.

36 Ebd., S. 51–59.

37 Tagebuch Dora Hansen, Abdruck in: Gottschalk, Weg, S. 137–139.

38 Winter, Ghetto, S. 104 f.

39 Bericht Emmi Nathan Loewenstein, undat.: Privatbesitz George Nathan, Bl. 4 [Englisch]; Brief Johanna Rosenthal, 2. 9. 1945, in: Löw, »Hölle«, S. 199–207, hier S. 204; Aussage Perla Margot Nick, geb. Kogan, 6. 12. 1949: IfZArch Gh02.05-1-65; Wolff, Sadismus, S. 35 f.; Bericht Heinz Samuel, undat., in: Löw, »Hölle«, S. 180–196, hier S. 184.

40 Brief Siegfried Ziering, 25. 6. 1945, in: Löw, »Hölle«, S. 173–180, hier S. 176.

41 Löw, »Hölle«, S. 169.

42 Aussagen Herbert Schultz, August 1958: WL, P.III.i. (Latvia) No. 1032 / b., Bl. 1.

43 Bericht Inge Rothschild, 15. 1. 1946: AŻIH, 301 / 1507, Bl. 2.

44 Gottschalk, Weg, S. 76 f., Zitat S. 77.

45 Bericht Bernard Stein, undat.: YVA, O.33 / 89, Bl. 7.

46 Bericht Bonka Stein [1946]: YVA, O.33 / 2297, Bl. 2.

47 Aussage Carola Israel, 19. 10. 1949: IfZArchiv, Gh02.05-1-37.

48 Walter Krämer, Mein Leben [1945]: YVA, O.33 / 1679, Bl. 12; Aussage Elias Spielmann, undat.: IfZArch, Gh02.05-1-67.

49 Bericht Erna Valk [1945], in: Löw, »Hölle«, S. 186–196, hier S. 192.

50 Hermann Neudorf, Das war Riga [1945]: USHMM, Acc.Nr. 1994. 83. 2 Hermann Heudorf papers, Series 1, fol. 6, Bl. 3.
51 Claus Becher, Mein Name ist Claus. Eine autobiographische Chronik, undat.: SA Hannover, Kps 5597, Bl. 9.
52 Gottschalk, Weg, S. 77 ff.
53 Alberti, Verfolgung, S. 445–452; Klein, »Gettoverwaltung«, S. 569–623.
54 Feuchert / Leibfried / Riecke (Hg.), Chronik, Bd. 4, 27. 6. 1944, S. 393.
55 Ebd., 25. 6. 1944, S. 388 f.
56 Löw, Juden, S. 469.
57 Rosenfeld, Welt, Heft 20, 28. 7. 1944, S. 298.
58 Feuchert / Leibfried / Riecke (Hg.), Chronik, Bd. 4, 30. 7. 1944, S. 454.
59 Alton, Deportiert, S. 50.
60 Feuchert, Oskar Rosenfeld, S. 441 f.; Löw, Juden, S. 484.
61 Alton, Deportiert, S. 51–54, Zitat S. 54.
62 Ebd., S. 55–57, Zitat S. 55.

10. »Es hat keinen Sinn, sondern ist … Wahnsinn!« Wege durch das nationalsozialistische Lagersystem

1 Bericht Werner Sauer, 1948: YVA, O.33 / 4126, Bl. 148.
2 Brief Lore Israel, 9. 7. 1946: WL, P.III.h. No. 162, Bl. 3.
3 Brief Gerhard Hoffmann, 11. 10. 1945: AGFL, 2015. 0123, Bl. 8.
4 Angrick, »Aktion 1005«.
5 Blatman, Todesmärsche.
6 Erna Steiniger, geb. Herschkowicz, Schicksal des ersten Brünner Transportes im Jahr 1941, undat.: YVA, O.33 / 9767, Bl. 2 f.
7 Brief Gerhard Hoffmann, 11. 10. 1945: AGFL, 2015. 0123, Bl. 8.
8 Bericht Chaim (Heinz) Behrendt, Februar 1961: USHMM, RG-14.118M Landesarchiv Berlin, Reel 9, B Rep. 058 Nr. 47, Bl. 152.
9 Ebd., Bl. 153.
10 N. N., Frau und einziges Kind in Minsk ermordet, undat.: WL, P.III.h. No. 1127, Bl. 3–5.
11 Report on the experiences in Poland of Manfred Heymann, 1940–1945, 20. 9. 1955: WL, P III h. No. 146, Bl. 3–7.
12 Brief Gerhard Hoffmann, 11. 10. 1945: AGFL, 2015. 0123, Bl. 8 ff.; Bericht Chaim (Heinz) Behrendt, Februar 1961: USHMM, RG-14.118M Landesarchiv Berlin, Reel 9, B Rep. 058 Nr. 47, Bl. 156–166. Siehe auch VHA #16399 Arthur Menke, 19. 6. 1996, Segmente #39-#46.
13 Aussage Siegfried Grünebaum, undat.: USHMM, RG-14.101M: Records of the Central Office of the Judicial Authorities of the Federal States for the Investigation of National Socialist Crimes (B 162), Reel 447, B162 / 3649, Bl. 1522.

14 VHA #34302 Franz Spitzer, 16.7.1997, Segmente #202-#207, Zitate #204 und #207.
15 VHA #3066 Berny Lane, 5.6.1995, Segmente #69-#115.
16 Interview with Gary H. Philipp, 8.10.2015: USHMM, RG-50.030.0841, Transkript, S. 38–41.
17 Bericht Kurt Ticho, 29.7.1946: USHMM, RG-68.112M: Selected records from the Ghetto Fighters' House (Beit Lohamei Haghetaot), Reel 43, File 2387, Bl. 5.
18 [Albert] Reinhold [Kimmenstiel], Bericht über meine Leidenszeit als »Häftling«, 11.11.1945: WL, P.III.h. No. 285, Bl. 4.
19 Ebd., Bl. 4–8.
20 Interview mit Gary R. (Günter Richard) Wolff, 1.3.2001, Transkript: MuG, GED-31–001.100.279, Bl. 18–24.
21 Ich danke Sascha Feuchert für diese Informationen.
22 Bericht Lisa Herzog [1945/1946]: YIVO, RG 294.1/544, Bl. 5–8, Zitat Bl. 8.
23 Schreiben Thea Nathan, 11.3.49: Privatbesitz George Nathan; Bericht Emmi Nathan Loewenstein, undat.: ebd., Bl. 4; Oral History Interview with Sophie Nathan, undat.: USHMM, RG-50.323.0007, Min 68.
24 Brief Siegfried Ziering, 25.6.1945, in: Löw, »Hölle«, S. 173–180, hier S. 177; Brief Johanna Rosenthal, 2.9.1945, in: ebd., S. 199–207, hier S. 205 f.; Sherman, Mädchenjahre, S. 103–111.
25 Brief Thea Nathan, 11.3.1949: Privatbesitz George Nathan.
26 Bericht Käte Frieß, Juni/Juli 1945, in: Sandow (Hg.), Aufzeichnungen, S. 119–122.
27 Brief Siegfried Ziering, 25.6.1945, in: Löw, »Hölle«, S. 173–180, hier S. 177.
28 Alfred Ehrlich, 12 nazistische Schreckensjahre, 1948/1979/bearb. 1997: Privatbesitz Arnim Schulz, Bl. 23.
29 Jahn, KZ Riga-Kaiserwald, S. 404 f.; Kautzky/Käpernick (Hg.), Todesmarsch; Philipsen/Zimmak (Hg.), Wir sollten leben; Korte, »Erziehung«, S. 178–211.
30 Bericht Käte Frieß, Juni/Juli 1945, in: Sandow (Hg.), Aufzeichnungen, S. 123.
31 Brief Johanna Rosenthal, 2.9.1945, in: Löw, »Hölle«, S. 199–207, hier S. 206.
32 Brief Thea Nathan, 22.5.1947: Privatbesitz George Nathan, Bl 2 f.
33 Oral History Interview with Sophie Nathan, undat.: USHMM, RG-50.323.0007, Min. 47, Min. 63.
34 Ebd., Min. 78; Bericht Emmi Nathan Loewenstein, undat.: Privatbesitz George Nathan, Bl. 5; Brief Siegfried Ziering, 25.6.1945, in: Löw, »Hölle«, S. 173–180, hier S. 178 f.; Bericht Bedrich Suess, 9.8.1948: WL, P.III.i. No. 1020 b, Bl. 1.
35 Alfred Ehrlich, 12 nazistische Schreckensjahre, 1948/1979/bearb. 1997: Privatbesitz Arnim Schulz, Bl. 24–27.

36 Interview mit Julius Günther Katzenstein, 6.11.1998, Transkript: MuG, GED-31-001-100.119, Bl. 10 ff.
37 Alfred Ehrlich, 12 nazistische Schreckensjahre, 1948 / 1979 / bearb. 1997: Privatbesitz Arnim Schulz, Bl. 28.
38 Wolff, Sadismus, S. 41.
39 Ebd., S. 41 f.
40 Angrick / Klein, »Endlösung«, S. 430–444; Hördler, Ordnung, S. 235–258; Wachsmann, KL, S. 628–636.
41 Bericht Edith Blau, 11.5.1945: USHMM, RG-10.250*5 Edith Brandon Papers, Bl. 42RS.
42 Bericht Werner Sauer, 1948: YVA, O.33 / 4126, Bl. 120–123.
43 Bericht Edith Blau, 11.5.1945: USHMM, RG-10.250*5 Edith Brandon Papers, Bl. 42RS; VHA #709 Edith Brandon, 17.1.1995, Segmente #13-#14.
44 Bericht Edith Blau, 11.5.1945: USHMM, RG-10.250*5 Edith Brandon Papers, Bl. 42RS-43.
45 Sofie Leston, Erlebnisbericht meiner Deportierung nach dem Osten, 10.12.1945: LAV NRW Ger.Rep.267, Nr. 2260, Bl. 1995 f.; Bericht Inge Rothschild, 15.1.1946: AŻIH, 301 / 1507, Bl. 2.; Brief Elly und Ruth Eichenwald [1946]: YVA, O.75 / 3531, Bl. 2; Bericht Herbert Simons, 14.7.1945: YVA, O.15 / 2431, Bl. 4; Marx, Riga, S. 68 f.
46 Bericht Edith Blau, 11.5.1945: USHMM, RG-10.250*5 Edith Brandon Papers, Bl. 44–44 RS.
47 Sofie Leston, Erlebnisbericht meiner Deportierung nach dem Osten, 10.12.1945: LAV NRW Ger.Rep. 267, Nr. 2260, Bl. 1996 f.
48 Bericht Helga Verleger, 27.2.1950: WL, P.III.h. No. 1009, Bl. 2 f.
49 Ebd., Bl. 4.
50 Zit. nach Hartmann, Jugend, S. 40.
51 Brief Elly und Ruth Eichenwald [1946]: YVA, O.75 / 3531, Bl. 4; Oral History Interview with Selma Hammer, 25.5.1986: Dallas Holocaust and Human Rights Museum, 2016.93, Min. 42:57.
52 Bericht Bonka Stein [1946]: YVA, O.33 / 2297, Bl. 2 f.
53 Sofie Leston, Erlebnisbericht meiner Deportierung nach dem Osten, 10.12.1945: LAV NRW Ger.Rep.267, Nr. 2260, Bl. 1997.
54 Bericht Werner Sauer, 1948: YVA, O.33 / 4126, Bl. 127–148, Zitat Bl. 128.
55 Bericht Inge Rothschild, 15.1.1946: AŻIH, 301 / 1507, Bl. 3; Brief Richard Fleischer, 7.11.1945: YVA, O.33 / 8721, Bl. 4; Schneider, Reise, S. 178 f.
56 Bericht von Ingeborg Gerson-Grin, 2.4.1945: RG-68.151M Selected records of the Holocaust collection: Postwar testimonies and Jewish Social Mutual files, teilweise Abdruck: VEJ 16 / 167, S. 567–571, hier S. 568.
57 Bericht Helga Verleger, 27.2.1950: WL, P.III.h. No. 1009, Bl. 4; VHA #39610 Fred Leser, 12.3.1998, Segmente #77-#78.
58 Marx, Riga, S. 68 f.
59 Gottschalk, Weg, S. 105 f.

60 VHA #31653 Trude Friedrich, 3.6.1997, Segmente #37-#40.
61 VHA #21541 Liesel Ginsburg,10.11.1996, Segmente #109-#116.
62 Englard, Waisenhaus, S. 70 f., Zitat S. 71.
63 Schneider, Reise, S. 186.
64 Bericht Bonka Stein [1946]: YVA, O.33 / 2297, Bl. 3.
65 Sofie Leston, Erlebnisbericht meiner Deportierung nach dem Osten, 10.12.1945: LAV NRW Ger.Rep.267, Nr. 2260, Bl. 1999.
66 Brief Elly und Ruth Eichenwald [1946]: YVA, O.75 / 3531, Bl. 4.
67 Alton, Deportiert, S. 57–73; Oral History Interview with Lore Price (geb. Sass), 17.11.1985: Dallas Holocaust and Human Rights Museum, 2016.145, Min. 36:20.
68 Jurmann, Kind, S. 71; Bericht Esra Jurmann, 23.2.1955: WL, P.III.h. No. 34, Bl. 2 f.; VHA #39610 Fred Leser, 12.3.1998, Segment #88.
69 Walter Krämer, Mein Leben [1945]: YVA, O.33 / 1679, Bl. 14; Bericht Bernard Stein, undat.: YVA, O.33 / 89, Bl. 8; Brief Richard Fleischer, 7.11.1945: YVA, O.33 / 8721, Bl. 4; Bericht Herbert Simons, 14.7.1945: YVA, O.15 / 2431, Bl. 4; VHA #39610 Fred Leser, 12.3.1998, Segment #88.
70 Bericht Werner Sauer, 1948: YVA, O.33 / 4126, Bl. 157–163.
71 Bericht Edith Blau, 11.5.1945: USHMM, RG-10.250*5 Edith Brandon Papers, Bl. 47 f.; Der genannte Brief ist zu finden in: USHMM, RG-10.250*2 Edith Brandon Papers. Siehe dazu auch VHA #709 Edith Brandon, 17.1.1995, Segment #15-#16.
72 Gottschalk, Weg, S. 100–127.
73 Bericht Edith Blau, 11.5.1945: USHMM, RG-10.250*5 Edith Brandon Papers, Bl. 49–52.
74 Bericht Werner Sauer, 1948: YVA, O.33 / 4126, Bl. 175.
75 Memoirs of Bernd W. Haase, 24.2.2013: MEL, D (III) 3412 / PL 8459, Bl. 12 [Englisch]; Bericht Bernard Stein, undat.: YVA, O.33 / 89, Bl. 8.
76 Walter Krämer, Mein Leben [1945]: YVA, O.33 / 1679, Bl. 14–16; VHA #39610 Fred Leser, 12.3.1998, Segment #97.
77 Bericht Herbert Simons, 14.7.1945: YVA, O.15 / 2431, Bl. 4.
78 Brief Richard Fleischer, 7.11.1945: YVA, O.33 / 8721, Bl. 5.
79 Jurmann, Kind, S. 71–88.
80 Polak, Lives, 38.
81 Marx, Riga, S. 71–76.
82 VHA #21541 Liesel Ginsburg, 10.11.1996, Segmente #109–116; Schneider, Reise, S. 178–197.
83 Bericht Bonka Stein [1946]: YVA, O.33 / 2297, Bl. 3–5.
84 Sofie Leston, Erlebnisbericht meiner Deportierung nach dem Osten, 10.12.1945: LAV NRW Ger.Rep.267, Nr. 2260, Bl. 1997–2001; Wolff, Sadismus, S. 60 ff.; Brief Elly und Ruth Eichenwald [1946]: YVA, O.75 / 3531, Bl. 4 f.
85 Bericht Erna Valk [1945], in: Löw, »Hölle«, S. 186–196, hier S. 195.

86 Bericht Werner Sauer, 1948: YVA, O.33 / 4126, Bl. 222–280.
87 Bericht Helga Verleger, 27. 2. 1950: WL, P.III.h. No. 1009, Bl. 5 f.
88 Bericht Erna Valk [1945], in: Löw, »Hölle«, S. 186–196, hier S. 196.
89 Alton, Deportiert, S. 73–103, Zitat S. 93.
90 Bericht Edith Blau, 11. 5. 1945: USHMM, RG-10.250*5 Edith Brandon Papers, Bl. 55–58.
91 Brief Gerhard Hoffmann, 11. 10. 1945: AGFL, 2015. 0123, Bl. 11.

11. Epilog

1 Marx, Riga, S. 68–102.
2 Jurmann, Kind, S. 89–93.
3 Bericht Bonka Stein [1946]: YVA, O.33 / 2297, Bl. 5.
4 Alfred Ehrlich, 12 nazistische Schreckensjahre, 1948 / 1979 / bearb. 1997: Privatbesitz Arnim Schulz, Bl. 31.
5 Brief Margot Aufrecht, 20. 9. 1945, zit. nach Reuss / Schneider (Hg.), Berlin, S. 121.
6 Walter Krämer, Mein Leben [1945]: YVA, O.33 / 1679, Bl. 14–16.
7 Bericht Erna Valk [1945], in: Löw, »Hölle«, S. 186–196, hier S. 196; zum Schicksal der Tochter ebd. S. 170.
8 Schneider, Reise, S. 184.
9 Memoirs of Bernd W. Haase, 24. 2. 2013: MEL, D (III) 3412 / PL 8459, Bl. 13–15 [Englisch].
10 Bericht Werner Sauer, 1948: YVA, O.33 / 4126, Bl. 222–280.
11 Sofie Leston, Erlebnisbericht meiner Deportierung nach dem Osten, 10. 12. 1945: LAV NRW Ger.Rep.267, Nr. 2260, Bl. 2002.
12 Alton, Deportiert, S. 103–108.
13 Philipsen, Flüchtlingspaare.
14 Bericht Käte Frieß, Juni / Juli 1945, in: Sandow (Hg.), Aufzeichnungen, S. 77.
15 Elsa Meyring, Kommentar zu den Aufzeichnungen der Käte S. J., Abdruck in: Sandow (Hg.), Aufzeichnungen, S. 20 f.
16 Bericht Bonka Stein [1946]: YVA, O.33 / 2297, Bl. 5.
17 Bericht Bernard Stein, undat.: YVA, O.33 / 89, Bl. 8.
18 VHA #709 Edith Brandon, 17. 1. 1995, Segment #22.
19 Wolff, Sadismus, S. 41–63.
20 Sherman, Mädchenjahre, S. 141.
21 Hilberg, Vernichtung, Bd. 2, S. 477.
22 VHA #709 Edith Brandon, 17. 1. 1995, Segment #22 [Englisch].

ARCHIVKÜRZEL

AGFL Archiv der Gedenkstätte Flossenbürg
APŁ Staatsarchiv Łódź
AŻIH Archiv des Jüdischen Historischen Instituts, Warschau
DÖW Dokumentationsarchiv Österreichischer Widerstand, Wien
GLA Landesarchiv Baden-Württemberg – Generallandesarchiv Karlsruhe
IfZArch Institut für Zeitgeschichte, Archiv, München
LA Landesarchiv
LBI Leo Baeck Institute, New York
LUVA Lettisches Historisches Hauptarchiv Riga
MEL Museum Juden in Lettland, Riga
MHM Melbourne Holocaust Museum
MuG Mahn- und Gedenkstätte Düsseldorf
SA Stadtarchiv
StA Staatsarchiv
USHMM United States Holocaust Memorial Museum, Washington
VHA Visual History Archive
WL Wiener Library, London
YVA Yad Vashem Archives, Jerusalem
VHM Virginia Holocaust Museum, Richmond

QUELLEN UND LITERATUR

Archive

Deutschland

Institut für Zeitgeschichte, Archiv, München (IfZArch)
ED 424 Berthold Rudner: Aufzeichnungen aus dem Ghetto Minsk
Gh 02.05 – Verfahren gegen Seck, Migge, Teckemeier, Reese
NO Nürnberger Dokumente

Landesarchiv Baden-Württemberg – Generallandesarchiv Karlsruhe (GLA)
465h Nr. 10377–10385 Prozess gegen Adolf Rübe

Landesarchiv Nordrhein-Westfalen, Düsseldorf
Ger.Rep.267, Nr. 2260, Bl. 1979–2004: Sofie Leston, Erlebnisbericht meiner Deportierung nach dem Osten, 10.12.1945.

Staatsarchiv Hamburg
213–12 Staatsanwaltschaft Landgericht – NSG -
_0041 und folgende Maywald u. a. (Riga-Komplex)

Staatsarchiv Nürnberg
E 1/1491 Nr. 1 Brief Philipp Rühl

Stadtarchiv Hannover
Kps 5597 Claus Becher, Mein Name ist Claus. Eine autobiographische Chronik

Mahn- und Gedenkstätte Düsseldorf (MuG)
Zeitzeugen-Interviews

NS-Dokumentationszentrum der Stadt Köln
Bestand Nr. 170: Sammlung Erwin und Nanny Bernauer

Archiv der Gedenkstätte Flossenbürg (AGFL)
2015.0123 Erinnerungsbericht Gerhard Hoffmann

Österreich

Dokumentationsarchiv Österreichischer Widerstand, Wien (DÖW)
Berichte und Briefe

Großbritannien

Wiener Library, London (WL)
Eyewitness Accounts Collection

Polen

Staatsarchiv Łódź (APŁ)
278 Der Judenälteste im Ghetto Litzmannstadt

Archiv des Jüdischen Historischen Instituts, Warschau (AŻIH)
211 Jüdische Soziale Selbsthilfe
301 Berichte
302 Tagebücher
ARG I und II Ringelblum Archiv

Lettland

Museum Juden in Lettland, Riga, Archiv (MEL)
Memoirs Collection

Lettisches Historisches Hauptarchiv Riga (LUVA)
P132 Materialien der Außerordentlichen Kommission – Bezirk Lettland

Israel

Yad Vashem Archives, Jerusalem (YVA)
O.1 K. J. Ball-Kaduri-Collection of Testimonies and Reports of German Jewry
O.15 Collection about Hungary
O.18 Yitzhak Stone Collection of NS Documents
O.3 Testimonies
O.30 Austria Collection
O.33 Testimonies, Diaries and Memoirs Collection
O.75 Letters and Postcards Collection
O.8 Germany Collection
O.82 Baltic Countries Collection
P.12 Chaim Pazner – W. R. B. Archive

Ghetto Fighters House (GFH)
Verschiedene Bestände

USA

United States Holocaust Memorial Museum, Washington (USHMM)
1994.A.0353 Joseph Levy collection
1994.A.0371 Hannelore Marx collection
1994.83.2 Herman Neudorf papers
1995.76. Thomas Baruch papers
1996.28 Kurt and Johanna Fish family papers
1996. 63, 1–3 Franziska Nunnally Papers
1998.A.0205 Dreier and Tarnowski families papers
2000.67 Sofia Auguston memoir
2000.378.1 Goldstein family letters
2002.296 American Friends Service Committee Refugee Assistance
2003.454.1 Schischa family papers
2004.240.1 Letter from Margarete Jacobson to Susan Taube
2005.81 Karl Schneider memoir
2005.567. 1 Heifetz family papers
2007.154 Hirschfeld family collection
2007.337.1 Gertrude Laufer Collection
2007.492.1 Fanny and Leo Englard papers
2008.301.1 Petzal family collection
2008.323 Salaspils concentration camp collection
2009.298.1 Edith Hamberg Tarcov papers
2009.334 Sol Roth, »Poppy Remembering 1939–1945«
2013.41.1 Jeannette Hammer Kaufmann memoir
2013.290.2 James Georg Lau papers
2013.189.1 Gerhard Hofman correspondence
2013.300.1 Sigi Ziering memoir, Juni 1945
2013.502.1: Rosenwald family papers
2015.174.1 Czuczka family correspondence
2016.265.1 Herman and Celine Mandelbaum correspondence
RG-02.121 Charlotte's memoirs, Oct. 8, 1991
RG-02.127 Alfred Dube, And where was god?
RG-02.057.01 Galina Raicin-Klebanow, Children of the Holocaust [Kaiserwald]
RG-02.212 Toward the abyss
RG-02.174 Reminiscences of Albert Lapidus, from Baltimore, a former prisoner of the Minsk Ghetto
RG-02.227 Alice Shragai, The gray coat
RG-04.058M Stutthof concentration camp records

RG-05.004.01 Carolina Taitz papers relating to the Riga ghetto
RG-10.249: Frieda and Max Reinach diary.
RG-10.250 Edith Brandon papers
RG-14.003M Records of the Reichsvereinigung der Juden in Deutschland (R 8150)
RG-14.035M Jüdische Gemeinde Leipzig records
RG-14.036M Dresden Jewish Community records
RG-14.054M Jüdische Gemeinde Stuttgart Collection
RG-14.061M Selected records of the Jewish community of Freiburg im Breisgau
RG-14.064M Selected records of the Jewish Museum Frankfurt, Germany
RG-14.101M Records of the Central Office of the Judicial Authorities of the Federal States for the Investigation of National Socialist Crimes (B 162)
RG-14.118 M Landesarchiv Berlin: Staatsanwaltschaft beim Landgericht Berlin (B Rep. 058)
RG-15.101M Rada Żydowska w Lublinie
RG-17.007M Archive of the Jewish Community Vienna. Vienna component Collection
RG-17.017M Archive of the Jewish Community Vienna-Jerusalem component collection
RG-50 The Jeff and Toby Herr Oral History Archive
RG-53.002M Belarus Central State Archives, Minsk, records, 1941–1949
RG-60.5015 Claude Lanzmann Shoah Collection, Interview with Gertrude Schneider, 1985 (Transcript)
RG-67.026M Eyewitness accounts of the Holocaust period collection (RG-104)
RG-68.045M The World Jewish Congress Geneva Office records
RG-68.112M Selected records from the Ghetto Fighters' House (Beit Lohamei Haghetaot)
RG-68.151M Selected records of the Holocaust collection: Postwar testimonies and Jewish Social Mutual files

USC Shoah Foundation Institute, Visual History Archive (VHA)
Video Testimonies

Fortunoff Video Archive for Holocaust Testimonies, Yale University
Video Testimonies

Leo Baeck Institute, New York (LBI)
ME LBI Memoir Collection

YIVO Archives, New York
RG 294.1 Leo W. Schwarz papers

Manhattan College, O'Malley Library, New York
The Herman and Lea Ziering Archive Collection

Illinois Holocaust Museum and Education Center, Chicago
Short Life Story of Minsk Ghetto Survivor Matus Stolov

Virginia Holocaust Museum, Richmond (VHM)
RG-60 Nunnally Family Papers
RG-83 Teller Family Papers
RG-174 Kanthal Family Papers

Dallas Holocaust and Human Rights Museum
Oral History Interviews

Australien

Melbourne Holocaust Museum (MHM)
Reg.No. 1726–1 – Briefe Edith Herz

Privatarchive / Quellen in Privatbesitz
Privatbesitz Bernd Haase, Berkley Hts.
Tagebuch, Memoiren und Zeichnungen Bernd Haase
Privatbesitz George Nathan, Atlanta
Dokumente von Thea, Emmi und Sophie Nathan
Privatarchiv Peter Tuteur, St. Louis
Postkarten und Briefe aus Ghettos im besetzten Osteuropa
Privatarchiv Fred Zimmak, Stockholm
Briefe Leonhard Zimmak
Privatbesitz Fritz Ostkämper / Jacob Pins Gesellschaft
Briefe Gustav Ullmann, Carla Pins
Privatbesitz Arnim Schulz, Barcelona
12 nazistische Schreckensjahre. Persönliche Aufzeichnungen des Juden Alfred Ehrlich aus Preußisch Oldendorf in Westfalen

Gedruckte Quellen

Abrahamsohn, Rolf, »Was machen wir, wenn der Krieg zu Ende ist?« Lebensstationen 1925–2010, Essen 2010.
Abramowitch, Maja, To Forgive … but not Forget. Maja's Story, London / Portland 2002.
Alperowitz, Blanka, Die letzten Tage des deutschen Judentums (Berlin Ende 1942), hg. von Klaus Hillenbrand, Berlin 2017.
Alton, Ruth, Deportiert von den Nazis. Berlin – Lodz – Auschwitz – Stutthof – Dresden, Bielefeld 2009.
Anders, Edward, Amidst Latvians during the Holocaust, Riga 2010.

Arntz, Hans-Dieter, Religiöses Leben der Kölner Juden im Ghetto von Riga nach den Erinnerungen von Karl Schneider, in: Jahrbuch des Kölnischen Geschichtsvereins, Bd. 53, Heft 1 (1982), S. 127–152.

Aslezova, Elfrida (Frida Kissel), My Wartime Childhood, in: Bronstein / Demby (Hg.), World, S. 29–36.

Aul, Ewald, »Alle nur erdenklichen Grausamkeiten«, in: Peter Junk / Martina Sellmeyer (Hg.), Stationen nach Auschwitz, Entrechtung, Vertreibung, Vernichtung. Juden in Osnabrück, Osnabrück 1988, S. 194–197.

Becker-Jákli, Barbara (Hg.), Ich habe Köln doch so geliebt. Lebensgeschichten jüdischer Kölnerinnen und Kölner, Köln 1993.

Behrend-Rosenfeld, Else / Luckner, Gertrud (Hg.), Lebenszeichen aus Piaski, München 1970.

Behrendt-Baram, Chaim, Where was the Sun, 1939–1945, o. O. 1996.

Benz, Wolfgang u. a. (Hg.), Einsatz im »Reichskommissariat Ostland«. Dokumente zum Völkermord im Baltikum und in Weißrussland 1941–1944, Berlin 1998.

Bergmann, Alexander, Aufzeichnungen eines Untermenschen. Ein Bericht über das Ghetto in Riga und die Konzentrationslager in Deutschland, Bremen 2009.

Birger, Trudi, Im Angesicht des Feuers. Wie ich der Hölle des Konzentrationslagers entkam, Zürich 2005.

[Block, Elisabeth], Erinnerungszeichen. Die Tagebücher der Elisabeth Block, hg. vom Haus der Bayerischen Geschichte und vom Historischen Verein Rosenheim, Augsburg 1993.

Bopp, Dominika u. a. (Hg.), Die Enzyklopädie des Gettos Lodz / Litzmannstadt, Göttingen 2020.

Braach, Emilie, Wenn meine Briefe Dich erreichten könnten. Aufzeichnungen aus den Jahren 1939–1945, hg. von Bergit Forchhammer, Frankfurt am Main 1987.

Bronstein, Hilda / Demby, Bett (Hg.), We Remember Lest the World Forget. Memories of the Minsk Ghetto, New York 2018.

[Bruk, Ljalja und Berta], Wenn Worte schreien und weinen. Tagebücher der Ljalja und Berta Bruk, geschrieben in Belarus ab 1943, hg. vom IBB Dortmund, Dortmund 2008.

[Burstein, Ignatz), Zwölf blieben am Leben. Der Bericht eines Entkommenen, in: Der Aufbau, New York, 21. 7. 1944.

Cahn, Peter, Tagebuchaufzeichnungen und Briefe von Max L. Cahn und Tilly Cahn aus den Jahren 1933–1943, in: Dieter Rebentisch (Hg.), Archiv für Frankfurts Geschichte und Kunst 65 (1999), S. 182–221.

Chirurg, Riva, Bridge of Sorrow, Bridge of Hope, hg. von Rebecca Camhi Fromer, Berkeley 1994.

Cohn, Willy, Kein Recht, nirgends. Tagebuch vom Untergang des Breslauer Judentums 1933–1941, hg. von Norbert Conrads, 2 Bde, Köln / Weimar / Wien 2006.

Czerniaków, Adam, im Warschauer Getto. Das Tagebuch des Adam Czerniaków 1939–1942, München 1986.
Dokumentationsarchiv des österreichischen Widerstands (Hg.), Widerstand und Verfolgung in Wien 1934–1945. Eine Dokumentation, Bd. 3:1938–1945, Wien 1975.
Eichengreen, Lucille, Rumkowski, der Judenälteste von Lodz. Autobiographischer Bericht, Hamburg 2000.
– dies., Von Asche zum Leben, Hamburg 2009.
Englard, Fanny, Vom Waisenhaus zum Jungfernhof. Deportiert von Hamburg nach Riga: Bericht einer Überlebenden, hg. von Gine Elsner, Hamburg 2009.
Epsztein, Maria, Motherhood behind Barbed Wire. Memoirs 1940–1980, Montreal 2005.
Even-Shushan, Shlomo (Hg.), Minsk, Jewish Mother-City, a Memorial Anthology (Belarus): https://www.jewishgen.org/yizkor/minsk/minsk.html [3.9.2020].
Feuchert, Sascha / Leibfried, Erwin / Riecke, Jörg (Hg.), Die Chronik des Gettos Lodz / Litzmannstadt, 5 Bde., Göttingen 2007.
Gerbovitskiy, Felix, I Was left in my Own, in: Bronstein / Demby (Hg.), World, S. 63–69.
Geschichtswerkstatt Elmsbüttel / Galerie Morgenland (Hg.), Marions Buch. »Ach schau an, und wer küsst mir?« Der kurze Lebensweg von Marion Baruch, Hamburg 2017.
Ginsburg-Frenkel, Liesel, Bericht, auszugsweise in: Erckens, Juden, S. 361–363.
Gitlina (Epshteyn), Raisa, Minsk, Holocaust in Belorussia, 1941–1944: https://www.jewishgen.org/yizkor/belarus/bel197.html#Page209 [3.9.2020]
Gottschalk, Gerda, Der letzte Weg, Konstanz 1991.
Gotzes, Andrea (Hg.), Krieg und Vernichtung. Sowjetische Zeitzeugen erinnern sich, Darmstadt 2006.
Greifer, Josef, Kurze Erzählung eines langen Lebens. Augenzeugenbericht einer Tragödie und Kampf im Minsker Ghetto 1941–1944, Redaktion: Kusma Kosak, Minsk 2012 [zugänglich auf: http://zeitzeugenarchiv.gwminsk.com/de/obrazovanie/veroffentlichungen-mit-zeitzeugenberichten-zum-minsker-ghetto_[29.10.2020]
Griesbach, Marga, »… ich kann immer noch das Elend spüren …« Ein jüdisches Kind in Deutschland 1927 bis 1945. Eine Erinnerung der Zeitzeugin Marga Griesbach. Witzenhausen – Kassel – Riga – Stutthof, Hannover 2008.
Grossmann, Wassili / Ehrenburg, Ilja (Hg.), Das Schwarzbuch. Der Genozid an den sowjetischen Juden, dt. Ausgabe Hg. von Arno Lustiger, Reinbek 1994.
Gurwitz, Percy, Zähl' nicht nur, was bitter war. Eine baltische Chronik von Juden und Deutschen, Berlin 1991.
Guy, David, Innocence in Hell. The Life, Struggle and Death of the Minsk Ghetto, New York 2004.
Hansen, Dora, Tagebuch, Abdruck in: Gottschalk, Weg, S. 128–139.

[Irene Hauser], »Nicht einmal zum Sterben habe ich Protektion«. Das Tagebuch der Irene Hauser, Frankfurt am Main o. J.

Hindls, Arnold, Einer kehrte zurück. Bericht eines Deportierten, Stuttgart 1965.

Horndasch, Matthias / Fürst, Helmut, Ich war Deutscher wie jeder Andere! Matthias Horndasch im Gespräch mit dem Zeitzeugen und Holocaustüberlebenden Helmut Fürst, Hannover 2008.

– ders., Du kannst verdrängen, aber nicht vergessen! Die Erinnerungen des Zeitzeugen und Holocaust-Überlebenden Gerd Landsberg, Hannover 2004.

– ders. / Gröne, Ruth, Spuren meines Vaters. Das Zeitzeugnis der Ruth Gröne, geb. Kleeberg, Hannover 2006.

– ders. / Rotenberg, Nachum, Ich habe jede Nacht die Bilder vor Augen. Das Zeitzeugnis des Nachum Rotenberg, Hannover 2005.

Jah, Akim / Gryglewski, Marcus, »Ihre Grabsteine befinden sich nicht im hiesigen Bezirk.« Quellen zur Deportation der Jüdinnen und Juden im Nationalsozialismus, Leipzig 2018.

JTA Correspondent finds only twelve Jews were left alive by the Germans in Minsk, in: Jewish Telegraphic Agency, Daily News Bulletin, 14. 7. 1944, p. 3.

Jurmann, Esra, Vor allen Dingen war ich ein Kind. Erinnerungen eines jüdischen Jungen aus Pirna, Dresden 2008.

Kacel, Boris, From Hell to Redemption: A Memoir of the Holocaust, Niwot / Colorado 1998.

Kalwo, Otto, Evakuiert, Deggendorf, 23. August 1945, Abdruck in: Hecht u. a. (Hg.), Letzte Orte, o. S.

Kaplan, Chaim A., Buch der Agonie. Das Warschauer Tagebuch des Chaim A. Kaplan, hg. von Abraham I. Katsh, Frankfurt am Main 1967.

Kaplan Lupyan, Esfir (Esther), Never Erases in My Mind. My Life as a Child Survivor of the Minsk Ghetto, the Forest, and the Gulag, Bloomington 2019.

Katz, Josef, Erinnerungen eines Überlebenden, Kiel 1988.

Katz, Lina, Deportationen 1941 und 1942. Geschrieben 1961, in: Kommission zur Erforschung der Geschichte der Frankfurter Juden (Hg.), Dokumente, S. 507 f.

Kaufmann, Max, Churbn Lettland. Die Vernichtung der Juden Lettlands, München 1947.

Keim, Anton (Hg.), Tagebuch einer Jüdischen Gemeinde 1941 / 43, Mainz 1968.

Kingreen, Monica, Von Hünfeld über Kassel in das Ghetto Riga. Bericht von Lilli Strauß über ihre Verschleppung im Dezember 1941, in: Kreisausschuss des Landkreises Kassel (Hg.), Landkreis Kassel, Jahrbuch 2004, Kassel 2003, S. 135–140.

Kits, Abrams, Zwangsarbeit in Riga, Stutthof, Gotendorf, in: Dachauer Hefte 16 (2000), S. 18–35.

Klemperer, Victor, Ich will Zeugnis ablegen bis zum letzten. Tagebücher 1933–1945, 2 Bde, hg. von Walter Nowojski, Berlin 1995.

Kohl, Paul, Das Vernichtungslager Trostenez. Augenzeugenberichte und Dokumente, Dortmund 2003.

Krasnoperko, Anna, Briefe meiner Erinnerung. Mein Überleben im jüdischen Ghetto von Minsk 1941 / 42, Haus Villigst 1991.

Krawtschinskij, Jacov, Der Zeitzeuge Jacov Krawtschinskij berichtet, in: Internationales Bildungs- und Begegnungswerk IBB, Überleben, S. 15 – 26.

Lange, Bernd-Lutz, Der Junge aus der Fregestrasse. Mit Rolf Kralovitz im Gespräch, in: ders., Davidstern und Weihnachtsbaum. Erinnerungen von Überlebenden, Leipzig 1992, S. 15 – 71.

[Langer, Erich], »Die Würfel sind gefallen. Das lang Erwartete ist eingetreten …«. Abschiedsbrief von Erich Langer, Essen, an seinen Sohn Klaus, in: Augenblick. Berichte, Informationen und Dokumente der Mahn- und Gedenkstätte Düsseldorf, Nr. 20 / 21 (2002), S. 29 – 32.

Lebenstein, Alexander, The Gazebo, aufgezeichnet von Don Levin, Bloomington 2008.

Levenstein, Meir, Du sollst sterben und nicht leben!, Münster 1993.

Levina-Krapina, Maja Isaakovna, Die dreifach Wiedergeborene, Bonn 2011.

Lewin, Abraham, A Cup of Tears. A Diary of the Warsaw Ghetto, edited by Antony Polonsky, Oxford / New York 1988.

Liesenberg, Carsten / Stein, Harry (Hg.), Quellen zur Geschichte Thüringens. Deportation und Vernichtung der Thüringer Juden 1942, Erfurt ^{3}2014.

Linkimer, Kalman, Nineteen months in a cellar: how 11 Jews eluded Hitler's henchmen. The diary of Kalman Linkimer (1913 – 1988), Riga 2008.

Löw, Andrea, Die »Hölle« bezeugen – Berichte aus Riga, in: Vierteljahrshefte für Zeitgeschichte 1 (2023), S. 155 – 207.

– dies., Hilferufe aus dem besetzten Polen. Briefe deportierter Wiener Juden 1939 / 40, in: Vierteljahrshefte für Zeitgeschichte 4 (2012), S. 603 – 633.

Loewenstein, Karl, Minsk, im Lager der deutschen Juden, Bonn 1961.

Mansfeld, Lore, geb. Schottländer, in: Barbara Becker-Jákli (Hg.), Ich habe Köln doch so geliebt. Lebensgeschichten jüdischer Kölnerinnen und Kölner, Köln 1993, S. 97 – 124.

Marcus, Erwin, The Ghetto in Minsk. A Forgotten Chapter of the Holocaust?, in: Aufbau No. 16, 6. August 1999, S. 11.

Margolius Kovály, Heda, Eine Jüdin in Prag. Unter dem Schatten von Hitler und Stalin, Berlin 1992.

Markiewicz-Simone, Henny, »Mein Herz friert, wenn ich Deutsch höre …« Aus den Aufzeichnungen von Henny Markiewicz-Simon, geb. Rosenbaum, Hannover 2006.

Marx, Hannelore, Stuttgart – Riga – New York. Mein jüdischer Lebensweg. Lebenserinnerungen, Horb-Rexingen 2005.

Menczel, Lilly, Vom Rhein nach Riga. Deportiert von Köln: Bericht einer Überlebenden des Holocaust, hg. von Gine Elsner, Hamburg 2012.

Mendelsohn, John (ed.), Deportation of the Jews to the East. Stettin, 1940, to Hungary, 1944 (The Holocaust Series, Vol. 8), New York / London 1982.

Michelson, Frida, Ich überlebte Rumbula, Hamburg 2020.

Michelson, Max, Stadt des Lebens, Stadt des Sterbens. Erinnerungen an Riga, Gießen 2007.

Moß, Christoph (Hg.), »… wir leben doch in Gedanken nur mit euch …« Briefe von Georg und Frieda Lindemeyer 1937 bis 1941. Dokumente der Verfolgung von Christen jüdischer Herkunft in Düsseldorf, Düsseldorf 2002.

Nalewajko-Kulikov, Joanna (Bearb.), Archiwum Ringelbluma. Konspiracyjne Archiwum Getta Warszawy, Bd. 29: Pisma Emanuela Ringelbluma z getta, Warschau 2018.

Nussenbaum, Isidor, »Er kommt nicht wieder«. Geschichte eines Überlebenden, hg. von Hans Medick / Jens-Christian Wagner, Dresden 2013.

Ogrodek, M[anfred], Einer von vielen. Manuskript, 1948. Abdruck als Faksimile: https://www.davidadam.de/wann_wieviele_wohin/ [16.7.2023].

Ohl, Irmgard, Vier Jahre hinter Stacheldraht. Augenzeugenbericht von Irmgard Heimbach, in: Peter Junk / Martina Sellmeyer, Stationen auf dem Weg nach Auschwitz, Entrechtung, Vertreibung, Vernichtung. Juden in Osnabrück 1988, S. 197–207.

Oppenheimer, Lore, »… und eigentlich wissen wir selbst nicht, warum wir leben …« Aus dem Tagebuch von Lore Oppenheimer, geb. Pels, Hannover 2002.

Oppenheimer, Richard / Gröteke, Johannes, »Sklaven im Stacheldraht«. Das Tagebuch der Erika Mannheimer aus Bad Wildungen, die als Jüdin das Ghetto von Riga und die KZs Kaiserwald und Stutthof überlebte: http://www.alemannia-judaica.de/images/Images%20421/Bad%20Wildungen%20TB%20Erika%20Mannheimer.pdf [30.7.2023].

Per, Ida / David Marsha, Erinnerungsbericht, in: Geraubte Leben. Zwangsarbeiter berichten, hg. von der Stiftung »Erinnerung, Verantwortung und Zukunft«, Köln / Weimar / Wien 2008, S. 59–68.

Polak, Ilse, My Three Lives. The Story of a Jewish Girl from Papenburg, Germany. As told to Anne Diekhoff, Eissing, o. J.

Press, Bernhard, Judenmord in Lettland 1941–1945, Berlin 1992.

Pulaver, Moshe, Geven iz a geto, Tel Aviv 1963.

Projektgruppe Belarus im Jugendclub Courage Köln e. V. (Hg.), »Existiert das Ghetto noch?« Weißrussland: Jüdisches Überleben gegen nationalsozialistische Herrschaft, Berlin 2003.

Ratz, Jack, Endless Miracles, New York 1998.

Reich-Ranicki, Marcel, Mein Leben, Stuttgart 1999

Rockenbauer, Rita Maria, »… zu lesen, wenn alles vorüber ist«. Briefe 1938–1942, hg. von Eleonore Lappin-Eppel, Katharina und Johann Soukup, Wien 2014.

Rosenberg, Heinz, Jahre des Schreckens … und ich blieb übrig, daß ich Dir's ansage, Göttingen 1985.
Rosenfeld Oskar, Wozu noch Welt: Aufzeichnungen aus dem Getto Lodz, hg. von Hanno Loewy, Frankfurt am Main 1994.
Rubenchik, Avraham, Minsk Ghetto. The Truth, o. O. 2013.
Rubinchik, Pavel, From the Ghetto to the Nalibokskiy Forest, in: Bronstein / Demby (Hg.), World, S. 149–158.
Berthold Rudners Aufzeichnungen aus dem Ghetto Minsk (November 1941–Juni 1942), eingel. von Petra Rentrop, in: Wolfgang Benz / Barbara Distel / Angelika Königseder (Hg.), Nationalsozialistische Zwangslager. Strukturen und Regionen – Täter und Opfer, Berlin 2011, S. 374–408.
Der Bericht der Herta Salomon, in: Omland / Omland, Holocaust, S. 237–243.
Salzman, Jewgenij, Dies bittere Glück. Ein lettischer Jude im Ghetto und GULAG, in: Dachauer Hefte 14 (1998), S. 175–217.
Samter, Hermann, »Worte können das ja kaum verständlich machen«. Briefe 1939–1943, hg. v. Daniel Fraenkel, Göttingen 2009.
Sandow, Christin (Hg.), »Schießen Sie mich nieder!« Käte Frieß' Aufzeichnungen über KZ und Zwangsarbeit von 1941–1945, Berlin 2017.
Sauer, Paul (Bearb.), Dokumente über die Verfolgung der jüdischen Bürger in Baden-Württemberg durch das nationalsozialistische Regime 1933–1945, Band 2, Stuttgart 1966.
Schafranek, Friedrich (1924.2013), Interview mit Ursula Ernst, 2009 [Auszug], in: Gross / Semmelroth (Hg.), Erinnerungsstätte, S. 137–142.
Scheinker, Arkadius, Schoáh in Riga. Nach schöner Kindheit in Riga durch das Ghetto von Riga im Arbeitskommando BdO, dann im TWL Mühlgraben und durch die KZs Stutthof bei Danzig und Danzig-Burggraben im KZ Gottenhof / Pommern befreit. Eine jüdische Familiengeschichte, Konstanz 2009.
Schieb, Barbara, Nachricht von Chotzen: »Wer immer hofft, stirbt singend«, Berlin 2000.
Schischa, Wilhelm und Johanna, Was mit uns sein wird, wissen wir nicht. Briefe aus dem Ghetto, hg. Von Gustav Freudmann, Wien / Graz / Klagenfurt 2015.
Schneider, Gertrude, The Hangman of Salaspils, in: Muted Voices. Jewish Survivors of Latvia Remember, collected and edited Gertrude Schneider, New York 1987, S. 137 ff.
Schneider, Gertrude, Reise in den Tod. Deutsche Juden in Riga 1941–1944, Dülmen ²2008.
– dies., The Two Ghettos in Riga, Latvia, 1941–1943, in: Lucjan Dobroszycki / Jeffrey S. Gurock (Hg.), The Holocaust in the Soviet Union. Studies and Sources on the Destruction of the Jews in the Nazi-Occupied Territories of the USSR, 1941–1945, Armonk 1993, S. 181–193.
– dies. (Hg.), Muted Voices. Jewish Survivors of Latvia Remember, New York 1987.

– dies. (Hg.), The Unfinished Road. Jewish Survivors of Latvia Look Back, Konstanz 1999.

Schuchard, Barbara (Hg.), »Liebster Iziu«. Erlebte Judenverfolgung in den Briefen einer Mutter an ihren Sohn (Galizien – Wien – Düsseldorf – Minsk – 1938 bis 1941), Bonn 2018.

Schultheis, Herbert / Wahler, Isaac E., Bilder und Akten der Gestapo Würzburg über die Judendeportationen 1941–1943, Bad Neustadt a. d. Saale 1988.

Seiler, Alfred, From Hitler's Death Camps to Stalin's Gulags, Leipzig 2010.

Sherman, Hilde, Zwischen Tag und Dunkel. Mädchenjahre im Ghetto, Frankfurt am Main / Berlin / Wien 1984.

Sierakowiak, Dawid, Das Ghettotagebuch des Dawid Sierakowiak. Aufzeichnungen eines Siebzehnjährigen 1941 / 42, Leipzig 1993.

Singer, Oskar, »Im Eilschritt durch den Gettotag …« Reportagen und Essays aus dem Getto Lodz, hg. von Sascha Feuchert u. a., Berlin / Wien 2002.

– ders., Zum Problem Ost und West – Essays, in: ders.: Eilschritt, S. 177–206.

Smolar, Hersh, The Minsk Ghetto. Soviet-Jewish Partisans against the Nazis, New York 1989.

Sonnenberg, Gertrud, Story of a Survivor. Memoirs 1933–1948, in: The Voice of Temple Sholom. A literary review, Vol. 7, 1985.

Srebnik, Boris, My Memories, in: Bronstein / Demby (Hg.), World, S. 165–179.

Stern Cohen, Hilda, Genagelt ist meine Zunge. Lyrik und Prosa einer Holocaust-Überlebenden, in Zusammenarbeit mit Werner Cohen, hg. von Erwin Leibfried, Sascha Feuchert und William Gilcher, Padua 2003.

Stolten, Inge, Das alltägliche Exil. Leben zwischen Hakenkreuz und Währungsreform, Berlin / Bonn 1982.

Straus, Israel / Stadtler, Karl-Heinz, Von Altenlotheim nach Riga – Das Schicksal der Familie Straus, in: Lilienthal / Stadtler / Völcker-Janssen (Hg.), Verschleppung, S. 111–146.

Treister, Michael, Gleams of Memory. Memoirs of a Holocaust Survivor, Minsk 2013.

Verfolgung und Ermordung der europäischen Juden durch das nationalsozialistische Deutschland 1933–1945, hg. i. A. des Bundesarchivs, des Instituts für Zeitgeschichte München – Berlin und des Lehrstuhls für Neuere und Neueste Geschichte der Universität Freiburg, 16 Bde, München 2008–2021 [VEJ].

Winter, Alfred, The Ghetto of Riga and Continuance, 1941–1945, [Monroe] 1998.

Wolff, Jeanette, Mit Bibel und Bebel. Ein Gedenkbuch, Bonn 1981.

– dies., Sadismus oder Wahnsinn: Erlebnisse in den deutschen Konzentrationslagern im Osten, Dresden 1946.

Yashek, Richard [Jaschek, Jürgen], Die Geschichte meines Lebens. Wie ein zwölfjähriger Junge aus Lübeck und Bad Schwartau die Konzentrationslager überlebte, Lübeck 1998.

Zelkowicz, Józef, In diesen albtraumhaften Tagen. Tagebuchaufzeichnungen

aus dem Getto Lodz / Litzmannstadt, September 1942, hg. von Angela Genger / Andrea Löw / Sascha Feuchert, Göttingen 2015.
Zin, Basja, Wie ein grauenhafter Traum. Vier Jahre zwischen Leben und Tod. Jüdische Schicksale aus Lettland 1941–1945, hg. von Erhard Roy Wiehn, Konstanz 1998.

Zahlreiche Berichte und Biographien sind online zugänglich, z. B. auf:
https://www.lastseen.org/
https://www.erinnerungsort-duesseldorf.de/
https://deportation.yadvashem.org/
https://todesortriga.lv/ueber-die-deportationen/
https://www.statistik-des-holocaust.de/
https://www.stolpersteine-hamburg.de/ [und zahlreiche weitere lokale Stolperstein-Initiativen mit dieser URL, etwa https://www.stolpersteine-stuttgart.de]
www.gelsenzentrum.de
https://www.doew.at/erinnern/fotos-und-dokumente/1938–1945/nachrichten-aus-dem-ghetto

Literatur

Aas, Norbert, »… und trotzdem wieder Bayreuth. Hanneliese Reinauer-Wandersmann, Bayreuth: 2011.
Adler, H. G., Der verwaltete Mensch. Studien zur Deportation der Juden aus Deutschland, Tübingen 1974.
– ders., Theresienstadt 1941–1945. Das Antlitz einer Zwangsgemeinschaft, Göttingen 2005.
Alberti, Michael, Die Verfolgung und Vernichtung der Juden im Reichsgau Wartheland 1939–1945, Wiesbaden 2006.
Aly, Götz, Im Tunnel. Das kurze Leben der Marion Samuel 1931–1943, Frankfurt am Main 2004.
Angrick, Andrej / Klein, Peter, Die »Endlösung« in Riga. Ausbeutung und Vernichtung 1941–1944, Darmstadt 2006.
Angrick, Andrej, »Aktion 1005« – Spurenbeseitigung von NS-Massenverbrechen 1942–1945. Eine »geheime Reichssache« im Spannungsfeld von Kriegswende und Propaganda, Göttingen 2018.
Apel, Linde (Hg.), In den Tod geschickt. Die Deportationen von Juden, Roma und Sinti aus Hamburg 1940 bis 1945, Berlin 2009.
Aschoff, Diethard, In der Hölle des Ostens. Ein junger Münsteraner Jude berichtet von seinen Erlebnissen in lettischen Konzentrations- und Arbeitslagern 1941–1944, in: Quellen und Forschungen zur Geschichte der Stadt Münster, Neue Folge, Bd. 12: Beiträge zur Stadtgeschichte, Münster 1986, S. 320–336.

Asdonk, Jupp et al. (Hg.), »Es waren doch unsere Nachbarn!« Deportationen in Ostwestfalen-Lippe 1941–1945, Essen 2014.

Bajohr, Frank, »Arisierung« in Hamburg. Die Verdrängung der jüdischen Unternehmer 1933–1945, Hamburg 1997.

– ders., Über die Entwicklung eines schlechten Gewissens. Die deutsche Bevölkerung und die Deportationen 1941–1945, in: Kundrus / Meyer, Deportation, S. 180–195.

– ders. / Löw, Andrea (Hg.), Der Holocaust. Ergebnisse und neue Fragen der Forschung, Frankfurt am Main 2015.

Bakondy, Vida, Montagen der Vergangenheit. Flucht, Exil und Holocaust in den Fotoalben der Wiener Hakoah-Schwimmerin Fritzi Löwy, Göttingen 2017.

Baranowski, Julian, Wiener Juden im Getto Lodz 1941–1944, Łódź 2004.

Barkahan, Rabbiner Menachem (Hg.), Vernichtung der Juden in Lettland. Eine Vortragsreihe 1941–1945, Riga 2008.

Barkai, Avraham, Deutschsprachige Juden in osteuropäischen Ghettos, in: ders., Hoffnung und Untergang. Studien zur deutsch-jüdischen Geschichte des 19. und 20. Jahrhunderts, Hamburg 1998, S. 197–223.

– ders., »Zwischen Ost und West«. Deutsche Juden im Ghetto Lodz, in: Barkai, Hoffnung, S. 225–273.

– ders., Vom Boykott zur »Entjudung«. Der wirtschaftliche Existenzkampf der Juden im Dritten Reich 1933–1945, Frankfurt 1987.

Barton, Waltraud (Hg.), Ermordet in Maly Trostinec. Die österreichischen Opfer der Shoa in Weißrussland, Wien 2012.

– dies. (Hg.), Maly Trostinec – das Totenbuch. Den Toten ihre Namen geben, Wien 2015.

Berlit-Jackstien, Julia / Kreter, Karljosef (Hg.), Abgeschoben in den Tod. Die Deportation von 1001 jüdischen Hannoveranerinnen und Hannoveranern am 15. Dezember 1941 nach Riga, Hannover 2011.

– dies., Die Deportation der Christin jüdischer Herkunft Hilde Schneider ins Ghetto Riga, in: Berlit-Jackstien / Kreter (Hg.), Tod, S. 242–257.

Berschel, Holger, Bürokratie und Terror. Das Judenreferat der Gestapo Düsseldorf 1935–1945, Essen 2001.

Borggräfe, Henning / Jah, Akim (Hg.), Deportations in the Nazi Era. Sources and Research, Berlin / Boston 2023.

Brechelmacher, Angelika / Perz, Bertrand / Wonisch, Regina (Hg.), Post41. Berichte aus dem Getto Litzmannstadt. Ein Gedenkbuch, Wien 2015.

Brent, Frances, The Lost Cellos of Lev Aronson, New York 2009.

Browning, Christopher, Die Entfesselung der »Endlösung«. Nationalsozialistische Judenpolitik 1939–1942, München 2003.

Buchholz, Marlies, Die Versteigerung jüdischen Besitzes, in: Berlit-Jackstien / Kreter (Hg.), Tod, S. 112–123.

Chiari, Bernhard, Alltag hinter der Front. Besatzung, Kollaboration und Widerstand in Weißrussland 1941–1944, Düsseldorf 1998.

Cholavsky, Shalom, The German Jews in the Minsk Ghetto, in: Yad Vashem Studies XVII (1986), S. 219–245.
– ders., The Jews of Bielorussia During World War II, Amsterdam 1998.
– ders., The Judenrat in Minsk, in: Yisrael Gutman / Cynthia J. Haft (Hg.), Patterns of Jewish Leadership in Nazi Europe 1933–1945, Jerusalem 1979, S. 113–132.
Chorbach, Dieter, Köln und Warschau sind zwei Welten. Amalie Banner – Leiden unter dem NS-Terror, Köln 1993.
Dąbrowska, Danuta, Wsiedleni Żydzi zachodnieuropejscy w getcie łódzkim, in: Biuletyn Żydowskiego Instytutu Historycznego 65 / 68 (1968), S. 105–139.
Decker, Martin / von Hollen, Kai-Uwe, »Montag werden wir, wenn's gut geht, am Ziel sein.« Die Deportation aus dem Gestapobezirk Bielefeld am 10. Juli 1942, in: Ravensberger Blätter, Heft 1 (2010), S. 1–25.
Dieckmann, Christoph, Deutsche Besatzungspolitik in Litauen 1941–1944, 2 Bde, Göttingen 2011.
– ders. / Quinkert, Babette, im Ghetto 1939–1945. Neue Forschungen zu Alltag und Umfeld (=Beiträge zur Geschichte des Nationalsozialismus 25), Göttingen 2009.
Diner, Dan (Hg.), Zivilisationsbruch. Denken nach Auschwitz, Frankfurt am Main 1988.
Dinkelaker, Philipp, Das Sammellager in der Berliner Synagoge Levetzowstraße 1941 / 42, Berlin 2017.
Dokumentationsarchiv des österreichischen Widerstandes (Hg.), Deportation und Vernichtung – Maly Trostinec (Jahrbuch 2019), Wien 2019.
Drummer, Heike, Zeuginnen und Zeugen der Deportation aus Frankfurt am Main, in: Gross / Semmelroth, Erinnerungsstätte, S. 89–136.
Dür, Alfons, Unerhörter Mut. Eine Liebe in der Zeit des Rassenwahns, Innsbruck / Wien 2013.
Düwell, Kurt, »Riga ist städtebaulich eine sehr schöne Stadt …« Die Düsseldorfer Judendeportationen vom Herbst 1941, in: Augenblick. Berichte, Informationen und Dokumente der Mahn- und Gedenkstätte Düsseldorf, Nr. 20 / 21 (2002), S. 13–15.
Ebbrecht, Tobias, Filmen für die Nachwelt. Archivbilder von der Deportation jüdischer Bürger aus dem Deutschen Reich in den Jahren 1941 und 1942, in: Memento Movie. Materialien zum audiovisuellen Kulturerbe (24.1.2013): https://www.memento-movie.de/2013/01/filmen-fur-die-nachwelt/ [27.7.2023].
– ders., »Für die Kriegszeit bezeichnende Vorgänge«. Zwei Filme über die Ausgrenzung und Deportation der Juden in Stuttgart 1941, in: Filmblatt 15 (2010 / 11), Nr. 44, S. 55–67.
Eckert, Alfred, Deportation Train »Da 32« from Nuremberg and ist 1,012 Occupants, in: Borggräfe / Jah (Hg.), Deportations, S. 341–361.
Eder, Angelika, Die Deportationen im Spiegel lebensgeschichtlicher Inter-

views, in: Forschungsstelle für Zeitgeschichte in Hamburg / Institut für die Geschichte der deutschen Juden (Hg.), Deportation, S. 45–59.

Engelking, Barbara / Leociak, Jacek, The Warsaw Ghetto. A Guide to the Perished City, New Haven and London 2009.

Epstein, Barbara, The Minsk Ghetto 1941–1943. Jewish Resistance and Soviet Internationalism, Berkeley / Los Angeles 2008.

Günter Erckens, Juden in Mönchengladbach. Jüdisches Leben in den früheren Gemeinden Mönchengladbach, Rheydt, Odenkirchen, Giesenkirchen-Schelden, Rheindalen, Wickrath und Wanlo, Band 2, Mönchengladbach 1989.

Fings, Karola / Jakobs, Hildegard, Deportiert ins Ghetto. Die Deportationen der Juden aus dem Rheinland im Herbst 1941 ins Ghetto Litzmannstadt (Łódź), Köln 2012.

Fings, Karola / Matuszewski, Nina, Grundlagenforschung in Gedenkstätten. Das Beispiel der Deportation von Köln nach Trostenez bei Minsk, in: Gedenkstättenrundbrief 2016, Nr. 182, S. 18–27.

Flörken, Norbert, Troisdorf unter dem Hakenkreuz. Eine rheinische Kleinstadt und die Nationalsozialisten, Aachen 1986.

Fleermann, Bastian / Jakobs, Hildegard, Düsseldorfer Deportationen. Massenverschleppungen von 1933 bis zur Befreiung 1945, Düsseldorf 2015.

Forschungsstelle für Zeitgeschichte in Hamburg / Institut für die Geschichte der deutschen Juden (Hg.), Die Deportation der Hamburger Juden 1941–1945, Hamburg 2002.

Friedländer, Saul, Das Dritte Reich und die Juden, Bd. 2: Die Jahre der Vernichtung, München 2006.

Garscha, Winfried R., »Ein unermüdliches Beharren auf Empirie und Nüchternheit«. Die Erforschung der Vernichtungsstätte Maly Trostinez, in: Dokumentationsarchiv des österreichischen Widerstandes (Hg.), Deportation, S. 65–151.

Gartenschlaeger, Uwe, Die Stadt Minsk während der deutschen Besatzung (1941–1944), Dortmund 2001.

Genger, Angela / Jakobs, Hildegard (Hg.), Düsseldorf | Getto Litzmannstadt. 1941, Essen 2010.

Gillis-Carlebach, Miriam, »Leben in der Finsternis«. Jüdische Lebensgestaltung im Konzentrationslager Jungfernhof, in: Gerhard Paul / dies. (Hg.), Menora und Hakenkreuz. Zur Geschichte der Juden in und aus Schleswig-Holstein, Lübeck und Altona 1918–1998, Neumünster 1998, S. 549–563.

Gigliotti, Simone, The Train Journey. Transit, Captivity, and Witnessing in the Holocaust, New York / Oxford 2009.

Goldberg, Simon, Between Poetry and History: Real-Time Writings on Holocaust Trains, in: Dapim: Studies on the Holocaust, 32:1, S. 57–73.

Gottwaldt, Alfred / Schulle, Diana, Die »Judendeportationen« aus dem Deutschen Reich 1941–1945. Eine kommentierte Chronologie, Wiesbaden 2005.

– ders., Die »Logistik des Holocaust« als mörderische Aufgabe der Deutschen Reichsbahn im europäischen Raum, in: Ralf Roth / Karl Schlögel (Hg.), Neue Wege in ein neues Europa. Geschichte und Verkehr im 20. Jahrhundert, Frankfurt / New York 2009, S. 261–280.

Gross, Raphael / Semmelroth, Felix (Hg.), Erinnerungsstätte an der Frankfurter Großmarkthalle. Die Deportation der Juden 1941–1945, München / London / New York 2016.

Gruner, Wolf, Die Deportation der Juden aus Deutschland. Planung und Durchführung (1939–1945), in: Jüdisches Museum Frankfurt (Hg.), Deportationen, S. 19–48.

– ders., Von der Kollektivausweisung zur Deportation der Juden aus Deutschland (1938–1945). Neue Perspektiven und Dokumente, in: Kundrus / Meyer, Deportation, S. 21–62.

Haas, Carlos Alberto, Das Private im Ghetto. Jüdisches Leben im deutsch besetzten Polen 1939 bis 1944, Göttingen 2020.

Hänschen, Steffen, Das Transitghetto Izbica im System des Holocaust, Berlin 2018.

Hartmann, Jürgen, Die Bezirksstelle Westfalen der Reichsvereinigung der Juden in Deutschland in Bielefeld 1939 bis 1943, in: Rosenland. Zeitschrift für lippische Geschichte 25 (2021), S. 69–151.

– ders., Gebrochene Jugend, gebrochenes Leben. Der Leidensweg des Holocaust-Überlebenden Günter Walhausen aus Schötmar, in: Rosenland. Zeitschrift für lippische Geschichte 26 (2021), S. 20–45.

– ders., Der Lebensweg des Holocaust-Überlebenden Robert Levi aus Schlangen, in: Rosenland. Zeitschrift für lippische Geschichte 27 (2022), S. 40–105.

Hecht, Dieter J. / Raggam-Blesch, Michaela / Uhl, Heidemarie (Hg.), Letzte Orte. Die Wiener Sammellager und die Deportationen 1941 / 42, Wien 2019.

– ders. / Raggam-Blesch, Der Weg in die Vernichtung begann mitten in der Stadt. Sammellager und Deportationen aus Wien 1941 / 42, in: ebd., S. 21–75.

Hecker, Clara, Deutsche Juden im Minsker Ghetto, in: Zeitschrift für Geschichtswissenschaft 56 (2008), Heft 7 / 8, S. 823–843.

Held, Steffen, Die Deportation der Juden aus Leipzig in den Jahren 1942–1945, in: Volker Rodekamp (Hg.), Spuren jüdischen Lebens in Leipzig. Sammlung, Dokumentation und Projekte im Stadtgeschichtlichen Museum Leipzig, Leipzig 2007, S. 59–87.

Heß, Renate / Nichtweiss, Lisette / Zahedi, Ingrid (Red.), Juden-Deportationen aus Darmstadt 1942 / 43. Die damalige Liebig-Schule als Sammellager 1942, Darmstadt 1992.

Hesse, Klaus / Springer, Philipp, Vor aller Augen. Fotodokumente des nationalsozialistischen Terrors in der Provinz, Essen 2002.

Hilberg, Raul, Die Vernichtung der europäischen Juden, 3 Bde, Frankfurt am Main 1990

Hillenbrand, Klaus, Das Amulett und das Mädchen. Lebensspuren zwischen Frankfurt am Main, Minsk und Sobibór, Berlin / Leipzig 2019.
Hördler, Stefan, Ordnung und Inferno. Das KZ-System im letzten Kriegsjahr, Göttingen 2015.
Jackson, Carlton, Joseph Gavi. Young Hero of the Minsk Ghetto, Paducah / Kentucky 2000.
Jah, Akim, Die Deportation der Juden aus Berlin. Die nationalsozialistische Vernichtungspolitik und das Sammellager Große Hamburger Straße, Berlin 2013.
– ders. / Gerd Kühling (Hg.), Die Deportation der Juden aus Deutschland und ihre verdrängte Geschichte nach 1945, Göttingen 2016.
Internationales Bildungs- und Begegnungswerk IBB, Überleben im jüdischen Ghetto von Minsk. Das nationalsozialistische Programm der Ermordung der Juden Europas aus der Perspektive eines Überlebenden im Ghetto Minsk. Eine Arbeitshilfe für Schule und Erwachsenenbildung, Dortmund 2005.
Irmer, Thomas, Zwangsarbeit für deutsche Unternehmen und das Ghetto Minsk. Das Beispiel Telefunken, in: Frédéric Bonnesoeur u. a. (Hg.), Besatzung – Vernichtung – Zwangsarbeit. Beiträge des 20. Workshops zur Geschichte und Gedächtnisgeschichte der nationalsozialistischen Konzentrationslager, Berlin 2017, S. 57–76.
Jüdisches Museum Frankfurt (Hg.), »Und niemand hat für uns Kaddisch gesagt …«. Deportationen aus Frankfurt am Main 1941 bis 1945, Frankfurt am Main 2004.
Kautzky, Dietlind / Käpernick, Thomas (Hg.), »Mein Schicksal ist nur eins von Abertausenden«. Der Todesmarsch von Hamburg nach Kiel 1945. Neun Biografien, Hamburg 2020.
Kelly Knowles, Anne / Cole, Tim / Giordano, Alberto (Hg.), Geographies of the Holocaust, Bloomington / Indianapolis 2014.
Kess, Marlen, »Ich freue mich, Dir ein Lebenszeichen geben zu können.« Postkarten aus dem Ghetto Litzmannstadt: https://interaktiv.rp-online.de/holocaust-gedenktag-postkarten-aus-dem-ghetto-litzmannstadt [10.12.2021]
Kingreen, Monica, »Wir werden darüber hinwegkommen.« Letzte Lebenszeichen deportierter hessischer Juden. Eine dokumentarische Annäherung, in: Kundrus / Meyer, Deportation, S. 86–111.
– dies., Die Großmarkthalle und die gewaltsame Verschleppung der jüdischen Bevölkerung Frankfurts und des Regierungsbezirks Wiesbaden ab 1941 bis 1945, in: Gross / Semmelroth (Hg.); Erinnerungsstätte, S. 153–190.
– dies., Von Frankfurt am Main in das Ghetto Izbica, 8. und 24. 5. 1942, in: Hänschen, Transitghetto, S. 335–356.
– dies., Jüdisches Landleben in Windecken, Ostheim und Heldenbergen, Hanau 1994.
– dies., Die gewaltsame Verschleppung der Juden aus den Dörfern und Städten der Altkreise Frankenberg und Waldeck 1941 / 42, in: Lilienthal / Stadtler / Völcker-Janssen (Hg.), Verschleppung, S. 46–85.

Klein, Peter, Die »Gettoverwaltung Litzmannstadt« 1940–1944. Eine Dienststelle im Spannungsfeld von Kommunalbürokratie und staatlicher Verfolgungspolitik, Hamburg 2009.
– ders., Die deutschen, Wiener und tschechischen Jüdinnen und Juden am Deportationsziel Riga, in: Meyer (Hg.), Jüdinnen, S. 128–151.
– ders., Die Ghettos Theresienstadt und Riga. Vergleichende Bemerkungen zu den Strukturen ihrer jüdischen Selbstverwaltung während der Gründungsphase, in: Hansen, Imke / Steffen, Katrin / Tauber, Joachim (Hg.), Lebenswelt Ghetto. Alltag und soziales Umfeld während der nationalsozialistischen Verfolgung, Wiesbaden 2013, S. 106–116.
Kommission zur Erforschung der Geschichte der Frankfurter Juden (Hg.), Dokumente zur Geschichte der Frankfurter Juden 1933–1945, Frankfurt am Main 1963.
Kosmala, Beate, Zwischen Ahnen und Wissen. Flucht vor der Deportation (1941–1943), in: Kundrus / Meyer, Deportation, S. 135–159.
– dies., Robert Eisenstädts Flucht aus dem KZ Majdanek. Über Frankfurt am Main in die Schweiz, in: Benz, Wolfgang (Hg.), Überleben im Dritten Reich. Juden im Untergrund und ihre Helfer, München 2003, S. 287–298.
– dies., Überlebensstrategien jüdischer Frauen in Berlin. Flucht vor der Deportation, in: Löw / Bergen / Hájkova (Hg.), Alltag, S. 29–47.
Korte, Detlef, »Erziehung« ins Massengrab. Die Geschichte des »Arbeitserziehungslagers Nordmark« Kiel-Russee 1944–1945, Kiel 1991.
Kreter, Karljosef, Günther Fleischel, Judenältester des hannoverschen Transports im Rigaer Ghetto, in: Berlit-Jackstien / Kreter (Hg.), Tod, S. 192–197.
Kreutzmüller, Christoph (Hg.), Gurs 1940. Die Deportation und Ermordung von südwestdeutschen Jüdinnen und Juden, Berlin 2021.
– ders., A Deceptive Panorama. Photos of Deportations of Jews from Germany, in: Borggräfe / Jah (Hg.), Deportations, S. 135–154.
Kugler, Anita, Scherwitz. Der jüdische SS-Offizier, Köln 2004.
Kuller, Christiane, »Erster Grundsatz: Horten für die Reichsfinanzverwaltung«. Die Verwertung jüdischen Eigentums der deportierten Nürnberger Juden, in: Kundrus / Meyer, Deportation, S. 160–179.
Kundrus, Birthe / Meyer, Beate (Hg.), Die Deportation der Juden aus Deutschland. Pläne – Praxis – Reaktionen 1938–1945, Göttingen 2004.
Kundrus, Birthe, Krieg und Holocaust in Europa, München 2018.
Kuwałek, Robert, Das kurze Leben »im Osten«. Jüdische Deutsche im Distrikt Lublin aus polnisch-jüdischer Sicht, in: Kundrus / Meyer, Deportation, S. 112–134.
– ders., Die Durchgangsghettos im Distrikt Lublin (u. a. Izbica, Piaski, Rejowiec und Trawniki), in: Bogdan Musial (Hg.), »Aktion Reinhardt«. Der Völkermord an den Juden im Generalgouvernement 1941–1944, Osnabrück 2004, S. 197–232.
Kwiet, Konrad, Without Neighbours. Daily Living in *Judenhäuser*, in: Francis

R. Nicosia / David Scrase (Hg.), Jewish Life in Nazi Germany. Dilemmas and Responses, New York / Oxford 2010, S. 117–148.
– ders., The Ultimate Refuge: Suicide in the Jewish Community Under the Nazis, in: LBIYB 29 (1984), S. 135–167.
Láníček, Jan / Lambertz, Jan (Hg.), More than Parcels. Wartime Aid for Jews in Nazi-Era Camps and Ghettos, Detroit 2022.
Lappin-Eppel, Eleonore, »Alltag« im Sammellager, in: Hecht / Raggam-Blesch / Uhl (Hg.), Letzte Orte, S. 77–92.
– dies, Rita Rockenbauer – Eine Spurensuche, in: dies. / Soukup / Soukup (Hg.), Briefe, S. 11–58.
Lehnstaedt, Stephan, Der Kern des Holocaust. Bełżec, Sobibór, Treblinka und die Aktion Reinhardt, München 2017.
– ders., Okkupation im Osten. Besatzeralltag in Warschau und Minsk 1939–1944, München 2010.
Lepper, Anne, »Because I know what that means to you«: The RELICO Parcel Scheme Organized in Geneva during World War II, in: Láníček / Lambertz (Hg.), Parcels, S. 49–77.
Libionka, Dariusz, Die Ermordung der Juden im Generalgouvernement, Berlin 2021.
Liess, Albrecht (Hg.), Wege in die Vernichtung. Die Deportation der Juden aus Mainfranken 1941–1943, München 2003.
Lilienthal, Marion / Stadtler, Karl-Hein / Völcker-Janssen, Wilhelm (Hg.), »Auf Omas Geburtstag fahren wir nach P.« Die gewaltsame Verschleppung von Juden aus Waldeck-Frankenberg 1941 / 42. Kassel – Riga, Sobibor / Majdanek, Theresienstadt, Korbach 2013.
Loewy, Hanno, »The scandal of their silence«. About private photographs of the murdered people of Auschwitz-Birkenau, in: Brandt, Kersten / Loewy, Hanno / Oleksy, Krystyna (Hg.), Before They Perished … Photographs Found in Auschwitz, München 2011, S. 10–15.
Loose, Ingo (Bearb.), Berliner Juden im Getto Litzmannstadt. Ein Gedenkbuch, Berlin 2009.
– ders., Deportations of Jews to the Ghetto of Litzmannstadt (Łódź), in: Borggräfe / Jah (eds.), Deportations, S. 429–447.
Löw, Andrea / Bergen, Doris / Hájkova, Anna, Alltag im Holocaust. Jüdisches Leben im Großdeutschen Reich 1941–1945, München 2013.
– dies., Juden im Getto Litzmannstadt. Lebensbedingungen, Selbstwahrnehmung, Verhalten, Göttingen 2006.
– dies., Deportationen aus dem Reichsgebiet von Herbst 1939 bis Frühjahr 1941, in: Susanne Heim / Beate Meyer, Francis R. Nicosia (Hg.), »Wer bleibt, opfert seine Jahre, vielleicht sein Leben«. Deutsche Juden 1938–1941, Göttingen 2010, S. 59–76.
– dies., »Wanderung ins Ungewisse«? Was wussten Juden in den Gettos Litzmannstadt und Warschau 1942 über die Vernichtung?, in: Martin Cüp-

pers / Jürgen Matthäus / Andrej Angrick (Hg.), Naziverbrechen. Täter, Taten, Bewältigungsversuche, Darmstadt 2013, S. 258–272.
– dies., Spurensuche. Angehörige von Ernst Grube in Izbica und Piaski und die Ermordung der Jüdinnen und Juden im Generalgouvernement, in: Matthias Bahr / Peter Poth / Mirjam Zadoff (Hg.), »Aus der Erinnerung für die Gegenwart leben.« Geschichte und Wirkung des Shoah-Überlebenden Ernst Grube, Göttingen 2022, S. 88–101.
– dies., »Die Lage ist unter diesen Umständen sehr unsicher«. Briefe deportierter Wiener Jude vom Herbst 1939 bis zum Frühjahr 1940 an die Israelitische Kultusgemeinde Wien, in: Schindler (Hg.), Nisko 1939, S. 207–227.
Lutjens, Richard, Vom Untertauchen: »U-Boote« und der Berliner Alltag 1941–1945, in: Löw / Bergen / Hájkova (Hg.), Alltag, S. 49–63.
Manoschek, Walter, Februar / März 1941. Die frühen Deportationen aus Wien in das Generalgouvernement, in: Hecht / Raggam-Blesch / Uhl (Hg.), Letzte Orte, S. 95–109.
Materne, Barbara, Die Düsseldorfer Deportation in das Ghetto von Riga am 11. Dezember 1941, in: Augenblick. Berichte, Informationen und Dokumente der Mahn- und Gedenkstätte Düsseldorf, Nr. 20 / 21 (2002), S. 10–12.
Meyer, Beate, Die Deportation der Hamburer Juden 1941–1945, in: dies. (Hg.), Verfolgung und Ermordung der Hamburger Juden. Geschichte. Zeugnis. Erinnerung, Hamburg / Göttingen 2006, S. 42–78.
– dies., Handlungsspielräume regionaler jüdischer Repräsentanten (1941–1945). Die Reichsvereinigung der Juden in Deutschland und die Deportationen, in: Kundrus / Meyer, Deportation, S. 63–85.
– dies., Tödliche Gratwanderung. Die Reichsvereinigung der Juden in Deutschland zwischen Hoffnung, Zwang, Selbstbehauptung und Verstrickung (1939–1945), Göttingen 2011.
– dies. (Hg.), Deutsche Jüdinnen und Juden in Ghettos und Lagers (1941–1945). Łódź. Chełmno. Minsk. Riga. Auschwitz. Theresienstadt, Berlin 2017.
– dies., Nicht nur Objekte staatlichen Handelns: Juden im Deutschen Reich und Westeuropa, in: Bajohr / Löw (Hg.), Holocaust, S. 237–236.
Miner, Samuel, »Appeasement Gone Mad«: The Riga Ghetto Case and the Politics of British War Crimes Trials, in: Journal of Contemporary History 2022, Vol. 57 (3), S. 669–690.
Möllers, Georg / Pohl, Jürgen, Abgemeldet nach »unbekannt«. Die Deportation der Juden aus dem Vest Recklinghausen nach Riga, Essen 2013.
Moser, Jonny, Nisko. Die ersten Judendeportationen, Wien 2012.
Muggenthaler, Thomas, Das Schicksal der Familie Brandis: https://www.br.de/radio/bayern2/die-letzten-briefe-aus-dem-ghetto-schicksal-der-familie-brandis-feiertags-feuilleton-100.html [10. 5. 2022]
Niewerth, Andrea, Gelsenkirchener Juden im Nationalsozialismus. Eine kollektivbiographische Analyse über Verfolgung, Emigration und Deportation, Essen 2002.

Nothdurft, Lars, Die Flüchtlingsschiffe, in: Eva Schöck-Quinteros / Matthias Loeber / Simon Rau (Hg.), Keine Zuflucht. Nirgends. Die Konferenz von Évian und die Fahrt der ST. LOUIS, Bremen 2019, S. 381–400.

Nuhn, Heinrich, Abschied im Ghetto Riga, Hessische Zeitung 9. 12. 2016.

Obenaus, Herbert, Vom SA-Mann zum jüdischen Ghettoältesten in Riga. Zur Biografie von Günther Fleischel, in: Jahrbuch für Antisemitismusforschung 8 (1999), S. 278–299.

Offenberger, Ilana Fritz, The Jews of Nazi Vienna, 1938–1945. Rescue and Destruction, Cham 2017.

Omland, Kurt / Omland, Sabine, Dem Holocaust entkommen. Der Leidensweg der Jüdin Herta Salomon aus Drensteinfurt, in: Westfälische Forschungen 38 (1988), S. 232–243.

Oren, Lior, »Ach schau an, und wer küsst mir?« Der kurze Lebensweg von Marion Baruch, in: Geschichtswerkstatt Elmsbüttel / Galerie Morgenland (Hg.), Marions Buch, S. 10–14.

Pertz, Bertrand, Wiener Juden und Jüdinnen im Getto Litzmannstadt, in: Brechelmacher / Perz / Wonisch, (Hg.), Post 41, S. 19–69.

Philipsen, Bernd / Zimmak, Fred (Hg.), Wir sollten leben. Am 1. Mai 1945 von Kiel mit Weißen Bussen nach Schweden in die Freiheit, Steinbergkirche-Neukirchen 2020.

– ders., Vier Flüchtlingspaare gaben sich gegenseitig in der Synagoge von Stockholm das Ja-Wort, in: ders. / Zimmak (Hg.), Wir sollten leben, S. 71–102.

Pohl, Dieter, Nationalsozialistische Verbrechen 1939–1945 (=Gebhardt. Handbuch der deutschen Geschichte, Bd. 20), Stuttgart 2022.

Quinkert, Babette, Propaganda und Terror in Weißrussland 1941–1944. Die deutsche »geistige« Kriegführung gegen Zivilbevölkerung und Partisanen, Paderborn 2009.

Raedler, Christine, »Es fällt mir immer schwer, von meiner Zeit im Ghetto zu sprechen«, in: Main-Kinzig-Kreis, Mitteilungsblatt Zentrum für Regionalgeschichte 38 (2913), S. 57 f. (abrufbar unter http://zeitzeugenarchiv.gwminsk.com/de/obrazovanie/veroffentlichungen-mit-zeitzeugenberichten-zum-minsker-ghetto [29. 10. 2020]

Rehn, Erwin / Rehn, Marie-Elisabeth, Die Stillschweigs. Von Ostrowo über Berlin und Peine nach Heide in Holstein bis zum Ende in Riga, Theresienstadt und Auschwitz. Eine jüdische Familiensaga 1852–1944, hg. von Erhard Roy Wiehn, Konstanz 1998.

Reichelt, Katrin, Zwei Gesellschaften auf begrenztem Raum – das unfreiwillige Zusammenleben der lettischen und deutschen Juden im Ghetto von Riga zwischen 1942 und 1943, in: Alfred Gottwald / Norbert Kampe / Peter Klein (Hg.), NS-Gewaltherrschaft. Beiträge zur historischen Forschung und juristischen Aufarbeitung, Berlin 2005, S. 265–277.

Reichelt, Katrin, Lettland unter deutscher Besatzung 1941–1944. Der lettische Anteil am Holocaust, Berlin 2011.

Rentrop, Petra, Das Minsker Ghetto (1941–1943), in: Reuss / Schneider (Hg.), Berlin-Minsk, S. 68–77.

– dies., Die »Sonderghettos« für deutsche Jüdinnen und Juden im besetzten Minsk, in: Meyer (Hg.), Jüdinnen, S. 88–109.

– dies., Tatorte der »Endlösung«. Das Ghetto Minsk und die Vernichtungsstätte von Maly Trostinez, Berlin 2011.

Reuss, Anja / Schneider, Kristin (Hg.), Berlin – Minsk. Unvergessene Lebensgeschichten. Ein Gedenkbuch für die nach Minsk deportierten Berliner Jüdinnen und Juden, Berlin 2013.

Riebe, Renate, Die Fürsts – Geschichte einer deutsch-jüdischen Familie, Hannover 2017.

Ries, Rotraut / Schwinger, Elmar (Hg.), Deportationen und Erinnerungsprozesse in Unterfranken und an den Zielorten der Transporte, Würzburg 2015.

Röpcke, Andreas / Rohdenburg, Günther (Bearb.), »Es geht tatsächlich nach Minsk«. Zur Erinnerung an die Deportation von Bremer Juden am 18.11.1941 in das Vernichtungslager Minsk, Bremen 1992.

Rohdenburg, Günther (Bearb.), »… sind Sie für den geschlossenen Arbeitseinsatz vorgesehen …« »Judendeportationen« von Bremerinnen und Bremern während der Zeit der nationalsozialistischen Gewaltherrschaft, Bremen 2006.

Roseman, Mark, In einem unbewachten Augenblick. Eine Frau überlebt im Untergrund, Berlin [2]2002.

Roth, Markus / Löw, Andrea, Das Warschauer Getto. Alltag und Widerstand im Angesicht der Vernichtung, München 2013.

– ders., Verfolgung, Terror und Widrstand im Dritten Reich, München 2015.

Rueß, Karl-Heinz, Die Deportation der Göppinger Juden, Göppingen 2001.

Scheffler, Wolfgang / Schulle, Diana (Bearb.), Buch der Erinnerung. Die ins Baltikum deportierten deutschen, österreichischen und tschechoslowakischen Juden, 2 Bde., München 2003.

– ders., Das Schicksal der in die baltischen Staaten deportierten deutschen, österreichischen und tschechoslowakischen Juden 1941–1945. Ein historischer Überblick, in: ebd., Bd. 1, S. 1–43.

Schmalhausen, Bernd, Dr. Rolf Bischofswerder. Leben und Sterben eines jüdischen Arztes aus Dortmund, Essen 1998.

Schmidt, Hartmut, Zwischen Riga und Locarno. Bericht über Hilde Schneider, Christin jüdischer Herkunft, Diakonisse, Ghetto- und KZ-Häftling, Gefängnispfarrerin, Berlin 2001.

Schraffstetter, Susanna, Flucht und Versteck. Untergetauchte Juden in München – Verfolgungserfahrung und Nachkriegsalltag, Göttingen 2015.

Schultheis, Herbert: Juden in Mainfranken 1933–1945 unter besonderer Berücksichtigung der Deportationen Würzburger Juden, Bad Neustadt a. d. Saale 1980.

Schupetta, Ingrid, Deportationsziel Riga – Massenmord und Arbeitseinsatz, in: Augenblick. Berichte, Informationen und Dokumente der Mahn- und Gedenkstätte Düsseldorf, Nr. 20 / 21 (2002), S. 1 – 6.
Schupetta, Ingrid / Genger, Angela, Die lokale Organisation der Deportationen vom Oktober 1941 aus dem Gestapobezirk Düsseldorf nach Łódź / Litzmannstadt, in: Genger / Jakobs (Hg.), Düsseldorf, S. 59 – 83.
Schwinger, Elmar, Deportation und Vernichtung – das Ende der mainfränkischen Juden 1941 – 1944, in: Ries / Schwinger, Deportationen, S. 11 – 50.
Schwinger, Elmar, Von Kitzingen nach Izbica. Aufstieg und Katastrophe der mainfränkischen Israelitischen Kultusgemeinde Kitzingen, Kitzingen 2009.
Silberklang, David, Gates of Tears. The Holocaust in the Lublin District, Jerusalem 2013.
Seiffert, Hans Hermann, Eine Sehnder Jüdin kommt zurück. Gerda Rose überlebt die NS-Todeslager Jungfernhof, Kaiserwald und Stutthof sowie den Todesmarsch, Konstanz 2016.
Stadtarchiv München (Hg.), »… verzogen, unbekannt wohin«. Die erste Deportation von Münchner Juden im November 1941, Zürich 2000.
Steinert, Hannelore, »Ich bin noch immer ohne Nachricht von Dir …« Beschlagnahmte Post im Getto Litzmannstadt 1940 – 1944, in: Brechelmacher / Perz / Wonisch, (Hg.), Post 41, S. 161 – 183.
– dies. / Genger, Angela, Früher gültige Regeln griffen nicht mehr. Die ersten Monate der aus Düsseldorf Deportierten im Getto Litzmannstadt – Oktober 1941 bis April 1942, in: Genger / Jakobs (Hg.), Düsseldorf / Getto Litzmannstadt, S. 87 – 117.
Strnad, Maximilian, Die Deportationen aus München, in: Münchner Beiträge zur jüdischen Geschichte und Kultur 2 (2014), S. 76 – 96.
– ders., Zwischenstation »Judensiedlung«. Verfolgung und Deportation der jüdischen Münchner 1941 – 1945, München 2011.
Universität Greifswald (Hg.), Greifswalder Universitätsreden: Die erste Deportation von deutschen Juden vor 70 Jahren aus Pommern, Greifswald 2010.
Unschuld, Paul, Die Ärztin und der Maler. Carl Jung-Dörfler und Hedwig Danielewicz, Düsseldorf 1994.
Vestermanis, Margers, Juden in Riga. Auf den Spuren des Lebens und Wirkens einer ermordeten Minderheit. Ein historischer Wegeweiser, Bremen 1995.
Völker, Karl-Hermann, Bert Strauß aus Gemünden – ein Überlebender berichtet als Zeitzeuge, in: Lilienthal / Stadtler / Völcker-Janssen (Hg.), Verschleppung, S. 205 – 216.
Wachsmann, Nikolaus, KL. Die Geschichte der nationalsozialistischen Konzentrationslager, München 2015.
Weidemann, Jürgen, »Hunger, Krankheit und Tod waren allgegenwärtig.« Vom Leben in Minsk – und danach, in: Rohdenburg (Bearb.), »Judendeportationen«, S. 47 – 63.

Weitbrecht, Dorothee / Rieß, Volker (Bearb.), Ruth »Sara« Lax, 5 Jahre alt, deportiert nach Riga. Deportation und Vernichtung badischer und württembergischer Juden, Katalog zur Ausstellung, Ludwigsburg 2002.

Wildt, Michael, Zerborstene Zeit. Deutsche Geschichte 1918 bis 1945, München 2022.

Winkelmann, Michael, »Auf einmal sind sie weggemacht«. Lebensbilder Arolser Juden im 20. Jahrhundert. Eine Dokumentation, Kassel 1992.

Winkler, Martin, Selma Metger Winkler: Her Experience in Nazi Concentration Camp, Wrocław o. J.

Winter, Johannes, Die verlorene Liebe der Ilse Stein. Deportation, Ghetto, Rettung, Frankfurt / Main 2007.

Wrochem, Oliver von (Hg.), Deportationen dokumentieren und ausstellen. Neue Konzepte der Visualisierung von Shoah und Porajmos, Berlin 2022.

Zawilski, Piotr, Materialien zu westeuropäischen Juden im Bestand des Staatsarchivs in Łódź, in: Brechelmacher / Perz / Wonisch (Hg.), Post 41, S. 103–111.

Zelzer, Maria, Weg und Schicksal der Stuttgarter Juden. Ein Gedenkbuch Hg. von der Stadt Stuttgart, Stuttgart 1964.

Zimmermann, Michael, Die Deportation der Juden aus Essen und dem Regierungsbezirk Düsseldorf, in: Ulrich Borsdorf / Mathilde Jamin (Hg.), Über Leben im Krieg. Kriegserfahrungen in einer Industrieregion 1939–1945, Reinbek 1989, S. 126–143.

Zimmermann, Moshe, Deutsche gegen Deutsche. Das Schicksal der Juden 1938–1945, Berlin 2008.

BILDNACHWEISE

S. 16: © Virginia Holocaust Museum, RG-83 Teller Family Papers
S. 22: United States Holocaust Memorial Museum (USHMM), RG-10.250*1 Edith Brandon papers
S. 30: USHMM, 2002.296: American Friends Service Committee Refugee Assistance Case Files, File 16: Artur Czuczka
S. 31: USHMM, 2015.174.1 Czuczka family correspondence
S. 47: © Stadtarchiv Stuttgart, Signatur: 9203_N_19944 – 19950 / 19937 + 19938
S. 69 (beide Abbildungen): NS-Dokumentationszentrum der Stadt Köln, Bestand Nr. 170: Sammlung Erwin und Nanny Bernauer
S. 81: Manhattan College, O'Malley Library, New York: The Herman and Lea Ziering Archive Collection
S. 83: USHMM, 2016.265.1: Herman and Celine Mandelbaum correspondence
S. 85: USHMM, Photograph Number: 45838, Courtesy of Lilly Tauber
S. 136 oben: USHMM, Photograph Number: 45840, Courtesy of Lilly Tauber
S. 136 unten: USHMM, Photograph Number: 45837, Courtesy of Lilly Tauber
S. 138: USHMM, Photograph Number: 45836, Courtesy of Lilly Tauber
S. 151 u. 171: © Bernd Haase
S. 180: USHMM, Photograph Number: 45839, Courtesy of Lilly Tauber
S. 233 u. 239: © Bernd Haase
S. 244: Ervin Singer Collection, Arbeitsstelle Holocaust-Literatur, Gießen
S. 268: USHMM, RG-10.250*5 Edith Brandon papers
S. 285: USHMM, RG-10.250*1 Edith Brandon papers

PERSONENREGISTER

(Kursive Seitenzahlen beziehen sich auf Abbildungen)

Götz Aly
Europa gegen die Juden
1880–1945

»Mit seinem gesamteuropäischen Blick ermöglicht Götz Aly ein neues, umfassendes Verständnis des Holocaust.«

Freie Presse

Der Holocaust ist nicht allein aus der deutschen Geschichte heraus erklärbar. Sowohl in West- als auch in Osteuropa hatte die Judenfeindschaft seit 1880 sprunghaft zugenommen – angetrieben von Nationalismus und sozialen Krisen. Ohne die Schuld der deutschen Täter zu mindern, zeigt Götz Aly, wie Neid, Diskriminierung und Pogrome vielerorts dazu beigetragen haben, den Boden für Deportationen und Morde zu bereiten.

Ausgezeichnet mit dem Geschwister-Scholl-Preis 2018

432 Seiten, broschiert

Weitere Informationen finden Sie auf
www.fischerverlage.de

AZ 596-19330/1